Nicolai Hannig und Malte Thießen (Hrsg.)
Vorsorgen in der Moderne

Schriftenreihe
der Vierteljahrshefte
für Zeitgeschichte

Im Auftrag des
Instituts für Zeitgeschichte München – Berlin
herausgegeben von
Helmut Altrichter, Horst Möller,
Margit Szöllösi-Janze und Andreas Wirsching

Redaktion:
Johannes Hürter und Thomas Raithel

Band 115

Vorsorgen in der Moderne

Akteure, Räume und Praktiken

Herausgegeben von
Nicolai Hannig und Malte Thießen

ISBN 978-3-11-052677-6
e-ISBN (PDF) 978-3-11-052952-4
e-ISBN (EPUB) 978-3-11-052683-7
ISSN 0506-9408

Library of Congress Cataloging-in-Publication Data
A CIP catalog record for this book has been applied for at the Library of Congress.

Bibliografische Information der Deutschen Nationalbibliothek
Die Deutsche Nationalbibliothek verzeichnet diese Publikation in der Deutschen National-
bibliografie; detaillierte bibliografische Daten sind im Internet über http://dnb.dnb.de abrufbar.

© 2017 Walter de Gruyter GmbH, Berlin/Boston
Titelbild: Vorführung neuer Gasmasken für chemische Betriebe auf der Internationalen Leipziger
Herbstmesse 1929; BArch, Bild 102-10335/Georg Pahl
Satz: fidus Publikations-Service GmbH, Nördlingen
Druck und Bindung: Hubert & co. GmbH & Co. KG, Göttingen
♾ Printed on acid-free paper
Printed in Germany

www.degruyter.com

Inhalt

I. Einleitung

Nicolai Hannig/Malte Thießen
Vorsorge und Prävention in der Moderne. Konzeption, Erweiterung und Erkundung eines Forschungsfelds —— 1

II. Politik

Fabian Klose
Humanitäre Intervention und Prävention in der internationalen Politik vom 19. bis ins 21. Jahrhundert —— 27

Annelie Ramsbrock
Lebenslang. Sozialprognose und Kriminalprävention, 1890–1980 —— 45

III. Wirtschaft

Martin Lengwiler
Im Fahrwasser der Finanzmärkte. Vorsorgetechniken des Versicherungswesens und ihre Grenzen —— 63

Franz Mauelshagen
Das Zeitalter der Ungewissheit: Zukunftsszenarien und globale Bedrohung nach dem Zweiten Weltkrieg —— 79

IV. Technik

Benjamin Herzog
„Menschliches Versagen" in der Kernenergie. Der Rollenwandel des Menschen in den Präventionskonzepten einer Risikotechnologie —— 105

Christoph Strupp
Wirtschaftspolitik für eine unbestimmte Zukunft. Vorsorge als Argument im Streit um die Hamburger Hafenerweiterung —— 127

V. Verkehr

Kai Nowak
Automatismen als Unfallprävention? Verkehrssicherheit in der frühen Bundesrepublik im Zeichen von Selbstkontrolle und Resilienz —— 147

Rüdiger Graf
Sorglosigkeit und Versicherheitlichung. Der Aufstieg der Verhaltensökonomie und die Transformation des Verkehrsverhaltens —— 169

VI. Körper

Frank Becker
Vorsorgen oder Ausbrennen. Der Körper des Werktätigen und der „energetische Imperativ" in der Weimarer Republik —— 191

Nina Mackert
"Nature always counts". Kalorienzählen als Vorsorgetechnik in den USA des frühen 20. Jahrhunderts —— 213

VII. Bilanz

Lucian Hölscher
Vorsorge als Zukunftshandeln. Versuch einer theoretischen Bilanzierung im Hinblick auf die Geschichte der Zukunft —— 233

Dank —— 243

Abkürzungen —— 245

Die Autorinnen und Autoren dieses Bandes —— 249

Personenregister —— 251

Nicolai Hannig/Malte Thießen
Vorsorge und Prävention in der Moderne
Konzeption, Erweiterung und Erkundung eines Forschungsfelds

> „Der Bundesverband für den Selbstschutz hat für jeden von uns ein ‚Vorsorgepaket' geschnürt. [...] Katastrophen, gleich welcher Art, können wir nicht verhindern. Wir können aber viel tun, um für derartige Fälle Vorsorge zu treffen und die Folgen möglichst gering zu halten. [...] Jeder Bürger sollte rechtzeitig sein eigenes Vorsorgepaket schnüren. In der Stunde der Not kann es zu spät sein."
>
> Broschüre des Bundesministeriums des Innern: „Ihr Vorsorgepaket"

1 Von Paketen, Sorgen und Sicherheiten

Im Spätsommer 1981 flatterte den Bundesbürgern ein „Vorsorgepaket" ins Haus. Dabei handelte es sich um ein Heft, in dem das Bundesinnenministerium über Vorsorgemaßnahmen für den Verteidigungsfall aufklärte und allen Westdeutschen empfahl, „sich ein Überlebenspaket zu schnüren".[1] Der Zeitpunkt war gut gewählt. In Europa ging die Angst vor einem Atomkrieg um. Die Aufstellung sowjetischer SS-20- und amerikanischer Pershing-II-Raketen trieb Hunderttausende auf die Straße, die in Friedensdemonstrationen vor einem „atomaren Holocaust" warnten.[2] Endzeitstimmung breitete sich aus, und apokalyptische Szenarien machten die Runde. Im September 1981 eröffnete der *Spiegel* unter dem Titel „Das geplante Inferno" eine Serie zum drohenden Atomkrieg mit Reportagen vom „Untergang der Menschheit".[3]

---

[1] Bundesministerium des Innern, Ihr Vorsorgepaket. Informationen über Vorsorge und Eigenhilfe der Bürger, Bonn 1981, S. 7.
[2] Vgl. als Einstieg u. a. die Beiträge in Philipp Gassert/Tim Geiger/Hermann Wentker (Hrsg.), Zweiter Kalter Krieg und Friedensbewegung. Der NATO-Doppelbeschluss in deutsch-deutscher und internationaler Perspektive, München 2011; vgl. als Studien u. a. Susanne Schregel, Konjunktur der Angst. „Politik der Subjektivität" und „neue Friedensbewegung", 1979–1983, in: Bernd Greiner/Christian Th. Müller/Dierk Walter (Hrsg.), Angst im Kalten Krieg, Hamburg 2009, S. 495–520.
[3] Der Spiegel, Das geplante Inferno, 21.9.1981, S. 112–121. Bei der Serie handelt es sich um einen Vorabdruck von Horst-Eberhard Richter, Alle redeten vom Frieden. Versuch einer paradoxen Intervention, Reinbek bei Hamburg 1981.

Abb. 1: *Informationsschrift für den Selbstschutz im Kriegs- und Katastrophenfall;* Deutsches Historisches Museum, Berlin/S. Ahlers (Inventarnr. Do2 99/1846)

Angesichts solch düsterer Aussichten hätte die Hochglanzbroschüre des Bundesinnenministeriums auf große Resonanz stoßen müssen. Das Gegenteil war der Fall. In der Presse erntete Innenminister Gerhart Baum Hohn und Spott für das Vorsorgepaket. In Anspielung an Vorsorgemaßnahmen der 1960er Jahre, in denen „Duck and Cover" als Schutz gegen Strahlung propagiert worden war, ätzte das *Hamburger Abendblatt* in einer Überschrift: „Alufolie löst die Aktentasche ab".[4] Tatsächlich hatte das Vorsorgepaket empfohlen, sich mit Alufolie zu bevorraten, da diese nicht nur vor Radioaktivität, sondern ebenso vor Kälte schütze. Auch der *Spiegel* hielt die Vorstellung für „grotesk", man könne im hauseigenen „Partykeller" mit „Konserven, Kerzen und Kochplatten" den „atomaren Feuerzauber" überleben.[5] In der *Zeit* fragte Carla Sappok skeptisch nach dem Sinn von „Dauerbrot in Dosen", einem „Camping-Trockenklo" und weiteren Maßnahmen, die die Broschüre bewarb. Darüber hinaus aber bereitete ihr das Vorsorgepaket grundsätzliche Sorgen: „Ist der Tag X schon so

---

4 Hamburger Abendblatt, Strahlenschutz: Alufolie löst die Aktentasche ab, 18.7.1981.
5 Der Spiegel, „Ihr Schutzraum – ein fröhlicher Partykeller", 21.9.1981, S. 258 f.

nah, daß Katastrophenvorsorge zur dringlichen Bürgerpflicht wird?"[6] Dass umtriebige Unternehmen solche Sorgen aufgriffen und eigene Produkte der Vorsorge bewarben, dürfte Ängste vor dem Atomkrieg noch verstärkt haben.[7]

Vorsorgepakete gibt es auch heute, für Kriege und zivile Katastrophen ebenso wie für die Probleme des Alltags daheim. Ob im Internet oder in Buchläden, in Krankenkassen oder Unternehmen, in Apotheken oder beim Outdoor-Versand, überall werden Pakete für den Ernstfall geschnürt – für die Vorsorge vor Krankheiten und Altersarmut, vor dem Pflege-, Erb- und Todesfall oder vor Natur- und anderen Katastrophen. Vor kurzem erschien Vorsorge sogar als ein Allheilmittel gegen den Terror: Nach den Anschlägen in Nizza, Würzburg, München und Ansbach im Juli 2016 wurden schnell Rufe nach geeigneten Vorsorgekonzepten und einem Ausbau von Präventionsprogrammen laut, die sich gezielt gegen Amokläufer und Selbstmordanschläge richten sollten.[8] Umgehend präsentierten das Bundesinnen- und das Bundesfamilienministerium eine „Strategie der Bundesregierung zur Extremismusprävention und Demokratieförderung".[9]

Vorsorgen, das machen bereits diese Beispiele deutlich, befördert Auseinandersetzungen mit Ängsten, Sorgen und Hoffnungen. Vorsorge ist eine politische Herausforderung und zugleich ein lukratives Geschäft für Unternehmen. Sie vergegenwärtigt zukünftige Bedrohungen und fordert Interventionen, Sicherheitskonzepte, Schutzmaßnahmen. Schon deshalb ist Vorsorge ein Phänomen mit gesamtgesellschaftlicher Reichweite. Dass vor kurzem selbst die *Bild*-Zeitung auf ihrer Titelseite mit einer Serie „Alles über Vorsorge!" aufmachte, ist dafür ein besonders plakativer Beleg.[10] Obwohl oft medizinische und sozialstaatliche Themen im Fokus stehen, dreht sich eine Geschichte der Vorsorge nicht nur um Krankheit und Gesundheit, Arbeitsunfälle oder Rente, sondern ebenso um Kriege oder Maßnahmen gegen Armut, die Länge von Haftstrafen oder die Sicherheit von Atommeilern. Stets geht es dabei um Grundsätzliches: um soziale Risiken und Normen, ja um Gesellschafts- und Menschenbilder. Schließlich zielt Vorsorge sowohl auf die Ordnung sozialer Verhältnisse als auch des sozialen Verhaltens, markiert sie doch die Grenze zwischen „vorausschauenden" und

---

6 Die Zeit, Für Schnee und Schlimmeres. Der Bundesverband für den Selbstschutz rät uns, ein Päckchen für den Ernstfall zu schnüren, 16.10.1981.
7 Der Spiegel, „Ihr Schutzraum – ein fröhlicher Partykeller", 21.9.1981, S. 258 f.
8 Vgl. Der Spiegel, Angst vor der Angst, 30.7.2016, S. 12–19, bes. S. 16–18.
9 Bundesministerium für Familie, Senioren, Frauen und Jugend/Bundesministerium des Innern (Hrsg.), Strategie der Bundesregierung zur Extremismusprävention und Demokratieförderung, Berlin 2016. Online abrufbar unter: https://www.bundesregierung.de/Content/Infomaterial/BMFSFJ/Strategie-der-Bundesregierung-zur-Extremismusprävention-und-Demokratieförderung_226682.html (abgerufen am 5.8.2016).
10 Bild, Alles über Vorsorge!, 4.4.2016, S. 1; Bild, Darum ist Vorsorge so wichtig. Die große neue Serie in BILD, 4.4.2016, S. 9.

„nachlässigen" Subjekten.[11] Martin Lengwiler und Stefan Beck sehen in ihr insofern eine Regierungstechnik moderner Staaten, die auf „krisenhafte Zeitdiagnosen und Zukunftserwartungen" reagiert.[12]

Wegen dieser gesellschaftlichen Bandbreite weckt Vorsorge das Interesse unterschiedlicher Fächer. Mediziner erkunden dieses Forschungsfeld ebenso wie Sozial-, Geistes- und Kulturwissenschaftler. Schon dies allein unterstreicht das Potenzial einer Geschichte der Vorsorge. Sie bewegt sich an den Schnittstellen verschiedener Disziplinen, sie erforscht Auseinandersetzungen zwischen individuellen und kollektiven Bedürfnissen, zwischen Experten- und Alltagskulturen, zwischen Politik, Wirtschaft, Wissenschaft und Gesellschaft.[13] Der historische Zugriff ist noch in anderer Hinsicht gewinnbringend: Vorsorge gilt als typische Denkfigur der Moderne.[14] Auch wenn es bereits im Mittelalter und in der Antike vorsorgendes Denken und Handeln gegeben hatte, wurde dieser Vorgriff auf die Zukunft seit dem 19. Jahrhundert immer bedeutsamer.[15] Seither avancierte Vorsorge zu einem gesamtgesellschaftlichen Phänomen, war ihre Popularität doch untrennbar verbunden mit der „Biologisierung", Verwissenschaftlichung, Rationalisierung und Bürokratisierung des Sozialen.[16] Die Geschichte der Medizin bietet für diese Verbindung und gesellschaftliche Tragweite besonders viele Beispiele. Mit der „Medikalisierung" Europas, mit dem Anbruch der „Ära der Bakteriologie" bzw. „des Zeitalters der Nervosität" wurde Vorsorge zum Signum moderner Planungsutopien und Politikentwürfe, ja zur Chiffre der Moderne

---

11 Philipp Sarasin, Die Geschichte der Gesundheitsvorsorge. Das Verhältnis von Selbstsorge und staatlicher Intervention im 19. und 20. Jahrhundert, in: Cardiovascular Medicine 14 (2011), H. 2, S. 41–45, hier S. 42.
12 Martin Lengwiler/Stefan Beck, Historizität, Materialität und Hybridität von Wissenspraxen. Europäische Präventionsregime im 20. Jahrhundert, in: Geschichte und Gesellschaft 34 (2008), S. 489–523, hier S. 490 f.
13 Malte Thießen, Gesundheit erhalten, Gesellschaft gestalten. Konzepte und Praktiken der Vorsorge im 20. Jahrhundert: Eine Einführung, in: Zeithistorische Forschungen 10 (2013), S. 354–365.
14 Reinhart Koselleck, Vergangene Zukunft. Zur Semantik geschichtlicher Zeiten, Frankfurt a. M. 1999, S. 19–34.
15 Vgl. dazu die Beiträge in Markus Bernhardt/Stefan Brakensiek/Benjamin Scheller (Hrsg.), Ermöglichen und Verhindern. Vom Umgang mit Kontingenz, Frankfurt a. M. 2016; Frank Becker/Benjamin Scheller/Ute Schneider (Hrsg.), Die Ungewissheit des Zukünftigen. Kontingenz in der Geschichte, Frankfurt a. M. 2016.
16 Zur „Biologisierung" und Verwissenschaftlichung des Sozialen vgl. u. a. Manfred Berg/Geoffrey Cocks (Hrsg.), Medicine and Modernity. Public Health and Medical Care in Nineteenth- and Twentieth-Century Germany, Cambridge 1997; Christoph Sachße/Florian Tennstedt (Hrsg.), Soziale Sicherheit und soziale Disziplinierung. Beiträge zu einer historischen Theorie der Sozialpolitik, Frankfurt a. M. 1986; Peter Weingart, Verwissenschaftlichung der Gesellschaft – Politisierung der Wissenschaft, in: Zeitschrift für Soziologie 12 (1983), S. 225–241; Lutz Raphael, Die Verwissenschaftlichung des Sozialen als methodische und konzeptuelle Herausforderung für eine Sozialgeschichte des 20. Jahrhunderts, in: Geschichte und Gesellschaft 22 (1996), S. 165–193.

überhaupt.[17] Seuchenkordons und Impfprogramme, vorsorgliche Mütter- und Säuglingspflege, Diäten und Sport standen von nun an für vorausschauendes Handeln und „modernes" Verhalten.[18] Als „Biopolitik" stellten Vorsorgeprogramme zudem staatlichen Akteuren ein gutes Zeugnis aus. Sie galten als Ausweis effektiver Verwaltungen, die rational und nüchtern die sozialen Herausforderungen der Industrialisierung und Urbanisierung annahmen und systematisch bewältigten. Aus diesem Grund sehen Mark Harrison und Peter Baldwin in Vorsorgeprogrammen gegen Infektionskrankheiten sogar Motoren moderner Sozialstaaten.[19]

Selbst wenn man nicht so weit gehen möchte, liegt die Verbindung zwischen Vorsorge und Staatlichkeit seit dem späten 19. Jahrhundert auf der Hand.[20] Martin Lengwiler und Jeanette Madarász haben in diesem Zusammenhang auf das zeitgenössische Programm des Staatswissenschaftlers Adolph Wagner verwiesen. Unter dem Titel „Das Vorwalten des Präventivprincips im entwickelten Staate" diagnostizierte Wagner schon 1876 angesichts immer komplexerer Gesellschaften einen fundamentalen Wandel von Staatlichkeit: „Je höher die Volkswirthschaft und die Cultur entwickelt sind, […] je complicirter die Verhältnisse, […] desto nothwendiger wird die Prävention […]".[21] In diesem Sinne musste es für Politiker „effizienter und ökonomischer" erscheinen, „gesellschaftliche oder zwischenstaatliche Spannungen und Konflikte durch präventive Verhaltensregeln zu vermeiden als die Konfliktparteien ex post durch Bestrafungen zu sanktionieren".[22] Die Stadtgeschichts- und Sozialstaatsforschung hat den historischen Kontext dieser Entwicklungen schon vor längerem ausgeleuchtet. Seit dem späten 19. Jahrhundert bildeten Fürsorge und Vorsorge demnach zwei Pole, zwischen denen Konzepte sozialer Sicherheit abgesteckt

---

[17] Vgl. Joachim Radkau, Das Zeitalter der Nervosität. Deutschland zwischen Bismarck und Hitler, München 1998; Philipp Sarasin u. a. (Hrsg.), Bakteriologie und Moderne. Studien zur Biopolitik des Unsichtbaren 1870–1920, Frankfurt a. M. 2007.
[18] Malte Thießen, Vom immunisierten Volkskörper zum „präventiven Selbst". Impfen als Biopolitik und soziale Praxis vom Kaiserreich zur Bundesrepublik, in: Vierteljahrshefte für Zeitgeschichte 61 (2013), S. 35–64; Malte Thießen, Vorsorge als Ordnung des Sozialen. Impfen in der Bundesrepublik und DDR, in: Zeithistorische Forschungen 10 (2013), S. 409–432.
[19] Mark Harrison, Disease and the Modern World, Cambridge 2004; Peter Baldwin, Contagion and the State in Europe, 1830–1930, Cambridge 1999; Malte Thießen (Hrsg.), Infiziertes Europa. Seuchen im langen 20. Jahrhundert, Berlin 2014.
[20] Nicolai Hannig, Kalkulierte Gefahren. Naturkatastrophen und Prävention seit 1800, Habilitationsschrift, Ludwig-Maximilians-Universität München 2017, S. 105–127.
[21] Adolph Wagner, Allgemeine oder theoretische Volkswirtschaftslehre. Mit Benutzung von Rau's Grundsätzen der Volkswirthschaftslehre. Erster Theil. Grundlegung, Leipzig/Heidelberg 1876, S. 274 und 276.
[22] Martin Lengwiler/Jeanette Madarász, Präventionsgeschichte als Kulturgeschichte der Gesundheitspolitik, in: Martin Lengwiler/Jeanette Madarász (Hrsg.), Das präventive Selbst. Eine Kulturgeschichte moderner Gesundheitspolitik, Bielefeld 2010, S. 11–28, hier S. 13.

wurden, wie Hans Günter Hockerts und Jürgen Reulecke zeigen.[23] Die wechselhaften Konjunkturen von Fürsorge und Vorsorge sowie Spannungen zwischen beiden Konzepten machen daher auf soziale Dynamiken und gesellschaftlichen Wandel aufmerksam.[24] So verweist das populäre Motto „Vorbeugen ist besser, nicht zuletzt, weil es billiger ist",[25] auf soziale Kosten-Nutzen-Kalkulationen, die in Krisenzeiten besonders plausibel bzw. besonders populär erschienen. Peter Schmiedebach hat Vorsorge gar zu einer „sozialtechnologischen Intervention" erklärt, die den gesunden Menschen zur „Arbeits- und Sozialressource"[26] rationalisierte, ja degradierte. Die Studie von Winfried Süß zur nationalsozialistischen Gesundheitspolitik bietet für die Folgen solcher Rationalisierungen besonders beklemmende Beispiele.[27] Sozial- sowie gesundheitspolitische Diskussionen seit den 1970er Jahren oder die kürzlich geführte Debatte um ein Präventionsgesetz machen wiederum deutlich, dass Vorsorge als staatliche Krisenreaktion und Kostendämpfungspolitik bis heute gefragt ist.[28] Hans Günter Hockerts weist in diesem Zusammenhang darauf hin, dass die „allgemeine Absenkung des gesetzlichen Sicherheitsniveaus"[29] zunehmend durch individuelle, freiwillige Vorsorge kompensiert werden soll. Kurzum: Vorsorge hat seit dem 19. Jahrhundert eine ungeheure Sogwirkung entfaltet und den Wandel gesellschaftlicher Ordnungen bis heute geprägt.[30]

---

23 Jürgen Reulecke, Gesundheitsfür- und Vorsorge in den deutschen Städten seit dem 19. Jahrhundert, in: Dittmar Machule (Hrsg.), Macht Stadt krank? Vom Umgang mit Gesundheit und Krankheit, Hamburg 1996, S. 70–83; Hans Günter Hockerts, Der deutsche Sozialstaat. Entfaltung und Gefährdung seit 1945, Göttingen 2011.
24 Vgl. weiterhin Hans Günter Hockerts, Vorsorge und Fürsorge. Soziale Sicherung in den Gründerjahren der Bundesrepublik, in: Marc von Miquel (Hrsg.), Sozialversicherung in Diktatur und Demokratie. Begleitband zur Wanderausstellung der Arbeitsgemeinschaft „Erinnerung und Verantwortung" der Sozialversicherungsträger in NRW, Essen 2007, S. 317–332; Winfried Süß, Gesundheitspolitik, in: Hans Günter Hockerts (Hrsg.), Drei Wege deutscher Sozialstaatlichkeit. NS-Diktatur, Bundesrepublik und DDR im Vergleich, München 1998, S. 55–100.
25 Ulrich Bröckling, Vorbeugen ist besser ... Zur Soziologie der Prävention, in: Behemoth 1 (2008), S. 38–48, hier S. 46.
26 Heinz-Peter Schmiedebach, Gesundheit und Prävention in Abhängigkeit vom Gesellschaftsbegriff im 19. Jahrhundert, in: Sigrid Stöckel/Ulla Walter (Hrsg.), Prävention im 20. Jahrhundert. Historische Grundlagen und aktuelle Entwicklungen in Deutschland, Weinheim 2002, S. 26–38, hier S. 36.
27 Winfried Süß, Der „Volkskörper" im Krieg. Gesundheitspolitik, Gesundheitsverhältnisse und Krankenmord im nationalsozialistischen Deutschland 1939–1945, München 2003.
28 Vgl. Jürgen Wasem u. a., Gesundheitswesen und Sicherung bei Krankheit und im Pflegefall, in: Manfred G. Schmidt (Hrsg.), Bundesrepublik Deutschland 1982–1989. Finanzielle Konsolidierung und institutionelle Reform, Baden-Baden 2005, S. 389–440, hier bes. S. 399–402.
29 Hockerts, Der deutsche Sozialstaat, S. 320.
30 Vgl. dazu die Überlegungen von Wolfgang Hardtwig, Einleitung: Utopie und politische Herrschaft im Europa der Zwischenkriegszeit, in: Wolfgang Hardtwig (Hrsg.), Utopie und politische Herrschaft im Europa der Zwischenkriegszeit, München 2003, S. 1–12.

Das „Präventivprincip" war für staatliche Akteure immer beides, Segen und Fluch: Einerseits eröffnete es Politikern, Wissenschaftlern, Verwaltungsbeamten, Ärzten, Ingenieuren, Richtern oder Lehrern Handlungsspielräume, in deren Rahmen sich staatliche Handlungsfähigkeit demonstrieren und Machtansprüche legitimieren ließen. Andererseits entwickelte sich Vorsorge zu einer Verpflichtung, die der Staat gegenüber seinen Bürgern zu erfüllen hatte.[31] Gerade die Potenziale vorsorglicher Steuerung nährten eine Anspruchshaltung und setzten moderne Staaten zunehmend unter Zugzwang. François Ewald hat diese Entwicklung als Kernelement von Wohlfahrtsstaaten beschrieben, die daher als „Vorsorgestaaten" zu verstehen seien: Seit dem 19. Jahrhundert herrschte „allgemeine Mobilmachung auch in Friedenszeiten. [...] Die Bekämpfung des sozialen Übels wird zur Aufgabe einer Sozialverteidigung, die die Politik im Inneren als auch den anderen Staaten gegenüber annimmt."[32]

Vorsorge wurde zugleich zum Ausdruck eines modernen Lebensgefühls. Der moderne Staatsbürger sollte sich als „vernünftiges Subjekt" entwerfen und, ganz im Sinne der Selbstsorge, sein Wohl und seine Zukunft in die eigene Hand nehmen.[33] Modernes Verhalten verstanden Zeitgenossen als vorsorgliches Verhalten und umgekehrt. Das „präventive Selbst" war somit ein Kind des späten 19. Jahrhunderts, dessen Nachfahren wir heute unter Joggern, beim Diät-Treiben oder Self-Tracking entdecken.[34] Die Selbstverständlichkeit, Alltäglichkeit und Normalität, mit der wir heute Vorsorge betreiben, ist deshalb keineswegs trivial, sondern Folge eines langen Gewöhnungsprozesses. Eberhard Wolff hat etwa die Geschichte des Impfens als allmähliche Durchsetzung eines modernen Lebensgefühls seit dem späten 18. Jahrhundert beschrieben. Der Kampf gegen Infektionskrankheiten fußte demnach auf einem Wandel von Denk- und Verhaltensweisen im Sinne einer säkularen Ethik, mit der das Nützlichkeits- und Effizienzdenken in die industrielle Welt einzog.[35] Vorsorge geriet

---

31 Nicolai Hannig, The Checkered Rise of Resilience. Anticipating Risks of Nature in Switzerland and Germany since 1800, in: Historical Social Research 41 (2016), S. 240–262; Malte Thießen, Risk as a Ressource. On the Interplay between Risks, Vaccinations and Welfare States in Nineteenth- and Twentieth-Century Germany, in: Historical Social Research 41 (2016), S. 70–90.
32 François Ewald, Der Vorsorgestaat, Frankfurt a. M. 1993, S. 468 f.
33 Sarasin, Geschichte der Gesundheitsvorsorge, S. 41 f.
34 Vgl. die Beiträge in Lengwiler/Madarász, Das präventive Selbst.
35 Eberhard Wolff, Medikalkultur und Modernisierung – Über die Industrialisierung des Gesundheitsverhaltens durch die Pockenschutzimpfung und deren Grenzen im 19. Jahrhundert, in: Michael Dauskardt/Helge Gerndt (Hrsg.), Der industrialisierte Mensch. Vorträge des 28. Deutschen Volkskunde-Kongresses in Hagen vom 7. bis 11. Oktober 1991, Münster 1993, S. 191–212, hier S. 194. Wolff konzentriert sich in seiner Studie auf das 18. und frühe 19. Jahrhundert. Zur Normalisierung und Veralltäglichung von Immunität im 19. und 20. Jahrhundert vgl. Malte Thießen, Immunisierte Gesellschaft. Impfen in Deutschland im 19. und 20. Jahrhundert, Göttingen 2017.

von nun an zum Grundsatz aller Lebensbereiche, bei der Arbeit und in der Freizeit, in der Schule und im Kindergarten, beim Essen oder beim Schlafen.[36]

Insofern ist die Geschichte der Vorsorge auch eine Geschichte moderner Zeitvorstellungen bzw. eine „Geschichte des Kommenden".[37] In Anlehnung an Reinhart Koselleck hat Lucian Hölscher dem Zusammenhang zwischen Zukunftsentwürfen und Vorsorgedenken bzw. Präventivprinzip nachgespürt. Der Abschied von apokalyptischen oder eschatologischen Zukunftsentwürfen beförderte demnach Vorstellungen von einer planbaren Zukunft, die man bereits in der Gegenwart gestalten konnte und sollte.[38] Seither gingen Vorsorge und Zukunftsplanung Hand in Hand. Vorsorge, so formuliert es Ulrich Bröckling, schuf eine „Anthropologie im Gerundivum", also die Forderung an Gesellschaften, den zukünftigen Menschen bereits in der Gegenwart zu formen. Auch in diesem Sinne war Vorsorge ein typisch „modernes" Phänomen, also sowohl Folge als auch Voraussetzung einer sukzessiven Säkularisierung: Ihre Überzeugungskraft speiste sich nicht mehr aus transzendenten Gewissheiten, sondern aus wissenschaftlichen Fakten, mit denen sich politische Interventionen begründen ließen.[39]

2 Leitbegriffe und Perspektiven einer Gesellschaftsgeschichte des Kommenden

Die Geschichte der Vorsorge eröffnet also zahlreiche Perspektiven auf das 19. und 20. Jahrhundert. Sie lenkt den Blick erstens auf die Konstituierung von Sozialstaaten und ihren Wandel. Zweitens erkundet sie, wie sich moderne Lebenswelten veränderten. Und drittens richtet sie unsere Aufmerksamkeit darauf, wie soziale und zeitliche Ordnungen zusammenhängen. Angesichts dieser Perspektiven ist es erstaunlich, dass sich die Geschichte der Vorsorge bislang meist auf sozialstaatliche und gesundheitliche Themen beschränkt hat. Zweifellos sind Renten- und Gesundheitspolitik, medizinische Konzepte und Arbeitsschutz geeignet, um gesellschaftliche Wandlungsprozesse seit dem 19. Jahrhundert zu untersuchen.[40] In der Moderne war schließlich

---

36 Vgl. die Fallstudien in Sylvelyn Hähner-Rombach (Hrsg.), Geschichte der Prävention. Akteure, Praktiken, Instrumente, Stuttgart 2015.
37 Matthias Leanza, Die Geschichte des Kommenden. Zur Historizität der Zukunft im Anschluss an Luhmann und Foucault, in: Behemoth 4 (2011), S. 10–25.
38 Vgl. Lucian Hölscher, Die Entdeckung der Zukunft, Frankfurt a. M. 1999, S. 34–46; vgl. jetzt auch die erweiterte Neuauflage des gleichnamigen 2016 in Göttingen erschienenen Werks.
39 Beide Bröckling, Vorbeugen ist besser, S. 39 f.
40 Lars Bluma/Karsten Uhl (Hrsg.), Kontrollierte Arbeit – disziplinierte Körper? Zur Sozial- und Kulturgeschichte der Industriearbeit im 19. und 20. Jahrhundert, Bielefeld 2012.

weniger Gott der Gradmesser für gutes Leben, sondern Gesundheit, die zu einem „neuen Gesellschaftsvertrag"[41] avancierte.

Die Reich- und Tragweite des Vorsorgedenkens wird indes deutlicher, wenn wir unseren Blick auf weitere gesellschaftliche Handlungsfelder ausdehnen. Mit dieser Beobachtung verbindet sich die erste Zielsetzung dieses Bandes: eine Erweiterung des Untersuchungsgegenstandes. Die Autoren haben sich daher auf eine Spurensuche nach Vorsorgekonzepten begeben, mit denen sie neue Felder erkunden und abstecken. Sie beschäftigen sich mit Vorsorge im Strafrecht und Sport, als internationale Sicherheitspolitik und im Straßenverkehr. Sie spüren ihr in der Wirtschaft und Wissenschaft, in Versicherungen und Unternehmen, beim Essen oder beim Arbeiten nach. Obwohl die vorliegenden Beiträge sozialpolitische und medizinische Fragen selten explizit behandeln, wird im Überblick deutlich, dass Gesundheit immer wieder einen Bezugspunkt für Konzepte und Praktiken darstellte. Gesundheit, das ist somit ein erstes Ergebnis dieses Bandes, bildete ein semantisches Referenzsystem für soziale Normen und Entwicklungen, Hierarchien und Ordnungen.[42] Eine *gesunde Entwicklung* ist schließlich nicht nur das Ziel von Ärzten, sondern auch von Unternehmen und Volkswirtschaften. *Diagnosen* und *Befunde* zur Gesellschaft und Gegenwart erforderten und erfordern nach wie vor, die Gesellschaft zu *behandeln*, sie zu *kurieren* oder zu *heilen*. Man *immunisierte* und *impfte* seit dem 19. Jahrhundert nicht nur gegen Krankheiten, sondern ebenso gegen Kommunismus und Kapitalismus, gegen Rechtsextremismus und Islamismus. Neben der Gesundheit scheinen in mehreren Beiträgen weitere Referenzsysteme auf.

Die hydraulische und mechanische Interpretation des Körpers, wie sie *Frank Becker* und *Nina Mackert* untersuchen, deutet auf semantische Anleihen aus der Technik hin, die dem Vorsorgedenken und -handeln Überzeugungskraft verliehen. Denn auch das machen die Autoren dieses Bandes deutlich: Der Erfolg von Vorsorge fußte nicht zuletzt auf ihrer Popularisierung durch Medien, die eine Brücke zwischen Experten- und Alltagsdiskursen bauten. Entsprechend facettenreich ist die Bandbreite an Quellen, die die Autorinnen und Autoren in diesem Band untersuchen: Von TV-Shows, wie sie Kai Nowak vorstellt, über Radioprogramme, Ratgeber, Ausstellungen, Vorträge, Broschüren, Zeitungsartikel, Fachjournale bis hin zum Internet reicht das Medienensemble, mit dem Vorsorge gesellschaftlich verankert wurde.

---

41 Dorothy Porter, The Social Contract of Health in the Twentieth and Tweny-First Centuries. Individuals, Corporations, and the State, in: Susan Gross Solomon/Lion Murard/Patrick Zylberman (Hrsg.), Shifting Boundaries of Public Health. Europe in the Twentieth Century, Rochester 2008, S. 45–60. Vgl. auch Elisabeth Beck-Gernsheim, Health and Responsibility. From Social Change to Technological Change and Vice Versa, in: Barbara Adam/Ulrich Beck/Joost van Loon (Hrsg.), The Risk Society and Beyond. Critical Issues for Social Theory, London 2000, S. 122–135.
42 Vgl. Malte Thießen, Gesunde Zeiten. Perspektiven einer Zeitgeschichte der Gesundheit, in: Frank Bajohr/Anselm Doering-Manteuffel/Claudia Kemper/Detlef Siegfried (Hrsg.), Mehr als *eine* Erzählung. Zeitgeschichtliche Perspektiven auf die Bundesrepublik, Göttingen 2016, S. 259–272.

Neben diesen inhaltlichen Erweiterungen zielt der Band zweitens auf methodische Erweiterungen. Bislang operiert die Forschung auf vergleichsweise abstraktem Niveau. Zumeist stehen Diskurse im Vordergrund, die anhand politischer oder wissenschaftlicher Veröffentlichungen untersucht werden. Dieser Fokus ist jedoch nur *eine* gewinnbringende Perspektive, die auch dieser Band verfolgt. Darüber hinaus bedarf es einer Auseinandersetzung mit sozialen Folgen des Vorsorgens, mit konkreten Akteuren, ihren Interessen, Konflikten, mit biographischen Voraussetzungen und Rahmenbedingungen durch bestimmte Situationen. Vor diesem Hintergrund orientieren sich die Beiträge dieses Bandes an drei Leitbegriffen, mit denen sie unterschiedliche Analyseschwerpunkte von Vorsorge setzen können: Akteure, Räume und Praktiken.

Leitbegriffe	**Akteure**	**Räume**	**Praktiken**
Analyseschwerpunkte	Biographische und soziale Kontexte	Handlungsorte	Regeln und Routinen
	Subjektivierung	Interventionsfelder	Erfahrung
	Aushandlungen	Zeiträume	Veralltäglichung

2.1 Akteure

Der Blick auf *Akteure* ist aus mindestens drei Gründen sinnvoll. *Erstens* lassen sich mit Akteuren biographische Motive, soziale Kontexte und zeitgemäße Strategien beleuchten, mit denen Vorsorge ein Gesicht erhielt, mitunter auch im eigentlichen Wortsinn. In vielen Beiträgen haben wir es dabei mit Experten zu tun: mit Ernährungs-, Wirtschafts-, Arbeits-, Verkehrs-, Verhaltens- und Sportwissenschaftlern, mit Kriminologen oder Versicherungsfachleuten. Eine akteurszentrierte Perspektive bettet diese Experten in ihren Kontext ein, sie macht Kooperationen und Konflikte sichtbar. Darüber hinaus werden jenseits der Experten weitere Akteure erkennbar: Die Vorsorgeverweigerer und -kritiker, die beispielsweise *Rüdiger Graf* in seinem Beitrag untersucht, oder die Leidtragenden und Verlierer von Vorsorgeprogrammen. Mit den Akteuren kommen wir also dem „Eigensinn" (Alf Lüdtke) der Beteiligten auf die Spur und damit den unterschiedlichen Aneignungen oder Distanzierungen von Vorsorge.

Zweitens kann eine akteurszentrierte Perspektive Subjektivierungen sichtbar machen. Immer wieder beschäftigt uns im Folgenden daher die Frage, inwiefern Vorsorge eine Ressource der „Selbst-Bildung" war und ist.[43] Dass Akteure Vorsorge zur

---

43 Thomas Alkemeyer, Subjektivierung in sozialen Praktiken. Umrisse einer praxeologischen Analytik, in: Thomas Alkemeyer/Gunilla Budde/Dagmar Freist (Hrsg.), Selbst-Bildungen. Soziale und kulturelle Praktiken der Subjektivierung, Bielefeld 2013, S. 33–68.

Profilierung und Professionalisierung nutzten, wird im Versicherungswesen ebenso deutlich wie in den Ernährungswissenschaften, in der Risikotechnologie und im Sport. Solche Selbst-Bildungen dienten immer auch der gesellschaftlichen Legitimation. Dank Vorsorge, so lässt sich festhalten, gewannen Experten mit ihrem Wissen und Wirken an gesellschaftlicher Bedeutung. Dabei könnte man so weit gehen, Prozesse der Professionalisierung als Spirale der Subjektivierung zu verstehen: Je mehr Experten eine spezifische Leistungsfähigkeit und professionelle Kompetenz aus Vorsorge ableiteten, desto mehr erweiterten und verfeinerten sie Vorsorgekonzepte, die wiederum für neue Differenzierungen in Berufsfeldern und unter Experten sorgten. Prozesse der Subjektivierung lassen sich aber auch jenseits der Experten beobachten. Vorsorge bestimmte Risiken, entwarf Prognosen und begründete Interventionen. Damit schuf sie spezifische Subjekte: leistungsorientierte Sportler, umsichtige oder nachlässige Autofahrer, also „Könner" oder „Unfäller", wie sie *Kai Nowak* in diesem Band beschreibt, aber auch rückfallgefährdete Kriminelle und andere Risikogruppen wie Bewohner von Überschwemmungsgebieten, Ungeimpfte oder Übergewichtige – sie alle waren das Ergebnis von Zuschreibungen im Zeichen der Vorsorge.

Drittens ermöglicht ein Blick auf Akteure, die Entstehung von Konzepten besser zu verstehen. Im Zusammenspiel verschiedener Institutionen und Individuen wird die Aushandlung, Etablierung und Verwandlung von Vorsorge sichtbar. Gerade weil Vorsorge darauf abzielte, die Gegenwart und Zukunft von Gruppen oder ganzer Gesellschaften zu organisieren, war es notwendig, dass sich unterschiedliche Akteursgruppen austauschten. In dieser Perspektive lassen sich vorherrschende Top-down-Modelle erweitern. Vorsorgeprogramme wurden nicht einfach nur verordnet, sondern breit diskutiert, verändert und verworfen. Initiativen für größere Projekte, etwa zum Hochwasserschutz, gingen häufig aus lokalen Vereinen und Interessenverbänden hervor, die sich mit Eingaben an die Regierung wandten und dort ein Recht auf Vorsorge einforderten.[44]

2.2 Räume

Vom „Eigensinn" der Akteure ist es nicht weit zur „Eigenlogik" der *Räume*,[45] unserem zweiten Leitbegriff. In welchen Räumen bewegten sich die Akteure? Wie beeinflusste der Raum die Konzeption und praktische Umsetzung von Vorsorge? Zusammengefasst machen die Autoren dieses Bandes drei Raum-Kategorien sichtbar. Erstens

---

44 Christoph Bernhardt, Im Spiegel des Wassers. Eine transnationale Umweltgeschichte des Oberrheins (1800–2000), Köln u. a. 2016; Nicolai Hannig, Die Suche nach Prävention. Naturgefahren im 19. und 20. Jahrhundert, in: Historische Zeitschrift 300 (2015), H. 1, S. 33–65.
45 Helmuth Berking/Martina Löw (Hrsg.), Die Eigenlogik der Städte. Neue Wege für die Stadtforschung, Frankfurt a. M. 2011.

geht es um *Handlungsorte*: Wo genau sorgte man vor? Welche Spielräume eröffneten oder verschlossen sich durch bestimmte Gebäude, Institutionen oder Regionen? Am Schreibtisch wie auf dem Sportplatz, an der Werkbank, im Hafen, im Gefängnis oder im Auto, auf der Straße und in der Natur – überall begegnete man Vorsorge. Und doch verbanden sich mit den jeweiligen Orten ganz unterschiedliche Konzepte und Praktiken. Nicht nur am Arbeitsplatz, das zeigt der Beitrag von *Frank Becker* in diesem Band, schrieb Vorsorge spezifische Verhaltensweisen vor, beispielsweise in Form einer effektiven Pausengymnastik. Selbst das Verhalten zu Hause und in der Freizeit regelte der Vorsorgegedanke. Schlecht waren demnach erzwungene und einseitige Belastungen, erwünscht dagegen „freudvolle" und „freiwillige" Bewegungen, die die Regeneration fördern und Spannkraft erhöhen sollten. Mit den Handlungsräumen ist zugleich die transnationale Dimension von Vorsorge angesprochen. *Fabian Klose* untersucht Verflechtungen anhand von humanitären Interventionen. Dabei zeigt er, wie eng die Idee internationaler Verantwortung mit der Entwicklung von Vorsorgemaßnahmen verbunden war. Wie also veränderten sich Vorsorgekonzepte dank solcher Beziehungen und Austauschprozesse?

Von den Handlungsräumen lassen sich als zweite Raumkategorie *Interventionsfelder* unterscheiden: Vorsorge zielt darauf ab, Risiken zu verhindern, ihnen vorzubeugen oder sie zu mindern. Akteure entwarfen daher Interventionsfelder, um diese zu bearbeiten oder zu behandeln, zu sichern oder zu sanieren. In Einzelfällen gingen diese in den Handlungsorten auf, zum Beispiel im Falle des Arbeitsschutzes, bei dem die Gefahr an der Werkbank mitunter im Wortsinn mit Händen greifbar war. Häufiger gingen Interventionsfelder jedoch über Handlungsorte hinaus, wie *Annelie Ramsbrock* zeigt: Zwar sorgten Orte wie Gefängnisse oder Anstalten durch Sicherungsverwahrung gegen potenzielle Kriminalität vor. Allerdings zielte diese Art von Vorsorge letztlich auf soziale Brennpunkte, Problemviertel und Risikogruppen. Peter Itzen hat am Umgang mit Autounfällen nachgezeichnet, wie Vorsorge sogar das Wetter zum Interventionsfeld erklärte.[46] Solche und weitere Bereiche erkunden die Autorinnen und Autoren in diesem Buch: Welche Räume entwarfen Vorsorgekonzepte, zum Beispiel als Risikogebiete oder als Schutzräume? Und was sagt das aus über soziale Normen und Ordnungen?

Mit diesen Interventionsfeldern hängen drittens die *Zeiträume* zusammen: Die von uns untersuchten Akteure entwarfen mit ihren Konzepten nicht nur Handlungsräume und Interventionsfelder, sondern ebenso spezifische Zeiträume.[47] Sie begründeten Vorsorge mit (Gegenwarts-)Diagnosen und (Zukunfts-)Prognosen, die entsprechende Maßnahmen nicht nur plausibel, sondern zwingend notwendig machen sollten. Zeitliche Bezüge dienten als Argument, wenn Verfechter der Vorsorge bei-

---

[46] Peter Itzen, Who is Responsible in Winter? Traffic Accidents, the Fight against Hazardous Weather and the Role of Law in a History of Risks, in: Historical Social Research 41 (2016), S. 154–175.
[47] Siehe dazu Kapitel 3.

spielsweise eine Krise des Hafens beschworen, die Überalterung der Gesellschaft oder die Wahrscheinlichkeit einer Reaktor- bzw. Naturkatastrophe.

2.3 Praktiken

Akteure und Räume verweisen unmittelbar auf unseren dritten Leitbegriff: auf die *Praktiken*. Dabei geht es uns darum, auch „Verhaltensroutinen" und „Handlungsmuster" zu untersuchen, eine Perspektive, die Soziologie und neuere geschichtswissenschaftliche Studien als „Praxeologie" bezeichnen. Auf diese Weise werden an Vorsorge nicht nur Prozesse der Veralltäglichung und Normalisierung, sondern auch Phänomene der „Selbstdeutung" der Akteure sichtbar.[48] Schon deshalb sind die drei Leitbegriffe kaum voneinander zu trennen. Diese Wechselbeziehung gilt für alle Forschungsfelder, die man praxeologisch untersucht.[49] Und doch ist eine Praxeologie von Vorsorge etwas Besonderes, vielleicht sogar etwas besonders Paradoxes: Da Vorsorge den Notfall, den Ausnahmezustand, die Bedrohung bannen möchte, sind ihre Routinen ein Versuch, Risiken zu rationalisieren und zu suggerieren, dass das Unplanbare planbar sei. Deshalb fragen einige Beiträge danach, inwiefern Vorsorge den „Ausnahmezustand" normalisierte,[50] indem sie die drohende Gefahr in den Alltag integrierte. Indem die Autoren soziale Praktiken untersuchen, können sie auch etwas darüber sagen, auf welche Weise Vorsorge gesellschaftlich eingebettet und veralltäglicht war.[51] Die Vorsorge vor Krankheiten ist dafür ein gutes Beispiel. Impfungen, Untersuchungen und Diäten sind uns heute kaum noch als Präventionsverhalten bewusst. Sie begleiten uns wie selbstverständlich, sie sind im Laufe von Jahrzehnten „normal" und zu alltäglichen Verhaltensmustern und Routinen geworden.[52]

---

48 Sven Reichardt, Praxeologie und Faschismus. Gewalt und Gemeinschaft als Elemente eines praxeologischen Faschismusbegriffs, in: Karl H. Hörning/Julia Reuter (Hrsg.), Doing Culture. Neue Positionen zum Verhältnis von Kultur und sozialer Praxis, Bielefeld 2004, S. 129–153, hier S. 143.
49 Zum Spannungsverhältnis von Räumen, Objekten und Akteuren vgl. u. a. Dagmar Freist, Diskurse – Körper – Artefakte. Historische Praxeologie in der Frühneuzeitforschung – eine Annäherung, in: Dagmar Freist (Hrsg.), Diskurse – Körper – Artefakte. Historische Praxeologie in der Frühneuzeitforschung, Bielefeld 2015, S. 9–30.
50 Vgl. Giorgio Agamben, Ausnahmezustand, Frankfurt a. M. 2004. Zum Spannungsfeld zwischen Ausnahmezustand und Vorsorgekonzepten vgl. Malte Thießen, Der Ausnahmezustand als Argument. Zum Zusammenhang von Seuchenangst, Immunität und persönlichen Freiheitsrechten im 19. und 20. Jahrhundert, in: Hannah Ahlheim (Hrsg.), Gewalt, Zurichtung, Befreiung? Individuelle „Ausnahmezustände" im 20. Jahrhundert, Göttingen 2017, S. 93–116.
51 Zur praxeologischen Analyse von „Alltagsmustern" vgl. Lucas Haasis/Constantin Rieske, Historische Praxeologie. Zur Einführung, in: Lucas Haasis/Constantin Rieske (Hrsg.), Historische Praxeologie. Dimensionen vergangenen Handelns, Paderborn 2015, S. 7–54.
52 Vgl. Thießen, Gesunde Zeiten, bes. S. 267 f.

3 Ermöglichen und mindern, vermeiden und verhindern: ein Stufenmodell der Vorsorge

Vorsorge stellt in Aussicht, gesellschaftliche Gefahren planen, kontrollieren und verhindern zu können. Häufig werden dafür die Begriffe „Vorsorge" und „Prävention" mehr oder weniger synonym verwendet. Gleichwohl verweisen schon ihre lateinischen Ursprünge auf feine, aber nicht unerhebliche Unterschiede. Der Begriff *Vorsorge* geht auf lat. *procuratio* bzw. *procurare* zurück und bedeutet „verwalten" oder „pflegen" im Sinne von „um etwas Sorge tragen".[53] Prävention wiederum kommt von *praevenire*, was so viel heißt wie „zuvorkommen" im Sinne von „vereiteln" oder „verhindern". Beide Begriffe beschreiben damit einen „Vorgriff auf die Zukunft" und drücken eine planende Haltung ihr gegenüber aus.[54] In der Umsetzung unterscheiden sich Vorsorge und Prävention allerdings deutlich. Wer vorsorgt, der rechnet mit einer zukünftigen Gefahr und stellt sich in der Gegenwart auf sie ein. Man sorgt also vor durch Versicherungen oder Schutzeinrichtungen. Auf welche Weise und in welcher Intensität man mit deren Hilfe Vorsorge konkret betreibt, ist damit noch nicht näher bestimmt. Eine Eingrenzung bringt demgegenüber der Begriff Prävention. Die Grundhaltung ist im Grunde die gleiche wie bei der Vorsorge. Man setzt sich in ein bestimmtes Verhältnis zu einer zukünftigen Gefahr, zum Beispiel mithilfe von statistischen Berechnungen oder Szenarien, wie sie *Franz Mauelshagen* in seinem Aufsatz untersucht. Ausgangspunkt ist dabei die Überzeugung, dass etwas Zukünftiges anders sein und verändert werden kann, „weil es weder notwendig noch unmöglich ist".[55] Mit dieser Zielsetzung wird der Begriff Prävention enger als der der Vorsorge. Prävention verweist auf ein spezifisches Verhalten, das antizipierte Gefahren beseitigt, das also die Zukunft selbst grundlegend verändert. Prävention möchte zuvorkommen und verhindern, die unerwünschte Gefahr also erst gar nicht entstehen lassen.[56]

Vorsorge lässt sich demnach als eine Art Überbegriff für eine Gestaltung des Kommenden verstehen, Prävention als dessen Spezifizierung. Damit sind unterschiedliche Dimensionen des Umgangs mit Zukunft angesprochen, die sich hinsichtlich ihrer Trag- und Reichweite, Verantwortlichkeit, Verbindlichkeit, Konsequenz und Radikalität unterscheiden lassen. Die Bundesrepublik Deutschland hält beispielsweise nach wie vor an geheim gehaltenen Orten Notreserven mit Reis und Hülsenfrüchten bereit, um im Falle einer nicht näher definierten Katastrophe die Nahrungsversorgung der

---

[53] Vgl. Gert Melville/Gregor Vogt-Spira/Mirko Breitenstein (Hrsg.), Sorge, Köln u. a. 2015.
[54] Dirk van Laak, Planung. Geschichte und Gegenwart des Vorgriffs auf die Zukunft, in: Geschichte und Gesellschaft 34 (2008), S. 305–326.
[55] Michael Makropoulos, Historische Kontingenz und soziale Optimierung, in: Rüdiger Bubner/Walter Mesch (Hrsg.), Die Weltgeschichte – das Weltgericht?, Stuttgart 2000, S. 77–92, Zitat S. 78. Vgl. dazu auch den Beitrag von Lucian Hölscher in dem hier vorliegenden Band.
[56] Thießen, Immunisierte Gesellschaft; Hannig, Suche; Bröckling, Vorbeugen ist besser.

Deutschen sicherzustellen. Diese Vorsorgemaßnahme unterscheidet sich von privater Bevorratung in heimischen Kellern vor allem in der Reichweite und Verantwortlichkeit.[57] Schließlich ist der Rahmen, in dem diese staatliche Vorsorge stattfindet, ungleich größer, regierungsamtlich und steuerfinanziert. Noch ein zweites Beispiel, wie man Verbindlichkeit, Reich- und Tragweite unterscheiden kann: Wenn Fliegerstaffeln Wolken mit Schwarzpulver und Silberiodid-Gemischen „impften", damit sich keine Hagelschauer bildeten, weist dieses Vorgehen eine ganz andere Radikalität und Reichweite auf als das Aufspannen von Netzen, mit denen Bauern ihre Felder gegen Hagel zu schützen versuchten.[58]

Möchte man Vorsorge und Prävention als historische Phänomene untersuchen und nach ihrer Umsetzung, Entwicklung und ihren Auswirkungen fragen, lassen sich somit mehrere Ebenen des Vorsorgens unterscheiden. Anhand der Beiträge dieses Bandes grenzen wir vier Stufen voneinander ab, mit denen unterschiedliche Konzepte, Praktiken und Folgen von Vorsorge und Prävention einhergehen. Diese Stufen sollen keine historische Periodisierung suggerieren. Vielmehr kann das Modell dabei helfen, Dimensionen des Forschungsfeldes abzustecken und unterschiedliche Formen von Vorsorge als Untersuchungsgegenstand greifbar zu machen.

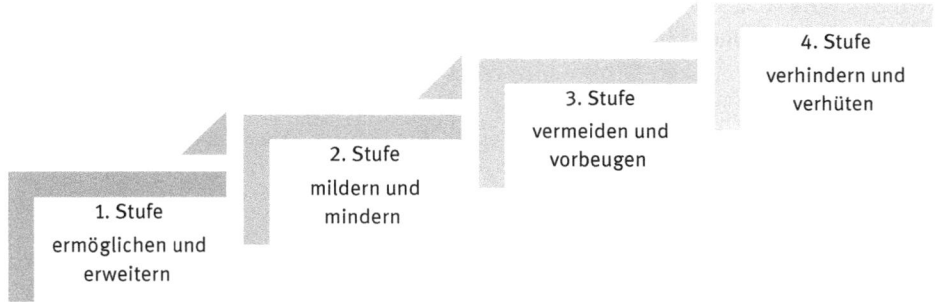

Abb. 2: Stufenmodell der Vorsorge

3.1 Erste Stufe: ermöglichen und erweitern

Erstens bedeutet Vorsorge auf einer ganz basalen Ebene, sich Optionen zu sichern. Der Vorsorgende möchte sich für die Zukunft bestimmte Handlungsspielräume offen-

---

[57] Jan Grossarth, Erbsen und Linsen als Staatsgeheimnis, in: Frankfurter Allgemeine Zeitung, 16.6.2012; Annette Rexroth, Staatliche Ernährungsnotfallvorsorge, in: Ernährung im Fokus 12 (2010), S. 306–313.
[58] Dania Achermann, Die Eroberung der Atmosphäre: Wetterbeeinflussung in Süddeutschland zur Zeit des Kalten Krieges, in: Technikgeschichte 80 (2013), S. 225–239.

halten und trifft dafür in der Gegenwart entsprechende Vorkehrungen. Auf dieser Stufe geht es beispielsweise darum, ein widriges Ereignis oder eine unerwünschte Entwicklung hinauszuschieben, um mehr Zeit zu gewinnen, vielleicht in der Hoffnung, dass sich das kommende Problem anderweitig lösen lässt. So zeigt *Christoph Strupp* in seinem Beitrag für diesen Band, dass Konzepte und Praktiken des Vorsorgens erstaunlich weitreichend sowie unbestimmt sein können. Der Hamburger Senat und die Hafenwirtschaft entwarfen in den 1950er Jahren die Erweiterung ihres Hafens von vornherein als gewaltiges Vorsorgeprojekt, ohne präzise benennen zu können, welche Gefahren man eigentlich verhindern oder welchen Entwicklungen man konkret vorgreifen wollte. Den Hamburger Hafenplanern ging es in erster Linie darum, in der Zukunft wettbewerbsfähig zu bleiben und nicht den Anschluss an Konkurrenzhäfen zu verlieren. „Flächenvorsorge" nannten sie den Versuch, Weichen für Wachstum zu stellen, indem sie bestimmte Grundstücke für den Ausbau des Hafens vorhielten. Für diese Praxis konnten die Initiatoren weder auf Prognosen zurückgreifen, die beispielsweise eine prekäre Zukunft für die Hafenwirtschaft vorhergesagt hätten, noch lagen in der Anfangsphase des Unternehmens Pläne vor, welche Maßnahmen man genau ergreifen wollte. Für die Planer stand lediglich fest, dass sie durch „Flächenvorsorge" den Wohlstand für Stadt und Bürger sichern wollten. Es wirkt gerade so, als ob sich ein Bündnis aus Politik und Wirtschaft hier um Vorsorge um ihrer selbst willen bemühte. Hinter der ersten Stufe, dem Ermöglichen und Erweitern, steht daher ein verhältnismäßig vages Ziel von Vorsorge, das gleichwohl sehr konkrete Folgen für einzelne Betroffene haben konnte. Die erbitterten Streitigkeiten um Enteignungsverfahren und „Grenzen des Wachstums" machen diese Konsequenzen des Vorsorgens greifbar.

3.2 Zweite Stufe: mildern und mindern

Auf einer zweiten Stufe unseres Modells sind Konzepte und Praktiken angesiedelt, die Folgen unerwünschter Entwicklungen mildern wollen. Im Gegensatz zur ersten lässt sich auf dieser zweiten Stufe beobachten, dass das Kommende konkreter wurde. Schließlich identifizierten Vorsorgende etwa mithilfe von Datenerhebungen oder Testreihen immer häufiger spezifische Probleme mit ebenso spezifischen Folgen. Anstatt aber an der Ursache selbst anzusetzen, etwa an einem Verkehrsunfall, nahmen sich Vorsorgeentwickler der Folgen an und setzten beispielsweise auf Anschnallgurte und Schutzhelme. Solche Lösungsversuche sind häufig Teilansätze umfangreicherer Strategien, wie etwa der Beitrag von *Kai Nowak* über die Unfallprävention im Straßenverkehr zeigt. Vorsorge, die darauf setzte, zu mildern und zu mindern, konnte aber auch der Einsicht geschuldet sein, dass Maßnahmen, die Ursachen bekämpften, nicht realisierbar waren oder nicht zum Erfolg führten. Ein Beispiel für dieses Konzept sind Szenariotechniken, die *Franz Mauelshagen* in seinem Beitrag untersucht. Solche Verfahren prüfen, wie belastbar Institutionen, Unternehmen oder auch ganze Regionen sind. Sie zielen darauf ab, bestimmte Gefahren überhaupt erst zu identifizieren und im Ernstfall vorbereitet zu sein. Vorsorgetechniken des Milderns und Minderns geht es also darum, Fälle durchzuspielen, um bestimmte Abläufe zur Routine zu machen. Gewisse Ereignisse wie etwa Naturkatastrophen oder Börsencrashs sind in diesem Verständnis nicht zu verhindern. Durch Übungen und Simulationen lassen sich jedoch ihr Ausmaß und ihre gesellschaftlichen Folgen eingrenzen.[59]

Der Boom der Szenariotechnik in den vergangenen 60 Jahren verweist in diesem Zusammenhang auf zwei weitere Einsichten. Zum einen erscheint mindern und mildern als eine Art Eingeständnis, dass bestimmte Gefahren immer komplexer geworden und Eingriffe an der Wurzel des Übels nicht mehr möglich sind.[60] Zum anderen hat sich in einigen Fällen die Erkenntnis durchgesetzt, dass andere Ansätze nutzlos und Ressourcenverschwendung sind. Auch die Arbeit der Assekuranz, sowohl der staatlichen Sozial- wie der privaten Versicherung, ist auf dieser Stufe anzusiedeln. Das gesamte Versicherungsprinzip beruht schließlich auf der Einsicht, dass sich bestimmte Risiken nicht vollständig verhindern lassen und zum festen Bestandteil der Gesellschaft geworden sind.[61] Daher geht es Versicherungen darum, ihren Kunden wenigstens einen finanziellen Ausgleich zu gewährleisten, auch wenn sich ihre Arbeit keineswegs darin erschöpft, wie der Beitrag von *Martin Lengwiler* zeigt. Schon aus eigenen Interessen versuchten Versicherer, ihre Kunden zu einem möglichst sicheren Verhalten zu bringen, um Risiken gering zu halten und damit auch das eigene Geschäft planbarer zu gestalten. Entsprechende Belege bieten sowohl unzählige Broschüren und Magazine der Versicherungswirtschaft als auch Materialprüfungen und Sicherheitskontrollen. Einzelne Versicherungsunternehmen richteten zu diesem Zweck sogar eigene Labore ein. Risikominimierung durch Risikoaufklärung lautete daher ihre Losung.[62]

---

59 Siehe auch Nils Ellebrecht/Markus Jenki/Stefan Kaufmann, Inszenierte Katastrophen. Zur Genese der Übung im Bevölkerungsschutz und ihre gegenwärtigen Formen, in: Leon Hempel/Marie Bartels/Thomas Markwart (Hrsg.), Aufbruch ins Unversicherbare. Zum Katastrophendiskurs der Gegenwart, Bielefeld 2013, S. 235–275.
60 Vgl. Ariane Leendertz, Das Komplexitätssyndrom. Gesellschaftliche Komplexität als intellektuelle und politische Herausforderung, in: Ariane Leendertz/Wencke Meteling (Hrsg.), Die neue Wirklichkeit. Semantische Neuvermessungen und Politik seit den 1970er Jahren, Frankfurt a. M. 2016, S. 89–127.
61 Peter Borscheid, Mit Sicherheit leben. Zur Geschichte und Gegenwart des Versicherungswesens, in: Zeithistorische Forschungen/Studies in Contemporary History, Online-Ausgabe, 7 (2010), H. 2, URL: http://www.zeithistorische-forschungen.de/2-2010/id=4422, Druckausgabe: S. 188–202; François Ewald, Die Versicherungsgesellschaft, in: Kritische Justiz 22 (1989), S. 385–393.
62 In einigen Fällen initiierten Versicherer sogar eigene Präventionsprogramme, die deutlich über die Risikoaufklärung hinausgingen. Siehe dazu Nicolai Hannig, Maschinenschäden. Versicherungen und die Prävention von Industrieunfällen um 1900, in: Zeitschrift für Unternehmensgeschichte 61 (2016), S. 84–106.

Vorsorgeprojekte auf der zweiten Stufe sind also auch daran interessiert, die Widerstandsfähigkeit des potenziell Betroffenen zu stärken, um antizipierte Gefährdungen so unbeschadet wie möglich zu überstehen.[63] Aus der Zielsetzung des Minderns und Milderns ergeben sich unterschiedliche Praktiken. Sie setzen beispielsweise an der Robustheit betroffener Bereiche an und arbeiten daran, deren Verwundbarkeit auf ein Minimum zu reduzieren. Oder man versucht, die Erholung nach einem Schadensfall zu optimieren, indem man beispielsweise die Zeit verkürzt, die es braucht, nach einer Katastrophe wieder den Ursprungszustand zu erreichen.

3.3 Dritte Stufe: vermeiden und vorbeugen

Auf der dritten Stufe beginnt das, was im Alltagsverständnis gemeinhin mit dem Begriff Prävention umschrieben wird. Wer vermeiden und vorbeugen möchte, versucht, einer bestimmten Gefahr zuvorzukommen und ihr gezielt entgegenzutreten. Dieser Ansatz geht sehr viel weiter als bei den ersten beiden Stufen und entspringt der Überzeugung, Unerwünschtes abwenden zu können. Wer vorbeugt, glaubt daran, die Zukunft verändern zu können.[64] Humanitäre Interventionen etwa, wie sie *Fabian Klose* auf der Ebene der internationalen Politik untersucht, verfolgten bereits seit dem 19. Jahrhundert das Ziel, Krisen unterschiedlicher Natur vorzubeugen. Unruhen und Revolutionen, die europäische Großmächte als Ursachen von zwischenstaatlichen Kriegen sahen, wollten sie mithilfe kollektiver Eingriffe systematisch bekämpfen. Während Interventionen wie das Vorgehen der Briten gegen den Sklavenhandel seit dem Wiener Kongress eher reaktiv geprägt waren, entwickelten sich humanitäre Interventionen in der zweiten Hälfte des 20. Jahrhunderts zu präventiven Unternehmen. Der Völkermord in Ruanda oder das Massaker von Srebrenica zeigten Akteuren der internationalen Politik die Notwendigkeit auf, verbindliche Strategien zu entwickeln, mit denen sich solche Katastrophen vermeiden ließen. UN-Generalsekretär Kofi Annan sprach in diesem Zusammenhang sogar wörtlich von einem grundsätzlichen Wandel der Vereinten Nationen, und zwar von einer Kultur der Reaktion zu einer Kultur der Prävention.

Damit sind zugleich bestimmte Effekte von Vorsorge angesprochen. Im Zeichen von Prävention wägte man nicht selten Übel ab und setzte das vermeintlich geringere gegen das scheinbar schwerere ein. Militärische Erstschläge, die mittlerweile als sogenannte „Präventivkriege", als „Preemptive Strike", „Preventive War" und „Guerre préventive" sogar entsprechend benannt werden, ließen und lassen sich ebenso mit dem Argument der Vorbeugung rechtfertigen wie etwa die Verfolgung und Vernich-

---

63 Hannig, Rise; J. Walker/M. Cooper, Genealogies of Resilience. From Systems Ecology to the Political Economy of Crisis Adaption, in: Security Dialogue 42 (2011), S. 143–160.
64 Makropoulos, Kontingenz, S. 78 f.

tung von „Gemeinschafts-" oder „Volksschädlingen".⁶⁵ „Oft genug", schreibt Ulrich Bröckling in diesem Sinne, „liefern Präventionsversprechen nur die Rechtfertigung für Präventionsverbrechen".⁶⁶ Der Begriff „Prävention", verstanden als Antithese zu „Repression", galt in der liberalen Rechtspolitik und Kriminalitätsbekämpfung seit den 1960er Jahren als eine Art Zauberformel. Seit den Debatten um staatliche Antworten auf den Terrorismus der siebziger Jahre oder nach den Anschlägen vom 11. September ist der Begriff im Bereich „Innere Sicherheit" dagegen negativ besetzt.⁶⁷ Er kennzeichnet Sicherheitsregime, in denen bürgerliche Freiheitsrechte beschnitten sind, und weckt bei vielen Menschen Assoziationen eines unguten Wandels vom „Rechtsstaat zum Präventionsstaat".⁶⁸ Die Karriere der Sicherheitsverwahrung, die *Annelie Ramsbrock* in diesem Band beschreibt, bietet ein weiteres Beispiel für diese Ambivalenz. Das Ziel der Prävention trat hier seit dem 19. Jahrhundert in Konkurrenz zum Wert der persönlichen Freiheit und schien diesen Streit in der Kriminalpolitik der Bundesrepublik für sich zu entscheiden, auch wenn die bundesdeutsche Rechtsprechung von der Sicherheitsverwahrung immer seltener Gebrauch machte. Die Attraktivität der Prävention speiste sich somit aus der Aussicht, eine lebenswerte Gegenwart aufrechtzuhalten. Prävention wurde damit immer mehr zum eigentlichen Zweck prognostischen Wissens. Schließlich übertrug sich oftmals ein Idealbild der Gegenwart, ohne Gefahren, Leid und Schäden, auf die Zukunft.

Auch der Aufstieg und Fall der Prognostik von den 1950er bis in die 1980er Jahre ist in diesem Kontext einer Präventionsgeschichte zu verstehen.⁶⁹ So verfolgte zum Beispiel der positivistische Ansatz einiger Futurologen das Ziel, aus Beobachtungen grundsätzliche Gesetzmäßigkeiten ableiten und auf dieser Grundlage zukünftige Entwicklungen berechnen zu können. Damit ging es Vertretern des Faches, wie Robert Jungk, Carl Friedrich von Weizsäcker oder Ossip Kurt Flechtheim auch darum, Vorsorge und Prävention zu optimieren. Während nämlich die Praktiken präventiver Eingriffe in den meisten Fällen auf wissenschaftlicher Expertise beruhten, bewegte sich der erste Schritt einer jeden Vorsorge- und Präventionsstrategie, der Entwurf einer

---

65 Martin Kunde, Der Präventivkrieg. Geschichtliche Entwicklung und gegenwärtige Bedeutung, Frankfurt a. M. 2006; Albrecht Kirschner, „Asoziale Volksschädlinge" und „Alte Kämpfer". Zu Handlungsmöglichkeiten der Wehrmachtrichter im Zweiten Weltkrieg, in: Claudia Bade/Lars Skowronski/Michael Viebig (Hrsg.), NS-Militärjustiz im Zweiten Weltkrieg. Disziplinierungs- und Repressionsinstrument in europäischer Dimension, Göttingen 2015, S. 181–192.
66 Bröckling, Vorbeugen ist besser, S. 39.
67 Johannes Hürter, Sicherheit, Recht und Freiheit. Zum Balanceakt der bundesdeutschen Anti-Terrorismus-Politik in den 1970er Jahren, in: Martin Löhnig/Mareike Preisner/Thomas Schlemmer (Hrsg.), Reform und Revolte. Eine Rechtsgeschichte der 1960er und 1970er Jahre, Tübingen 2012, S. 267–278.
68 Siehe dazu die Beiträge in Stefan Huster/Karsten Rudolph (Hrsg.), Vom Rechtsstaat zum Präventionsstaat, Frankfurt a. M. 2008.
69 Elke Seefried, Zukünfte. Aufstieg und Krise der Zukunftsforschung 1945–1980, Berlin 2015; Joachim Radkau, Geschichte der Zukunft. Prognosen, Visionen, Irrungen in Deutschland von 1945 bis heute, München 2017; Hölscher, Entdeckung.

Gefahrenzukunft, noch immer auf äußerst dünnem Eis. Die Futurologie versprach demnach, Prävention weiter zu verwissenschaftlichen. Letztlich scheiterten die Versuche, Zukunftsforschung und Prävention näher zusammenzubringen. Der Futurologie fehlte es über weite Strecken an akademischer Einbindung, und nur selten entwickelte sie praxistaugliches Wissen. Futurologen verstanden ihre Arbeit als Fortschrittskritik, Expertise lieferten sie nur selten. Schließlich ging die Futurologie Ende der 1970er Jahre ebenso rasant unter, wie sie rund 20 Jahre zuvor aufgestiegen war. Dieser Niedergang hatte erheblichen Einfluss auf Vorsorge und Prävention. Je mehr man die Plausibilität der Prognose in Frage stellte, desto weniger akzeptierte man die Techniken der Vorbeugung. Vieles spricht daher dafür, dass der vorübergehende Fall der Prognostik eng damit verbunden war, dass Alternativen zur Prävention bedeutsamer wurden, wie etwa die Resilienz, die darauf abzielte, die Widerstandsfähigkeit und Robustheit der Gesellschaft zu stärken.[70] Ob die neuerliche Blüte der Zukunftsforschung unter dem Label „Futurologie 3.0", hinter dem sich Ansätze von „Big Data", Probabilitätstheorien, neue computergestützte Simulationstechniken und geschickte Medienstrategien verbergen, der Denkfigur der Prävention neue Impulse geben, bleibt jedoch abzuwarten.[71]

3.4 Vierte Stufe: verhindern und verhüten

Die vierte und letzte Stufe versammelt die radikalsten Formen der Vorsorge. Gemeint sind präventive Eingriffe, die eine exakt definierte Ursache auszuschalten versuchen. Interventionen sollen Ereignisse oder Prozesse verhindern, noch bevor sie entstehen, und das nach Möglichkeit auf Dauer, am besten für alle Ewigkeit. Die Praxis des Impfens ist dafür ein treffliches Beispiel. Ihr geht es darum, eine Krankheit durch flächendeckende Immunisierung vollständig zu verbannen, ja „auszumerzen" und „auszurotten". Das *Smallpox Eradication Programme* der World Health Organization (WHO), mit dem die UN-Organisation die Pocken im Laufe der 1970er Jahre weltweit vernichtete, gilt als einer der größten Erfolge gesundheitspolitischer Prävention. Noch heute schmückt sich die WHO mit dem „Sieg über die Seuche", der davon kündete, in Zukunft die globalen Gesundheitsverhältnisse planen zu können.[72] Auch die Begradigung von Flüssen zielte in diese Richtung. Durch sogenannte Korrektionen von Flussverläufen wollten Hydrotechniker im 19. Jahrhundert Hochwasser- und

---

[70] Wolfgang Bonß, Karriere und sozialwissenschaftliche Potenziale des Resilienzbegriffs, in: Martin Endreß/Andrea Maurer (Hrsg.), Resilienz im Sozialen. Theoretische und empirische Analysen, Wiesbaden 2014, S. 15–31.
[71] „Und das war's dann mit der Zukunft". Trendforscher Matthias Horx über das Orakel von Delphi, Apokalypse-Theorien und die neue Futurologie 3.0. Und darüber, warum der größte Menschheitstraum die Sehnsucht nach Unsterblichkeit ist, in: Die Welt, 6.9.2013.
[72] Thießen, Immunisierte Gesellschaft, S. 249 f.

Überschwemmungen verhindern und ein für alle Mal abstellen. Schon der Begriff der „Korrektion" unterstrich den radikalen Anspruch, den Ingenieure mit ihrem präventiven Eingriff verbanden. Sie wollten *berichtigen*, was die Natur vermeintlich falsch *eingerichtet* hatte. In der Rückschau zeigt sich, dass ihre Arbeit präventionspolitisch tatsächlich durchaus erfolgreich war. Von einer vollständigen Tilgung natürlicher „Fehler" konnte und kann gleichwohl keine Rede sein. Vielerorts veränderten ihre Eingriffe schlicht die Gefahren, da sich zum Beispiel die Strömungsgeschwindigkeit von Flüssen erhöhte. Oder sie verlagerten und verschärften sogar Bedrohungen, indem sie Gemeinden dazu verleiteten, noch enger an vermeintlich sicheren Flüssen zu siedeln. Ereigneten sich dann doch einmal Überschwemmungen, fielen die Schäden ungleich höher aus.[73] In dieser Hinsicht zeigt sich am Beispiel des präventiven Eingriffs in die Natur ein paradoxer Effekt, den wir auch für andere Konzepte und Praktiken feststellen können: Jeder Akt der Prävention zieht meist neue Formen des Vorsorgens nach sich. In vielen Fällen erzwingt Prävention diese sogar.

Die hier vorgestellten vier Stufen bauen aufeinander auf und gehen teilweise ineinander über. So zeigen die Beiträge dieses Bandes, dass Grenzen gängiger Konzepte häufig der Grund waren, die nächste Stufe in Angriff zu nehmen. Die Konkretisierung und Differenzierung von Prognosen erlaubte und erforderte verbindlichere Formen des Vorsorgens – und umgekehrt: Neue Praktiken der Vorsorge erforderten, kommende Gefahren konkreter zu bestimmen und potenzielle Risiken genauer abzuwägen, um präventive Maßnahmen zu legitimieren. In einigen Bereichen arbeitete man sich auf den Vorsorgestufen so lange nach oben, bis man schließlich dort angekommen war, wo man ein künftiges, vage bleibendes Unheil verhindern wollte, über das man eigentlich noch fast gar nichts wusste. Damit möchten wir keine Fortschritts- oder Vorsorgeteleologie beschwören. Gemeint ist vielmehr der Umgang mit Gefahren, die sich der jeweils gegenwärtigen Logik von Versicherung und Risikomanagement entzogen und sogar selbst aus der genauen Gegenwartsbeobachtung nicht mehr ableitbar waren. Dahinter stand die Einsicht, dass wir in einigen Bereichen wie der Atomenergie, der sich *Benjamin Herzog* in diesem Band widmet, noch nicht einmal wissen, was wir über eine gefährliche Zukunft alles nicht wissen.[74] Die entscheidende Frage lautete in diesem Falle, ob man auf die Vorteile einer womöglich unsicheren Technologie verzichtete oder sie nutzte, damit aber unabsehbare Folgen in Kauf nahm. Oftmals tendierte man in diesem Fall zu einem „präventiven (oder präemptiven) Aktivismus", so die Kulturwissenschaftlerin Eva Horn, „der gerade daraus, dass

---

73 Bernhardt, Spiegel; Hannig, Rise, S. 250–252.
74 Siehe dazu auch Christoph J. Wehner, Grenzen der Versicherbarkeit – Grenzen der Risikogesellschaft. Atomgefahr, Sicherheitsproduktion und Versicherungsexpertise in der Bundesrepublik und den USA, in: Archiv für Sozialgeschichte 52 (2012), S. 582–605.

man über Form und Ausmaß [einer künftigen Gefahr] nichts weiß, ein Maximum an Gegenmaßnahmen ableitet".[75]

Ähnliche Entwicklungen lassen sich aber auch in umgekehrter Richtung nachweisen. Misserfolge auf einer oberen Ebene führten schnell dazu, Präventionsversprechen als Präventionsutopien zu entlarven. Um im Bild unseres Stufenmodells zu bleiben: Krise und Kritik präventiver Konzepte konnten den Abstieg auf der Vorsorgetreppe bedeuten oder gar erzwingen, da das Mindern und Mildern mitunter machbarer erschien als das Verhindern und Verhüten. Gerade diese Auf- und Abstiege sind historisch interessant, da sie Aufschluss darüber geben, welche Weichen man im Umgang mit gesellschaftlichen Problemen stellte. Schon während der Entstehung des deutschen Sozialstaates hatten sich an genau dieser Frage Konflikte entzündet:[76] Sollte man sich auf die Ursachenbekämpfung oder auf den Schadensausgleich konzentrieren? Im Deutschland der 1870er und 1880er Jahre traten präventive Interventionen in die Arbeitsbedingungen in Konkurrenz zu kompensatorischen Vorsorgestrategien. Letztere entschieden schließlich in Form der Sozialversicherungen das Rennen für sich, nicht zuletzt weil Bismarck in einer allzu präventiven Arbeiterschutzgesetzgebung eine Gefahr für Unternehmerinteressen sah. Die einen mochten zwar profitieren, doch den anderen würde eine sozialpolitische „Prophylaxis", wie es Bismarck nannte, ein Klotz am Bein sein.[77] In der Folge blieb der Arbeiterschutz weiterhin ein wichtiges Feld der Sozialpolitik, nur eben nicht das Leitbild des sozialstaatlichen Zugriffs.[78] Schon dieses frühe Beispiel zeigt, wie polarisierend Prävention sein konnte, zumal sich der Reichskanzler gerade in diesen Fragen in einem scharfen Konflikt mit dem Reichstag befand. Und es legt ebenso den Schluss nahe, dass Prävention keineswegs als Allheilmittel andere schützende oder vorsorgende Maßnahmen ausstach, sondern vielmehr zum Zankapfel werden konnte, der Machtverhältnisse offenlegte.[79]

---

75 Eva Horn, Zukunft als Katastrophe, Frankfurt a. M. 2014, S. 301.
76 Gerhard A. Ritter, Der Sozialstaat. Entstehung und Entwicklung im internationalen Vergleich, München ³2010; Florian Tennstedt, Sozialgeschichte der Sozialpolitik in Deutschland vom 18. Jahrhundert bis zum Ersten Weltkrieg, Göttingen 1981.
77 Zitiert nach Lothar Machtan/Hans-Jörg Berlepsch, Vorsorge oder Ausgleich – oder beides? Prinzipienfragen staatlicher Sozialpolitik im Deutschen Kaiserreich, in: Zeitschrift für Sozialreform 32 (1986), S. 257–275 und 343–358, Zitat S. 266.
78 Hockerts, Vorsorge und Fürsorge.
79 Vgl. die Debatten im Reichstag um Vorsorge vs. soziale Verbesserungen, die als Erstes am „Reichsimpfgesetz" in den 1870er und 1880er Jahren aufbrachen, bei Thießen, Immunisierte Gesellschaft, S. 42–59. Bröckling geht, allerdings mit Blick auf die Gegenwart, davon aus, dass die „Losung, Vorbeugen sei besser als Heilen, eine fraglose Plausibilität" besitzt. Ulrich Bröckling, Dispositive der Vorbeugung: Gefahrenabwehr, Resilienz, Precaution, in: Christopher Daase/Philipp Offermann/Valentin Rauer (Hrsg.), Sicherheitskultur. Soziale und politische Praktiken der Gefahrenabwehr, Frankfurt a. M. 2012, S. 93–108, hier S. 93.

All diese Beispiele legen einen weiteren Schluss nahe. Nicht alle gesellschaftlichen Bereiche bewegten sich zwangsläufig auf der gleichen Stufe. Es ist wohl ein Signum der Moderne, dass die hier genannten Vorsorge- und Präventionsstrategien zur selben Zeit existieren und parallel zueinander ablaufen konnten. Während man in der Verkehrsforschung bereits die Vorsorgestufen hinabstieg, konnten Kriminologie und Reaktorsicherheit noch dabei sein, hinaufzuklettern. Andere wiederum, etwa die infrastrukturelle Flächenvorsorge, verharrten lange Zeit auf einer Stufe. Präventive Wasserbautechniken, die im 19. Jahrhundert als Wunderwaffe im Kampf gegen Überschwemmungen galten, verloren spätestens in der zweiten Hälfte des 20. Jahrhunderts an Strahlkraft.[80] Eines scheint jedoch festzustehen: Mit der Erweiterung der Risikolandschaft büßten präventive Argumente an Glaubwürdigkeit und Akzeptanz ein, zumindest in Form einer Einzelstrategie. Die gesellschaftliche Widerstandsfähigkeit zu stärken, erschien in einer Phase der Risikopluralisierung weitaus effektiver als Konzepte der Risikoverhinderung. Damit verschwand die Prävention keineswegs spurlos, sondern fand sich als Teil einer Gesamtstrategie wieder.

Eine Studie der Deutschen Akademie der Technikwissenschaften macht diesen Integrationsprozess wie unter einem Brennglas sichtbar. Sie ist explizit als Handlungsempfehlung für Entscheidungsträger in Politik, Wirtschaft und Gesellschaft gedacht und argumentiert auf dem aktuellen Stand der Sicherheitsforschung. Die Autoren haben hierzu einen „Resilienzzyklus" entwickelt, der verschiedene Einzelstrategien zu einem Gesamtkonzept zusammenfasst. Er besteht aus den fünf Phasen Vorsorge (prepare), Prävention (prevent), Schutz (protect), Aufrechterhaltung der Funktionsfähigkeit (respond) und Erholung (recover). Diese fünf Phasen stehen, und das ist historisch betrachtet das Bemerkenswerte, nicht in Konkurrenz zueinander, sondern bilden einen Kreislauf, in dem das eine notwendig auf das andere folgt. Vorsorge und Prävention leiten somit den Resilienzzyklus als radikalste und auch wirksamste Maßnahmen ein, weil sie in der Lage sind, den Kreislauf obsolet werden zu lassen, sofern die Prävention erfolgreich ist. Erst wenn sie misslingen, kommen die anderen Strategien zum Einsatz.[81]

4 Vorsorge und Prävention als Ordnung der Zeit und des Sozialen

Vorsorge- und Präventionskonzepte verweisen auf zeitgenössische Haltungen gegenüber der Zukunft, vor allem gegenüber einer gefährlichen, zumindest aber uner-

---

[80] Hannig, Kalkulierte Gefahren, S. 580–597.
[81] Benjamin Scharte u. a., Einleitung, in: Klaus Thoma (Hrsg.), Resilien-Tech. „Resilience-by-Design": Strategie für die technologischen Zukunftsthemen, München 2014, S. 9–18, hier S. 16 f.

wünschten Zukunft. Diese Haltungen beruhen auf der Überzeugung, dass Zukunft durch gegenwärtiges Handeln gestaltet und verändert werden kann. Einerseits verwandelt Vorsorge daher Gefahren in Risiken, denn sie muss das, gegen das sie vorgeht, möglichst präzise bestimmen.[82] Diese Risiken fungieren andererseits als argumentative „Ressource" für Akteure, die mit Risikovorstellungen Interventionsfelder, Gesellschaftsordnungen oder sich selbst legitimieren.[83] Darüber hinaus fordert Vorsorge dazu auf, das Verhältnis von Vergangenheit, Gegenwart und Zukunft zu klären. Nachwirkungen vergangener Ereignisse sind für vorsorgende Maßnahmen schließlich von ebenso großem Belang wie die Analyse gegenwärtiger Entwicklungen und die Prognose kommender Phänomene. Vorsorge, auf jeder Stufe unseres Modells, konstruiert spezifische Kausalitäten zwischen gestern, heute und morgen, und damit zeitliche Ordnungen, die erreicht bzw. erhalten werden sollen, oder Unordnungen, die Interventionen erfordern. Diese Entwürfe zeitlicher Ordnungen und Unordnungen sind extrem selektiv: Vorsorge betrachtet selten ein Gesamtbild, sondern isoliert einzelne Probleme und bezieht diese auf gegenwärtige Beobachtungen bzw. Befürchtungen für die Zukunft.[84] Jeder Form von Prävention und Vorsorge gehen folglich Zukunftsentwürfe voraus, die wiederum auf Auseinandersetzungen mit Kritikern und Befürwortern, Leidtragenden und Profiteuren beruhen, auf wissenschaftlichen Forschungen und Abwägungen, auf Ideologien und Abstimmungen. Den Plural von Zukunftsentwürfen setzen wir in diesem Zusammenhang bewusst, entwerfen Vorsorge und Prävention doch immer beides: einerseits eine zu vermeidende, *negative Zukunft*; andererseits aber auch eine *positive Zukunft*, sofern der präventive Eingriff oder die vorsorgliche Maßnahme greift. Eine Gesellschaftsgeschichte des Kommenden spürt somit immer auch vergangenen Zeitentwürfen nach und fragt nach der sozialen Wirkmächtigkeit von Zeitordnungen.

Auch deshalb ist eine Geschichte der Vorsorge eine Geschichte sozialer Ordnungsversuche.[85] Konkret greifbar werden diese Ordnungsversuche immer dann, wenn wir den präventiven Eingriff selbst analysieren. Dies kann ein Feldzug ebenso sein wie ein Dammbau, ein Verwaltungsakt oder eine Inhaftierung, ein Fehlerprotokoll oder eine wissenschaftliche Studie, eine Impfaktion oder das Zählen von Kalorien, das Planspiel oder eine Schulung. All diese Maßnahmen machen sich an die Gestaltung nicht nur der Zukunft, sondern auch der Gesellschaft. Vorsorge vor Katastrophen und Krankheiten, vor Krisen und Kriegen entwirft spezifische Zukünfte und legt damit soziale Hierarchien offen, markiert sie doch soziale Brennpunkte, Gefah-

---

82 Niklas Luhmann, Soziologie des Risikos, Berlin 1991; Alois Hahn, Risiko und Gefahr, in: Gerhart von Graevenitz/Odo Marquard (Hrsg.), Kontingenz, München 1998, S. 49–54.
83 Thießen, Risk as a Resource, S. 70–90.
84 Bröckling, Vorbeugen ist besser, S. 39.
85 Vgl. Anselm Doering-Manteuffel, Konturen von ‚Ordnung' in den Zeitschichten des 20. Jahrhunderts, in: Thomas Etzemüller (Hrsg.), Die Ordnung der Moderne. Social Engineering im 20. Jahrhundert, Bielefeld 2009, S. 41–64.

ren- oder Seuchenherde. Wer oder was gilt als Bedrohung? Und wer oder was gilt als bedroht und schützenswert? Welche Folgen hatten Vorsorge und Prävention für den Einzelnen, eine Gruppe, die Gesellschaft als Ganzes? Inwieweit erschienen sie wegen solcher Folgen selbst als Bedrohung? Wem eröffneten Vorsorge und Prävention Chancen und Möglichkeiten, wessen Handlungsräume und Rechte wurden demgegenüber eingeschränkt? In der Auseinandersetzung mit Zeitentwürfen wird somit das soziale Gefüge von Gesellschaften sichtbar, lassen sich soziale Verwerfungen und Konflikte in den Blick nehmen. Das Spannungsfeld zwischen individueller Freiheit und kollektiver Sicherheit wird bei der Sicherheitsverwahrung ebenso greifbar wie bei der Einführung von Zwangsimpfungen oder der Enteignung von Grundstücken zur Flächenvorsorge und Flussbegradigung.

Einer Gesellschaftsgeschichte des Kommenden kann es daher nicht darum gehen, Zukunftsentwürfe von Vorsorgekonzepten auf ihre Plausibilität hin zu überprüfen oder die Frage zu beantworten, ob diese ein- und zutrafen oder nicht.[86] Vielmehr beschäftigt sich dieser Band mit konstruierten Kausalitäten zwischen einem Vorher und einem Jetzt mit dem Nachher. So lassen sich zum einen revitalisierende Effekte beobachten. Etwa dann, wenn sich humanitäre Interventionen ab einem Zeitpunkt häuften, an dem man sie als präventive Eingriffe bezeichnete und damit deren Idee neu belebte. Andererseits machen die Effekte und Folgen von Vorsorge noch etwas deutlich: Die Geschichte von Vorsorge und Prävention ist immer auch eine Geschichte ihres Scheiterns. So beobachten mehrere Autoren in diesem Band, wie verstärktes Vorsorge- und Präventionsdenken gegenteiliges Verhalten provozierte. In der Versicherungsbranche beschreibt man einen solchen Effekt als *moral hazard*. Im Bewusstsein, sich entsprechend versichert, also vorgesorgt zu haben, steigt die Bereitschaft, größere Risiken einzugehen. Der Versicherte neigt also dazu, risikoreicher zu leben als der Unversicherte, obwohl bzw. gerade weil er sich als Vorsorgeanhänger versteht.[87]

Aber auch fernab von Versicherungen beobachteten Verhaltensforscher in der zweiten Hälfte des 20. Jahrhunderts, dass sich einige von Vorsorge und Prävention abwandten. Die Suche nach Sicherheit der einen provozierte bei anderen einen Drang zur Sorglosigkeit, wie *Rüdiger Graf* in seinem Beitrag feststellt. Aus der Zukunftsbesessenheit entstand so mitunter eine regelrechte Zukunftsvergessenheit. Die Verhaltensökonomie beobachtete dies sehr genau und sorgte zugleich dafür, dass die Kritik an einer mal mehr, mal weniger bedingungslosen Vorsorgeorientierung ein wissenschaftliches Fundament erhielt. Solche Beobachtungen münden in das Plädoyer dieses Bandes, scheinbare Kausalitäten und Teleologien zu hinterfragen. Vorsorge und Prävention zielten und zielen zwar stets auf Sicherheit. Gleichwohl zeigen aber nicht nur ihr Scheitern, sondern ebenso ihre Folgen, dass Vorsorge eben nicht

---

[86] Lucian Hölscher, Zukunft und Historische Zukunftsforschung, in: Friedrich Jaeger (Hrsg.), Handbuch der Kulturwissenschaften, Bd. 1, Stuttgart 2004, S. 401–416.
[87] Arwen P. Mohun, Risk. Negotiating Safety in American Society, Baltimore 2013.

eine sukzessive Zunahme von Sicherheit mit sich brachte.[88] Nicht nur beförderte Vorsorge zum einen Vorsorgeverweigerer und zum anderen neue Unsicherheiten in Form unbeabsichtigter Folgen und Nebenwirkungen. Sie öffnete auch das Aufmerksamkeitsfenster für Bedrohungen und Risiken, die zuvor allenfalls Experten im kleinen Kreis diskutiert hatten.[89] Eine Geschichte des Kommenden gewährt damit Einblicke in soziale Spannungsfelder der Moderne und macht auf gesellschaftliche Veränderungen aufmerksam, die uns noch heute beschäftigen und auch morgen betreffen werden.

---

[88] Siehe dazu auch Nicolai Hannig/Hiram Kümper, Abenteuer. Paradoxien zwischen Sicherheit und Ausbruch, in: dies. (Hrsg.), Abenteuer. Zur Geschichte eines paradoxen Bedürfnisses, Paderborn 2015, S. 11–49.
[89] Vgl. Peter Itzen/Simone Müller, Risk as a Category of Analysis for a Social History of the Twentieth Century. An Introduction, in: Historical Social Research 41 (2016), S. 7–29.

Fabian Klose
Humanitäre Intervention und Prävention in der internationalen Politik vom 19. bis ins 21. Jahrhundert

> "Since assuming office, I have pledged to move the United Nations from a culture of reaction to a culture of prevention."
> Kofi Annan, 2001[1]

Im Jahr 2000 veröffentlichte der damalige UN-Generalsekretär Kofi Annan anlässlich der Jahrtausendwende den Bericht „We the Peoples", in dem er die Rolle der Vereinten Nationen im beginnenden 21. Jahrhundert und die bevorstehenden Herausforderungen für die Weltorganisation definierte. Seine Ausführungen, die sich von Fragen der Globalisierung, der weltweiten Armutsbekämpfung, der Friedenssicherung, des nachhaltigen Umwelt- und Klimaschutzes bis hin zu Strukturreformen der UN-Organisation selbst erstreckten, waren als Empfehlungen an die UN-Mitgliedstaaten für den anstehenden Millenniumsgipfel gedacht, um dort gemeinsam Antworten auf drängende Probleme der Gegenwart und Zukunft zu finden. Bei der nachhaltigen Förderung von „Menschlicher Sicherheit"[2] wies Annan der Prävention eine Schlüsselfunktion zu: "There is near-universal agreement that prevention is preferable to cure, and that strategies of prevention must address the root causes of conflicts, not simply their violent symptoms."[3] So sehr der UN-Generalsekretär der präventiven Ursachenbekämpfung anstelle einer nachträglichen reaktiven Symptombekämpfung den Vorrang einräumte, war er sich doch gleichzeitig der Grenzen jeglicher Präventionsstrategie bewusst: "While prevention is the core feature of our efforts to promote human security, we must recognize that even the best preventive and deterence strategies can fail. Other measures therefore may be called for."[4] Für den Fall, dass präventive und friedliche Maßnahmen Massenmord und schwere Menschenrechtsverletzungen nicht verhindern konnten, plädierte er daher für das Konzept der humanitären

---

[1] Kofi A. Annan, Prevention of Armed Conflict. Report of the Secretary-General on the Work of the Organization, 7.6.2001, UN General Assembly (UNGA) A/55/985 – S/2001/574, S. 1.
[2] Das Konzept der „Menschlichen Sicherheit"/„Human Security" entstand ab 1994 im Rahmen des Entwicklungsprogramms der Vereinten Nationen. Es handelt sich dabei um einen erweiterten Sicherheitsbegriff, der den Schutz des menschlichen Individuums ins Zentrum stellt und verschiedene Aspekte wie Konfliktprävention, Friedenssicherung, menschliche Entwicklungsmöglichkeiten und Menschenrechte miteinander verbindet. Vgl. hierzu Commission on Human Security (Hrsg.), Human Security Now, New York 2003.
[3] Kofi A. Annan, "We the Peoples". The Role of the United Nations in the Twenty-First Century. Report of the Secretary-General, New York 2000, S. 44 f.
[4] Ebenda, S. 46.

Intervention, welches in letzter Konsequenz auch die gewaltsame Einmischung von außen in die inneren Angelegenheiten eines souveränen Staates vorsah.⁵ Annan, der vor seiner Wahl zum siebten UN-Generalsekretär über drei Jahre lang von 1993 bis 1996 das für die Blauhelmeinsätze verantwortliche *Department of Peacekeeping Operations* (DPKO) der Vereinten Nationen geleitet hatte, stand bei seinen Überlegungen ganz unter dem Eindruck des völligen Versagens der Weltorganisation in zwei der schwerwiegendsten humanitären Katastrophen der 1990er Jahre.⁶ Aufgrund der Nichtintervention hatten die bereits vor Ort stationierten UN-Blauhelmkontingente weder 1994 den Genozid an schätzungsweise 800.000 Tutsis durch Hutus in Ruanda noch 1995 das Massaker von über 8000 bosnischen Muslimen durch serbische Truppen in der sogenannten UN-Schutzzone von Srebrenica verhindert.⁷

Die kontrovers diskutierte Frage nach einer adäquaten Reaktion auf schwere humanitäre Krisen tauchte allerdings nicht erst am Ende des 20. Jahrhunderts quasi aus dem Nichts auf. Bei näherer Betrachtung stellt man vielmehr fest, dass diese Problematik schon während des 19. Jahrhunderts zu einem wichtigen Thema der internationalen Politik gehörte. Umso bemerkenswerter ist in diesem Zusammenhang die Beobachtung, dass es sogar häufig dieselben geographischen Brandherde betraf, mit denen man es auch heute wieder zu tun hat. Bereits vor über 150 Jahren gab ein blutiger Bürgerkrieg in der damals zum Osmanischen Reich gehörenden Provinz Syrien Anlass zu einer internationalen Militärintervention der europäischen Großmächte. Aber auch der afrikanische Kontinent und die Balkanregion standen bereits damals im Zentrum derartiger Debatten und Praktiken. Angefangen vom internationalen Kampf gegen den transatlantischen Sklavenhandel bis über das mehrmalige Eingreifen der europäischen Großmächte in innere Konflikte im Osmanischen Reich etab-

---

5 Ebenda, S. 47 f. Der Politikwissenschaftler J. L. Holzgrefe legt eine gängige und anerkannte Definition des Begriffs der humanitären Intervention vor. Der Terminus beschreibt demnach eine „threat or use of force across state borders by a state (or group of states) aimed at preventing or ending widespread and grave violations of the fundamental human rights of individuals other than its own citizens, without the permission of the state within whose territory force is applied". Vgl. hierzu: J. L. Holzgrefe, The Humanitarian Intervention Debate, in: J. L. Holzgrefe/Robert O. Keohane (Hrsg.), Humanitarian Intervention. Ethical, Legal, and Political Dilemmas, Cambridge 2004, S. 15–18, hier S. 18. Vgl. auch: Nicolas J. Wheeler, Saving Strangers. Humanitarian Intervention in International Society, Oxford 2003; Aidan Hehir, Humanitarian Intervention. An Introduction, Basingstoke 2010; Thomas G. Weiss, Humanitarian Intervention. Ideas in Action, Cambridge/Malden 2012.

6 Wie stark Annans Position von diesen Erfahrungen geprägt war, macht er in seiner Autobiographie deutlich, die passenderweise den Titel „Interventions" trägt. Vgl. Kofi Annan, Interventions. A Life in War and Peace, New York 2012, S. 29–133.

7 Das völlige Versagen der Vereinten Nationen in Ruanda und Srebrenica belegen die beiden Untersuchungsberichte aus dem Jahr 1999: Report of the Secretary-General Pursuant to General Assembly Resolution 53/35. The Fall of Srebenica, 15.11.1999, UNGA A/54/549; Report of The Independent Inquiry into the Actions of the United Nations during the 1994 Genocide in Rwanda, 16.12.1999, United Nations Security Council (UNSC) S/1999/1257.

lierte sich in der internationalen Politik die Staatenpraxis, humanitäre Normen mit militärischer Gewalt durchzusetzen.[8]

Der Beitrag beleuchtet die historische Entwicklung des Konzepts der humanitären Intervention im Spannungsfeld zwischen reaktiver und präventiver humanitärer Krisenbewältigung ausgehend vom frühen 19. bis zum Beginn des 21. Jahrhunderts.[9] Der von Großbritannien angeführte Kampf gegen den Sklavenhandel wird dabei als Schlüsselmoment für die Entstehung eines humanitären Interventionsverständnisses und der Etablierung der Idee im Völkerrecht betrachtet. Elemente präventiven Handelns tauchten in diesem Zusammenhang zwar immer wieder auf, aber zunächst entwickelte sich das Konzept der humanitären Intervention vor allem als ein reaktiver Mechanismus der internationalen Krisenbewältigung. Als dieser am Ende des 20. Jahrhunderts mit dem Völkermord in Ruanda und dem Massaker von Srebrenica in seine größte politische Krise geriet, übernahm anstelle der reaktiven Intervention nun der Präventionsgedanke eine wichtige Rolle in internationalen Überlegungen für den Umgang mit humanitären Krisen.[10] Die Idee der Prävention hatte somit eine revitalisierende Wirkung für das gesamte Konzept der humanitären Intervention und

---

[8] Während das Thema der humanitären Intervention lange Zeit fast ausschließlich nur ein Forschungsgegenstand der Völkerrechtslehre und der Politikwissenschaft war, haben sich in den letzten Jahren einige Studien in der Geschichtswissenschaft dem Thema zugewandt und das Thema aus historischer Perspektive beleuchtet. Vgl. Gary Bass, Freedom's Battle. The Origins of Humanitarian Intervention, New York 2008; Brendan Simms/David J. B. Trim (Hrsg.), Humanitarian Intervention. A History, Cambridge 2011; Davide Rodogno, Against Massacre. Humanitarian Interventions in the Ottoman Empire 1815–1914, Princeton 2012; Fabian Klose (Hrsg.), The Emergence of Humanitarian Intervention. Ideas and Practice from the Nineteenth Century to the Present, Cambridge 2016.

[9] Der Begriff der Intervention wird in diesem Beitrag als ein reaktives Eingreifen in eine bereits bestehende Krise verstanden, während der Begriff der Prävention als vorbeugende Maßnahme zur Verhinderung von Krisensituationen interpretiert wird. Zum Begriff der Intervention: R. J. Vincent, Nonintervention and International Order, Princeton 1974, S. 3–13; Hedley Bull (Hrsg.), Intervention in World Politics, Oxford 1986; Andrew M. Dorman/Thomas G. Otte (Hrsg.), Military Intervention. From Gunboat Diplomacy to Humanitarian Intervention, Aldershot 1995; S. Neil MacFarlane, Intervention in Contemporary World Politics, New York 2002; Martha Finnemore, The Purpose of Intervention. Changing Beliefs about the Use of Force, Ithaca/London 2003. Zur historischen Analyse von Prävention vor allem in den Bereichen des Gesundheitswesens und des Katastrophenschutzes vgl.: Martin Lengwiler/Stefan Beck, Historizität, Materialität und Hybridität von Wissenspraxen. Die Entwicklung europäischer Präventionsregime im 20. Jahrhundert, in: Geschichte und Gesellschaft 34 (2008), S. 489–523; Malte Thießen, Gesundheit erhalten, Gesellschaft gestalten. Konzepte und Praktiken der Vorsorge im 20. Jahrhundert: Eine Einführung, in: Zeithistorische Forschungen/Studies in Contemporary History 10 (2013), S. 354–365; Nicolai Hannig, Die Suche nach Prävention. Naturgefahren im 19. und 20. Jahrhundert, in: Historische Zeitschrift 300 (2015), H. 1, S. 33–65.

[10] Der Aufsatz entstand im Rahmen meines Forschungsprojekts „In the Cause of Humanity. Eine Geschichte der humanitären Intervention im langen 19. Jahrhundert" am Leibniz-Institut für Europäische Geschichte, Mainz. Für Kommentare und Anregungen bin ich den TeilnehmerInnen der Konferenz „Vorsorge in der Moderne" an der LMU München 2015 sowie den beiden Herausgebern des Sammelbands sehr verbunden.

führte mit der Formel der *Responsibility to Protect* zu einer signifikanten Neudefinition.

1 Der Kampf gegen den Sklavenhandel und die Entstehung eines humanitären Interventionsverständnisses im 19. Jahrhundert

Der Begriff der Intervention ist eng mit dem Wiener Kongress von 1814/15 verknüpft. Geprägt von den Erfahrungen des aggressiven Vormachtstrebens des revolutionären Frankreichs, gelang es den siegreichen Großmächten Großbritannien, Österreich, Preußen und Russland bei ihrem Gipfeltreffen in der österreichischen Hauptstadt, ein Modell der Friedenssicherung aufzubauen, das auf der Idee eines politischen Gleichgewichts basierte.[11] Die Interventionspraxis erfüllte in diesem Zusammenhang eine klare Aufgabe: innere Unruhen und Revolutionen, die als Hauptursache für zwischenstaatliche Kriege galten, sollten durch kollektives Eingreifen der Großmächte eingedämmt und erfolgreich bekämpft werden.[12] Die Intervention übernahm somit die Funktion eines Korrektivs in der internationalen Politik des 19. Jahrhunderts, um auf Bedrohungen der neugeschaffenen internationalen Ordnung reagieren zu können. Vor allem die aus den Kontinentalmächten Preußen, Österreich und Russland bestehende Heilige Allianz legte sich mit dem im November 1820 unterzeichneten Troppauer Protokoll eindeutig auf dieses antirevolutionäre Interventionsprinzip fest und setzte es mit der gewaltsamen Niederschlagung der liberalen Revolutionsbewegungen in Italien wie Spanien in die Tat um.[13]

---

11 Paul W. Schroeder, The Transformation of European Politics 1763–1848, Oxford 1994, S. 517–582; ders. (Hrsg.), Systems, Stability, and Statecraft. Essays on the International History of Modern Europe, New York/Basingstoke 2004, S. 37–57 und 223–241; Matthias Schulz, Normen und Praxis. Das Europäische Konzert der Großmächte als Sicherheitsrat 1815–1860, München 2009, S. 46–58.
12 Vgl. hierzu: Thomas G. Otte, Of Congresses and Gunboats. Military Intervention in the Nineteenth Century, in: Dorman/Otte (Hrsg.), Military Intervention, S. 19–52; Jürgen Osterhammel, Krieg im Frieden. Zu Formen und Typologie imperialer Interventionen, in: ders., Geschichtswissenschaft jenseits des Nationalstaats. Studien zu Beziehungsgeschichte und Zivilisationsvergleich, Göttingen 2001, S. 283–321, hier S. 295–298.
13 Für das „Protocole pour déterminer le droit d'intervention des grandes Puissances" vom 19.11.1820 vgl.: Wilhelm G. Grewe (Hrsg.), Fontes Historiae Iuris Gentium, Bd. 3/1: 1815–1945, Berlin/New York 1992, S. 110–113. Zum Troppauer Protokoll vgl. auch: Rudolf Kurzweg, Die Heilige Allianz und das Interventionssystem des Vertrages von Troppau, in: Jahrbücher für Geschichte Osteuropas, Neue Folge 3 (1955), S. 141–160; Wolfram Pyta, Konzert der Mächte und kollektives Sicherheitssystem: Neue Wege zwischenstaatlicher Friedenswahrung in Europa nach dem Wiener Kongress 1815, in: Jahrbuch des Historischen Kollegs 2 (1996), S. 133–173, hier S. 168–173.

Neben diesem von der Heiligen Allianz definierten Interventionsparadigma entstand im Umfeld des Wiener Kongresses allerdings noch ein anderes Interventionsverständnis in der internationalen Politik, nämlich das militärische Eingreifen zur Durchsetzung einer international vereinbarten humanitären Norm.[14] Auf maßgebliche Initiative Großbritanniens einigten sich die europäischen Großmächte auf dem Wiener Kongress im Februar 1815 auch auf eine gemeinsame Ächtungserklärung, worin sie den Sklavenhandel als eklatanten Widerspruch zu den Prinzipien der Humanität und der universellen Moral verurteilten.[15] Die Wiener Erklärung war zwar kein rechtsverbindliches Verbot, goss aber zum ersten Mal eine humanitäre Idee in eine Norm und verschaffte ihr im Völkerrecht Geltung.[16] Ausgehend von dieser Vereinbarung versuchte Großbritannien, ein multilaterales Verbotsregime gegen den Sklavenhandel aufzubauen und dadurch aktiv das transatlantische System des Menschenhandels zu unterbinden.

Hauptverantwortlich für dieses große außenpolitische Engagement und die internationale Führungsrolle Großbritanniens im Kampf gegen den Sklavenhandel waren die britischen Abolitionisten, die sich am 22. Mai 1787 unter dem Namen „The Committee for Effecting the Abolition of the Slave Trade" in London zusammengeschlossen hatten.[17] Die Mehrzahl der Mitglieder um Thomas Clarkson entschied sich bewusst dafür, ihre Anstrengungen zunächst nicht gegen die gesamte Institution der Sklaverei, sondern zunächst gegen den Sklavenhandel zu richten. Nach ihrer Einschätzung würde man dadurch das Gesamtproblem bei seinen Wurzeln anpacken und zudem die schweren Lebensbedingungen der Sklaven in den Kolonien entscheidend verbessern. Durch ein Verbot der transatlantischen Transporte, so die Annahme der Abolitionisten, würde der Nachschub an neuen Sklaven vollständig zum Erliegen kommen, wodurch die Sklavenbesitzer in den Kolonien gezwungen seien, ihre bereits vorhandenen Arbeitskräfte menschlich und mit Fürsorge zu behandeln.[18] Die vollständige

---

[14] Fabian Klose, "To maintain the law of nature and of nations". Der Wiener Kongress und die Ursprünge der humanitären Intervention, in: Geschichte in Wissenschaft und Unterricht 65 (2014), H. 3/4, S. 217–237.
[15] Declaration des 8 Cours, relative à l'Abolition Universelle de la Traite des Nègres, 8.2.1815, in: British and Foreign State Papers (BFSP) 3 (1815–1816), S. 971 f.
[16] Helmut Berding, Die Ächtung des Sklavenhandels auf dem Wiener Kongress 1814/15, in: Historische Zeitschrift 219 (1974), H. 2, S. 266–285; Ian Clark, International Legitimacy and World Society, Oxford 2007, S. 37–60; Thomas Weller, „… répugnant aux principes d'humanité". Die Ächtung des Sklavenhandels in der Kongressakte und die Rolle der Kirche, in: Heinz Duchhardt/Johannes Wischmeyer (Hrsg.), Der Wiener Kongress – eine kirchenpolitische Zäsur?, Göttingen 2013, S. 183–213.
[17] Frank J. Klingberg, The Anti-Slavery Movement in England. A Study in English Humanitarianism, New Haven/London 1926, S. 73; Joel Quirk, The Anti-Slavery Project. From the Slave Trade to Human Trafficking, Philadelphia 2011, S. 34 f.
[18] Thomas Clarkson, The History of the Rise, Progress, and Accomplishment of the Abolition of the African Slave-Trade by the British Parliament, Bd. 1, London 1808, S. 284–286; David Beck Ryden, West Indian Slavery and British Abolition, 1783–1807, Cambridge/New York 2009, S. 164–166.

Abschaffung der Sklaverei wollten sie dann als mittelfristiges Ziel in einem nächsten Schritt erreichen.

Ausschlaggebend für diese Richtungsentscheidung war auch die Kalkulation der politischen Durchsetzbarkeit ihrer Forderungen. Durch die Konzentration auf die Abschaffung des Sklavenhandels vermieden die Abolitionisten bewusst, in komplizierte Rechtsstreitigkeiten über die Eigentumsrechte der mächtigen Pflanzeraristokratie an ihren Sklaven und in die umstrittene Rechtmäßigkeit der Einmischung Londons in die Gesetzgebung der Kolonien verstrickt zu werden.[19] Die Regulierung von Handelsfragen jeglicher Art fiel hingegen eindeutig in die Zuständigkeit von Westminster, und entsprechend konnte ein Verbot des Menschenhandels mit staatlichen Mitteln durchgesetzt werden: "By asking the government of the country to do this, and this only, they were asking for that, which it had an indisputable right to do; namely, to regulate or abolish any of its branches of commerce; whereas it was doubtful, whether it could interfere with the management of the internal affairs of the colonies, or whether this was not wholly the province of the legislatures established there. By asking the government, again, to do this and this only, they were asking what it could really enforce. It could station its ships of war, and command its customhouses, so as to carry any act of this kind into effect."[20]

Die Abolitionisten hatten also eine konkrete Vorstellung, wie sich ihre humanitären Ziele mit Hilfe einer staatlichen Interventionspolitik durchsetzen ließen. Sie basierte auf der Grundidee, Sklavenschiffe bereits auf ihrer transatlantischen Überfahrt abzufangen. Die gefangenen Afrikaner sollten somit noch an Bord der Schiffe befreit werden, bevor sie überhaupt auf die amerikanischen Sklavenmärkte verschleppt und dort verkauft werden konnten, um die Institution der Sklaverei in der „Neuen Welt" mit dem ständig benötigten Nachschub zu versorgen.

Mit dem Abolition Act von 1807 gelang es den Abolitionisten nach jahrzehntelanger intensiver Kampagnentätigkeit schließlich, ein staatliches Verbot des Sklavenhandels auf nationaler Ebene zu erreichen, welches die britische Regierung daraufhin mit einer maritimen Interventionspraxis durchzusetzen versuchte.[21] Entsprechend entsandte die britische Admiralität Kriegsschiffe der Royal Navy in westafrikanisches Seegebiet, um dort die transatlantischen Sklavenhandelsrouten mit militärischer Gewalt zu unterbinden. Nachdem Großbritannien diese Operationen bis zum Ende der Napoleonischen Kriege unilateral durchgeführt hatte, versuchte London, vor allem aufgrund der neuen völkerrechtlichen Vorrausetzung in Friedenszeiten, auf dem Wiener Kongress den Kampf gegen den Sklavenhandel auf ein breites internationales Fundament zu stellen. Die gemeinsam verabschiedete Wiener Ächtungser-

---

19 Clarkson, History, S. 286 f.
20 Ebenda, S. 287.
21 Act of the British Parliament for the Abolition of the Slave Trade, 25.3.1807, in: BFSP 5 (1817–1818), S. 559–568.

klärung von 1815 bildete dabei den zentralen völkerrechtlichen Referenzpunkt, um möglichst viele Staaten vertraglich in ein internationales Verbotsregime und dessen Implementierung einzubeziehen.

Den Auftakt zu diesem umfassenden internationalen Vertragsnetzwerk bildeten die Abkommen 1817 mit Portugal und Spanien sowie 1818 mit den Niederlanden.[22] Darin vereinbarten die jeweilgen Vertragspartner ein „right to visit", also ein gegenseitiges Visitationsrecht ihrer Handelsschiffe in internationalen Gewässern zu Friedenszeiten. Die Kriegsmarine der jeweiligen Länder war dadurch berechtigt, in den vereinbarten Zonen des Sklavenhandels verdächtigte Schiffe anzuhalten, zu kontrollieren und, falls sich Sklaven illegal an Bord befanden, diese zu konfiszieren. Zur Aburteilung der abgefangenen Schiffe wurde vertraglich zudem die Einrichtung der *Mixed Commissions for the Abolition of the Slave Trade* vereinbart, die über den ganzen atlantischen Raum verteilt nach einem standardisierten Verfahren Recht sprechen sollten und unter diesem Aspekt als Beginn internationaler Gerichtsbarkeit bewertet werden können.[23] Im Verlauf jahrzehntelanger diplomatischer Verhandlungen gelang es Großbritannien bis in die Mitte der 1850er Jahre, eines der ersten internationalen Vertragsregime aufzubauen, das von der arabischen Welt, über Ost- und Westafrika bis nach Europa sowie Nord- und Südamerika reichte und dabei offiziell der Durchsetzung einer humanitären Norm und der Abschaffung des Menschenhandels dienen sollte.[24]

---

22 „Additional Convention for the Purpose of Preventing Their Subjects from Engaging in Any Illicit Traffic in Slaves" zwischen Großbritannien und Portugal, 28.7.1817, in: The National Archives (TNA), FO 84/2; „Tratado para la Abolicion del Trafico de Negros" zwischen Großbritannien und Spanien, 23.9.1817, in: Archivo General de Indias (AGI), Sevilla, Ultramar, Legajo 32, N. 20; Treaty for Preventing Their Subjects from Engaging in Any Illicit Traffic in Slaves zwischen Großbritannien und den Niederlanden, 4.5.1818, in: BFSP 5 (1817–1818), S. 125–135. Für dieses internationale Vertragsregime vgl. auch: Ethan A. Nadelmann, Global Prohibition Regimes. The Evolution of Norms in International Society, in: International Organization 44 (1990), S. 491–498; Edward Keene, A Case Study of the Construction of International Hierarchy. British Treaty-Making against the Slave-Trade in the Early Nineteenth Century, in: International Organization 61 (2007), S. 311–339; Robin Law, Abolition and Imperialism. International Law and the British Suppression of the Atlantic Slave Trade, in: Derek R. Peterson (Hrsg.), Abolitionism and Imperialism in Britain, Africa, and the Atlantic, Athens 2010, S. 150–174.
23 Leslie Bethell, The Mixed Commissions for the Suppression of the Slave Trade in the Nineteenth Century, in: The Journal of African History 7 (1966), S. 79–93; Jenny S. Martinez, The Slave Trade and the Origins of International Human Rights Law, Oxford 2012; Fabian Klose, Humanitäre Intervention und internationale Gerichtsbarkeit – Verflechtung militärischer und juristischer Implementierungsmaßnahmen zu Beginn des 19. Jahrhunderts, in: Militärgeschichtliche Zeitschrift 72 (2013), S. 1–21.
24 Nadelmann, Global Prohibition Regimes, S. 491–498; Quirk, Anti-Slavery Project, S. 60. Für eine Übersicht über die Vielzahl von Rechtsdokumenten, Verträgen und Abkommen bzgl. des Sklavenhandels im Zeitraum von 1776 bis 1863 vgl. Slave Trade Suppression Tables; or a Chronologically Arranged Statement of the Measures Taken by Different Nations for the Abolition of the Slave Trade, in: Her Majesty's Stationery Office (Hrsg.), Slave Trade Instructions. Being Instructions for the Guidance of

Im Hinblick auf die militärische Exekutivgewalt trug Großbritannien nahezu die gesamte Last der Operationen. Die Royal Navy zeigte bis zum Ende des transatlantischen Sklavenhandels Mitte der 1860er Jahre permanent militärische Präsenz in westafrikanischen Gewässern. Auf dem Höhepunkt seines Engagements in den 1840er Jahren umfasste der Marineverband mehr als 30 Schiffe.[25] Die mit diesem Militäreinsatz und seiner Gesamtdauer von über 60 Jahren verbundenen Kosten waren für Großbritannien enorm. Die beiden Politikwissenschaftler Chaim Kaufmann und Robert Pape sprechen in diesem Zusammenhang vom „most expensive international moral effort in modern world history, with most of the cost paid by one country".[26] Die Verluste an Menschenleben, die der Einsatz aufgrund der extremen klimatischen Bedingungen und vor allem den in Westafrika grassierenden Tropenkrankheiten in den Reihen der Royal Navy forderte, beziffern sie auf über 5000 Tote. Die wirtschaftlichen Kosten der gesamten Abolitionsmaßnahmen schätzen sie auf durchschnittlich 1,8 Prozent des jährlichen Nationaleinkommens des britischen Staates im Zeitraum vom 1808 bis 1867.[27] Ausschlaggebend für diese sehr kostspielige Interventionspolitik Londons war die signifikante Verschmelzung wirtschaftspolitischer, imperialer und moralischer Motive.[28] Nach dem einseitigen nationalen Verbot des Sklavenhandels von 1807 war die britische Regierung nun einerseits daran interessiert, anderen Nationen nicht den wirtschaftlichen Vorteil des Handels mit afrikanischen Sklaven zu überlassen und dadurch einen spürbaren Wettbewerbsnachteil für die eigenen westindischen Kolonien zu riskieren. Andererseits konnte es sich London nicht erlauben, eine Politik gegen den von den Abolitionisten erzeugten innenpolitischen Druck zu verfolgen, sondern sah sich vielmehr gezwungen, deren humanitäre Ziele in die außenpolitische Agenda miteinzubeziehen. Der Kampf gegen den Sklavenhandel

---

the Commanders of Her Majesty's Ships of War Employed in the Suppression of the Slave Trade, London 1865, S. 131–142.
25 Zu diesem Einsatz der Royal Navy vgl. Christopher Lloyd, The Navy and the Slave Trade. The Suppression of the African Slave Trade in the Nineteenth Century, London 1968; W. E. F. Ward, The Royal Navy and the Slavers. The Suppression of the Atlantic Slave Trade, London 1969; Siân Rees, Sweet Water and Bitter. The Ships that Stopped the Slave Trade, London 2009.
26 Chaim D. Kaufmann/Robert A. Pape, Explaining Costly International Moral Action. Britain's Sixty-Year Campaign against the Slave Trade, in: International Organization 53 (1999), S. 631–668, hier S. 633.
27 Zum Vergleich hierzu belief sich die durchschnittliche Hilfsleistung von OECD Staaten zwischen 1975 und 1996 auf lediglich 0,23 Prozent ihres Bruttonationaleinkommens. Zu den Kosten und dem Vergleich ebenda, S. 634–637.
28 Vgl. hierzu vor allem: Matthew Mason, Keeping up Appearances. The International Politics of Slave Trade Abolition in the Nineteenth-Century Atlantic World, in: The William and Mary Quarterly 66 (2009), H. 1, S. 809–832; Seymour Drescher, Emperors of the World. British Abolitionism and Imperialism, in: Peterson (Hrsg.), Abolitionism and Imperialism in Britain, Africa, and the Atlantic, S. 129–149.

wurde dadurch zu einem zentralen Paradigma britischer Außenpolitik im 19. Jahrhundert.

In den Reihen der Royal Navy war man daher bemüht, die Effektivität der eigenen Operationen gegen die Sklavenhändler zu verbessern. Anstelle des mühseligen Kreuzens und Patrouillierens gegen Sklavenschiffe auf hoher See, was häufig einer Suche nach der berühmten Stecknadel im Heuhaufen gleichkam, begannen die britischen Kapitäne ab 1840 ihre Schiffe direkt in afrikanische Küstengewässer zu verlegen, dort an der Küste vor bekannten Stützpunkten der Sklavenhändler zu konzentrieren und diese mit einer Seeblockade abzuriegeln. Diese häufig an Flussmündungen gelegenen Zentren des Menschenhandels, in denen die Sklaven in den als *barracoons* bezeichneten Gefängnissen oft wochen-, ja monatelang unter katastrophalen Bedingungen auf ihre Verschiffung nach Amerika ausharren mussten, rückten dadurch gezielt ins Visier der britischen Marineeinheiten. In amphibischen Ladungsoperationen, wie besonders erfolgreich im November 1840 am berüchtigten Gallinas River, ging die Royal Navy immer stärker gezielt gegen die Infrastruktur der Sklavenhändler an Land vor und versetzte ihnen mit der vollständigen Zerstörung ihrer Basen einen schweren Schlag. Der britischen Marine gelang es dabei immer wieder, Sklaven bereits vor ihrer Verschiffung aus den Gefängnissen an Land zu befreien.[29]

Abgesehen von diesen Angriffen auf Stützpunkte europäischer Sklavenhändler begann Großbritannien nun aber auch präventiv gegen afrikanische Herrschaftsgebiete vorzugehen, die man als Ausgangsort für die verheerenden Sklavenraubzüge und Hochburgen des Menschenhandels identifizierte. Im Fall des Königreichs Lagos, das bereits 1851 Ziel einer britischen Militärintervention und einem damit verbundenen politischen Regimewechsel geworden war, führte dies in letzter Konsequenz dazu, dass dieses Gebiet seine staatliche Unabhängigkeit einbüßte und von London im August 1861 kurzerhand annektiert wurde.[30] Der britische Außenminister Lord John Russel begründete diesen Schritt damit, dass die dauerhafte Besetzung dieser Schlüsselposition in der Bucht von Benin unverzichtbar für die vollständige Unterdrückung des Sklavenhandels sei. Zudem würde dieses Vorgehen ermöglichen, die verheerenden Sklavenraubzüge des benachbarten Königs von Dahomey wirkungs-

---

29 Der heutige Name für den Gallinas River lautet Kerefe und liegt in der südlichen Provinz des heutigen Sierra Leone. Zur zentralen Bedeutung der Operation am Gallinas River vgl. Lloyd, Navy and the Slave Trade, S. 94–96; Ward, Royal Navy and the Slavers, S. 167–178; Rees, Sweet Water and Bitter, S. 202–214; Richard Huzzey, Freedom Burning. Anti-Slavery and Empire in Victorian Britain, Ithaca/London 2012, S. 115 f.
30 Zum britischen Vorgehen und zur Militärintervention in Lagos vgl. Bericht von Commodore Bruce an Secretary of the Admiralty, 2.1.1852, in: Houses of Parliament, Reduction of Lagos, S. 193 f.; Lloyd, Navy and the Slave Trade, S. 156–160; Ward, Royal Navy and the Slavers, S. 205–216; Rees, Sweet Water and Bitter, S. 281–290; Law, Abolition and Imperialism, S. 159–164; Robert S. Smith, The Lagos Consulate 1851–1861, London/Basingstoke 1978, S. 18–33.

voll zu verhindern und die Region insgesamt zu befrieden.³¹ Der am 6. August 1861 in Lagos unterzeichnete Abtretungsvertrag,³² mit dem alle Souveränitätsrechte an die britische Krone übertragen wurden, zielte dabei offiziell darauf ab, „to put an end to the Slave Trade in this and the neighboring counties, and to prevent the destructive wars so frequently undertaken by Dahomey and others for the capture of the slaves".³³

Der Zeitraum von der ersten erfolgreichen Gallinas-Operation 1840 bis zur Annexion von Lagos 1861 markierte eine entscheidende, richtungsweisende Phase im Verhältnis zwischen Großbritannien und dem afrikanischen Kontinent.³⁴ In dieser Zeitspanne entwickelten sich die ursprünglich rein maritimen Interventionsmaßnahmen gegen den Sklavenhandel zu einer aktiven Einmischungspolitik in innerafrikanische Angelegenheiten, welche auch die vorsorgliche Besetzung ganzer Territorien unter humanitärem Banner miteinschloss. Da das in Westafrika entstehende Modell schließlich auch als Vorbild für das Vorgehen gegen den Menschenhandel an der ostafrikanischen Küste diente, wurde der Kampf gegen den Sklavenhandel zu einem entscheidenden Katalysator europäischer Expansionspolitik in Bezug auf den gesamten afrikanischen Kontinent.³⁵ Humanitäre, zivilisatorische, wirtschaftliche und geopolitische Motive der europäischen Staaten verschmolzen dabei zu einer Einheit, was besonders deutlich in der Generalakte der Brüsseler Antisklaverei-Konferenz von 1890 zum Ausdruck kam.³⁶ In der Präambel bekräftigten die Teilnehmer mit ihrer Unterschrift den festen Willen, „den Verbrechen und Verwüstungen, welche der afrikanische Sklavenhandel hervorruft, ein Ziel zu setzen, die eingeborenen Völkerschaften Afrikas wirksam zu schützen und diesem ausgedehnten Kontinent die Wohltaten des Friedens und der Civilisation zu sichern".³⁷ In dieser gemeinsamen

---

31 Schreiben von Russel an Konsul Foote, 22.6.1861, in: BFSP 52 (1861–1862), S. 175–177, hier S. 175.
32 Zum Verlauf der Verhandlungen und der Abtretungszeremonie vgl. Bericht von Acting Consul McCoskry an Russel, 7.8.1861, in: ebenda, S. 179–181.
33 Treaty of Cession, 6.8.1861, in: ebenda, S. 181 f., hier S. 181.
34 David Eltis, Economic Growth and the Ending of the Atlantic Slave Trade, Oxford/New York 1987, S. 122.
35 Law, Abolition and Imperialism, S. 169–170; Huzzey, Freedom Burning, S. 146 f.; Quirk, Anti-Slavery Project, S. 91. Marcel van der Linden spricht in diesem Zusammenhang von „unanticipated consequences of ‚humanitarian intervention'". Vgl. Marcel van der Linden, Unanticipated Consequences of "Humanitarian Intervention". The British Campaign to Abolish the Slave Trade, 1807–1900, in: Theory and Society 39 (2010), S. 281–298, hier S. 290–293.
36 „General-Akte der Brüsseler Antisklaverei-Konferenz nebst Deklaration" vom 2.7.1890, in: Reichsgesetzblatt, Nr. 29, Berlin 1892, S. 605–656. Zur Verschmelzung humanitärer und imperialer Motive auf der Brüsseler Konferenz vgl. Suzanne Miers, The Brussels Conference of 1889–1890. The Slave Trade in the Policies of Great Britain and Germany, in: Prosser Gifford/Wm. Roger Louis (Hrsg.), Britain and Germany in Africa. Imperial Rivalry and Colonial Rule, New Haven/London 1967, S. 83–118; dies., Britain and the Ending of the Slave Trade, New York 1975, S. 236–314.
37 Präambel der „General-Akte der Brüsseler Antisklaverei-Konferenz nebst Deklaration" vom 2.7.1890, in: Reichsgesetzblatt, Nr. 29, Berlin 1892, S. 605–656, hier S. 606.

Absicht beschlossen sie einen sehr umfangreichen Maßnahmenkatalog mit 100 Einzelartikeln, der einer regelrechten kolonialen Interventionscharta gleichkam.

Insgesamt betrachtet trug der Kampf gegen den Sklavenhandel wesentlich zur Entstehung und Etablierung eines humanitären Interventionsverständnisses im Völkerrecht des 19. Jahrhunderts bei.[38] So bezeichnete der prominente Schweizer Völkerrechtsgelehrte Johann Caspar Bluntschli in seiner bedeutenden Darstellung „Das moderne Völkerrecht der civilisierten Staten" aus dem Jahr 1872 es zunächst als die zentrale Funktion des Völkerrechts, die friedliche Koexistenz und die Freiheit der verschiedenen Staaten zu schützen. Aus diesem Grund lehnte er eine Einmischung in die inneren Angelegenheiten von souveränen Staaten grundsätzlich ab, machte aber beim „Schutze gewisser Menschenrechte" ausdrücklich eine Ausnahme.[39] Als Präzedenzfälle führte er das militärische und diplomatische Eingreifen der europäischen Staten [sic] gegen den Sklavenhandel sowie die Interventionen zum Schutz christlicher Glaubensgenossen im Osmanischen Reich an.[40] Während er in seinen weiteren Ausführungen das antirevolutionär motivierte Eingreifen der Heiligen Allianz als Missbrauch des Interventionsprinzips kritisierte, rechtfertigte er mehrmals das kollektive Eingreifen im Fall von „gemeingefährlichen Rechtsverletzungen" wie etwa Sklaverei, Gewalt gegen Andersgläubige und unmenschliche Grausamkeiten: „Die übrigen Staaten können in solchen Fällen ihre diplomatische Verwendung eintreten lassen und auf Beseitigung des Unrechts dringen und sie können nöthingenfalls sich verbünden und mit gemeinsamer Macht vorgehen, um dem anerkannten Völker- und Menschenrecht Achtung und Geltung zu verschaffen."[41] Bluntschli lieferte damit eine völkerrechtliche Legitimation für das Eingreifen aus humanitären Gründen, der sich weitere prominente Völkerrechtler anschlossen.[42] Die Interventionen gegen den Sklavenhandel identifizierten Völkerrechtler somit, neben dem Schutz christlicher Minderheiten im Osmanischen Reich, als Präzedenzfälle für legitimes Handeln der europäischen Großmächte, um auf blutige Konflikte und damit verbundene humanitäre Krisen zu reagieren bzw. um diese zu beenden. Dass das entstehende Konzept der humanitären Intervention in seiner Janusköpfigkeit auch zur Legitimation imperialer

---

38 Für diese frühe Auseinandersetzung mit der Thematik vgl. Henry Wheaton, Elements of International Law. With a Sketch of the History of the Science, Philadelphia 1836, S. 82–94; Hermann von Rotteck, Das Recht der Einmischung in die inneren Angelegenheiten eines fremden Staates vom vernunftrechtlichen, historischen und politischen Standpunkt erörtert, Freiburg i. Br. 1845; William E. Lingelbach, The Doctrine and Practice of Intervention in Europe, in: Annals of the American Academy of Political and Social Science 16 (1900), S. 1–32; Antoine Rougier, La Théorie de l'Intervention d'Humanité, in: Revue Générale de Droit International Public XVII (1910), S. 468–526.
39 Johann Caspar Bluntschli, Das moderne Völkerrecht der civilisierten Staten als Rechtsbuch dargestellt, Nördlingen 1872, S. 20.
40 Ebenda, S. 21–24.
41 Ebenda, S. 264–269, hier S. 265.
42 Egide Arntz/Gustave Rolin-Jaequemyns, Note sur la Théorie du Droit d'Intervention, in: Revue de Droit International et de Legislation Comparée VIII (1876), S. 673–682.

Projekte beitrug, bildete für die Völkerrechtler des 19. Jahrhunderts keinen Widerspruch.⁴³

2 Krise und Reform des Konzepts der humanitären Intervention im 20. und 21. Jahrhundert

Während sich das 19. Jahrhundert als „Jahrhundert der humanitären Intervention" interpretieren lässt, in dem sich Theorie und Praxis der Humanitätsintervention formierte und im Völkerrecht etablierte, war das Konzept im Verlauf des 20. Jahrhunderts deutlicheren konjunkturellen Schwankungen ausgesetzt und immer wieder von weltpolitischen Verwerfungen überlagert. Der Ausbruch des Ersten Weltkrieges 1914 verhinderte zunächst eine Weiterentwicklung bzw. konkrete Umsetzung, wie das ausbleibende Eingreifen im Fall des Völkermords an den Armeniern 1915 im Osmanischen Reich deutlich machte. Auch nach dem Ende des verlustreichen Krieges verspürten die erschöpften Großmächte keinerlei Interesse an weiteren Militärinterventionen, aus vermeintlich humanitären Gründen, sondern versuchten vielmehr diese Verpflichtung an den neu gegründeten Völkerbund als internationale Ordnungsinstanz abzugeben; eine Aufgabe, die dieser schon aus strukturellen Gründen nie erfüllen konnte.⁴⁴ Insgesamt gesehen bedeutet die Zwischenkriegszeit in der Tat, wie es Michael Marrus prägnant formuliert, „the eclipse of humanitarian intervention".⁴⁵ Diese Entwicklung verstärkte sich dadurch, dass gerade Regime wie das nationalsozialistische Deutschland in den Jahren von 1937 bis 1939 mit dem Verweis auf den vermeintlichen Schutz deutscher Minderheiten eine aggressive Interventionspolitik gegenüber seinen östlichen Nachbarstaaten der Tschechoslowakei und Polen zu legitimieren versuchten. Die humanitär begründete Interventionspraxis wurde dadurch in der internationalen Politik völlig kompromittiert.⁴⁶

---

43 Fabian Klose, Frieden durch Krieg? Zur Janusköpfigkeit militärischer Interventionspraxis im langen 19. Jahrhundert, in: Sandrine Mayoraz/Frithjof Benjamin Schenk/Ueli Mäder (Hrsg.), Hundert Jahre Basler Friedenskongress (1912–2012). Die erhoffte „Verbrüderung der Völker", Basel/Zürich 2015, S. 201–212.
44 Malbone W. Graham, Humanitarian Intervention in International Law as Related to the Practice of the United States, in: Michigan Law Review 22 (1924), S. 312–328, hier S. 320–321.
45 Michael R. Marrus, International Bystanders to the Holocaust and Humanitarian Intervention, in: Richard Ashby Wilson/Richard D. Brown (Hrsg.), Humanitarianism and Suffering. The Mobilization of Empathy, Cambridge/New York 2009, S. 156–174, hier S. 164–168.
46 Vgl. hierzu Jost Dülffer, Humanitarian Intervention as Legitimation of Violence – the German Case 1937–1939, in: Klose (Hrsg.), Emergence of Humanitarian Intervention, S. 208–228.

Die neu gegründeten Vereinten Nationen verankerten daher 1945 in ihrer Charta ein striktes, völkerrechtlich bindendes Gewalt- und Interventionsverbot.[47] Prominente Völkerrechtler wie Ian Brownlie lehnten in der Folgezeit das gesamte Konzept der humanitären Intervention strikt ab und verwiesen in diesem Zusammenhang auf die in der Vergangenheit häufig angewandte machtpolitische Instrumentalisierung humanitärer Rhetorik, um gewaltsames Eingreifen von Großmächten gegen schwache Staaten zu rechtfertigen. Die deutsche Besetzung Böhmens und Mährens im März 1939 hob er dabei als besonders prägnantes Beispiel hervor. Entsprechend vertrat Brownlie die Meinung, dass es bisher nie einen genuinen Fall von humanitärer Intervention gegeben habe, und bezeichnete es als eine wohltuende Entwicklung für die internationale Politik, dass dieses Konzept letztlich aus der modernen Staatenpraxis verschwunden sei.[48]

Das Thema gewann erst wieder ab Mitte der 1960er Jahre an Bedeutung, als konkrete politische Ereignisse die Frage der humanitären Intervention erneut auf die internationale Agenda brachten. Neben der US-Intervention 1965 in der Dominikanischen Republik führten vor allem die Biafra-Krise 1968 und das militärische Eingreifen Indiens in Ost-Pakistan 1971 dazu, dass die völkerrechtlichen Debatten wieder signifikant aufflammten. Diese prägnanten Fälle, die sich Ende der 1970er Jahre noch um die Intervention Vietnams im Kambodscha zur Beendigung der Schreckensherrschaft der Roten Khmer 1978 und das Eingreifen Tansanias in Uganda gegen das mörderische Regime Idi Amins 1979 erweiterten, führten dazu, dass sich vor allem Völkerrechtler erneut mit der Frage der Legitimation eines gewaltsamen Eingreifens aus humanitären Beweggründen auseinandersetzten.[49] Diese Debatte erreichte

---

[47] Vgl. Artikel 2 Absatz 4 und Absatz 7 der UN-Charta, in: Bundeszentrale für politische Bildung (Hrsg.), Menschenrechte. Dokumente und Deklarationen, Bonn 2004, S. 43. Diese beiden Bestimmungen gelten als absolute Kernnormen der UN-Charta und dürfen lediglich im Ausnahmefall eingeschränkt werden. Bei der Bedrohung oder des Bruchs des Friedens ist der Sicherheitsrat dazu ermächtigt, Zwangsmaßnahmen, die eine direkte Intervention und die militärische Gewaltanwendung ausdrücklich miteinschließen, zu ergreifen, „um den Weltfrieden und die internationale Sicherheit zu wahren oder wiederherzustellen". Vgl. hierzu Kapitel VII „Maßnahmen bei Bedrohung oder Bruch des Friedens und bei Angriffshandlungen" der UN-Charta, in: ebenda, S. 46–49, hier Artikel 39, S. 46. Zum Einsatz von Gewalt und internationalem Recht nach 1945 vgl. vor allem auch Claus Kreß, Major Post-Westphalian Shifts and Some Important Neo-Westphalian Hesitations in the State Practice on the International Law on the Use of Force, in: Journal on the Use of Force and International Law, 1 (2014), H. 1, S. 11–54.
[48] Ian Brownlie, International Law and the Use of Force by States, Oxford 1963, S. 338–342.
[49] Für diese aufkommende Debatte vgl. David S. Bogen, The Law of Humanitarian Intervention. United States Policy in Cuba (1898) and in the Dominican Republic (1965), in: The Harvard International Law Club Journal 7 (1966), S. 296–315; Michael Reisman/Myers S. McDougal, Humanitarian Intervention to Protect the Ibos, in: Richard B. Lillich (Hrsg.), Humanitarian Intervention and the United Nations, Charlottesville 1973, S. 167–195; Laurie S. Wiseberg, Humanitarian Intervention. Lessons from the Nigerian Civil War, in: Revue des droits de l'homme 70 (1974), S. 61–98; Howard L. Weisberg, The Congo Crisis of 1964. A Case Study in Humanitarian Intervention, in: Virginia Journal of Internatio-

schließlich in den 1990er Jahren einen neuen Höhepunkt, als es zu einer regelrechten „explosion of intervention with largely humanitarian justifications" kam.⁵⁰

Das Ende der bipolaren Weltordnung mit dem Zusammenbruch der Sowjetunion ermöglichte dabei den Vereinten Nationen, eine stärkere Rolle im Bereich der internationalen Sicherheit und des Friedens einzunehmen. Aufgrund des Auftretens einer regelrechten Serie neuer Konfliktszenarien und dem neu gewonnenen Handlungsspielraum nahm die Qualität und Quantität des UN-Engagements in humanitären Krisen in verschiedenen Weltregionen, angefangen vom Irak über das ehemalige Jugoslawien bis nach Somalia rapide zu.⁵¹ Trotz dieses enormen Bedeutungszuwachses gelang es den Vereinten Nationen nicht immer, ihrer neuen Rolle gerecht zu werden und auf schwere humanitäre Krisensituationen adäquat zu reagieren. Die Nichtintervention 1994 beim Genozid von über 800.000 Tutsi in Ruanda und 1995 beim Massaker von über 8000 bosnischen Muslimen in der sogenannten UN-Schutzzone von Srebrenica machten das völlige Versagen der Weltorganisation auf besonders dramatische Weise deutlich.⁵² Die aufgrund der Blockade des Weltsicherheitsrates 1999 ohne UN-Mandat durchgeführte NATO-Intervention im Kosovo verschärfte noch einmal deutlich die Krise des Konzepts der humanitären Intervention.⁵³

Diese Entwicklung veranlasste schließlich UN-Generalsekretär Annan dazu, grundsätzliche Reformen, die auf den von seinem Vorgänger Boutros Boutros-Ghali bereits 1992 in der „Agenda für den Frieden"⁵⁴ formulierten Grundsätzen zur Konflikt-

---

nal Law 12 (1972), S. 261–276; Thomas M. Franck/Nigel S. Rodley, After Bangladesh. The Law of Humanitarian Intervention by Military Force, in: The American Journal of International Law 67 (1973), S. 275–305; Farooq Hassan, Realpolitik in International Law. After Tanzanian-Ugandan Conflict "Humanitarian Intervention" Reexamined, in: Willamette Law Review 17 (1981), S. 859–912.

50 Weiss, Humanitarian Intervention, S. 3. Für diesen signifikanten Anstieg vgl. auch Thorsten Gromes/Matthias Dembinski, Bestandsaufnahme der humanitären militärischen Interventionen zwischen 1947 und 2005, Frankfurt a. M. 2013, S. 8 f.; dies., Humanitäre militärische Interventionen 1946–2014. Annäherung an ein umstrittenes Thema, in: Janet Kursawe u. a. (Hrsg.), Friedensgutachten 2015, Berlin 2015, S. 75–86.

51 Für eine Übersicht der militärischen UN-Operationen seit 1990 vgl. Weiss, Humanitarian Intervention, S. 46. Zu dieser neuen Rolle der Vereinten Nationen vgl. Elizabeth G. Ferris, The Challenge to Intervene. A New Role for the United Nations?, Uppsala 1992; Thomas G. Weiss/David P. Forsythe/Roger A. Coate, The United Nations and Changing World Politics, Boulder 2004, S. 47–92.

52 Vgl. Report of the Secretary-General Pursuant to General Assembly Resolution 53/35. The Fall of Srebenica, 15.11.1999, UNGA A/54/549; Report of The Independent Inquiry into the Actions of the United Nations during the 1994 Genocide in Rwanda, 16.12.1999, UNSC S/1999/1257.

53 Für die Bedeutung der Kosovokrise 1999 und des NATO-Militärschlags ohne UN-Mandat vgl. Albrecht Schnabel/Ramesh Thakur (Hrsg.), Kosovo and the Challenge of Humanitarian Intervention. Selective Indignation, Collective Action, and International Citizenship, Tokyo/New York 2000; Aidan Hehir, Humanitarian Intervention after Kosovo. Iraq, Dafur and the Record of Global Civil Society, Basingstoke 2008.

54 Zentraler Aspekt der „Agenda für den Frieden" von Boutros-Ghali war die Konfliktverhütung durch „Vorbeugende Diplomatie, Friedensschaffung und Friedenssicherung". Vgl. hierzu: Boutros

verhütung basierten, anzustoßen. Die Idee der aktiven Krisenprävention rückte dabei nun ins Zentrum der Überlegungen.[55] Abgesehen von dem bereits eingangs erwähnten Millenniumsbericht[56] machte sich Annan für diese programmatische Neuausrichtung vor allem in seinem Bericht an den UN-Sicherheitsrat im Juni 2001 stark, worin er explizit dafür plädierte „ to move the United Nations from a culture of reaction to a culture of prevention".[57] Als Begründung hierfür betonte er die moralische Verantwortung der internationalen Staatengemeinschaft, nach dem fatalen Scheitern in Ruanda und im ehemaligen Jugoslawien derartige schwere Menschenrechtsverletzungen in Zukunft effektiv zu verhindern. Gleichzeitig verwies er auch auf die Tatsache, dass eine effiziente Krisenprävention weitaus kostengünstiger sei als die Durchführung aufwendiger Militärmissionen, um die bereits ausgebrochenen blutigen Konflikte wieder einzudämmen bzw. zu beenden. Annan bezog sich in diesem Zusammenhang auf eine Studie der *Carnegie Commission on Preventing Deadly Conflict*, der zufolge die internationale Gemeinschaft mit Hilfe eines präventiven Ansatzes anstelle der sieben großen Militärinterventionen in den 1990er Jahren über 70 Milliarden US-Dollar eingespart hätte.[58] Der UN-Generalsekretär sprach sich daher für die Entwicklung einer umfassenden Krisenprävention – „a culture of conflict prevention"[59] – aus, welche die Kooperation verschiedener Akteure wie dem UN-Flüchtlingshilfswerk (UNHCR), der Welternährungs- (FAO) und Weltgesundheitsorganisation (WHO) miteinschloss.

Als Reaktion auf die Anregungen des UN-Generalsekretärs begann die eigens dafür gegründete *International Commission on Intervention and State Sovereignty* (ICISS), konzeptionelle Reformvorschläge zur humanitären Intervention zu erarbeiten. Das auf Initiative der kanadischen Regierung eingerichtete Expertengremium schlug nach einem Jahr intensiver Beratungen schließlich in seinem Abschlussbericht im Dezember 2001 die Idee der *Responsibility to Protect* (R2P) vor.[60] Das mit

---

Boutros-Ghali, Agenda für den Frieden, Bericht des Generalsekretärs über die Tätigkeit der Vereinten Nationen, 17.6.1992, UNGA A/47/277 – S/24111.
55 Für diese neue Entwicklung zur Krisenprävention in der internationalen Politik vgl.: Volker Matthies, Krisenprävention. Vorbeugen ist besser als Heilen, Opladen 2000; Ausgabe „Prävention oder Intervention?", Internationale Politik 57 (2002), H. 12.
56 Annan, "We the Peoples".
57 Annan, Prevention of Armed Conflict, S. 1.
58 Nach der Carnegie Studie beliefen sich die Kosten der sieben großen Militärinterventionen in Bosnien-Herzegowina, Somalia, Ruanda, Haiti, am Persischen Golf, in Kambodscha und El Slavador in den 1990er Jahren auf insgesamt 200 Milliarden US-Dollar, während ein präventiver Ansatz lediglich mit 130 Milliarden US-Dollar veranschlagt wurde. Ebenda, S. 6.
59 Ebenda, S. 36 f.
60 Das Supplementary des ICISS-Berichts von 2001 erwähnte die Präzedenzfälle des 19. Jahrhunderts dabei kurz. International Commission on Intervention and State Sovereignty, The Responsibility to Protect. Research, Bibliography, Background. Supplementary Volume to the Report of the ICISS, Ottawa 2001, S. 16 f. (online verfügbar unter: http://www.bits.de/NRANEU/docs/ICISS1201supplement.pdf, 29.9.2015).

dem deutschen Begriff der „Schutzverantwortung" bezeichnete Konzept basierte auf einer Neudefinition des Souveränitätsprinzips.[61] Demnach verlieh Souveränität den Staaten nicht nur die Macht und das völkerrechtlich verbriefte Recht, ihre inneren Angelegenheiten uneingeschränkt zu lenken, sondern beinhaltete zudem die vorrangige Verpflichtung, für den Schutz der Individuen auf ihrem Staatsgebiet zu sorgen. Für den Fall aber, dass der Staat dieser Aufgabe nicht mehr nachkommen würde, argumentierte die Kommission: "Where a population is suffering serious harm, as a result of internal war, insurgency, repression or state failure, and the state in question is unwilling or unable to halt or avert it, the principle of non-intervention yields to the international responsibility to protect."[62] Wenn ein souveräner Staat den Schutz fundamentaler Rechte seiner Bevölkerung nicht mehr gewährleisten konnte, verlor das Nichtinterventionsprinzip also seine Gültigkeit, und die Schutzverantwortung ging an die internationale Gemeinschaft über.[63]

Diese neue Schutzverantwortung setze sich dabei aus drei Verantwortungsbereichen zusammen: die „responsibility to prevent"[64] bezeichnete die Verpflichtung, Bedrohungen durch schwere Menschenrechtsverletzungen bereits im Vorfeld zu erkennen und entsprechend präventiv Ursachenbekämpfung auf diplomatischer, wirtschaftlicher und juristischer Ebene zu betreiben; die „responsibility to react"[65] bezog sich wiederum als *ultima ratio* auf militärische Interventionsmaßnahmen, während die „responsibility to rebuild"[66] den Aspekt der Post-Konflikt-Nachsorge umschloss. Im Gegensatz zum älteren Konzept der humanitären Intervention, das sich einseitig auf das reaktive militärische Eingreifen konzentrierte, handelte es sich bei der neuen R2P-Doktrin somit nicht nur um ein ganzheitliches Konzept, das Vorsorge und Konfliktnachsorge miteinschloss, sondern Prävention sogar zur wichtigsten Komponente erklärte. Bei der Priorisierung der drei Bereiche wird im ICISS-Bericht entsprechend die eindeutige Position vertreten: "Prevention is the single most important dimension

---

[61] Dieser Aspekt von Souveränität als Verantwortung, auf dem der ICISS-Bericht basierte, wurde bereits 1996 zum ersten Mal in der Studie von Francis M. Deng u. a., Sovereignty as Responsibility. Conflict Management in Africa, Washington, DC 1996 vorgeschlagen.
[62] International Commission on Intervention and State Sovereignty, The Responsibility to Protect, Ottawa 2001, S. xi (online verfügbar unter: http://responsibilitytoprotect.org/ICISS%20Report.pdf, 29.9.2015).
[63] Für die Entwicklung des R2P-Konzepts vgl. Anne Orford, International Authority and the Responsibility to Protect, Cambridge 2011; Ramesh Thakur, The Responsibility to Protect. Norms, Laws, and the Use of Force in International Politics, London/New York 2011; Aidan Hehir, The Responsibility to Protect. Rhetoric, Reality and the Future of Humanitarian Intervention, Basingstoke 2012; Manuel Fröhlich, The Responsibility to Protect. Foundation, Transformation, and Application of an Emerging Norm, in: Klose (Hrsg.), Emergence of Humanitarian Intervention, S. 299–330.
[64] ICISS, Responsibility to Protect, S. 19–27. Der Bericht nimmt dabei direkten Bezug auf die Anregungen Annans zur Entwicklung einer umfassenden Präventionsstrategie. Vgl. hierzu: ebenda, S. 19.
[65] Ebenda, S. 29–37.
[66] Ebenda, S. 39–45.

of the responsibility to protect: prevention options should always be exhausted before intervention is contemplated, and more commitment and resources must be devoted to it."⁶⁷ Aus der schweren politischen Krise der humanitären Intervention, die sich als Idee im 19. Jahrhundert entwickelt hatte, war somit ein reformiertes Konzept hervorgegangen, das sich vom älteren nicht nur in einem neuen Namen, sondern vor allem in der zentralen Betonung des Präventionsgedankens in der internationalen Politik signifikant abhob. Die R2P-Doktrin wurde als entscheidender normativer Durchbruch in den internationalen Beziehungen gefeiert und 2005 auf dem UN-Gipfel anlässlich des 60. Jahrestages der Gründung der Weltorganisation international anerkannt.⁶⁸

3 Ausblick

In der Praxis kam die neue R2P-Formel zum ersten Mal im Jahr 2011 zum Einsatz. Nach schweren Übergriffen des libyschen Regimes unter Muammar al-Gaddafi auf die eigene Zivilbevölkerung verabschiedete der UN-Sicherheitsrat am 17. März 2011 seine Resolution 1973, in der er sich explizit auf das Konzept der Schutzverantwortung bezog und in diesem Zusammenhang die UN-Mitgliedstaaten ermächtigte, zum Schutz der libyschen Zivilbevölkerung alle notwendigen Maßnahmen zu ergreifen.⁶⁹ Als Folge dieser Entscheidung begann die NATO, mit Luftschlägen Gaddafis Streitkräfte anzugreifen. Das Nordatlantikbündnis griff dadurch zu Gunsten der Opposition in den libyschen Bürgerkrieg ein, was wesentlich zum Sturz des Regimes beitrug. Jan Eliasson, der stellvertretende UN-Generalsekretär, rechtfertigte in einem späteren Interview diese internationale Militärintervention mit der Begründung, dass die öffentliche Ankündigung Gaddafis von Gräueltaten an der eigenen Zivilbevölkerung einen „Srebrenica Moment" dargestellt habe, der die internationale Gemeinschaft zum Eingreifen zwang.⁷⁰ In der Wissenschaft löste der Libyeneinsatz hingegen erneut eine heftige Kontroverse aus. Kritiker betonen dabei, dass der NATO-Militäreinsatz mit dem Sturz der Diktatur Gaddafis vor allem vom Aspekt eines intendierten Regimewechsels befeuert wurde und dabei die zentralen Kernelemente der R2P-Formel von Vorsorge und Konfliktnachsorge völlig vernachlässigt wurden bzw. überhaupt keine

---

67 Ebenda, S. XI.
68 Resolution 60/1, 2005 World Summit Outcome, 24.10.2005, UNGA A/RES/60/1, S. 30 (online verfügbar unter: http://unpan1.un.org/intradoc/groups/public/documents/un/unpan021752.pdf, 29.9.2015).
69 Bereits in seiner vorausgegangenen Resolution 1970 ermahnte der UN-Sicherheitsrat das libysche Regime, der Schutzverantwortung gegenüber der eigenen Bevölkerung gerecht zu werden. Vgl. Resolution 1970 (2011), 26.2.2011, UNSC S/RES/1970; Resolution 1973 (2011), 17.3.2011, UNSC S/RES/1973.
70 Andrea Böhm, „Srebrenica-Moment". Der künftige UN-Vizechef über gute Gründe für Interventionen, in: Die Zeit online, 22.3.2012 (online verfügbar unter: http://pdf.zeit.de/2012/13/Eliasson.pdf, 29.9.2015).

Rolle spielten.[71] Obwohl sich mittlerweile der Präventionsgedanke als ein wichtiges Element in der internationalen Politik etabliert hat,[72] bleibt daher abzuwarten, ob sich das neue R2P-Konzept in der Praxis tatsächlich zu einer erfolgreichen Strategie zur Bekämpfung humanitärer Krisen und schwerer Menschenrechtsverletzungen im 21. Jahrhundert entwickeln wird.

---

[71] Zu diesen ganz aktuellen Debatten vgl. Michael Staack/Dan Krause (Hrsg.), Schutzverantwortung in der Debatte. Die „Responsibility to Protect" nach dem Libyen-Dissens, Opladen/Berlin 2015; August Pradetto, R2P, der Regimewechsel in Libyen und die Nichtintervention in Syrien: Durchbruch oder Sargnagel für die Schutzverantwortung?, in: ebenda, S. 15–54; Alexander S. Neu, „Internationale Schutzverantwortung". Zivilisatorischer Fortschritt oder gefährliche Chimäre?, in: Wissenschaft und Frieden 4 (2012), S. 35–38; Peter Rudolf, Schutzverantwortung und humanitäre Intervention. Eine ethische Bewertung der „Responsibility to Protect" im Lichte des Libyen-Einsatzes, SWP-Studien 2013/S 03, Berlin 2013 (online verfügbar unter: http://www.swp-berlin.org/fileadmin/contents/products/studien/2013_S03_rdf.pdf, 29.9.2015).
[72] Vgl. hierzu auch: Kofi A. Annan, Progress Report on the Prevention of Armed Conflict, Report of the Secretary-General, 18.7.2006, UNGA A/60/891; Matthies, Krisenprävention.

Annelie Ramsbrock
Lebenslang. Sozialprognose und Kriminalprävention, 1890–1980

Als Max Weber die Formel von der „Entzauberung der Welt" im frühen 20. Jahrhundert entwickelte, hatte er die zunehmende Bedeutung der Wissenschaften für die Ordnung der Gesellschaft im Sinn. Die um sich greifende Rationalisierung und Intellektualisierung alltäglicher Begebenheiten führte er allerdings nicht auf das Wissen über die Gegenwart oder die Vergangenheit zurück, sondern auf „den Glauben daran: daß man, wenn man *nur wollte* [...] alle Dinge – im Prinzip – durch *Berechnen beherrschen* könne".[1] Was Weber mit eher gesellschaftskritischem Impetus resümierte, beschwor ein anderer Nationalökonom bereits im späten 19. Jahrhundert als Notwendigkeit politischen Handelns moderner Staaten. Alfred Wagner hatte in seinem 1883 veröffentlichten „Lehr- und Handbuch der politischen Oekonomie" eine „Veränderung in der Art der Durchführung der Staatszwecke" kommentiert, die er in dem „Gesetz des Vorwaltens des Präventivprincips im entwickelten Rechts- und Culturstaate" verwirklicht sah. Das „Präventivprincip", führte Wagner aus, sei an die Stelle des „Repressivprincips" getreten, weil der Staat in immer mehr gesellschaftlichen Bereichen Vorkehrungen treffe, um „Rechtsstörungen" von vornherein „zu verhüten" und nicht im Nachhinein „durch Repression" zu sanktionieren.[2]

Zu den staatlichen Handlungsfeldern, in denen eine Kalkulation von Unsicherheiten um die Wende zum 20. Jahrhundert zunehmend wichtiger wurde, zählten nicht nur das moderne Wohlfahrtswesen, das Gesundheitswesen[3], die Wirtschaftspolitik[4] oder der Katastrophenschutz[5], sondern ebenso die Strafrechtspflege und die

---
[1] Max Weber, Wissenschaft als Beruf (1919), in: Wolfgang J. Mommsen u. a. (Hrsg.), Max Weber Gesamtausgabe (Studienausgabe), Schriften und Reden (Wissenschaft als Beruf 1917/1919; Politik als Beruf 1919), Tübingen 1994, S. 1–24, hier S. 9. Hervorhebung im Original.
[2] Adolph Wagner, Lehr- und Handbuch der politischen Oekonomie, Erste Hauptabtheilung, Grundlegung der politischen Oekonomie, Heidelberg ³1883, S. 908–915, hier S. 908–910.
[3] Martin Lengwiler/Stefan Beck, Historizität, Materialität und Hybridität von Wissenspraxen. Die Entwicklung europäischer Präventionsregime im 20. Jahrhundert, in: Geschichte und Gesellschaft 4 (2008), S. 489–523; Malte Thießen, Vom immunisierten Volkskörper zum „präventiven Selbst". Impfen als Biopolitik und soziale Praxis vom Kaiserreich zur Bundesrepublik, in: Vierteljahrshefte für Zeitgeschichte 61 (2013), S. 35–64; Britta-Marie Schenk/Malte Thießen/Jan Holger Kirsch (Hrsg.), Zeitgeschichte der Vorsorge. Themenheft. Zeithistorische Forschungen/Studies in Contemporary History 10 (2013), H. 3; Sigrid Stöckel/Ulla Walter (Hrsg.), Prävention im 20. Jahrhundert. Historische Grundlagen und aktuelle Entwicklungen in Deutschland, Weinheim 2002.
[4] Heinrich Hartmann/Jacob Vogel (Hrsg.), Zukunftswissen. Prognosen in Wirtschaft, Politik und Gesellschaft seit 1900, Frankfurt a. M. 2010.
[5] Nicolai Hannig, Die Suche nach Prävention. Naturgefahren im 19. und 20. Jahrhundert, in: Historische Zeitschrift 300 (2015), H. 1, S. 33–65.

Kriminalpolitik. Dass die letztgenannten Handlungsfelder bislang kaum als Bereiche untersucht worden sind, in denen präventive Konzepte und die systematische Erhebung von Zukunftswissen an Bedeutung gewannen, verwundert insofern, als gerade hier, wie jüngst bemerkt worden ist, „die Aushandlung von Schutzfaktoren und normabweichendem Verhalten klar zu Tage tritt".[6]

Paradigmatisch für diesen Aushandlungsprozess war die Suche nach dem „Gewohnheitsverbrecher" – jenem Verbrechertyp, der immer wieder Straftaten beging oder voraussichtlich begehen würde und der deshalb präventiv in Gewahrsam genommen werden sollte. Begreift man diese Suche, die seit dem frühen 20. Jahrhundert im Zentrum der deutschen Kriminalpolitik stand, als Schauplatz der modernen Präventionsgeschichte, so stellt sich die Frage nach den Koordinaten, die die präventive Handlungslogik bestimmten. Um sich diesem Zusammenhang zu nähern, wird im Folgenden erstens der Wandel im Strafrechtsdenken im späten 19. Jahrhundert nachvollzogen, aus dem die Figur des „Gewohnheitsverbrechers" überhaupt erst hervorgehen konnte. Inwieweit und mit welcher Begründung wurde diese Figur zum Gegenstand kriminalpräventiver Handlungslogiken und welche Argumente wurden dagegen vorgebracht? Zweitens nimmt dieser Beitrag Prognosemethoden in den Blick, die im Verlauf des 20. Jahrhunderts entwickelt wurden, um deviantes Verhalten voraussagen zu können. Dabei geht es vor allem um (vermeintliche) Rationalitäten, denen die verschiedenen prognostischen Evidenzregeln folgten, aber auch um das Zusammenspiel von Prognostik und Prävention. Drittens wird nach der Wandelbarkeit der präventiven Vernunft gefragt, wie sie seit den 1960er Jahren in der Justizreform zu beobachten war. Welche strafrechtlichen Konsequenzen folgten aus dem Wissen um die Schwierigkeit in der Sozialprognostik? Und inwieweit veränderte sich dadurch das Verhältnis von Sicherheit und Freiheit?

1 Die Erfindung des „Gewohnheitsverbrechers": Prävention und Strafrechtsdenken um die Jahrhundertwende

Der Gedanke, dass der Freiheitsentzug über die Schuldvergeltung hinaus auch ein präventives Sicherungsmittel sein könne, wurde in Deutschland erstmals im Allgemeinen Landrecht für die Preußischen Staaten von 1794 formuliert. Ernst Ferdinand Klein, der für den strafrechtlichen Teil verantwortlich war, führte darin aus: „Diebe

---

[6] Malte Thießen, Gesundheit erhalten, Gesellschaft gestalten. Konzepte und Praktiken der Vorsorge im 20. Jahrhundert: Eine Einführung, in: Zeithistorische Forschungen 10 (2013), S. 354–365, hier S. 364.

und andere Verbrecher, welche ihrer verdorbenen Neigungen wegen dem gemeinsamen Wesen gefährlich werden könnten, sollen, auch nach ausgestandener Strafe, des Verhafts nicht eher entlassen werden, als bis sie ausgewiesen haben, wie sie sich auf eine ehrliche Art zu ernähren haben."[7] Bereits fünf Jahre nach Erscheinen des Allgemeinen Landrechts wurde die Unterscheidung zwischen Strafe und vorbeugender Maßnahme allerdings wieder aufgehoben. Im 19. Jahrhundert geriet sie dann zunächst in Vergessenheit. Hegels Vergeltungstheorie dominierte nun die strafrechtliche Diskussion und hatte maßgeblichen Einfluss auf die Strafgesetzbücher von 1851 und 1871.

Erst 1883 und damit im selben Jahr, in dem Wagner das „Präventivprincip" zum Kernelement staatlichen Handelns erhob, verlangte der Rechtswissenschaftler Franz von Liszt erneut danach, im Strafrecht das Prinzip „Repression durch Prävention" walten zu lassen.[8] Anders als bei anderen Präventivmaßnahmen ging es ihm allerdings nicht nur darum, die Gesellschaft zu schützen, sondern um einen grundlegenden Wandel im Strafrechtsdenken. Im dadurch ausgelösten sogenannten Schulenstreit standen Vertreter der „absoluten Strafrechtstheorien", der „klassischen Schule", wie sie schon Immanuel Kant und Georg Friedrich Wilhelm Hegel vertreten hatten, denen der „relativen Straftheorien", der „modernen Schule", gegenüber. Absolutes Strafen bezog sich für Kant und Hegel allein auf die Tat und machte den freien Willen eines Straftäters für sein Verbrechen verantwortlich. Hier ging es um die Vergeltung einer begangenen Tat, begriffen als Schuldausgleich im Namen der Gerechtigkeit. Die „relativen Straftheorien" bezogen das Strafmaß hingegen auf die persönliche Schuld, die abhängig vom Täter bei gleicher Tat unterschiedlich bewertet werden konnte. Das Ausmaß der Bestrafung sollte vor allem daran ausgerichtet werden, was für notwendig erachtet wurde, um weitere Straftaten eines verurteilten Täters zu verhüten. „Nur die notwendige Strafe ist gerecht",[9] erklärte von Liszt, womit er den Zweckgedanken und das Maßprinzip in das Strafrechtsdenken einführte.

Die Hinwendung vom Tatstrafrecht zum Täterstrafrecht brachte fast zwangsläufig eine bis dahin nicht gekannte Aufmerksamkeit für den Straffälligen mit sich. Denn allein das Wissen um seine Person und die Bedingtheit seiner Persönlichkeit erlaubten Aussagen darüber, welches Ausmaß der Bestrafung notwendig sei, um künftige Verbrechen zu vermeiden. In seiner als „Marburger Programm" bekannt gewordenen Streitschrift „Der Zweckgedanke im Strafrecht" führte von Liszt schließlich aus, wie er sich ein täterorientiertes Strafrechtsdenken vorstellte. Von Liszt unterschied drei Kategorien von Tätertypen, denen er wiederum drei Strafzwecke des Freiheitsentzugs zuordnete: „1. Besserung der besserungsfähigen und besserungsbedürftigen Ver-

---

7 § 5 II 20 Allgemeines Landrecht (ALR).
8 Franz von Liszt, Der Zweckgedanke im Strafrecht, in: Zeitschrift für die gesamte Strafrechtswissenschaft, Bd. 3 (1883), S. 1–47, hier S. 45.
9 Ebenda, S. 31.

brecher; 2. Abschreckung der nicht besserungsbedürftigen Verbrecher; 3. Unschädlichmachung der nicht besserungsfähigen Verbrecher",[10] womit er nicht etwa die Todesstrafe, sondern die „Einsperrung auf Lebenszeit (bzw. auf unbestimmte Zeit)"[11] meinte. Woran man den „besserungsfähigen", den „besserungsbedürftigen" und, das war kriminalpolitisch am wichtigsten, den „nicht besserungsfähigen Verbrecher", also den „Gewohnheitsverbrecher", erkennen könne, erklärte von Liszt seinen Lesern nicht. Stattdessen formulierte er ein grundlegendes Problem des präventiven Prinzips, dass man noch keine „genaue Kenntnis" davon habe, woran man einen „nicht besserungsfähigen Verbrecher" erkennen könne.[12] Der „Schulenstreit" endete schließlich mit einer 1902 veröffentlichten gemeinsamen Erklärung beider Strafrechtsschulen über die künftige Ausrichtung des Strafrechts. Als Vorlage diente der Vorentwurf des schweizerischen Strafgesetzbuches, den der Berner Jurist Carl Stoos 1893 vorgelegt hatte, nicht ohne präventive Maßnahmen mit einzubeziehen. Wenn es „als unzweifelhaft" angesehen werde konnte, dass ein verurteilter Straftäter „nach Vollzug der Strafe wieder rückfällig werden würde", sollte er vorsorglich bis auf Weiteres in Verwahrung bleiben.[13]

Wie in anderen gesellschaftlichen Bereichen, in denen Prävention um die Wende zum 20. Jahrhundert eine wichtigere Rolle zu spielen begann, war sie auch im Feld der Strafrechtspflege Ausdruck von politischer und sozialer Rationalisierung. Denn die Präventivmaßnahme war nicht erdacht worden, um besonders harte Sanktionen auszusprechen, sondern vielmehr, um einen Großteil der Inhaftierten, die als „Gelegenheitsstraftäter" eingestuft wurden, nur für begrenzte Zeit wegzusperren und ihnen somit eine Chance auf Besserung einzuräumen. Der präventive Freiheitsentzug, der den Blick für den „Gewohnheitsverbrecher", vor allem aber für den „Gelegenheitsverbrecher" schärfte, war somit Ergebnis der Erweiterung des Sozialstaats, zu der die Verwissenschaftlichung verschiedener sozialer Bereiche ebenso zählte wie die zunehmende (pädagogische) Hinwendung zum Individuum.[14]

Vor diesem Hintergrund wurde bei der Entwicklung eines neuen Strafgesetzbuches vor allem davor gewarnt, die „falschen" Straftäter präventiv einzusperren. „Die Gefahr, dass durch die wider Unverbesserliche als Notwendigkeit erkannten Maßregeln auch Nicht-Unverbesserliche getroffen werden könnten, kann davon abhalten, die Maßregel überhaupt für zulässig zu erklären", erklärte etwa der Justizrat August

---

10 Ebenda, S. 36.
11 Ebenda, S. 39.
12 Ebenda, S. 36.
13 Zitiert nach Jörg Kinzig, Die Sicherungsverwahrung auf dem Prüfstand. Ergebnisse einer theoretischen und empirischen Bestandsaufnahme des Zustands einer Maßregel, Freiburg i. Br. 1996, S. 10.
14 Desiree Schauz, Strafen als moralische Besserung: Eine Geschichte der Straffälligenfürsorge 1777–1933, München 2008.

Finger auf dem Deutschen Juristentag 1908.[15] In dem ein Jahr später veröffentlichten Vorentwurf eines Strafgesetzbuches wurde dann mit eben dieser Begründung von Präventivmaßnahmen abgesehen. Ihre Anordnung, so die Verfasser des Vorentwurfs, könne „mehr oder minder willkürlich" erscheinen, weil es noch immer „an jedem sicheren Kennzeichen eingetretener Besserung oder Ungefährlichkeit" fehle. Zudem war den Juristen unklar, was die Anordnungsvoraussetzung für die Maßregel sein solle, der „Rückfall", die „Gewohnheitsmäßigkeit" oder die „Gefährlichkeit". Konkret hieß es im Vorentwurf zu den Präventivmaßnahmen: „Diejenigen, welche sich an den Rückfall halten, gehen davon aus, daß Verbrecher, die nach mehrmaliger Bestrafung wegen einer erheblichen Straftat wiederum eine solche begehen, aus eingewurzeltem verbrecherischen Hange handeln, daß sie Gewohnheitsverbrecher und deshalb gefährlich sind. Diejenigen, welche von der Eigenschaft als Gewohnheitsverbrecher ausgehen, verwenden durchweg als Symptom derselben den Rückfall und folgern gleichzeitig aus ihr die Gefährlichkeit des Täters, die besondere Maßnahmen erforderlich macht."[16]

Auf die Unsicherheiten des Vorentwurfs reagierten andere Juristen, unter anderem von Liszt, zwei Jahre später mit einem Gegenentwurf. Fragen nach den Kriterien „Rückfall", „Gewohnheitsmäßigkeit" oder „Gefährlichkeit" wurden nun mit einem idealtypischen Verbrechertypus beantwortet, dem „gewerbs- oder gewohnheitsmäßigen und für die Rechtssicherheit gefährlichen Verbrecher".[17] Obwohl diese Definition in sämtlichen während der Weimarer Republik verfassten Entwürfen zu lesen war, blieben Teile der Jurisprudenz und die meisten der sozialdemokratischen und kommunistischen Vertreter im Reichstag skeptisch. Daher wurden die Anordnungsvoraussetzungen für den präventiven Freiheitsentzug von Entwurf zu Entwurf verschärft, was einen Beobachter der Debatten 1931 zu der Aussage verleitete, dass man in diesem Gesetzgebungsprozess „förmlich die wachsende Angst vor der eigenen Courage" beobachten könne.[18]

Am 24. November 1933 verabschiedeten schließlich die Nationalsozialisten das „Gesetz gegen den gefährlichen Gewohnheitsverbrecher und über Maßregeln der Sicherung und Besserung", das im Übrigen bis heute als rechtliche Grundlage der

---

15 August Finger, Gutachten des Herrn Geheimen Justizrat Professor Dr. August Finger, Halle a. S., zur Frage „die richterliche Strafzumessung", in: Verhandlungen des 29. Deutschen Juristentages, 2. Bd., Berlin 1908, S. 37–101, hier S. 62.
16 Vorentwurf zu einem Deutschen Strafgesetzbuch, Begründung Allgemeiner Teil. Bearbeitet von der hierzu bestellten Sachverständigenkommission. Veröffentlicht auf Anordnung des Reichsjustizamtes, Berlin 1909, S. 361.
17 Gegenentwurf zum Vorentwurf eines Deutschen Strafgesetzbuches, Begründung, Berlin 1911, S. 132.
18 Franz Exner, Der Berufsverbrecher und seine Bekämpfung. Bericht, erstattet auf der 24. Tagung der Deutschen Landesgruppe zu Essen am 28. und 29.5.1931, in: Mitteilungen der Internationalen Kriminalistischen Vereinigung. Neue Folge, 5 (1931), S. 34–56, hier S. 38.

Sicherungsverwahrung gilt. Über die repressiven Momente der Weimarer Entwürfe gingen die Nationalsozialisten noch hinaus. So reichte bereits eine zweimalige Verurteilung aus, um einen Straftäter zum „gefährlichen Gewohnheitsverbrecher" zu erklären, der für unbestimmte Zeit in Verwahrung genommen werden konnte. Zudem erlaubte das Gesetz „Entmannung gefährlicher Sittlichkeitsverbrecher", womit die in der Weimarer Republik ebenfalls geführten Diskussionen über das Für und Wider einer Zwangskastration entschieden wurden. Vor allem aber, und das ist für eine Historisierung des präventiven Freiheitsentzugs entscheidend, veränderten die Nationalsozialisten die Prognosekriterien für dauernde Gefährlichkeit: „Nicht die äußere Häufung von Taten, die Rückfälligkeit als solche" sollten fortan zu ihrer Erkennung dienen, sondern der „verbrecherische Hang als innerer Grund".[19] Kriminalbiologische Deutungsmuster, wie sie hier aufscheinen, hatten schon in der Weimarer Republik zur Erklärung von Kriminalität gedient und waren insofern nicht neu. Doch wurden sie nun, neben sozialisationsbedingten Ursachen, auch zur prognostischen Evidenzbildung herangezogen. „Den gefährlichen Gewohnheitsverbrecher", erklärte Franz Exner 1943, „kennzeichnet ein in seiner Persönlichkeit begründeter verbrecherischer Hang, der durch wiederholte erhebliche Straftaten erwiesen ist und weitere derartige Taten erwarten lässt. Wie dieser Hang entstanden ist, bleibt gleichgültig; er kann einer verhängnisvollen Anlage entspringen oder einer Gewöhnung, die sich unter dem Einfluss äußerer Widrigkeiten entwickelt hat." Obwohl Exner einräumte, dass die Frage nach dem „Hang" die erkennenden Richter „immer wieder vor Zweifelsfällen stehen"[20] lasse, wurde die Präventivmaßnahme bis 1942 in mehr als 14.000 Fällen angeordnet.[21] Das präventive Anliegen der „Rechtssicherheit", das die Debatten in der Weimarer Republik bewegt hatte, spielte nun keine Rolle mehr. Stattdessen ging es darum, wie NS-Juristen schon 1934 erklärt hatten, „das Volksganze mit allen Mitteln staatlicher Autorität vor dem Verbrecher zu schützen".[22] Damit waren sämtliche Versuche zunichtegemacht worden, eine Vorstellung von Gerechtigkeit ins Strafrecht einzuführen, die sich nicht am Schuldausgleich orientierte, sondern an der Täterpersönlichkeit und den Umständen der Tat. Was als Präventionsmaßnahme um die Jahrhundertwende erdacht worden war, nämlich den „Gewohnheitsverbrecher" vom „Gelegenheitsverbrecher" unterscheiden zu lernen, um Letzterem die Möglichkeit zur sozialen Wiedereingliederung zu geben, verkam nun in einer auf Vergeltung

---

19 Leopold Schäfer/Otto Wagner/Josef Schafheutle (Hrsg.), Gesetz gegen gefährliche Gewohnheitsverbrecher und über Maßregeln der Sicherung und Besserung, Berlin 1934, S. 48.
20 Franz Exner, Wie erkennt man den gefährlichen Gewohnheitsverbrecher?, in: Deutsche Justiz. Rechtspflege und Rechtspolitik 29 (1943), S. 377–379, hier S. 379.
21 Nikolaus Wachsmann, Gefangen unter Hitler. Justizterror und Strafvollzug im NS-Staat, München 2004, S. 130.
22 Schäfer, Gesetz gegen gefährliche Gewohnheitsverbrecher, S. 48.

und Abschreckung setzenden Strafpolitik als „Mittel der nationalsozialistischen Sozial- und Rassenpolitik".[23]

2 Die Suche nach dem „Gewohnheitsverbrecher": Sozialprognostik zwischen Intuition und Erklärung seit den 1950er Jahren

Nach dem Zweiten Weltkrieg bestand das Gewohnheitsverbrechergesetz in weiten Teilen fort. Nach Ansicht der Alliierten lag der Maßregel, die nun zunehmend als Sicherungsverwahrung bezeichnet wurde, kein spezifisch nationalsozialistisches Denken zugrunde.[24] Nicht nur die Gesetzesentwürfe der Weimarer Republik sprachen für diese Ansicht, sondern auch die Tatsache, dass andere europäische Staaten entsprechende Präventivmaßnahmen ebenfalls kannten und ähnliche Gesetze erlassen hatten.[25] Dennoch: Die meisten Mitgliedstaaten des Europarates ordneten die Maßregel kaum noch an. Das Oberste Gericht der DDR schaffte sie 1952 sogar als „inhaltlich faschistisch" ab[26] und in Westdeutschland erreichte die Anzahl der Inhaftierten 1953 einen „Tiefstand" von 318.[27] Für die unter westdeutschen Richtern ausgemachte „Scheu vor der Verhängung der Sicherungsverwahrung", wie die Strafrechtskommission die niedrigen Anordnungszahlen deutete,[28] kursierten zahlreiche Gründe. So vermutete etwa der Rechtswissenschaftler Karl Alfred Hall, dass „die schlimmen Erfahrungen der zurückliegenden Zeiten" Richter davon abhalten könnten, „zu strenge Sanktionen, noch dazu von unbestimmter Dauer zu verhängen".[29] Manche Gerichte waren sich offenbar nicht sicher, ob die Maßregel überhaupt noch Bestand hatte; eine Unsicherheit, die mit der Neufassung des Strafgesetzbuches im Jahr 1953

---

23 Wachsmann, Gefangen unter Hitler, S. 130.
24 Vgl. Matthias Etzel, Die Aufhebung von nationalsozialistischen Gesetzen durch den Alliierten Kontrollrat (1945–1948), Tübingen 1992, S. 176–179.
25 Schweden etwa führte ein der Sicherungsverwahrung entsprechendes Institut im Jahr 1927 ein, Holland, Norwegen und Jugoslawien 1929, Italien, Dänemark und Belgien 1930 sowie Polen und Finnland 1932. Vgl. Adolf Schönke, Sicherungsverwahrung im Ausland, in: Roland Freisler (Hrsg.), Dringende Fragen der Sicherungsverwahrung, Berlin 1938, S. 114–139, hier S. 117.
26 Zitiert nach Tobias Musoff, Strafe – Maßregel – Sicherungsverwahrung. Eine kritische Untersuchung über das Verhältnis von Schuld und Prävention, Frankfurt a. M. 2008, S. 28.
27 Vgl. Bundesjustizministerium (Hrsg.), Material zur Frage der Sicherungsverwahrung, in: Beratungen des Sonderausschusses für die Strafrechtsreform, Bonn 1966, S. 275–280, hier S. 276.
28 Bundesjustizministerium, Niederschriften über die Sitzungen der Großen Strafrechtsreform, 3. Bd., Bonn 1958, S. 169.
29 Karl Alfred Hall, Sicherungsverwahrung und Sicherungsstrafe, in: Zeitschrift für die gesamte Strafrechtswissenschaft 70 (1954), S. 41–63, hier S. 42.

allerdings ausgeräumt wurde.[30] Schließlich wurde noch jener Punkt benannt, der seit dem „Schulenstreit" als „Kernpunkt der ganzen Verbrecherfrage"[31] galt, dass es nämlich für einen Richter und Sachverständigen „sehr schwer vorauszusagen" sei, ob der Angeklagte nach Verbüßung der Freiheitsstrafe „noch gefährlich sein wird",[32] womit die Sozialprognose angesprochen war.

Zunächst orientierten sich Kriminologen bei der Sozialprognose an dem Verfahren, das schon in der Weimarer Republik erprobt worden war. Sie zielten auf eine „intuitive Prognose", begriffen als einen „auf gefühlsmäßigem Erfassen der Täterpersönlichkeit und ihrer Lebensbedingungen beruhenden Versuch einer Vorausschau künftigen menschlichen Verhaltens".[33] Das „Wesen" der Maßnahme bestand also vor allem, wie ein Strafrechtler bereits 1927 erklärt hatte, in einem „‚Sich-hinein-Versetzen' in ein fremdes Erlebnis oder gar in eine fremde Persönlichkeit als Ganzes".[34] Ein Kind der „statistischen Revolution" war die „intuitive Methode" dementsprechend nicht, weil sie eben nicht – wie Prognosen in anderen präventiven Handlungsfeldern – in Zahlen und Daten aufging. Stattdessen basierte sie auf der Erfassung psychologischer oder auch anatomischer Merkmale, die vermeintlich Auskunft über die Persönlichkeit eines Menschen gaben.

In den 1950er Jahren sollte sich der Blick auf den Täter verschieben. Vor allem bei der Urteilsfindung vor Gericht zählte nicht mehr nur die Erfassung der Persönlichkeit an sich, sondern vor allem die „tatzeitliche Persönlichkeit", die sich aus drei „Tatsachenkomplexen" zusammensetzte. Dazu gehörten erstens „persönlichkeitsbegründende Tatsachen: die Anlage des Täters", zweitens „persönlichkeitsentfaltende Tatsachen: sein Entwicklungszustand" und drittens „persönlichkeitsgestaltende Tatsachen: seine bisherigen Erlebnisse". Hinzu kamen noch die „tatgestaltenden Tatsachen", also die Umstände, die zur Tat geführt hatten.[35]

Innerhalb der Strafanstalten sollte ebenfalls eine Persönlichkeitsforschung durchgeführt werden, die einerseits über die Art der Unterbringung während der Haft entschied und andererseits bei Fragen der vorzeitigen Entlassung eine Rolle spielte. Der Dienst- und Vollzugsordnung von 1961 zufolge waren dabei die „körperlichen, seelischen und sozialen Gegebenheiten in der gesamten Entwicklung des Gefangenen" zu berücksichtigen, womit eine Aufgabe formuliert worden war, die verschie-

---

30 Vgl. Joachim Hellmer, Hangtäterschaft und Berufsverbrechertum (Zur Anordnung der Sicherungsverwahrung), in: Zeitschrift für die gesamte Strafrechtswissenschaft 73 (1961), S. 441–462, hier S. 444.
31 Friedrich von Rohden, Methoden der Kriminalbiologie, in: Emil Abderhalden (Hrsg.), Handbuch der biologischen Arbeitsmethoden, Bd. 1, Berlin 1938, S. 741.
32 Hall, Sicherungsverwahrung, S. 42.
33 Xaverius Welsch, Entwicklung und heutiger Stand der kriminologischen Persönlichkeitsforschung und Prognose des sozialen Verhaltens von Rechtsbrechern in Deutschland, Hamburg 1962, S. 95.
34 Adolf Lenz, Grundriss der Kriminalbiologie. Werden und Wesen der Persönlichkeit des Täters nach Untersuchungen an Sträflingen, Wien 1927, S. 19.
35 Welsch, Entwicklung, S. 24.

denen Personen im Umfeld des Verurteilten zugesprochen wurde.[36] „Das Beobachten des Rechtsbrechers durch den untersten Beamten der Strafanstalt bis hinauf zum Anstaltsvorstand, die Auskünfte dritter Personen, z. B. der Eltern, des Lehrers, des Lehrherrn, des Pfarrers, des Jugendamts [...] und nicht zuletzt die Angaben des Häftlings selbst liefern die wesentlichsten Unterlagen der Persönlichkeitsbeurteilung", erklärte ein Kriminologe im Jahr 1962 das methodische Vorgehen der intuitiven Sozialprognostik im Vollzug.[37]

Neben der „intuitiven Methode" gewann die sogenannte massenstatistische Methode, auch „Punkteverfahren" genannt, die Mitte der 1930er Jahre in den USA entwickelt worden war, in Westdeutschland zunehmend an Bedeutung. Grundlegend für das Punkteverfahren war die sogenannte Prognosetabelle, die auf Massenbeobachtungen von Rückfalltätern beruhte. Sie bot eine Zusammenstellung von als kriminogen angesehenen Persönlichkeitsmerkmalen, die bei vielen Probanden als ungünstige Faktoren angesehen wurden. Ein Rückfallfaktor konnte zum Beispiel das „Nichterlernen eines Berufes" sein, wenn innerhalb der gesamten beobachteten Gruppe die Berufslosen 70 Prozent ausmachten, während diejenigen, die einen Beruf erlernt hatten, nur ein Zehntel bildeten. Die einzelnen auf den Prognosetafeln angegebenen Rückfallfaktoren wurden allerdings keineswegs als gleichwertig betrachtet. So galt etwa „Gemütsarmut" als bedeutsamer für den Rückfall als beispielsweise „schlechte Umwelteinflüsse". Neben diesen sogenannten Schlechtpunkten, wie sie von Kriminologen auch bezeichnet wurden, enthielten die Prognosetabellen auch sogenannte Gutpunkte für Merkmale, die statistisch gegen einen Rückfall sprachen.[38]

Auf dem III. Internationalen Kriminologischen Kongress, der 1955 in London stattfand, wurde das Punkteverfahren als Grundlage der Ermittlung einer Rückfallprognose schließlich zu einem Meilenstein der Sozialprognostik erhöht: „Es ist mit den heutigen wissenschaftlichen Methoden möglich", hieß es in dem Anschlussbericht, „die Entwicklung eines Menschen zum chronischen Rückfallverbrecher schon frühzeitig [...] mit einem hohen Grad von Zuverlässigkeit als wahrscheinlich vorauszusagen bzw. abzuschließen." Als Arbeitsergebnisse wurden schließlich festgehalten, dass die Entwicklung eines Menschen zum „unverbesserlichen Gewohnheitsverbrecher" niemals nur auf eine einzelne Ursache zurückzuführen sei, sondern stets auf einen ganzen „Komplex von Faktoren biologischer und soziologischer Art", die zudem in „mannigfaltiger Korrelation" zueinander stünden. Zu den auslösenden Faktoren äußerten sich die Kongressteilnehmer ebenfalls. Bei „Gelegenheitskriminalität" seien es „oft exogene (unter Umständen rein soziale) Momente", während die Entwicklung zum „Rückfallverbrecher" überwiegend von biologischen Faktoren gesteu-

---

36 Dienst- und Vollzugsordnung (DVollzO) vom 1. Dezember 1961, Zweiter Teil, Erster Titel, 58: Persönlichkeitsforschung.
37 Welsch, Entwicklung, S. 56.
38 Ebenda, S. 95.

ert werde, womit vor allem „Psychopathien" gemeint waren. Schließlich wurde bei aller Zuversicht, dass die Prognostik mit dem Punkteverfahren einen großen Schritt in Richtung Zuverlässigkeit gemacht hatte, darauf hingewiesen, dass größte Aufmerksamkeit „der praktischen Erprobung und der weiteren Ausgestaltung und Verbesserung sogenannter kriminologischer Prognosetafeln zu schenken" sei, „um sie zu brauchbaren Hilfsmitteln in der Hand des Richters werden zu lassen".[39]

Dass Kontrollen kriminologischer Prognosen dem Punkteverfahren mehr Zuverlässigkeit zusprachen als der „intuitiven Methoden", änderte letztlich nichts daran, dass statistische Werte im Feld der Sozialprognose nicht überzeugen konnten. „Das nähere, sorgfältige, auf den Einzelfall zugeschnittene Abwägen der Rückfallanzeichen" erlaubten sie nicht, ebenso wenig seien sie, so der Psychiater und Kriminologe Heinz Leferenz 1956, „von vornherein eine Form rein kausaler Prognoseforschung",[40] was letztlich an die schon Ende der 1930er Jahre von Franz Exner formulierte Kritik anschloss, dass es sich bei den Tabellen eher um „Erfahrungstafeln" denn um „Prognosetafeln" handele.[41] Wenngleich die Kritik an den Methoden der Prognostik unter Theoretikern nicht dazu führte, dass diese die grundsätzliche Aussagekraft von Kriminalprognosen in Zweifel zogen, erzielte die Prognosetafel in der Hand des Richters letztlich nicht die gewünschten Erfolge. Zwar räumte beispielsweise Ministerialrat Eduard Dreher in einem Aufsatz von 1957 ein, dass die Erkenntnisse der modernen Naturwissenschaften, womit er das statistisch argumentierende Punkteverfahren meinte, für den Strafrichter keineswegs belanglos seien. Doch betonte auch er die Schwierigkeit, dass die neue wissenschaftliche Prognoseforschung mit einer statistischen Wahrscheinlichkeit arbeite, die ein Fehlurteil im konkreten Einzelfall nicht ausschließe, der Richter es aber mit Einzelfällen zu tun habe.[42] Dreher erschien die Erforschung der Persönlichkeit des einzelnen Straftäters maßgeblich, um „Prognosen künftigen Verhaltens" zu entwerfen. Doch gab er auch zu bedenken, dass es den Richtern „noch wenig liegen" würde, die „Persönlichkeit des Täters und deren innere Beziehung zur Tat" zu erfassen und „Menschenforschung" zu betreiben. Das Urteil des Richters sollte deshalb nicht auf die Zukunft gerichtet sein, sondern – anders als bei Prognosen und bis dahin auch bei Kriminalprognosen üblich – allein auf die Vergangenheit zielen. Wie zahlreiche andere Juristen seiner Zeit nannte Dreher vor diesem Hintergrund als eines der „wichtigen Reformanliegen zur Sicherungsverwahrung, in diesem Punkt das Gesetz zu ändern. Der Richter soll sich in Zukunft damit

---

39 Ebenda, S. 118.
40 Heinz Leferenz, Zur Problematik der kriminologischen Prognose, in: Zeitschrift für die gesamte Strafrechtswissenschaft 68 (1956), H. 2, S. 233–245.
41 Franz Exner, Bemerkungen zu dem vorstehenden Aufsatz von Dr. H. Trunk über „Soziale Prognosen an Strafgefangenen", in: Monatsschrift für Kriminalbiologie und Strafrechtsreform 28 (1937), S. 227–230, hier S. 229.
42 Eduard Dreher, Liegt die Sicherungsverwahrung im Sterben?, in: Deutsche Richterzeitung 35 (1957), S. 51–55, hier S. 54.

begnügen, die Gefährlichkeit des Täters im Zeitpunkt des Urteils festzustellen" und es einem Vollstreckungsgericht überlassen, vor Ende der Strafverbüßung zu prüfen, ob die Gefährlichkeit noch bestehe oder die Maßregel „entbehrlich" geworden sei.[43]

Mit dieser Maßnahme war eine strafrechtliche Konsequenz aus der Erkenntnis gezogen worden, dass nach wie vor keine geeignete Methode für die Berechenbarkeit künftiger menschlicher Verhaltensweisen gefunden werden konnte. Für allgemeinere Überlegungen zur Präventionsgeschichte ist dieser Befund insofern bemerkenswert, weil er deutlich macht, inwieweit Präventionsvorhaben am „Faktor Mensch" scheitern konnten. Zugleich wird damit jene Frage aufgeworfen, die jüngst mit Blick auf die Geschichte der Zukunft gestellt worden ist, nämlich was die Rationalisierung und Intellektualisierung der Lebenswelt für das Verhältnis von Erfahrungsraum und Erwartungshorizont im 20. Jahrhundert bedeuteten: „Entfernen sie sich immer weiter voneinander, bleiben sie einfach getrennt, nachdem sie einmal auseinandergetreten sind, oder nähern sie sich einander durch den Aufstieg wissenschaftlicher Prognose und Planung nicht im Gegenteil wieder an?"[44] Vieles spricht dafür, dass die Prognostik als ein Mittel erdacht wurde, das den Abstand zwischen Erfahrung und Erwartung zu überwinden versprach und die Zukunft sicherer erscheinen ließ. Im Fall der Sozialprognose führte eben dieser Umstand jedoch dazu, dass der Erfahrungsraum und der Erwartungshorizont insofern wieder enger aneinander rückten, als dass über künftiges Verhalten schlichtweg keine Aussage mehr getroffen wurde.

3 „Gewohnheitsverbrecher" und „Hangtäter": Wahlverwandtschaften und Reformen seit den 1960er Jahren

Das Bewusstsein für die methodische Schwierigkeit der prognostischen Wissensbildung war nur einer der Gründe dafür, dass die Sicherungsverwahrung in den 1960er Jahren auf den Prüfstand gestellt wurde. Ein anderer waren empirische Daten über die konkreten Straftaten der Sicherungsverwahrten, die der Kieler Strafrechtler Joachim Hellmer in seiner Studie über „Gewohnheitsverbrechertypen" zusammengetragen hatte. 85 Prozent aller Sicherungsverwahrten hatten demnach zwischen 1934–1945 wegen Diebstahls oder Betrugs eingesessen, ohne dass es sich dabei um beson-

---

43 Ebenda, S. 53.
44 Rüdiger Graf, Zeit und Zeitkonzeptionen in der Zeitgeschichte, Version: 1.0, in: Docupedia-Zeitgeschichte, 26.9.2011, URL: https://docupedia.de/zg/Zeit_und_Zeitkonzeptionen_in_der_Zeitgeschichte?oldid=80180. Vgl. dazu auch den Beitrag von Lucian Hölscher in dem hier vorliegenden Band.

ders schwere Fälle gehandelt hätte.⁴⁵ Auch in den 1950er Jahren wurde die Anzahl der wegen Diebstahls oder Betrugs einsitzenden Sicherungsverwahrten mit rund 70 Prozent angegeben.⁴⁶ Für die Zeit von 1958 bis 1966 machten „Straftaten gegen das Vermögen" sogar einen Anteil von 91 Prozent aus.⁴⁷ Nach wie vor handelte es sich dabei häufig um sogenannte Bagatelldelikte,⁴⁸ habe die „Beute" doch „im Einzelfall selten einen Wert von 100,– überstiegen. [...] Lebens- und Genussmittel, Textilien, Fahrräder und Kleinvieh sind die bevorzugten Tatobjekte gewesen, die sich die Diebe, je nach Gelegenheit, durch Einbruch oder einfache Wegnahmen verschafft" hatten.⁴⁹ Angesichts dieser Ergebnisse vertrat schließlich auch der Sonderausschuss für die Strafrechtsreform die Ansicht, dass sich die Sicherungsverwahrung „wegen der Zusammensetzung des bisher verwahrten Personenkreises als ein schlechthin unbrauchbares Instrument der Kriminalpolitik erwiesen" habe.⁵⁰ Offensichtlich blieben rationalisierende Zukunftsentwürfe auch in der Zunft keineswegs unwidersprochen.

Aufgrund dieser Erkenntnis warfen Juristen schließlich erneut die grundsätzliche Frage auf: „Wer ist ein gefährlicher Gewohnheitsverbrecher?" Es handele sich dabei „um die wichtigste Frage der Sicherungsverwahrung überhaupt", so Joachim Hellmer, da „diese Maßnahme als ‚ultima ratio' für eine bestimmte Gruppe von Tätern erst geschaffen worden" sei. „Das Gesetz von 1933 hat dem deutschen Strafrecht einen Tätertyp gegeben", erklärte er an anderer Stelle, „den Tätertyp des ‚gefährlichen Gewohnheitsverbrechers'".⁵¹ Allerdings gab es über dessen Erkennungsmerkmale keine weitere Auskunft. Es nannte lediglich die „Gesamtwürdigung der Taten", die ergeben müsse, dass der Täter ein „gefährlicher Gewohnheitsverbrecher" sei. Da die Taten, für die Menschen in Sicherungsverwahrung genommen worden waren, aber gerade nicht für ihre Gefährlichkeit sprachen, konzentrierte sich der kriminologische Blick immer weniger auf die Tat als auf die Person des Täters. „Geisteskrank im psychiatrischen Sinne" seien die bislang in Sicherungsverwahrung genommenen Häftlinge nicht, betonte Hellmer in diesem Zusammenhang, das habe die „bisherige Forschung" ergeben. Auch habe der „Schwachsinn" keine „zentrale Bedeutung",

---

45 Joachim Hellmer, Gewohnheitsverbrechertypen. Einige Bemerkungen über die Sicherungsverwahrung von 1934 bis 1945, in: Monatsschrift für Kriminologie 43 (1960), S. 136–146, hier S. 137.
46 Friedrich Lemberger, Die kriminologische Wirklichkeit des Begriffs des gefährlichen Gewohnheitsverbrechers, Kiel 1962, S. 23; Dieter G. Schachert, Kriminologische Untersuchungen an entlassenen Sicherungsverwahrten, Göttingen 1963, S. 94 f.
47 Rolf Binnewies, Kriminologische Untersuchungen an Sicherungsverwahrten, Göttingen 1970, S. 141.
48 Schachert, Untersuchungen, S. 99.
49 Ebenda, S. 35.
50 Bundesjustizministerium, Material zur Frage der Sicherungsverwahrung (28.2.1966), Anlage zum Protokoll der 14. Sitzung der V. Wahlperiode.
51 Hellmer, Gewohnheitsverbrechertypen, S. 137.

sodass von keiner „abnormen Charakterveranlagung", etwa im Sinne einer „Psychopathie", gesprochen werden könne. Stattdessen hätten die meisten Gewohnheitsverbrecher eines gemeinsam: „die große Willensschwäche und Haltlosigkeit, die leichte Beeinflussbarkeit und Verführbarkeit" verbunden mit einer extremen „Umweltabhängigkeit".[52] Ganz ähnlich begriff auch Karl Alfred Hall die Eigenschaften derjenigen Straftäter, die bislang als Gewohnheitsverbrecher behandelt worden waren. Sie seien „die lebensuntüchtigen, willensschwachen, leicht verführbaren Naturen", nicht „antisozial", sondern „asozial", meist Menschen von „äußerst kümmerlichem Format".[53] Diese „derart abzusichern", das war der Kern kriminalpolitischer Erkenntnis, bedeute, „mit Kanonen auf Spatzen [zu] schießen".[54]

Während ganz ähnliche Befunde in England zur Abschaffung der *Preventive Detention* im Jahr 1967 führten,[55] wurde in Westdeutschland dennoch an der präventiven Maßregel festgehalten. Verabschieden wollte man sich lediglich von der Bezeichnung einer Person als „gefährlicher Gewohnheitsverbrecher". An ihre Stelle trat der Begriff des „Hangtäters", der im „Vorentwurf eines Strafgesetzbuches" von 1962 genauer ausgeführt wurde: Der im geltenden Recht verwendete Begriff des „Gewohnheitsverbrechers", hieß es dort, gebe zu der „Fehldeutung" Anlass, „daß es sich dabei um einen Verbrecher handle, der nur durch Gewöhnung einen Hang zu Straftaten entwickelt habe". Der Begriff „Hangtäter" verdeutliche dagegen, dass wiederholt begangene Straftaten auch persönlichkeitsbedingte Ursachen wie etwa die „Veranlagung" des Täters haben könnten. Die Sicherungsverwahrung sollte dann angeordnet werden, wenn „die Gesamtwürdigung des Täters und seiner Taten ergibt, daß er infolge eines Hanges zu erheblichen Straftaten für die Allgemeinheit oder für einzelne andere gefährlich ist (Hangtäter)".[56]

Sicherlich waren weder der Begriff des „Hangtäters" noch die Einsicht, dass die Ursache für wiederholte Verbrechen persönlichkeitsbedingt sein könnte, in der Bundesrepublik Novitäten. Schon das Reichsgericht hatte unter einem „Gewohnheitsverbrecher" eine Persönlichkeit verstanden, „die infolge eines auf Grund charakterlicher Veranlagung bestehenden oder durch Übung erworbenen inneren Hanges wiederholt Rechtsbrüche begeht und zur Wiederholung von Rechtsbrüchen neigt".[57] In der Bundesrepublik kritisierten zeitgenössische Juristen darüber hinaus, dass der Begriff des „Hangs" nur gegen den der „Gewohnheit" ausgetauscht worden sei, der auf dem Weg zu einem „einheitlichen Vorstellungsbild" aber keinen Schritt weiter führe, „weil er

---

52 Hellmer, Hangtäterschaft, S. 441 und 143 f.
53 Hall, Sicherungsverwahrung, S. 44.
54 Hellmer, Hangtäterschaft, S. 457.
55 Zum Vergleich beider Systeme siehe Dietrich Sturm, Die Sicherungsverwahrung in Deutschland und England. Ein kriminologisch-rechtsdogmatischer Vergleich, Holzkirchen 2010.
56 Entwurf eines Strafgesetzbuches (StGB) mit Begründung, Bonn 1962, S. 214.
57 Reichsgericht in Strafsachen (RGSt) 68, S. 155.

nicht bestimmt ist",[58] ja mehr noch: Er sei eine „juristische Fiktion".[59] Tatsächlich wurde der Begriff des „Hangs" zu keiner Zeit genauer definiert. Und doch blieben Versuche, Zukunftswissen aus der Persönlichkeit des Täters abzuleiten und nicht allein aus seinen Taten, nicht ohne Einfluss auf die präventive Kriminalpolitik auch nach 1945.

Zwar hatte Eduard Dreher schon Ende der 1950er Jahre die Frage gestellt, „ob man nicht spezifische Methoden suchen und entwickeln könne, auch diese scheinbar hoffnungslosen Fälle noch zu resozialisieren",[60] doch wurden solche Methoden erst Mitte der 1960er Jahre kriminalpolitisch bedeutsam. In ihrem Alternativ-Entwurf (AE) eines Strafgesetzbuches von 1966 forderten mehrere Strafrechtswissenschaftler aus Deutschland und der Schweiz, dass die Maxime der Resozialisierung, die das Ziel des allgemeinen Strafvollzugs (zumindest theoretisch) schon seit langem bestimmte, auch für die Gruppe der Sicherungsverwahrten gelten müsse. Einerseits beriefen sich die Wissenschaftler auf den zeitgenössischen Forschungsstand der Kriminologie und Kriminalpsychiatrie, wonach es den „unverbesserlichen" Straftäter nicht gebe. Andererseits bezogen sie sich auf Erfahrungen aus dem Ausland, insbesondere aus Dänemark und England. Dort habe sich gezeigt, dass „bei Straftätern, die mit sonstigen Mitteln kaum zu resozialisieren sind, durch spezielle sozialpsychiatrische Methoden (Einzel- und Gruppentherapie)" eine Behandlung erfolgreich gewesen sei. In diesem Zusammenhang sprach man nicht mehr von „Psychopathen", sondern von Straftätern mit einer „seelischen Krankheit oder tief greifenden Persönlichkeitsstörungen". Sie sollten in einer „sozialtherapeutischen Anstalt" behandelt werden, wenn die Prognose ergebe, dass „erhebliche Straftaten" zu befürchten und „besondere psychiatrische, psychologische und pädagogische Hilfen" geeignet seien, um dem Straftäter künftig ein straffreies Leben zu ermöglichen.[61] Damit hatte sich das präventive Prinzip verschoben. Es ging nicht mehr nur um das Verhindern von Straftaten, indem Rückfalltäter als solche erkannt und weggesperrt wurden. Vielmehr zielte das Konzept nun darauf, eine psychologisch fundierte Behandlungsmaßnahme zum Schutz vor weiteren Straftaten vorzunehmen.

Die Erweiterung der Zielsetzung von Präventionsmaßnahmen sollte sich nicht zuletzt in ihrer Bezeichnung niederschlagen. So lautete die Sicherungsverwahrung im Entwurf von 1962 nicht mehr „Maßregel zur Sicherung und Besserung", sondern „Maßregel zur Besserung und Sicherung". Solange „Sicherung", also der „Schutz der Gesellschaft", das vorrangigste Prinzip sei, sei die Maßregel „für den Verbrecher Gewalt und nichts als Gewalt", wie der Vollzugsreformer Albert Krebs 1965 erklärte. Eben das sei auch „die Ursache der Wirkungslosigkeit". Gehe es aber in erster Linie

---

58 Hellmer, Hängtäterschaft, S. 447.
59 Ebenda, S. 322.
60 Dreher, Sicherungsverwahrung, S. 54.
61 Alternativ-Entwurf eines Strafgesetzbuches, Allgemeiner Teil, Tübingen 1966, S. 126 f.

um die „Besserung", so müsse „alles getan werden, um nach sorgfältiger Persönlichkeitsforschung entsprechende Möglichkeiten zur Entfaltung positiver Eigenschaften des Verwahrten zu gewähren".[62] Damit war nicht nur eine andere Idee vom Zweck der Maßregel aufgeworfen worden, sondern auch eine neue Rechtfertigungsstrategie etabliert. Gegenüber dem Täter wurde nun der Anschein erweckt, wie etwa Gerald Grünwald betonte, „daß die Maßregel auch seinem Wohle dient".[63]

Das Erste Gesetz zur Reform des Strafrechts, das am 25. Juni 1969 verabschiedet wurde und am 1. April 1970 in Kraft trat,[64] setzte sich schließlich aus dem Regierungsentwurf von 1962 und dem Alternativ-Entwurf zusammen. Nun war nicht mehr vom „gefährlichen Gewohnheitsverbrecher", sondern vom „Hangtäter" die Rede. Darüber hinaus musste die Anlasstat schwere körperliche oder seelische Schäden beim Opfer verursacht haben. Neben erhöhten Anordnungsvoraussetzungen für die präventive Verwahrung wurde die „Gefährlichkeitsprognose" auf den Zeitpunkt der Verurteilung bezogen und die Höchstfrist für die erste Unterbringung auf zehn Jahre begrenzt. Damit sollte der Ultima-Ratio-Charakter der Maßregel gestärkt und vor allem ein anderer Tätertyp als zuvor erfasst werden. Tatsächlich verringerte sich seither die Anzahl der Anordnungen präventiver Sicherungsverwahrungen deutlich. Hatte sie bis zum Jahr 1968 einen steten Anstieg auf 268 Personen erreicht, sank sie bis 1980 auf 41. Außerdem ging die Anzahl der Anordnungen wegen Eigentums- und Vermögensdelikten stark zurück, während sie immer häufiger aufgrund von Straftaten gegen die sexuelle Selbstbestimmung bzw. das Leben und die körperliche Unversehrtheit anstieg.[65] Vorsorge vor Verbrechen zielte nun also vor allem auf die Verhinderung von Gewalttaten. Was die Kenntnisse über die Persönlichkeit des Rückfalldelinquenten betraf und die Möglichkeit, daraus eine stichhaltige Prognose zu erstellen, herrschte trotz der empirischen und kriminologischen Konzentration auf die Klientel der Sicherungsverwahrung bis Ende der 1970er Jahre allerdings große Skepsis. Gerhard Kaiser resümierte 1979 sogar, dass wir „über Rückfallkriminelle, geschweige denn sogenannte Hangtäter, hinsichtlich ihrer Persönlichkeitsstruktur sowie Längsschnittentwicklung und

---

62 Albert Krebs, Aus der Praxis des Vollzugs der Sicherungsverwahrung, in: Friedrich Geerds/Wolfgang Naucke (Hrsg.), Beiträge zur gesamten Strafrechtswissenschaft. Festschrift für Hellmuth Mayer zum 70. Geburtstag am 1. Mai 1965, Berlin 1966, S. 629–653, hier S. 632.
63 Gerald Grünwald, Sicherungsverwahrung, Arbeitshaus, vorbeugende Verwahrung und Sicherungsaufsicht im Entwurf 1962, in: Zeitschrift für die gesamte Strafrechtswissenschaft 76 (1964), S. 633–668, hier S. 635.
64 Erstes Gesetz zur Reform des Strafrechts (1. StrRG), Bundesgesetzblatt (BGBl.) I, Nr. 52 vom 30.6.1969, S. 645.
65 Vgl. Zahlen bei Imanuel Baumann, Dem Verbrecher auf der Spur. Eine Geschichte der Kriminologie und Kriminalpolitik in Deutschland, 1880–1980, Göttingen 2006, S. 343 und 337.

über ihre Beeinflussbarkeit mit den Mitteln des Kriminalrechts noch immer äußerst wenig" wissen.[66]

Dieses Bekenntnis allein wird nicht dazu geführt haben, dass sich das Bild vom „Gewohnheitsverbrecher" und der Umgang mit ihm seit den 1970er Jahren wandelte. Vielmehr muss dieser Umstand im Rahmen allgemeiner Entwicklungen im Strafrecht betrachtet werden. So zeigt sich etwa die wachsende Bedeutung des Opferstrafrechts in der Bedingung, dass die Sicherungsverwahrung nur noch bei Gewalttaten mit schweren körperlichen oder seelischen Schäden beim Opfer angeordnet werden durfte. Darüber hinaus korrespondierte die Höchstfrist von zehn Jahren für die erste Unterbringung mit dem Paradigma der Resozialisierung, das im 1977 erlassenen Strafvollzugsgesetz zum alleinigen Vollzugsziel erhoben worden war. Als Grund dafür nannte das Bundesverfassungsgericht die Aufgabe des Strafvollzugs, allen Gefangenen beibringen zu wollen, „sich unter den Bedingungen einer freien Gesellschaft ohne Rechtsbruch zu behaupten, ihre Chancen wahrzunehmen und ihre Risiken zu bestehen",[67] oder kurz: jeden auf ein Leben in Freiheit vorzubereiten, womit die Figur des „Gewohnheitsverbrechers" ihrem Wesen nach verabschiedet wurde.

4 Fazit

Im Laufe der 1970er Jahre verlor die präventive Sicherungsverwahrung ihre kriminalpolitische Bedeutung. Das Wissen um die Probleme bei der Prognosestellung war ein Grund für diesen Bedeutungsverlust, ein anderer das strafrechtliche Credo *in dubio pro libertate*.[68] Von diesen speziellen Entwicklungen abgesehen, zeigt der Abschied vom präventiven Wegsperren aber auch einen grundsätzlichen Trend, der für präventive Handlungslogiken im Allgemeinen beschrieben worden ist: „Bis in die zweite Hälfte des 20. Jahrhunderts erlebten gesellschaftliche Präventionserwartungen eine anhaltende Konjunktur, die während der 1950er und 1960er Jahre in einem goldenen Zeitalter des Sicherheitsdiskurses kulminierte".[69] Seit Mitte der 1960er Jahre deutete sich auch mit Blick auf das Präventivprinzip an, was Willy Brandt in seiner Regierungserklärung vom 28. Oktober 1969 als „mehr Demokratie wagen" bezeichnete und

---

66 Gerhard Kaiser, Was wissen wir von der Strafe? Zu den Aufgaben, Problemen und Grenzen pönologischer Forschung heute, in: Arthur Kaufmann u. a. (Hrsg.), Festschrift für Paul Bockelmann zum 70. Geburtstag am 7. Dezember 1978, München 1979, S. 923–942, hier S. 932.
67 BVerfGE 35, 202, 235 f.
68 Zur „Politik der Freiheit" als Lesart der politischen Kultur siehe Hans Günter Hockerts, Vom Ethos und Pathos der Freiheit – Werner Maihofer (1918–2009), in: Bastian Hein/Manfred Kittel/Horst Möller (Hrsg.), Gesichter der Demokratie. Portraits zur deutschen Zeitgeschichte, München 2008, S. 245–268.
69 Lengwiler/Beck, Historizität, S. 491.

was die SPD in ihrem Wahlprogramm ausführte: „Lebensqualität ist mehr als höherer Lebensstandard, Lebensqualität setzt Freiheit voraus, auch Freiheit von Angst."[70]

Auf den ersten Blick liegt es daher nahe, die Verschärfungen der Anordnungsvoraussetzungen zur Sicherungsverwahrung und ihre damit einhergehende Bedeutungslosigkeit als ein auf das Freiheitsparadigma zielendes Regierungshandeln zu deuten. Gleichzeitig kann aber nicht darüber hinweggesehen werden, dass die Bundesrepublik sich auch ein Beispiel an anderen europäischen Ländern hätte nehmen und die Sicherungsverwahrung schlicht abschaffen können. Dass sie dennoch an ihr festhielt, lässt sich entweder als ein Beharren auf Deutungstraditionen begreifen oder aber als Ergebnis einer seit Anfang der 1970er Jahre zunehmenden Angst vor politischem Radikalismus und Terrorismus, die in dem Schlagwort der „Inneren Sicherheit" zum Ausdruck kam. In welcher Perspektive man auch auf die Entwicklung kriminalpolitischer Präventionsmaßnahmen schaut: *dass* an ihr festgehalten wurde, ohne sie zu gebrauchen, macht letztlich deutlich, dass die Werte Sicherheit und Freiheit durchaus nebeneinander bestehen konnten.

Obwohl die Figur des „Gewohnheitsverbrechers" daher besonders geeignet ist, das Verhältnis von Sicherheit und Freiheit im 20. Jahrhundert in den Blick zu nehmen, so bleibt sie doch eine wirkmächtige Denkfigur – und zwar bis heute. Das „Gesetz zur Bekämpfung von Sexualdelikten und anderen gefährlichen Straftaten" sorgte im Jahr 1998 für eine Wiederaufleben der Sicherungsverwahrung, obwohl die Anzahl der Sexualverbrechen in Deutschland zu keiner Zeit so gering war wie 1998.[71] Zudem wurde 2004 die „nachträgliche Sicherungsverwahrung" eingeführt, die allerdings inzwischen aufgrund einer Rüge des Europäischen Gerichtshofs für Menschenrechte wieder abgeschafft werden musste. Dennoch erinnert die zunehmende Bedeutung der Kriminalprävention an das, was Peter Schneider über die Sicherheitsvorkehrungen beim US-amerikanischen Flugverkehr seit dem 11. September 2001 geschrieben hat: „Die Abwehrmaßnahme gegen die Gefahr wird zu einem Beweis für die Gefahr."[72] Zwar ist die Sicherungsverwahrung kein Kind des sogenannten Präventionsstaats, über den Schneider schreibt, sondern sehr viel älter, wie dieser Beitrag zeigen konnte, doch deutet ihre Geschichte durchaus an, dass der Wert der Prävention seit seinem Aufkommen im kriminalpolitischen Denken immer wieder höher veranschlagt wurde als der Wert der persönlichen Freiheit.

---

70 Zitiert nach ebenda, S. 372.
71 Dazu Musoff, Strafe – Maßregel – Sicherungsverwahrung, S. 30.
72 Peter Schneider, Kultur der Angst, in: Die Zeit, 24.2.2005, S. 47.

Martin Lengwiler
Im Fahrwasser der Finanzmärkte
Vorsorgetechniken des Versicherungswesens und ihre Grenzen

Das Versicherungswesen gehört heute zu den bedeutendsten Einrichtungen zur Vorsorge vor existenziellen Risiken.[1] Gemeinhin fällt der Blick auf die Sozialversicherungen des Wohlfahrtsstaates. Diese etatistische Sicht übersieht allerdings die breite und einflussreiche Geschichte des privatwirtschaftlichen, kommerziellen Versicherungswesens, die wiederum eng verknüpft ist mit den Krisen und Konjunkturen der modernen Finanzmärkte. In einer umfassenden Perspektive wird die Sozialstaatsgeschichte daher zu einem Bestandteil einer breiteren, längerfristigen Geschichte des Versicherungswesens. Die frühesten privaten Versicherungsgesellschaften entstanden bereits im 18. Jahrhundert, lange vor der Gründung der ersten Sozialversicherungen.[2] Auch der Aufbau der ersten Generation staatlicher Versicherungen im ausgehenden 19. und frühen 20. Jahrhundert profitierte entscheidend von Wissenstransfers aus der privaten Versicherungswirtschaft. Schließlich haben seit den 1970er Jahren privatwirtschaftliche Vorsorgemodelle, angesichts der beschränkten wohlfahrtsstaatlichen Ausbauperspektiven, Konjunktur und verschränken sich mit staatlichen Einrichtungen zu komplexen, heterogenen Wohlfahrtsökonomien.[3] Akzentuiert wurde diese Entwicklung noch durch die äußerst dynamische Expansion der internationalen Finanzmärkte seit den 1970er Jahren.[4]

Die privatwirtschaftliche Perspektive korrigiert aber nicht nur die Sicht auf die Versicherungsgeschichte. Sie bietet auch einen analytischen Mehrwert, da sie den Blick auf den Markt als zentralen Akteur der Geschichte moderner Vorsorgetechniken öffnet. In diesem Sinne spiegeln sich die gemischten Wohlfahrtsökonomien moderner Sozialstaaten auch in heterogenen Vorsorgedispositiven, mit denen die Versicherten konfrontiert sind.[5]

Die folgenden Ausführungen verstehen sich als Beitrag zu einer solch umfassenden Versicherungsgeschichte und behandeln die Entwicklung der modernen Vorsor-

---
[1] Ich danke den Herausgebern dieses Bandes für die wertvollen Hinweise zur Überarbeitung dieses Beitrags.
[2] Geoffrey Clark, Betting on Lives. The Culture of Life Insurance, 1695–1775, Manchester 1999.
[3] Exemplarisch: Friedhelm Boll/Anja Kruke (Hrsg.), Der Sozialstaat in der Krise. Deutschland im internationalen Vergleich, Bonn 2008 (Einzelveröffentlichungen aus dem Archiv für Sozialgeschichte, Bd. 1).
[4] Youssef Cassis, Metropolen des Kapitals. Die Geschichte der internationalen Finanzzentren 1780–2005, Hamburg 2007, S. 346–369.
[5] Vgl. Michael B. Katz/Christoph Sachße (Hrsg.), The Mixed Economy of Social Welfare. Public/Private Relations in England, Germany and the United States, the 1870's to the 1930's, Baden-Baden 1996.

getechniken im kommerziellen Versicherungswesen. Im Vordergrund steht die Frage, wie sich das Spannungsverhältnis zwischen stabilitätsorientierter Vorsorge und den häufig instabilen Konjunkturen der Versicherungsindustrie entwickelte. Untersucht wird auch, welche gesellschaftlichen und subjektiven Bedeutungen den Vorsorgeversprechen der Versicherungsgesellschaften zukamen. Zeitlich schlägt der Beitrag einen langfristigen Bogen, von der Konstituierungsphase des modernen Versicherungswesens im 18. bis zu den jüngsten vorsorgetechnischen Innovationen im frühen 21. Jahrhundert, wobei das Hauptaugenmerk auf den zeithistorischen Entwicklungen seit Mitte des 20. Jahrhunderts liegt. Der Beitrag greift dazu verschiedene Schlüsselphasen der Versicherungsgeschichte in Westeuropa heraus, um die jeweiligen zeitspezifischen Vorsorgekonzepte thesenhaft zu analysieren.

1 Spekulative und rationale Versicherungstechniken im 18. und 19. Jahrhundert

Das moderne Versicherungswesen entstand im Umfeld der frühen europäischen Finanzmärkte des 18. Jahrhunderts. Als „Kinder des Handels" (Youssef Cassis) entstanden diese Finanzplätze in Handelszentren wie London, später auch Amsterdam.[6] Vor allem London blieb im 18. und 19. Jahrhundert das unangefochtene globale Zentrum der kommerziellen Versicherungswirtschaft.[7] Zu den frühesten Geschäftszweigen gehörten die Transportversicherung, die Feuerversicherung und die Lebensversicherung. Die Transportversicherung profitierte stark vom Aufschwung des Kolonialhandels, und Lebensversicherungen bildeten für die Londoner Kaufleute ein Instrument, ihre Handelsgewinne – oft aus dem Kolonialhandel – langfristig zu investieren.[8]

In dieser frühen Phase zielte ein substanzieller Teil des Versicherungswesens nicht auf langfristige Absicherung, sondern auf Spekulation und schnellen Gewinn. Hintergrund dieser kurzfristigen Geschäfte war, dass das Versicherungswesen des 18. Jahrhunderts nicht klar zwischen rationaler Anlage und spekulativer Wette trennte. Man konnte eine Lebensversicherung auf die eigene Person abschließen oder auf seinen Ehepartner – und damit vorsorgeorientiert handeln. Auch unternehmerisch waren die Geschäftsfelder nicht voneinander getrennt. Es war problemlos möglich, bei derselben Firma langfristige Versicherungsverträge und eigentliche Wetten abzuschließen, zum Beispiel auf den Ausgang militärischer Konflikte oder

---

6 Cassis, Metropolen, 2005, S. 99.
7 Robin Pearson, United Kingdom. Pioneering Insurance Internationally, in: Peter Borscheid/Niels Viggo Haueter (Hrsg.), World Insurance. The Evolution of a Global Risk Network, Oxford 2012, S. 67–97.
8 Clark, Betting on Lives, S. 33.

auf die Lebenserwartung berühmter Persönlichkeiten. Nach Schätzungen machten solche Wettgeschäfte ein Viertel bis die Hälfte der damaligen Versicherungsverträge aus – in einem insgesamt immer noch überschaubaren Markt. Dieses Geschäftsfeld wurde unter den Bezeichnungen der *lottery insurances* oder der *gambling insurances* betrieben.[9] Die Wettversicherungen blieben ein weitgehend englisches Phänomen und waren mit dafür verantwortlich, dass in großen Teilen Kontinentaleuropas das Lebensversicherungsgeschäft im 18. Jahrhundert verboten blieb.[10]

Indirekt wirkte sich das Spekulationsfieber auf dem Londoner Finanzplatz auch auf das langfristig orientierte Versicherungsgeschäft aus. Zahlreiche nicht-spekulative Versicherungsgesellschaften waren den mitunter hektischen Pendelbewegungen der Finanzmärkte ausgesetzt.[11] Ein treffendes Beispiel war der sogenannte *South Sea Bubble*, einer der ersten Börsencrashs am Londoner Finanzmarkt. Das Spekulationsfieber ging von der *South Sea Company* aus, die 1711 von der Englischen Regierung eine Konzession für den Südamerika-Handel erhielt, analog der *East India Company* für den Indienhandel. Die *South Sea Company* nahm ihre Kapitalien durch Verkauf von Aktien auf. Angeheizt durch Hoffnungen auf einen Handelsaufschwung und durch Gerüchte über die Entdeckung eines neuen Kontinents wurden die Aktien innerhalb weniger Jahre zur begehrten Handelsware in London. Das Spekulationsfieber erreichte seinen Höhepunkt im Sommer 1720, als sich der Aktienpreis innerhalb weniger Wochen verzehnfachte. Kurz darauf brach der Aktienwert ein, weil klar wurde, dass die Firma die Mittel für die geschuldeten Dividenden nicht würde aufbringen können. Der Zusammenbruch des Unternehmens hatte eine Konkurswelle beteiligter Firmen und Privatpersonen zur Folge.[12] Die Verluste renommierter Unternehmen und Persönlichkeiten – auch Isaac Newton verspekulierte einen Großteil seines Vermögens – gaben in der zeitgenössischen Öffentlichkeit zu vielen ironischen Kommentaren Anlass. Verspottet wurde etwa die menschliche Hybris, in der Lebensversicherung einen vermeintlich sicheren Weg gefunden zu haben, sein Einkommen auch über den eigenen Tod hinaus zu sichern (vgl. Abb.).

---

9 Ebenda, S. 44 f.; Lorraine Daston, Classical Probability in the Enlightenment, Princeton 1988, S. 123.
10 Daston, Probability, S. 160–166.
11 Clark, Betting on Lives, S. 73–80.
12 Richard Dale, The First Crash. Lessons from the South Sea Bubble, Princeton 2004, S. 169 f.

Abb.: Ironische Allegorie auf die Unwägbarkeiten des Versicherungsgeschäfts: Karte „Insurance on Lives" aus einem Kartenspiel, gedruckt im Nachgang des *South Sea Bubble* (Kupferstich, Thomas Bowles, London 1720, Quelle: Clark, Betting on Lives, Titelbild).

2 Rationalisierung und Kommerzialisierung des Versicherungswesens seit dem ausgehenden 19. Jahrhundert

Noch bis Mitte des 19. Jahrhunderts blieb Vorsorge im Versicherungskontext ein hochriskantes Unterfangen. In den 1850er und 1860er Jahren gingen beispielsweise drei Viertel aller neu gegründeten Lebensversicherungsgesellschaften in Großbritannien bereits innerhalb des ersten Jahrzehnts nach Gründung Konkurs – mit entsprechenden Ausfällen für die versicherte Klientel.¹³ Vor diesem Hintergrund erstaunt es nicht, dass die Entwicklung des modernen Versicherungswesens geprägt war von einer verstärkten staatlichen Regulierung, einer Rationalisierung, Bürokratisierung und Verwissenschaftlichung der Geschäftspraktiken – insbesondere durch den Einsatz der Versicherungsmathematik.¹⁴ Seit Mitte des 19. Jahrhunderts rezipierte die sich konstituierende Versicherungsmathematik intensiv wahrscheinlichkeitstheoretische Zugänge. Dies fiel zeitlich zusammen mit der Ausbreitung des Versicherungsgeschäfts im ausgehenden 19. Jahrhundert – eine Koinzidenz, die der Versicherungsmathematik den Status einer privilegierten versicherungstechnischen Qualifikation verlieh.¹⁵ In diesem Sinne stellt sich die Geschichte des Versicherungswesens und der staatlichen Regulierung des Versicherungsgeschäfts seit dem 19. Jahrhundert als schrittweise Trennung zwischen spekulativem Wett- und rationalem Versicherungsgeschäft dar. Ziel war es, aus einem anrüchigen Metier eine rational kalkulierbare und für breite Schichten zugängliche Form der Vorsorge zu machen.

Verschiedene Faktoren trugen zu diesem Prozess bei. Erstens schufen die angelsächsischen und kontinentaleuropäischen Länder seit Mitte des 19. Jahrhunderts eine umfassende Versicherungsgesetzgebung sowie Einrichtungen zur staatlichen Versicherungsaufsicht, um die Unternehmen vor Konkursen und die Versicherten vor Leistungsausfällen zu schützen. Die Aufsicht beruhte bisweilen – wie in Großbritannien – auf der Selbstregulierung der Versicherungsindustrie. Meist aber zielten die Gesetze auf eine staatsinterventionistische Regulierung des Versicherungsgeschäfts, indem etwa Mindestreserven und Garantieverpflichtungen gegenüber Kunden festgeschrieben wurden.¹⁶ Parallel dazu entwickelten sich wissenschaftliche Qualifikationen zu zentralen Ressourcen der Unternehmensführung. Im ausgehenden 19. Jahrhundert stiegen die Versicherungsmedizin, später die Versicherungsmathematik zu Königsdisziplinen des Lebensversicherungsgeschäfts auf. Ähnliches vollzog sich später in der Sachversicherung.¹⁷ Diese Entwicklung transformierte auch die gesellschaftlichen Vorstellungen vom menschlichen Leben. Timothy Alborn hat in einer Untersuchung der Britischen Lebensversicherungsindustrie aufgezeigt, wie sich durch den

---

13 Trevor Sibbet, History of Insurance, in: Jozef L. Teugels/Bjorn Sundt (Hrsg.), Encyclopedia of Actuarial Science, Wiley Online Library, http://onlinelibrary.wiley.com/book/10.1002/9780470012505 (25.6.2012).
14 Hans Bühlmann/Martin Lengwiler, Calculating the Unpredictable. History of Actuarial Theories and Practices in Reinsurance, in: Geoffrey Jones/Niels-Viggo Haueter (Hrsg.), Managing Risk in Reinsurance: From City Fires to Global Warming, Oxford 2016, S. 118–143.
15 Martin Lengwiler, Technologies of Trust. Actuarial Theory, Insurance Sciences, and the Establishment of the Welfare State in Germany and Switzerland around 1900, in: Information and Organization 13 (2003), H. 2, S. 131–150.
16 Martin Lengwiler, Competing Globalizations. Controversies between Private and Social Insurance at International Organizations, 1900–60, in: Robin Pearson (Hrsg.), The Development of International Insurance, London 2010, S. 167–186, hier S. 175 f.
17 Bühlmann/Lengwiler, Calculating.

Aufschwung der Lebensversicherung im 19. Jahrhundert ein medikalisierter, quantifizierbarer und kommodifizierter Begriff des Lebens formierte.[18] Im 20. Jahrhundert übernahmen auch die Sozialversicherungen solche humanökonomischen Konzepte und trugen wesentlich zu ihrer gesellschaftlichen Breitenwirkung bei.[19]

Die Ausbreitung des Versicherungswesens und der damit verbundenen Vorsorgestrategien war zu einem wesentlichen Teil angetrieben vom Aufschwung der Lebensversicherung in breiteren gesellschaftlichen Schichten seit dem ausgehenden 19. Jahrhundert. Dieser Aufschwung verdankt sich – vor allem in der angelsächsischen Welt – unter anderem der Einrichtung der Volksversicherung (*industrial insurance*). Diese Versicherungsform wurde ursprünglich in Großbritannien von einzelnen Lebensversicherungsgesellschaften – insbesondere der *Prudential* – in den 1870er Jahren entwickelt und richtete sich gezielt an die Arbeiterschichten, die bislang kaum Zugang zur Lebensversicherung hatten. Im Deutschen Kaiserreich wurden die ersten Volksversicherungen als direkte Reaktion der Versicherungsindustrie auf die Bismarck'schen Sozialgesetze, insbesondere die Alters- und Invalidenversicherung, lanciert.[20] Die Verträge sahen standardisierte Formen der Lebensversicherung vor, meist ohne medizinische Voruntersuchung. Die Prämien waren moderat, die Leistungen ebenso. Trotzdem war die Volksversicherung als Absicherung gegenüber altersbedingten Einkommensverlusten sehr populär, oft ergänzend zu den bescheidenen staatlichen Altersrenten. Um 1909 erreichte die Volksversicherung in Großbritannien zwei Drittel der Bevölkerung (66,8 %), in den USA immerhin ein knappes Viertel (23,1 %), in Deutschland jede neunte Person (11,8 %).[21] In den angelsächsischen Ländern blieb die Volksversicherung bis weit ins 20. Jahrhundert präsent und ging schließlich in den sich ausdifferenzierenden Angeboten der Lebensversicherung auf. In Deutschland brach der Volksversicherungsmarkt mit der Inflationskrise 1922/23 zusammen und erholte sich danach nie wieder.[22]

Der Aufstieg der Volksversicherung markiert auch einen unternehmenshistorischen Wendepunkt. Ihr Erfolg gründete nicht zuletzt auf einer Marketing-Revolution im Versicherungswesen, insbesondere auf der Einführung des professionellen Agenten-Systems. Die britischen Versicherungsgesellschaften schufen mit der *industrial insurance* ein völlig neues Vertriebsmodell, das auf angestellten, uniformierten

---

18 Timothy Alborn, Regulated Lives, Life Insurance and British Society, 1800–1914, Toronto 2009.
19 Martin Lengwiler, Risikopolitik im Sozialstaat: Die schweizerische Unfallversicherung 1870–1970, Köln u. a. 2006, S. 124–127.
20 Weiterführend: Martin Lengwiler, Competing Appeals. The Rise of Mixed Welfare Economies in Europe, 1850–1945, in: Geoffrey Clark u. a. (Hrsg.), The Appeal of Insurance, Toronto 2010, S. 173–200, hier S. 177–181.
21 Ernst Lederer, Entstehung, Entwickelung und heutiger Stand der Volksversicherung in Deutschland, Erlangen 1914, S. 87.
22 Ludwig Arps, Auf sicheren Pfeilern: Deutsche Versicherungswirtschaft vor 1914, Göttingen 1965, S. 307–312, 464 f., 583–594.

Versicherungsvertretern beruhte, die in der Nachbarschaft ihrer Klientel lebten und den alltäglichen Kontakt zu potenziellen Kundinnen und Kunden pflegten. Noch im 19. Jahrhundert erreichte die Lebensversicherung kaum mehr als eine bürgerlich-elitäre Klientel. Durch die Marketing-Revolution der Volksversicherung, die ab 1900 auch von kontinentaleuropäischen Gesellschaften zunehmend kopiert wurde, erschloss die Versicherungsindustrie mit ihren Produkten erstmals einen Massenmarkt.[23]

Der Vorsorgegedanke breitete sich auch in der zweiten Hälfte des 20. Jahrhunderts weiter aus. Zu den Aktivitäten der Versicherungsindustrie kam der rasche Ausbau sozialstaatlicher Sicherungssysteme hinzu. Der Vorsorgegedanke entwickelte in dieser Zeit eine Eigendynamik. Individuelle Vorsorge und soziale Sicherheit wurden zu symbolischen Chiffren mit gesamtgesellschaftlicher Bedeutung. Paradigmen der individuellen und gesellschaftlichen Sicherheit standen in einem dialektischen Spannungsverhältnis zu den wahrgenommenen Unsicherheiten und Instabilitäten des zeitgenössischen gesellschaftlichen Wandels – Vorsorge bildete quasi das kognitive Gegengewicht zu den Unsicherheiten der Boomphase während der ersten Nachkriegsjahrzehnte. Dies lässt sich besonders anschaulich an Beispielen aus dem Versicherungsmarketing illustrieren. Als exemplarischer Fall dient im Folgenden die schweizerische Vita Lebensversicherungsgesellschaft.[24]

Die *Vita* wurde 1922 von der Zürich Versicherungs-Gesellschaft gegründet. Sie sollte für die *Zürich* einerseits das Lebensversicherungsgeschäft erschließen, andererseits in andere westeuropäische Märkte, insbesondere Deutschland und Frankreich, vorstoßen. Angesichts der inflationsbedingten Krise der deutschen, aber auch der französischen Versicherungsindustrie war die *Vita* von Beginn weg ein sehr erfolgreiches Unternehmen. Schnell wuchs sie zu einem der drei größten Lebensversicherer in der Schweiz heran.[25] Die Gesellschaft war neben Deutschland und Frankreich auch in Belgien, Holland, Spanien und Italien aktiv. Die 1950er und 1960er Jahre bedeuteten für die *Vita* eine anhaltende Expansionsphase mit jährlichen Wachstumsraten von teilweise über 10 Prozent.[26] Erst 1993 verlor sie ihren Namen und wurde vollständig in die Muttergesellschaft integriert.[27]

Das Fallbeispiel ist deshalb bemerkenswert, weil die Marketingstrategie der *Vita* lange Zeit als ausgesprochen innovativ galt. Früh übernahm die Gesellschaft angel-

---

[23] Laurie Dennett, A Sense of Security. 150 Years of Prudential, Cambridge 1998, S. 125–146; Lederer, Entstehung, S. 40 f.
[24] Weiterführend: Martin Lengwiler, Cultural Meanings of Social Security in Postwar Europe, in: Social Science History 39 (2015), H. 1, S. 85–106.
[25] Martin Lengwiler, Switzerland. Insurance and the Need to Export, in: Peter Borscheid/Niels-Viggo Haueter (Hrsg.), World Insurance. The Evolution of a Global Risk Network, Oxford 2012, S. 143–166, hier S. 155 f.
[26] Karl Lüönd, Neugierig auf morgen. 125 Jahre Zürich – Geschichte und Vision eines Weltkonzerns, Zürich 1998, S. 110; Vita Ratgeber 144 (1967), S. 13.
[27] Lengwiler, Switzerland, S. 155 f.

sächsische Geschäfts- und Marketingpraktiken. So gründete sie 1925 einen eigenen Gesundheitsdienst, der den Versicherten kostenlose medizinische Gesundheitskontrollen anbot, Pauschalentschädigungen für lebensrettende Operationen bezahlte und allen Versicherten vierteljährlich ein Magazin, den *Vita Ratgeber*, zusandte. Die Untersuchungen konnten vom Hausarzt vorgenommen werden und wurden von der *Vita* über ein Gutscheinsystem bezahlt.[28] Diese niederschwelligen Angebote waren unter der Kundschaft offensichtlich populär. Mitte der 1960er Jahre bezahlte die *Vita* jährlich rund 25.000 Gesundheitskontrollen – insgesamt nahmen rund 60 Prozent der Vita-Versicherten dieses Angebot in Anspruch. Auch unter der Ärzteschaft fand die Initiative – aus nachvollziehbaren Gründen – starken Zuspruch.[29] Der Erfolg machte den Vita-Gesundheitsdienst zu einem vielkopierten Modell in der Lebensversicherungsindustrie.[30]

Der 1929 lancierte *Vita Ratgeber* bietet eine Fülle von Quellen, um die Vorsorgestrategien der Versicherung historisch zu rekonstruieren. Indirekt lassen sich auch Rückschlüsse auf die Vorsorgedispositive der Kundinnen und Kunden ziehen, was im Folgenden anhand der 1950er und 1960er Jahre exemplarisch ausgeführt werden soll.

Die Spalten des Ratgebers spiegeln zunächst die zeittypischen Gesundheitsängste der frühen Nachkriegszeit: die Sorge um chronische Krankheiten, insbesondere Herzkrankheiten und Krebs, beziehungsweise die dafür verantwortlich gemachten Risikofaktoren wie Alkohol, Tabakkonsum und cholesterinhaltige Ernährung.[31] Die Titel der Beiträge sprechen für sich: „Krebsangst. Brief an einen Geängstigten" (1961); „Körperliche Tätigkeit … Wirksame Vorbeugung gegen Herzattacken" (1969); „Vorbeugung gegen Krankheit. Eine Erziehungsaufgabe" (1967). Gesundheitsfördernde Verhaltensweisen codierte die Redaktion mit einem positiven Menschenbild oder einer hohen Lebenserwartung: „Gedanken über den Wert des menschlichen Lebens" (1968); oder „Wie alt könnte der Mensch werden? 150 oder 800 Jahre?" (1970).[32]

Neue Vorstellungen von Arbeitsproduktivität, wie sie der Ratgeber präsentierte, gründeten nicht mehr alleine auf Leistungs-, sondern auch auf Erholungsphasen. Wiederholt spiegelte das Blatt die verbreitete Sorge um die psychologischen Folgen der sich wandelnden Berufswelt, insbesondere die Debatte um den Stress als symptomatische Pathologie des Wirtschaftswunders.[33] Die Autoren des *Vita Ratgebers* machten sich dagegen stark für ein produktives Verständnis von Freizeit und Ferien. Arbeitsfreie Phasen waren nicht mehr gleichbedeutend mit Müßiggang und Eskapis-

---

[28] Vita Ratgeber 96 (1956), S. 6.
[29] Vita Ratgeber 90 (1954), S. 4–7; ebenda 96 (1956), S. 4–6; ebenda 146 (1968), S. 14.
[30] Vita Ratgeber 150 (1969), S. 3 f.; ebenda 90 (1954), S. 4–7.
[31] Vita Ratgeber 126 (1963), S. 9–13; ebenda 75 (1951), S. 12–15.
[32] Vita Ratgeber 75 (1961), S. 12; ebenda 140 (1967), S. 11; ebenda 143 (1968), S. 14; ebenda 150 (1969), S. 5; ebenda 153 (1970), S. 5.
[33] Vita Ratgeber 126 (1963), S. 12 f.; ebenda 75 (1951), S. 10 f.; vgl. auch Patrick Kury, Der überforderte Mensch. Eine Wissensgeschichte vom Stress zum Burnout, Frankfurt a. M. 2012.

mus, sondern wurden zu einem Element einer gesundheits- und leistungsorientierten Lebensführung. Die Vita Versicherung förderte aktiv Formen des Freizeitsports, etwa durch die Errichtung kostenlos zugänglicher Joggingstrecken, sogenannter Vita Parcours, die seit 1968 in der ganzen Schweiz eingerichtet wurden, finanziert durch die *Vita*. Entsprechend programmatisch äußerten sich auch die Titel im Ratgeber: „Am rollenden Stein setzt kein Moos an" (1968), oder: „Nimm Dir Zeit für Deine Freizeit" (1963).[34]

Solche Vorsorgedispositive lassen sich als versteckte Zivilisationskritik oder zumindest als Bedenken gegenüber den gesundheitlichen Folgen des kulturellen und sozialen Wandels der Nachkriegszeit lesen. Für die Lebensversicherer, aber auch in den gesundheitspolitischen Debatten verkörperten Alkohol, Tabak und Cholesterin als Gesundheitsrisiken quasi die Schattenseite der sich ausbreitenden konsumgesellschaftlichen Lebensstile der neuen Mittelschichten. So wie die Wohlstandsgewinne auch neue Ernährungspraktiken (zum Beispiel einen höheren Fleischkonsum) oder Lebensstile (den verstärkten Alkohol- oder Tabakkonsum) ermöglichten, verbreiteten sich in den Nachkriegsjahrzehnten auch die gesellschaftliche Skepsis und Kritik an den neuen Konsumgewohnheiten. Ein wichtiger Faktor für diese Problematisierung war die aufsteigende Sozial- und Präventivmedizin. Mit ihrem Risikofaktoren-Modell lieferte sie bei der Analyse von Herzkreislauf- und Krebserkrankungen zahlreiche Hinweise für die gesundheitsschädigende Wirkung von Tabak-, Alkohol- oder Fettkonsum.[35] Der Vorsorgediskurs bot solchen zivilisationskritischen Perspektiven eine einflussreiche Plattform. In diesem Sinne war die Lebensversicherung nicht nur eine Technik der finanziellen Selbstvorsorge, sondern antwortete dialektisch auf eine breitere gesellschaftliche wie kulturelle Verunsicherung. Der Versicherungsvertrag offerierte gleichsam ein Stabilitätsversprechen, das weit über die finanzielle Vorsorge hinaus reichte.

In den Spalten des *Vita Ratgebers* lässt sich auch eine fortgesetzte Ökonomisierung des menschlichen Lebens verfolgen. Ganz offen verhandelte das Blatt über den mathematischen Geldwert eines menschlichen Lebens. Dieser wurde an den Verdienst, das heißt an die Arbeitsproduktivität, gekoppelt und lag nach Einschätzung der *Vita* 1968 bei durchschnittlich 700.000 Schweizer Franken, konnte je nach Verdienst aber bis auf fünf Millionen Franken ansteigen.[36] Wer seine Lebenserwartung durch einen risikoreichen Lebenswandel verkürzte – durch ungesunde Ernährung etwa –, wurde von den Autoren des *Vita Ratgebers* für die verloren gegangene

---

[34] Vita Ratgeber 126 (1963), S. 1; ebenda 145 (1968), S. 5–8, 12 f.
[35] Carsten Timmermann, Risikofaktoren: Der scheinbar unaufhaltsame Erfolg eines Ansatzes aus der amerikanischen Epidemiologie in der deutschen Nachkriegsmedizin, in: Martin Lengwiler/Jeannette Madarász (Hrsg.), Das präventive Selbst. Eine Kulturgeschichte moderner Gesundheitspolitik, Bielefeld 2010, S. 251–278.
[36] Vita Ratgeber 143 (1968), S. 14.

Arbeitsproduktivität und damit quasi den volkswirtschaftlichen Verlust individuell verantwortlich gemacht. Im Radikalfall konnte sich das auch in den Versicherungstarifen niederschlagen. Versicherte mit hohem Übergewicht oder chronischen Krankheiten bezahlten in der Regel einen erhöhten Tarif oder wurden gar nicht erst zur Lebensversicherung zugelassen.[37] In Gestalt von Konsumsteuern auf potenziell gesundheitsschädigende – etwa stark zuckerhaltige – Lebensmittel werden ähnliche Anreizsysteme heute in der Gesundheitspolitik breit diskutiert.

3 Im Zeichen der Sekuritisierung: Neue Vorsorgetechniken seit den 1980er Jahren

Seit den 1980er Jahren zeichnete sich in der Versicherungsindustrie ein fundamentaler versicherungstechnischer Umbruch ab, mit weitreichenden Folgen für die gesellschaftlichen Vorsorgepraktiken. Dieser Umbruch wird mit der Ausbreitung der sogenannten Sekuritisierung verbunden. Das Phänomen der Sekuritisierung, oder auch „Verbriefung", ist noch vergleichsweise jung und hat sich in den letzten Jahren dynamisch entwickelt. Dessen Tragweite lässt sich noch nicht abschließend beurteilen.[38] Vieles spricht jedoch dafür, dass die Sekuritisierung ein Vorbote ist für einen radikal veränderten Umgang mit Risiken und damit für einen neuen gesellschaftlichen Vorsorgebegriff. Das Innovative an der Sekuritisierung liegt in der Verschränkung von Risikoabsicherung und Finanzmarkttransaktionen. Damit rückt der Finanzmarkt als Akteur und Kontext von Vorsorgepraktiken wieder stärker in den Vordergrund – ähnlich wie in der Frühphase der Versicherungsgeschichte. Zu den Folgen der Sekuritisierung gehört, dass sich in den letzten Jahren ein neues Spannungs- und Konfliktfeld zwischen den Dynamiken und Instabilitäten zeitgenössischer Finanzmärkte und dem sicherheits- und stabilitätsorientierten Versicherungsgeschäft aufgebaut hat.

Der Begriff der Sekuritisierung bezeichnet eine innovative Form der Risikoabsicherung von Kredit- und Versicherungsrisiken in Banken und Versicherungen. Im Versicherungskontext, der hier im Vordergrund steht, bedeutet Sekuritisierung, dass Ausfallrisiken bestimmter Versicherungsbereiche in eine Anleihe verpackt und an den Finanzmärkten an Investoren verkauft werden. Man kann zum Beispiel ein Unwetterrisiko als Anleihe für eine bestimmte Laufzeit auf dem Kapitalmarkt zum Verkauf anbieten. Dabei legt der Versicherer und Verkäufer der Anleihe ein bestimmtes Schadensrisiko fest und verspricht dem Käufer eine festgelegte Rendite. Wenn die

---

[37] Vita Ratgeber 136 (1966), S. 5–7.
[38] Weiterführend: Martin Lengwiler, Risky Calculations. Financial Mathematics and Securitization since the 1970s, in: Historical Social Research 41 (2016), H. 2, S. 258–279 (Sondernummer „Conventions and Quantification").

Schäden innerhalb einer bestimmten Laufzeit im Rahmen des kalkulierten Risikos bleiben, wird die Anleihe mit Rendite rückbezahlt. Bei überhohen Schäden verfällt die Anleihe – zum Nutzen des Versicherers. Dieses Grundprinzip kann in zahlreichen ähnlichen Formen variiert werden. Der Vorteil der Verbriefung ist, dass das Versicherungsunternehmen damit seine eigenen Risiken mindert und diese an eine andere, äußerst kapitalkräftige Instanz – den Finanzmarkt – transferiert. Die Sekuritisierung hat sich deshalb vor allem als Alternative zum Rückversicherungsgeschäft, der traditionellen Form der Absicherung von Großrisiken, etabliert. Man spricht versicherungstechnisch auch vom alternativen Risikotransfer (*alternative risk transfer*).[39]

Die Wertpapiere, die aus einer Sekuritisierung hervorgingen, gehörten zum weiten Feld der Derivate – also zu Finanzinstrumenten, die auf Wertpapieren und anderen marktbezogenen Referenzgrößen beruhen – und darin zur Kategorie der strukturierten Finanzprodukte. Zu den verbrieften Finanzprodukten zählten insbesondere die *Asset-Backed Securities* (ABS), das heißt Verbriefungen von Zahlungsansprüchen wie Krediten, und die *Mortgage-Backed Securities* (MBS), bei denen Hypothekarkredite verbrieft wurden.[40] In beiden Fällen wurden in der Logik strukturierter Produkte oft heterogene Risiken in Anleihen verpackt. Obwohl Ratingagenturen diese Produkte lange hoch bewerteten, blieb ihre tatsächliche Bonität meist undurchsichtig. Die Sekuritisierung wird deshalb oft als wichtiger Faktor für den Ausbruch der jüngsten Finanzmarktkrise bezeichnet, insbesondere beim Zusammenbruch des amerikanischen Hypothekarmarktes 2007 und der nachfolgenden Bankenkrise 2007/08.[41]

Der Trend zur Sekuritisierung geht in die 1980er Jahre zurück. Die theoretischen Voraussetzungen dafür wurden bereits in den frühen 1970er Jahren geschaffen. Insbesondere die mathematische Modellierung von Optionspreisen, eingeführt durch Fischer Black, Myron Scholes und – unabhängig von den beiden – von Robert C. Merton, schuf jene theoretischen Grundlagen, auf denen nicht nur die Finanzmathematik als neue Teildisziplin der Wirtschaftswissenschaften, sondern auch zahlreiche praxisbezogene Anwendungen in der Banken- und Versicherungswirtschaft grün-

---

39 Walther Neuhaus, Alternative Risk Transfer, in: Jozef L. Teugels/Bjorn Sundt (Hrsg.), Encyclopedia of Actuarial Science, Wiley Online Library (25.6.2012); Richard W. Gorvett, Insurance Securitization. The Development of a New Asset Class. Discussion Paper for the 1999 Casualty Actuarial Society, S. 138–140 (https://www.casact.org/pubs/dpp/dpp99/99dpp133.pdf, 12.8.2015); Vinod Kothari, Securitization. The Financial Instrument of the Future, Hoboken, NJ 2014.
40 Die deutschsprachige Terminologie (forderungsbesichertes Wertpapier, hypothekenbesichertes Wertpapier) ist auch in deutschsprachigen Texten weniger einschlägig als die englischsprachige. Deshalb werden hier die englischsprachigen Termini verwendet.
41 Johan A. Lybeck, A Global History of the Financial Crash of 2007–2010, Cambridge 2011, S. 141–170; Samuel Cox/Joseph R. Fairchild/Hal W. Pedersen, Actuarial and Economic Aspects of Securitization of Risk, in: ASTIN Bulletin. The Journal of the International Actuarial Association 30 (2000), H. 1, S. 157–193, hier S. 158.

deten.⁴² Die Ausbreitung verbriefter Finanzprodukte verdankt sich seit den 1980er Jahren vor allem der starken Expansion der internationalen Finanzmärkte und dem mit dem Börsenboom zusammenhängenden Nachfrageüberhang nach innovativen Finanzprodukten. Sowohl in den USA wie innerhalb der Europäischen Union profitierte der Finanzsektor in den 1980er Jahren von einem Deregulierungsschub. Teil dieser Deregulierungspolitik war, die kartellistischen Strukturen der Branche aufzubrechen und den Wettbewerb durch Zulassung neuer Anbieter zu steigern. In der Folge kam es zu einer Welle von Unternehmensfusionen, nicht zuletzt auch zwischen Banken und Versicherungsunternehmen. Parallel dazu wurden zahlreiche neue Finanzprodukte geschaffen, oft im Schnittfeld von Banken- und Versicherungsgeschäften. Banken, später auch Versicherungen, nutzten die Sekuritisierung, um über neue Finanzprodukte ihre Kreditrisiken zu minimieren sowie die Kapitalbasis, Liquidität und damit auch die von den Ratingagenturen geprüfte Kreditwürdigkeit zu erhöhen.⁴³ Den neuen Produkten kam zugute, dass sie oft eine azyklische oder antizyklische Performance aufwiesen und damit Investoren erlaubten, die Anlagerisiken ihrer Portfolios zu diversifizieren. Die Sekuritisierung wurde damit quasi zu einem Vorsorgeinstrument – im Sinne einer Risikodiversifikation – gegenüber allzu riskanten Anlagestrategien.⁴⁴

Anfang der 1990er Jahre erkannte auch die Versicherungsindustrie das Potenzial solcher Verbriefungen. Einige innovative Unternehmen wie die *American International Group* (AIG) gingen voran. Bald folgten auch die großen Player der Versicherungsindustrie. Die ersten Anleihen betrafen vor allem Großrisiken wie Naturkatastrophen (Unwetter und Erdbeben; sogenannte *catastrophe bonds* oder *cat bonds*). Hier bot die Sekuritisierung mit der Absicherung über Investoren eine finanzkräftige Alternative gegenüber der traditionellen Rückversicherung, die entweder nur kurzfristige Vertragslaufzeiten anbot oder allzu umfangreiche Großrisiken ganz vom Versicherungsschutz ausschloss. Die Kapitalmärkte hingegen konnten ungleich größere Summen an Finanzmitteln mobilisieren – ein Mehrfaches als die ganze Rückversicherungsindustrie zusammen – und boten auch für ansonsten nicht versicherbare Risiken Lösungen.⁴⁵ In der Folge von großen Schadensereignissen – von den Hurrikanen Andrew (1992) und Katrina (2005) bis zu den Terroranschlägen des 11. September 2001 – konnte sich die Sekuritisierung als Versicherungstechnik fest institutionalisie-

---

42 Detailliert: Donald MacKenzie, An Engine, Not a Camera. How Financial Models Shape Markets, Cambridge 2006, S. 119–178.
43 André Orléan, The Empire of Value. A New Foundation for Economics, Cambridge, MA 2014, S. 264–271; David J. Cummins, Securitization of Life Insurance Assets and Liabilities, Philadelphia 2004, S. 15–21 (http://fic.wharton.upenn.edu/fic/papers/04/0403.pdf, 12.8.2015); Claire A. Hill, Securitization. A Low-Cost Sweetener for Lemons, in: Washington University Law Review 74 (1996), H. 4, S. 1062–1126, hier S. 1122–1125.
44 Cummins, Securitization, S. 13.
45 Cox/Fairchild/Pedersen, Securitization, S. 158–184.

ren. Ihr Marktanteil liegt bei Katastrophenrisiken heute, nach einem vorübergehenden Einbruch infolge der jüngsten Finanzmarktkrise, bei rund 10 Prozent. Vor allem in den USA gilt die Sekuritisierung nach wie vor als Wachstumsmarkt.[46]

Der Trend zur Sekuritisierung erfasste nicht nur die Sachversicherung, sondern auch das Lebensversicherungsgeschäft, wenn auch in geringerem Maße. In der Lebensversicherung bezog sich die Sekuritisierung vor allem auf Mortalitäts- und Lebenserwartungsrisiken. Die Anleihen wurden technisch auf der Basis von Mortalitäts- und Lebenserwartungsindizes konstruiert, wobei der Gewinn des Investors davon abhing, ob die nach einer bestimmten Laufzeit tatsächlich eintretende Mortalität oder Lebensdauer den angenommenen Indizes entsprach. Insbesondere die Verbriefung der Lebenserwartung galt und gilt immer noch als innovatives und vielversprechendes, wenn auch schwierig zu kalkulierendes Feld. Viele führende Unternehmen haben sich seit den späten 1990er Jahren auf diesem Feld betätigt, anfangs unter anderem die American Skandia und die Hannover Re, später Unternehmen wie AIG, Prudential, MONY, Barclays Life, AXA, Swiss Re, Scottish Re und Munich Re.[47]

Das wachsende Interesse hängt auch mit der sozialpolitischen Bedeutung der betroffenen Risiken zusammen. Die Entwicklung der Lebenserwartung ist nicht nur für die kommerzielle Lebensversicherung, sondern auch für die Sozialversicherungen von Bedeutung. Private und staatliche Einrichtungen zur Altersvorsorge haben nicht viele Möglichkeiten, sich gegen die zunehmende Lebenserwartung zu wappnen. Es ist deshalb wenig überraschend, dass beispielsweise die OECD jüngst die Versicherungsindustrie und staatliche Sozialversicherer dazu aufrief, die Sekuritisierung im Bereich des Lebenserwartungsrisikos zu intensivieren, nicht zuletzt, um die Altersvorsorge gegen die demographische Entwicklung und die damit verbundenen Finanzierungsprobleme abzusichern.[48] Auch betriebswirtschaftliche Experten forderten einen verstärkten Einsatz der Sekuritisierung in der Lebensversicherung, insbesondere aus sozialpolitischen Gründen.[49] Rückversicherer wie die Swiss Re nutzen schon heute die Sekuritisierung mittels *longevity bonds* als Instrument, um sich gegen erhöhte Mortalitätsrisiken infolge globaler Epidemien abzusichern.[50]

---

46 Swiss Re, Financial Report 2013. Reinsurance Non-Life, Zürich 2013 (http://reports.swissre.com/2013/financial-report/financial-year/market-environment/reinsurance-non-life.html, 12.8.2015); Leigh Phillips, Cat Bonds. Cashing in on Catastrophe, in: Road to Paris. Science for Smart Policy, 2014 (http://roadtoparis.info/2014/11/18/cat-bonds-cashing-catastrophe, 12.8.2015).
47 Thomas Cipra, Securitization of Longevity and Mortality Risk, in: Journal of Economics and Finance 60 (2010), H. 6, S. 545–560, hier S. 549–553; Jozef De Mey, Insurance and the Capital Markets, in: The Geneva Papers 32 (2007), S. 35–41, hier S. 38 f.; Cox/Fairchild/Pedersen, Securitization, S. 163.
48 http://www.artemis.bm/blog/2014/12/09/oecd-calls-for-capital-markets-to-embrace-longevity-risk-hedging/ (20.7.2015); vgl. auch: De Mey, Insurance, S. 38.
49 Jonas Lorson, The Impact of Life Insurance Securitization on the Issuer's Default Risk. Working Papers on Risk Management and Insurance 117 (2012), University of St. Gallen, S. 2 f. (http://www.ivw.unisg.ch/~/media/internet/content/dateien/instituteundcenters/ivw/wps/wp117.pdf, 12.8.2015).
50 Lorson, Life Insurance Securitization, S. 8–10.

Einzig die schier unerschöpflichen Ressourcen der Finanzmärkte haben jene Dimension, die ausreicht, um solch gigantische Risiken wie die Effekte der demographischen Alterung auf die Vorsorgesysteme oder die Kosten globaler Epidemien ansatzweise zu versichern. In diesem Sinne haben die versicherungs- und finanzmathematischen Debatten in den letzten Jahren zunehmend das Argument vertreten, dass sich die gesellschaftliche Verantwortung insbesondere in der Altersvorsorge in Zukunft verlagern sollte: weg von staatlichen Akteuren und Einrichtungen und hin zu den kommerziell orientierten Akteuren der Finanzindustrie und der Finanzmärkte. Die Sekuritisierung ist für diese angestrebte Transformation der Vorsorgepraktiken ein zentrales Instrument. Sie steht für eine Politik, welche die finanziellen Unsicherheiten und Risiken der Sozialstaatsentwicklung an die Finanzmärkte weitergibt. Was bislang auf dem Feld der Sozialpolitik debattiert wurde, wird dadurch zu einem Gegenstand ökonomischer Entscheidungen von Investoren am Finanzmarkt.

Der Vorteil größerer Finanzkraft, der die Sekuritisierung gegenüber traditionellen Versicherungstechniken auszeichnet, erweist sich auch bei anderen Mega-Risiken, wo die Sekuritisierung noch nicht praktiziert, deren Potenzial aber diskutiert wird. Neben dem Terrorismus-Risiko ist vor allem das Fallbeispiel der Nuklearrisiken instruktiv.[51] Auch die Versicherung von Risiken nuklearer Katastrophen wird in Expertenkreisen in den letzten Jahren intensiv erörtert. Nicht zuletzt im Anschluss an die Fukushima-Katastrophe (2011) stellte sich die Frage, wie die hohen Schadenssummen versicherungstechnisch zu bewältigen waren. In den meisten Staaten werden Nuklearrisiken heute im Rahmen einer Partnerschaft zwischen der Versicherungsindustrie (organisiert in Pools) und dem Staat versichert, wobei der Versicherungspool einen definierten maximalen Schadenswert abdeckt und der weitaus größere Rest des Schadenspotenzials vom Staat übernommen wird. Verschiedene Experten argumentieren nun, dass es keine grundlegenden versicherungstechnischen Hindernisse gebe, um nukleare Katastrophenrisiken neu durch Sekuritisierung über die Finanzmärkte zu versichern. Der französische Ökonom und Versicherungsspezialist Pierre Picard sieht beispielsweise das Hauptproblem für die Sekuritisierung der Nuklearrisiken darin, dass der Preis für einen potenziellen Schaden mangels Vergleichswerten schwer zu berechnen ist. Schon die unmittelbaren Folgekosten eines Schadensfalls können extrem hoch sein. Noch schwieriger ist die Prognose der langfristigen Folgen, die sich über mehrere Jahrzehnte erstrecken können. Picard hält dies jedoch für ein lösbares Problem, das die Versicherung von Nuklearrisiken nicht per se verunmöglicht. Er und seine Mitautoren argumentieren, dass auch für unsichere Risiken der Finanzmarkt

---

[51] Gordon Woo, Current Challenges in the Securitization against Terrorism Risk, in: OECD (Hrsg.), Catastrophic Risks and Insurance, Paris 2005, S. 91–103.

einen Preis definieren könne, zum Beispiel unter Einberechnung eines „Ambiguitätszuschlags" für die Unsicherheit der prognostizierten Schadenshöhe.[52]

Indirekt bedeutet auch ein solches Szenario, dass der Staat die Verantwortung gegenüber Nuklearrisiken teilweise oder ganz an private Akteure, insbesondere die Investoren der Finanzmärkte, weitergeben würde. Was aktuell als politisches Thema diskutiert wird, würde auch in diesem Fall zum Gegenstand ökonomisch begründeter Investorenentscheidungen. Sowohl im Beispiel der Altersvorsorge wie auch in jenem der Nuklearrisiken würde sich die Verantwortung zwischen Individuen, Staat und Privatwirtschaft mit der Sekuritisierung fundamental verändern. Allerdings sind dies im Moment weitgehend abstrakte Planspiele für eine zukünftige Entwicklung. Wieweit diese Szenarien sich dereinst in veränderten Vorsorgepraktiken manifestieren werden, lässt sich zum jetzigen Zeitpunkt noch kaum absehen.

Die entscheidende Frage bei der Sekuritisierung ist, wieweit das Geschäft von den Dynamiken und Turbulenzen der Finanzmärkte erfasst werden kann. Die skeptischen Stimmen verweisen auf die Erfahrungen in der letzten Finanzmarktkrise und die hohen Ausfallrisiken, die mit der Sekuritisierung verbunden waren. Aus dieser Sicht ist es kein Zufall, dass mit der AIG ausgerechnet ein Pionier der Sekuritisierung 2008 faktisch Konkurs ging und zu den am stärksten betroffenen Unternehmen der Versicherungsindustrie gehörte. Die Befürworter der Sekuritisierung verweisen auf die Macht der Mathematik und argumentieren, dass bei einer stärkeren versicherungsmathematischen Fundierung des Geschäfts auch die Risiken angemessen kalkuliert werden können.[53] Die zusätzliche Regulierung der Versicherungswirtschaft seit Ausbruch der Krise 2007 hat in diesem Sinne die Sekuritisierung als operationales Risiko von Finanzunternehmen definiert und die entsprechenden regulatorischen Bestimmungen verschärft, insbesondere im Kontext des europäischen Versicherungsaufsichtsrechts (Solvency II) und der geplanten Vorschriften der Bank für Internationalen Zahlungsausgleich (Basel III).[54] Doch Gewissheit über die Solidität der Sekuritisierung wird wohl erst die nächste Finanzmarktkrise schaffen.

---

52 Pierre Picard, Insurability of Nuclear Risk. Power Point Presentation. Ecole Polytechnique, Paris 2011 (www.hec.fr, 12.8.2015); Alexis Louaas/Pierre Picard, Optimal Insurance for Catastrophic Risk. Theory and Application to Nuclear Corporate Liability, 2015 (http://www.wriec.net/wp-content/uploads/2015/07/5G2_Louaas.pdf, 12.8.2015); skeptischer: Thorsten Koletschka, Der Supergau als Anlageobjekt? Rechtliche und wirtschaftliche Aspekte der Versicherung von Großschadensrisiken durch Finanzinstrumente, Berlin 2013, S. 138.
53 Vgl. die Debatte: Volker Bieta/Hellmuth Milde, Risikomanagement und Spieltheorie. Das naive Weltbild der „Modell-Affen", in: Neue Zürcher Zeitung, 28.10.2014; dies., Märkte und Modelle. Vorsicht vor „plausiblen" Dogmen, in: Neue Zürcher Zeitung, 14.10.2014; Martin Schweizer/Mete Soner/Josef Teichmann, Modelle und Märkte. Finanzmathematiker – beliebte Sündenböcke, in: Neue Zürcher Zeitung, 15.11.2014.
54 Lybeck, Financial Crash, S. 274–279; Suleman Baig/Moorad Choudhry, The Mechanics of Securitization. A Practical Guide to Structuring and Closing Asset-Backed Security Transactions, Hoboken, NJ 2013, S. 33 f.

4 Fazit

Der Blick auf die kommerzielle Versicherungsindustrie enthüllt eine ebenso langfristige wie aktuelle Geschichte moderner Vorsorgetechniken. In der Frühzeit des Versicherungswesens, während der Blütezeit der Wettversicherungen im 17. und 18. Jahrhundert, waren die Geschäftspraktiken oft spekulativ. Vorsorge – wenn man diesen Begriff überhaupt verwenden will – war hier vielmehr eine hochriskante Wette auf eine zukünftige finanzielle Absicherung. Der Ausgang der Wette hing vom langfristigen Geschäftserfolg des Versicherungsunternehmens ab – und dies in einer notorisch konkursträchtigen Branche. Seit dem 19. Jahrhundert zielte die Regulierung und Professionalisierung der Privatversicherung darauf, Versicherungs- und Wettgeschäfte zu trennen und dadurch die langfristige Solidität des Versicherungswesens zu erhöhen. Vorsorge wurde in diesem Prozess schrittweise zu einem rationalen Unterfangen, nicht zuletzt durch Verwendung probabilistischer Risikokalküle. Hinzu kam seit dem ausgehenden 19. Jahrhundert der Aufstieg staatlicher Sozialversicherungen, der viel zur gesellschaftlichen Ausbreitung des Vorsorgegedankens beitrug. Seit Mitte des 20. Jahrhunderts – im Zeichen institutionalisierter Sozialversicherungen mit allgemeiner Versicherungspflicht – erhielt die Idee der sozialen Sicherheit eine gesamtgesellschaftliche Dimension. Kommerzielle Versicherungs- und Vorsorgetechniken rückten in dieser Zeit gegenüber der staatlich garantierten sozialen Sicherheit etwas in den Hintergrund. Seit den 1980er Jahren, im Zuge der gebremsten Expansion der Sozialstaaten, erhielten die Vorsorgetechniken der Versicherungsindustrie wieder verstärkte Beachtung. Diese Renaissance privatwirtschaftlicher Vorsorge verlief parallel zu einer verstärkten Abhängigkeit des Versicherungsgeschäfts von den Dynamiken der Finanzmärkte. Am Beispiel der Sekuritisierung zeigt sich, dass diese Finanzialisierung des Versicherungsgeschäfts das spekulative Moment privater Vorsorge wieder verstärkt hat. Die jüngste Entwicklung lässt sich zwar nicht mit den vormodernen Wettversicherungen vergleichen, sie offenbart trotzdem Grenzen in der Stabilität privatwirtschaftlicher Vorsorgeinstrumente und führte entsprechend zu einer verstärkten staatlichen Regulierung der Privatversicherung. Wieweit deren Vorsorgepraktiken wieder auf eine rationale Grundlage gestellt werden, wird sich erst in Zukunft zeigen.

Franz Mauelshagen
Das Zeitalter der Ungewissheit: Zukunftsszenarien und globale Bedrohung nach dem Zweiten Weltkrieg

Szenarien antizipieren mögliche Zukunft unter Voraussetzungen der Ungewissheit. Sie stellen eines der aktuellsten Verfahren der Vorsorge dar, das heute in ganz verschiedenen Feldern strategischer Planung zur Anwendung kommt. Dabei werden Szenarien vor allem als Robustheitstest eingesetzt, in denen die Belastbarkeit sozialer Selbstorganisation in Institutionen oder Unternehmen auf dem Prüfstand steht. Das Erlernen robuster Entscheidungsfindung in Krisensituationen ist dabei ein wichtiges Ziel der Übung. Vorbereitetsein (*preparedness*) beschreibt daher am besten den Vorsorgecharakter, der mit Szenarien intendiert ist.

Die folgende Skizze zur Geschichte der Szenarienplanung im 20. Jahrhundert entwickelt eine Chronologie, die der Ausweitung der Szenarienplanung in neue Anwendungsbereiche folgt. Diese Chronologie geriete unweigerlich aus den Fugen, wenn man von vornherein jedes Planspiel, das in der Militärgeschichte durchgeführt wurde, schon als Szenario klassifizieren würde. Man könnte auch alle historischen Grenzen einreißen, indem man mit der kognitiven Evolutionspsychologie argumentiert, dass die Fähigkeit zur imaginären Zeitreise, in die Zukunft ebenso wie in die Vergangenheit, eine singuläre Eigenschaft unserer Gattung ist. Neurowissenschaftliche Forschungen zum individuellen Gedächtnis konnten zeigen, wie wir das erinnerte Vergangene in Zukunftsperspektiven transformieren und dabei mit verschiedenen Möglichkeiten experimentieren. Es scheint jedenfalls eine wesentliche Funktion unseres Gedächtnisses zu sein, mögliche Zukunft imaginieren zu helfen.[1] In diesem Sinne könnte man Menschen als geborene Szenarienplaner bezeichnen.

Die Voraussetzung, dass das Denken in Szenarien eine anthropologische Konstante ist, würde allerdings eine ganz andere, zeitlich viel tiefer reichende Chronologie erfordern, als sie in diesem Beitrag vorgeschlagen wird. Wie bei jeder Universalie bestünde dabei die Gefahr, dass der Gegenstand unzureichend bestimmt bleibt und sich verflüchtigt. Diese Gefahr ist geringer, wenn man sich von der Dynamik leiten lässt, die vom Begriff des Szenarios im 20. Jahrhundert ausging. Sie entfaltete sich nach dem Zweiten Weltkrieg. Seitdem ist das Szenario eine Liaison mit den großen Themen der Vorsorgepolitik eingegangen, bei denen globale Bedrohungen im Mittelpunkt standen und letztlich die Zukunft der Menschheit auf dem Spiel stand: der nuk-

---

[1] Eine der bis heute wichtigsten Referenzpublikationen ist David H. Ingvar, "Memory of the Future". An Essay on the Temporal Organization of Conscious Awareness, in: Human Neurobiology 4 (1985) H. 3, S. 127–136.

leare Konflikt im Kalten Krieg, das absehbare Ende des fossilen Energieregimes und der Klimawandel. Das 21. Jahrhundert hat alle drei Sorgen geerbt. Die atomare Gefahr ist auch nach dem Ende des Kalten Krieges nicht aus der Welt, wie das gegenwärtige Säbelrasseln zwischen den USA und Nordkorea vor Augen führt. Die Transformation fossiler zu nachhaltigen Energieregimen gehört ebenso wie die damit verbundene Eingrenzung des Klimawandels zu den größten Herausforderungen unserer Zeit.

Die Zukunftsszenarien, die nach dem Zweiten Weltkrieg in Politik, Wirtschaft und Gesellschaft das Handeln wirtschaftlicher und politischer Entscheidungsträger orientiert haben, gehören zu einem wenig erforschten Teil der Geschichte der Zukunft des 20. Jahrhunderts.[2] Meine Überlegungen sind ein Beitrag dazu. Sie laufen auf eine Zeitdiagnose hinaus: Die Nachkriegszeit steht an der Wende in ein Zeitalter der Ungewissheit, in dem bis dahin bewährte Prognoseverfahren nicht mehr hinreichten oder sogar ausgehebelt wurden.[3] Szenarien lassen sich daher als Symptom eines Einschnitts in der Zukunftsvorsorge verstehen, die sich aufgrund einer neuen weltpolitischen und sozialökonomischen Entwicklungsdynamik vor neue Herausforderungen gestellt sah. Der Klimawandel fügte dieser Dynamik zuletzt eine völlig neue, außergesellschaftliche Dimension unerwarteter Folgen und neuer Ungewissheiten über die Zukunft hinzu.

1 Die ersten Zukunftsszenarien, Kalter Krieg und die Theorie komplexer Systeme

Das Wort *Scenario* stammt aus dem Italienischen und geht zurück auf die *Commedia dell'arte all'improvviso*.[4] Sie bot improvisiertes Theater durch professionelle, über-

---

[2] Seit 2014 besteht das Netzwerk „Die Zukunft des 20. Jahrhunderts", das von Lucian Hölscher initiiert wurde. Demnächst erscheint Lucian Hölscher (Hrsg.), Die Zukunft des 20. Jahrhunderts. Dimensionen einer historischen Zukunftsforschung, Frankfurt a. M. 2017.
[3] Diese Diagnose untermauert historisch, was Helga Nowotny/Peter Scott/Michael Gibbons, Wissenschaft neu denken. Wissen und Öffentlichkeit in einem Zeitalter der Ungewissheit, Weilerswist 2004, in wissenssoziologischer Analyse herausgearbeitet haben. Sie ist mit ihr auch durch die historische Rolle wissens- und wissenschaftsgeschichtlicher Entwicklungen verbunden. Dagegen unterscheidet sich die Diagnose von der ähnlich klingenden These vom „Ende der Gewissheiten", nicht nur durch den Fokus auf Techniken der Planung und Zukunftsvorsorge, sondern auch durch eine andere Chronologie. Uekötter geht es im Vergleich dazu „um jene Gewissheiten, die *in unserem Reden* über Umweltprobleme verborgen sind", wobei er vom politischen Diskurs um die deutsche Umweltbewegung ausgeht. Vgl. Frank Uekötter, Am Ende der Gewissheiten. Die ökologische Frage im 21. Jahrhundert, Frankfurt a. M. 2011, hier bes. S. 12.
[4] Diese Tatsache wird in Narrativen zur Geschichte der Szenarienbildung meist übergangen. Zum Beispiel bei Gill Ringland, Scenario Planning. Managing for the Future, Chichester 1998 oder Mats Lindgren/Hans Bandhold, Scenario Planning. The Link between Future and Strategy, Basingstoke

wiegend maskierte Schauspieler, wobei keineswegs nur Komödien, sondern auch tragische Stücke aufgeführt wurden. *Scenari* waren schriftliche Kurzanweisungen, die meist eine Liste der Figuren, Orte und Requisiten sowie den Plot des Stückes enthielten: oft ging eine knappe Inhaltsangabe vorweg, die in rhetorischer Tradition als *argomento* bezeichnet wurde, auf die dann eine Beschreibung der Szenen Akt für Akt mit Auf- und Abgängen der Schauspieler folgte. Anders als die Texte ausgeschriebener Theaterstücke oder Opern-Libretti enthielten die *Scenari* also lediglich ein Minimum an dramaturgischen und inhaltlichen Orientierungen. Verwendung fanden sie beim Einspielen eines Stückes, oder während des Stückes selbst zur Auffrischung der Erinnerung der Schauspieler sowie im Austausch zwischen Schauspielergruppen. Schriften des 18. und 19. Jahrhunderts beschreiben sie treffend als „dramatische Skelette", die erst von der schauspielerischen Improvisation mit Muskeln und Fleisch ausgestattet und in Bewegung versetzt wurden.[5]

Das *Scenario* ging mit der *Commedia dell'arte* unter, bis der Film ihm Anfang des 20. Jahrhunderts neues Leben einhauchte. Szenario bezeichnet, auf den Punkt gebracht, die früheste Form des Drehbuchs. Die Entdeckung und Erforschung tausender erhaltener Szenarios in französischen, amerikanischen und englischen Filmarchiven, die man im späten 20. und frühen 21. Jahrhundert zunächst irrtümlich als Film-Resümees zu Werbezwecken ansah, revidierte die lange vorherrschende Vorstellung vom rein improvisierten Charakter früher Stummfilme. Tatsächlich bedienten sich Filmemacher sehr früh der Technik des narrativen Designs, um Szenenabfolgen selbst bei Kurzfilmen präzise zu antizipieren.[6] Natürlich variieren schon die frühesten erhaltenen Szenarios mit der Länge des jeweiligen Films und in der Detailgenauigkeit, die sie abbildeten. Und es finden sich sehr bald Szenarios von Filmen, die nie

---

2009. Auch Thomas J. Chermack/Susan A. Lynham/Wendy E. A. Ruona, A Review of Scenario Planning Literature, in: Futures Research Quarterly 7 (2001), H. 2, S. 7–32, erwähnen lediglich Hollywood, nicht die *Commedia dell'arte*.

5 So bezeichnete etwa Joseph Baretti, An Account of the Manners and Customs of Italy with Observations on the Mistakes of Some Travellers with Regard to that Country, London 1769, Bd. 1, S. 174, das *Scenario* als „dramatic skeleton". Das Bild erscheint in unzähligen Publikationen. Etwa 800 *scenarii* sind heute in handschriftlichen Sammlungen überliefert. Lediglich eine einzige gedruckte Sammlung erschien in der Hochzeit der *Commedia dell'arte*: Flaminio Scala, Il Teatro delle favole rappresentative, overo la Ricreatione comica, boscareccia, e tragica, divisa in cinquanta giornate, composte da Flaminio Scala, detto Flavio, Venedig 1611. Das Werk ist in verschiedenen Nachdrucken und Übersetzungen greifbar, z. B. Flaminio Scala, Scenarios of the commedia dell'arte: Flaminio Scala's Il teatro delle favole rappresentative, New York 1989, und Flaminio Scala/Richard Andrews, The Commedia dell'Arte of Flaminio Scala. A Translation and Analysis of 30 Scenarios, Lanham, MD 2008. Für eine Edition ausgewählter französisch-italienischer Szenarios der Bibliothèque Nationale siehe Giuliana Colajanni, Les scenarios franco-italiens du ms. 9329 de la B. N., Rom 1970.

6 Isabelle Raynauld, Written Scenarios of Early French Cinema: Screenwriting Practices in the First Twenty Years, in: Film History 9 (1997), H. 3, S. 257–268, hier S. 257.

gedreht wurden. Szenarien waren Ausgangspunkt für die Entwicklung einer eigenen, szenischen Filmsprache, die sich nach und nach vom Vorbild des Theaters entfernte.

Um die Mitte des 20. Jahrhunderts fanden Szenarios plötzlich Eingang ins weite Feld der strategischen Planung. Diese Übertragung aus dem Film ist keineswegs so leicht nachvollziehbar, wie es auf den ersten Blick erscheinen könnte. Die Szenarienplaner von heute haben vergessen, dass sie den Begriff *Scenario* von der Schauspielerei geerbt haben.[7] Diese Genealogie könnte als überflüssiges Detail erscheinen, ginge es dabei nur um ein Wort. Tatsächlich war diese Erbschaft jedoch weit umfassender. Wie auf der Theaterbühne geht es auch auf den Bühnen der Weltpolitik oder der Unternehmensplanung um Handlungsspielräume und Rollen, die in der strategischen Planung ausgelotet oder erprobt werden. Wie bei der *Commedia dell'arte* gibt es in Szenarien kein Skript, in dem der Text vorgegeben ist, kein Drehbuch und kein Libretto, sondern nur einen Handlungsrahmen oder eine Bandbreite von Optionen. Narrative spielen dabei in allen Szenarienverfahren eine Schlüsselrolle. Szenarien in Form von Planspielen entwickeln noch deutlichere theaterhafte Züge, in denen Akteure Rollen annehmen, weiterentwickeln oder neu interpretieren, um Handlungsmöglichkeiten auszuloten. Die heute auf dem Markt befindlichen Lehrbücher des *Scenario Planning* zeigen sich uninteressiert an den Wurzeln ihres Leitbegriffs.

Als Inventor des Szenariobegriffs in der strategischen Planung wird wohl zu Recht der legendäre Futurist Herman Kahn (1922–1983) genannt. Kahn, ein Systemtheoretiker, arbeitete lange als Militärstratege für die Organisation **Research ANd Development**, besser bekannt unter dem Akronym RAND, die nach dem Zweiten Weltkrieg aus einem gleichnamigen Projekt hervorging, das Kreise der amerikanischen Luftwaffe initiiert hatten. Die RAND-Organisation war allerdings eine nicht-militärische Korporation, obwohl sie eine der wichtigsten militärstrategischen Planungsstellen blieb. Sie wurde vor allem bekannt für die Entwicklung des Konzepts der gegenseitigen Abschreckung auf Basis der beiderseitigen Totalzerstörung.[8] Erst heute, da uns der Kalte Krieg allenfalls bei Gelegenheiten wie dem Ukrainekonflikt und den Sanktionen des „Westens" gegen Putins Russland aufstößt wie eine üble Erinnerung,

---

[7] Zum Beispiel Thomas J. Chermack, Scenario Planning in Organizations. How to Create, Use, and Assess Scenarios, San Francisco, CA 2011. Im Klassiker von Peter Schwartz, The Art of the Long View, New York 1991, wird immerhin konstatiert, S. 4: "The name comes from the theatrical term 'scenario' – the script of a film or play. Scenarios are stories about the way the world might turn out tomorrow, stories that can help us recognize and adapt to changing aspects of our present environment." Etwas mehr zum historischen Hintergrund findet man bei Armin Töpfer, Betriebswirtschaftslehre. Anwendungs- und prozessorientierte Grundlagen, Berlin 2005, S. 542.
[8] Zur Geschichte der RAND-Organisation und zu ihrer Rolle für die Militärstrategie der USA im Kalten Krieg siehe vor allem die Monographien von Alex Abella, Soldiers of Reason. The Rand Corporation and the Rise of the American Empire, Orlando, FL 2008 und Jean-Loup Samaan/Renuka George, The RAND Corporation (1989–2009). The Reconfiguration of Strategic Studies in the United States, Basingstoke 2012.

haben Arbeiten zur amerikanischen Nuklearstrategie die Bedeutung dieses Konzepts am Beginn des Kalten Krieges herausgestellt. Von den späten 1940er Jahren bis in die Ära Eisenhower gingen Militärstrategen in den USA von der Unvermeidlichkeit einer atomaren Auseinandersetzung mit der Sowjetunion aus und präferierten lange den präventiven nuklearen Erstschlag.[9] Planspiele gehörten dabei zur Tagesordnung. Erst das Konzept der gegenseitigen Abschreckung und das gleichzeitige Umdenken im Bereich der Entwicklung strategischer Waffen, die der *Massive Retaliation* und der Abwehr dienten, veränderten den Zukunftshorizont des Wettrüstens am Übergang in eine Phase, die allgemein als Tauwetterperiode bekannt ist. Der RAND-Organisation und ihrem Chefstrategen, Herman Kahn, kamen dabei Schlüsselrollen zu.

RAND arbeitete zu Beginn der 1960er Jahre an einem systematischen wissenschaftlichen Ansatz zur Zukunftsvorhersage.[10] Kahn wurde in dieser Phase vor allem durch seine Bücher „On Thermonuclear War" (1960) und „Thinking about the Unthinkable" (1962) schlagartig bekannt. In ihnen taucht Szenarienbildung als futuristischer Ansatz neben anderen auf. Szenarien waren keineswegs das einzige Verfahren zukunftsorientierter Planung, das von RAND, von Kahn oder von der von ihm 1961 gegründeten Denkfabrik, dem Hudson Institute, entwickelt wurde. Außerdem entstand bald eine Vielzahl von Verfahrensweisen der Szenarienplanung, die sich an unterschiedlichen Zielsetzungen und Anwendungskontexten orientierten.[11]

Kahn dürfte den Begriff „Szenario" bereits in den 1950er Jahren von Hollywood in die RAND-Organisation getragen haben, in einer Zeit, als in Hollywood die *Scenarios* veraltet waren.[12] Obgleich dieser metaphorische Vorgang bisher nicht an der Oberfläche der publizierten Arbeiten Kahns oder der RAND-Organisation bis ins Detail nachvollziehbar ist, kann man sagen, dass das Ende des *Scenario Writing* in Hollywood vermutlich eine wichtige Grundvoraussetzung für die Anwendung des Konzepts auf dem Gebiet der strategischen Planung und seine semantische Umbesetzung war. Das Drehbuch, das in Hollywood bereits längere Zeit neben dem *Scenario* existierte, verdrängte dieses vor allem darum, weil sich der Stil bei der Auswahl von Filmthemen gewandelt hatte. Filmideen wurden gegen Ende der 1950er Jahre schon nicht mehr

---

9 Matthew Connelly u. a., "General, I Have Fought Just as Many Nuclear Wars as You Have": Forecasts, Future Scenarios, and the Politics of Armageddon, in: The American Historical Review 117 (2012), H. 5, S. 1431–1460, hier S. 1440 und passim.
10 Jenny Andersson, The Great Future Debate and the Struggle for the World, in: ebenda, S. 1411–1430, passim.
11 Für einen knappen Überblick über verschiedene Verfahren der Planung siehe Michael J. Bloom/Mary K. Menefee, Scenario Planning and Contingency Planning, in: Public Productivity & Management Review 17 (1994), H. 3, S. 223–230, hier S. 223 f. Kees van der Heijden, Scenarios. The Art of Strategic Conversation, Chichester 2005, S. 21–52, bettet die Szenarienplanung, wie sie bei Shell betrieben wurde, in den weiteren Kontext konkurrierender Paradigmen des strategischen Managements ein.
12 Vgl. Mats Lindgren/Hans Bandhold, Scenario Planning. The Link between Future and Strategy, Basingstoke 2003, S. 36.

durch ein *Scenario* vermittelt, sondern gleich in Form ausgearbeiteter Drehbücher vorgestellt. Hinter dieser Entwicklung steht eine Professionalisierung sowohl der Autoren wie der Regisseure.

Die sechziger Jahre des 20. Jahrhunderts waren eine Dekade des Futurismus. Die Entstehung sowohl des *futurism* als auch der *futures studies*, zweier miteinander konkurrierender Bewegungen, die sich in verschiedenen Organisationen versammelten, fand in einer ungewöhnlich dichten Zeit technischer Innovationen statt – nicht nur in der Raumfahrt oder in der Rüstung, auch in der Kunst und Architektur oder im Denken der Gesellschaft. Der allgemeine Boom des futuristischen Denkens, das sich in den 1960er Jahren rasant entwickelte, war vor allem der Erfahrung von zwei Weltkriegen und der darauf folgenden Nachkriegszeit geschuldet. Das nukleare Wettrüsten und sein neuartiges Vernichtungspotenzial bedeuteten einen Paradigmenwechsel im Vergleich zu traditioneller militärstrategischer Planung. In der Koinzidenz dieser historischen Situation mit der Neuanwendung des Szenario-Begriffs liegt ein wichtiges Argument dafür, ältere Formen des Planspiels, die es in der militärischen Praxis schon sehr viel länger gab, nicht von vornherein in die Chronologie der Szenarienplanung einzubauen. Dadurch würde der offensichtliche Unterschied zwischen einem gewöhnlichen Schlachtplan und der globalen nuklearen Bedrohung ebenso nivelliert wie der Umstand, dass die Entwicklung der Szenarienplanung sich genau dieser historisch bis dahin einzigartigen Situation verdankt, in der neue Expertengruppen und Technologien zur Geltung kamen.

Der Kalte Krieg bot die wichtigste *exogene* Rahmenbedingung für die Genese der Futurologie. Die bedeutendsten *endogenen* (das heißt im weitesten Sinne wissenschaftsinternen) Antriebskräfte kamen aus der Kybernetik und der Systemtheorie.[13] Beide Denkströmungen wurden zu entscheidenden Voraussetzungen für die Modellierung komplexer Systeme und die Bewältigung großer Datenmengen. Auch die spätere Computerrevolution wäre ohne sie nicht denkbar gewesen. Die Entwicklung von Szenarien war von Anfang an eng verbunden mit der vor allem technologisch bedingten Evolution kybernetischer Modelle.

Schließlich sollte man zeitgenössische Vorstellungen von Planbarkeit berücksichtigen, was auch die Planbarkeit sozialer Entwicklung mit einschloss. Man darf dabei vor allem zwei exogene Faktoren nicht außer Acht lassen: zum einen die planwirtschaftlichen politischen Systeme sowjetischer Prägung, die in der Wahrnehmung der sechziger Jahre sowohl technologisch als auch im Wohlstand gegenüber den west-

---

[13] Zur Geschichte der Kybernetik: Robert Vallee, History of Cybernetics, in: Francisco Parra-Luna (Hrsg.), Systems Science and Cybernetics, Oxford, U. K. 2009, S. 22–33. Überhaupt liefert die von der Unesco herausgegebene *Encyclopedia of life support systems* gute Einblicke zu Geschichte und Stand von Kybernetik und Systemtheorie. Einer der wichtigsten Denker der Kybernetik sowie der Systemtheorie war Kenneth E. Boulding. Siehe z. B. Kenneth Ewart Boulding, General Systems Theory. The Skeleton of Science, in: Management Science 2 (1956), H. 3, S. 197–208.

lichen Demokratien deutlich aufholten; und zum zweiten die Entwicklungspolitik im Gefolge der Dekolonisierung, die beide Supermächte mit einer veränderten Landkarte für ihre globalen Strategien konfrontierte. Mit dem Ende des Kolonialismus sah sich die Geopolitik beider Blöcke auf einer neuen Stufe der Ungewissheit.

Allgemein kann man sagen, dass in der bipolaren Welt der 1950er und 1960er Jahre im Westen wie im Osten politische, ökonomische und soziale strategische Planungen in bis dahin wohl einzigartiger Weise möglich und sinnvoll erschienen und überdies praktiziert wurden. In dieser Atmosphäre überrascht es nicht, dass Zukunftsszenarien sehr bald über den militärstrategischen Bereich hinausgriffen und auch für volkswirtschaftliche, weltwirtschaftliche und allgemein-gesellschaftliche Planungen entwickelt wurden. Das zeigen Publikationen der RAND-Organisation ebenso wie der Bericht des Club of Rome zu den Grenzen des Wachstums.[14] Schon Herman Kahn selbst hat das Denken in Szenarien in neue Bereiche, außerhalb der militärischen Planung, ausgeweitet. So hat er über drei Jahrzehnte hinweg immer wieder neue Zukunftsprognosen und -szenarien zu Wirtschaft, Gesellschaft und Politik veröffentlicht.[15]

2 Business-Szenarien und Energiezukunft in der Ölkrise

Die nächste chronologisch gut greifbare Anwendung des Szenariendenkens liegt im Bereich der strategischen Unternehmensplanung. In der Ölindustrie, deren strategische Bedeutung für die Energiesicherheit industrialisierter Länder nach dem zweiten Weltkrieg zugleich mit deren Ölkonsum anwuchs, wurden die ersten Schritte unternommen. Dabei übernahm Royal Dutch Shell die Pionierrolle. Ab 1965 begannen einige Mitglieder der Abteilung für Strategische Studien (*Strategic Studies Division*) an Langzeitstudien zu arbeiten. Damit wurde der Rahmen der traditionellen Unternehmensplanung verlassen, die darauf beschränkt war, bei der Investitionsplanung Konjunkturschwankungen zu puffern. Allerdings reichten die computergestützten Berechnungen dieser *Unified Planning Machinery* (UPM) in der Regel nicht über eine Periode von fünf Jahren hinaus. Der Anstoß, diese Kurzsichtigkeit infrage zu stellen,

---

14 Club of Rome/Donella H. Meadows/Dennis L. Meadows/Jørgen Randers/William W. Behrens III, The Limits to Growth. A Report for the Club of Rome's Project on the Predicament of Mankind, London 1972.
15 Insbesondere Herman Kahn/Anthony J. Wiener, The Year 2000. A Framework for Speculation on the Next Thirty-Three Years, New York 1967 (dt. Übers.: Herman Kahn/Anthony J. Wiener, Ihr werdet es erleben. Voraussagen der Wissenschaft bis zum Jahre 2000, Wien 1968), Herman Kahn, The Emerging Japanese Superstate. Challenge and Response, Englewood Cliffs, NJ 1970 und Herman Kahn/William M. Brown/Leon Martel, The Next 200 Years. A Scenario for America and the World, New York 1976.

kam von außen: 1965 erfuhren Shell-Vertreter bei einem Geschäftsmittagessen, dass sich beim Konkurrenten Exxon ein Team mit Herman Kahns Studie über das Jahr 2000 befasste.

Daraufhin entwickelte Shell zwischen 1967 und 1969 zwei eigene, voneinander unabhängige Studien zum Jahr 2000. Eine der beiden Studien wurde von der Finanzabteilung der Shell-Gruppe erstellt und basierte auf der alten UPM. Sie wurde vollständig durch den narrativen Ansatz der anderen ausgehebelt, für die Ted Newland verantwortlich zeichnete. Newland, der 1965 zur Abteilung für strategische Studien gestoßen war, deckte schonungslos die Schwächen der UPM auf, die letztlich nur den gewohnten Gang (*business as usual*) zu projizieren vermochte und die wachsenden Ungewissheiten einer weiter vorausschauenden Zukunftsvorsorge einfach ausblendete.[16]

Die UPM hatte sich für die längerfristige Planung als unbrauchbar erwiesen. Es blieb allerdings in der Ende der 1960er Jahre vorherrschenden Unternehmenskultur nach wie vor ausgeschlossen, die Hauptquelle der Ungewissheit anzugehen, nämlich die Produktionsseite des Unternehmens, einschließlich der erfolgreichen Erschließung neuer Ölquellen. In einem Interview von 2009 beschrieb Newland diese Lage wie folgt: "Exploration and Production built a cocoon of power around itself, which was unbreachable. I did send a report in the late 60s saying that all things being equal, the power in terms of oil would shift in favor, dramatically, to the Middle East producing countries. I got a reply back saying, 'This is very interesting. We are convinced (heavily underlined) that the producing Arab states will never get together, and, therefore, thank you very much.' It was like receiving a veto from the U[nited] N[ations]."[17]

1971 wurde die Unternehmensplanung der Shell-Gruppe reorganisiert. Die kurzfristige Sicherung der Liquidität wurde aus dem Bereich Planung (*Group Planning*) ausgegliedert und der Finanzabteilung zugeordnet. Die Abteilung *Group Planning* wurde in die Hauptabteilungen für das Geschäftsumfeld (*Business Environment Division*), für strategische Analyse (*Strategic Analysis Division*) und für Technik und Methode (*Technical Research Division*) unterteilt. Ein neu aufgestelltes Team für Szenarienplanung gehörte dem ersten Bereich an und wurde ab Ende 1971 von Pierre Wack (1922–1997) geleitet, der den Begriff Szenario bei Shell einführte.[18] Wie Newland war auch Wack Herman Kahn persönlich begegnet. Aber seine Szenarienmethode wich deutlich von diesem Vorbild ab. Wack legte weniger Wert auf die Unsicherheiten in der Zukunftsanalyse oder darauf, ob ein Szenario realistisch erschien oder nicht.

---

[16] Zum Vorangehenden vgl. Angela Wilkinson/Roland Kupers, The Essence of Scenarios. Learning from the Shell Experience, Amsterdam 2014, S. 28–30.
[17] Interview von Roland Kupers mit Edward Newland vom 19.3.2009, hier zitiert aus Wilkinson/Kupers, The Essence of Scenarios, S. 30.
[18] Ebenda, S. 33.

Stattdessen wählte er alternative Szenarien so aus, dass durch sie unhinterfragte oder unausgesprochene Vorannahmen auf der Managementebene in den Blickpunkt rücken konnten. Die Entscheidungsträger und ihre Denkart standen im Fokus seiner Aufmerksamkeit, nicht die ökonometrische Analyse. Über Szenarien das strategische Gespräch mit dem Vorstand zu suchen war charakteristisch für diesen Ansatz.

Pierre Wack hat, aus den achtziger Jahren rückblickend, beschrieben, dass es mehrerer Anläufe bedurfte, um das strategische Gespräch überhaupt in Gang zu setzen. Die erste Generation von Szenarien wurde von Teilen des Vorstandes noch mit Spott aufgenommen. Weitaus mehr Akzeptanz erreichte die dritte Generation von Szenarien, die 1972 entwickelt wurde.[19] Entscheidend war dabei eine Gruppe von Szenarien, mit der es gelang, die im Shell-Management vorherrschende Weltsicht auszuhebeln. "That view can be characterized loosely as 'explore and drill, build refineries, order tankers, and expand markets.'"[20] Dieser Vorstellungswelt entsprach ein ungehemmtes Weiterwachsen der Ölförderung im Stile der fünfziger und sechziger Jahre. Die besagte Gruppe von Szenarien ließ dies fragwürdig erscheinen, indem sie die Bedingungen für ein solches Weiterwachsen präsentierte. Alleine die Projektion der Ölnachfrage, die sich für 1985 ergeben würde, führte dem Shell-Vorstand vor Augen, dass die Option *business as usual*, auf die er seine Unternehmensstrategie stützte, unrealistisch erschien. "Management then made two decisions: to use scenario planning in the central offices and the larger operating companies [der Shell-Gruppe] and to informally advise governments of the major oil-consuming countries about what we saw coming." Tatsächlich präsentierten Wack und seine Gruppe Regierungsvertretern einiger westlicher Länder die gewonnenen Einsichten und betonten dabei die bevorstehende Marktstörung, indem sie „its impact on their balance of payments, rates of inflation, and resource allocation" aufzeigten.[21] Vor allem nach Beginn der Ölkrise bekamen die Shell-Szenarioplaner die Aufmerksamkeit nationaler Regierungen und internationaler Organisationen. Allein im Zeitfenster zwischen November 1973 und April 1974 wurden die Shell-Szenarien vor Spitzen des Britischen Geheimdienstes und des Finanzministeriums, der EU-Kommission, der OECD und Vertretern des amerikanischen Außenministeriums präsentiert.[22] Guy Jillings, der dem Shell-Szenarien-Team angehörte, will in den Gesprächen mit Vertretern der OECD sogar die Gründung der Internationalen Energieagentur (IEA) angeregt haben. Henry Kissin-

---

19 Scenarios Planning Review, 1972 (Group Planning, December 1971), Oxford Futures Library: Pierre Wack Memorial Library.
20 Pierre Wack, Scenarios. Uncharted Waters Ahead, in: Harvard Business Review 63 (1985), H. 5, S. 73–89, hier S. 82.
21 Wack, Scenarios. Uncharted Waters Ahead, S. 83.
22 Wilkinson/Kupers, The Essence of Scenarios, S. 38.

ger, der amerikanische Außenminister, habe sich dieser Idee dann sehr rasch angenommen.[23]

Tatsächlich schlug Kissinger in einer Rede, die er am 12. Dezember 1973 im Londoner Mayflower Hotel vor der Pilgrims Society hielt, die Gründung einer *Energy Action Group* vor, an der in erster Linie die USA, Europa und Japan beteiligt sein sollten. Kissinger führte aus, die Ölkrise sei das „ökonomische Äquivalent" zur Herausforderung des Westens durch den Sputnik im Jahr 1957. Diese Herausforderung könne nur durch einen gemeinsamen Willensakt bewältigt werden. Die Ölkrise sei nicht einfach das Ergebnis des arabisch-israelischen Krieges (Jom-Kippur-Krieg vom 6. bis 25. Oktober 1973), sondern dieser habe eine chronische Krise lediglich akut werden lassen. Eine solche Krise habe in jedem Falle bevorgestanden. Sie sei eine unvermeidliche Folge eines explosiven Wachstums der weltweiten Ölnachfrage, die den Anreizen auf Seiten des Angebots davongaloppiert sei. Ein globales Problem wie dieses erfordere konzertiertes Handeln. Die vorgeschlagene *Energy Action Group* sollte alle Möglichkeiten erwägen, die dem Ziel einer dauerhaft gesicherten Energieversorgung dienten. Den Ölproduzenten sollten nicht nur neue Anreize geboten werden, die Versorgung auszuweiten, auch von Maßnahmen verbesserter Energienutzung, Erschließung neuer Energieressourcen und von einem internationalen Forschungsprogramm zur Entwicklung neuer Energietechnologien zur Effizienzsteigerung und Nutzung alternativer Quellen war ausdrücklich die Rede.[24] Damit war das gesamte Spektrum der Fragen umrissen, die nach der Ölkrise die Energiedebatte in Politik, Wissenschaft und Öffentlichkeit für Jahrzehnte beherrschen sollten. Die von Kissinger ausgehende Initiative mündete binnen weniger Monate in die Gründung der IEA.

Aber noch einmal zurück zu den Shell-Szenarien: Die Wahrnehmung rapiden Wandels Ende der sechziger Jahre stellte den bisher gewohnten Gang der Dinge in der Ölbranche infrage. Shells Zukunftsplaner erkannten, dass sich das Unternehmensumfeld (*business environment*) verändert hatte. Zu den wichtigsten Veränderungen gehörte die neue Rolle der erdölexportierenden Länder, die sich seit 1960 in der OPEC organisiert hatten und seitdem immer stärkeren Einfluss auf den Ölpreis gewannen. Bei Shell sah man diese Entwicklung kommen, weil es mit Hilfe von Szenarien gelang, den Blick von der Innenseite des Unternehmens nach außen zu wenden. Das Management war so auf die Ölkrise vorbereitet, auch wenn diese nicht zeitgenau und bis in jedes Detail vorhergesagt wurde und alternative Szenarien erwogen wurden. Vorher-

---

23 Diese Informationen beruhen auf einem Interview mit Guy Jillings vom 14.12.2010. Hier zitiert nach der Wiedergabe bei Wilkinson/Kupers, The Essence of Scenarios, S. 40.
24 Rede von Henry Kissinger vor der Pilgrim Society in London, 12.12.1973. Abgedruckt in Kristin L. Ahlberg/Alexander R. Wieland (Hrsg.), Foundations of Foreign Policy, 1969–1976, Washington, DC 2012, Dokument 24, S. 120–128. Das Dokument ist online im virtuellen Office of the Historian verfügbar, das vom U. S. Department of State eingerichtet wurde: https://history.state.gov/historicaldocuments/frus1969-76v38p1/d24 (15.9.2016). Die im Text wiedergegebenen Passagen dieser Rede sind unter der Überschrift „The Middle East and Energy", S. 125–128, zu finden.

sage war auch gar nicht die Funktion der Szenarien. Aber die Erwägung der Möglichkeit einer solchen Krise in Kombination mit einer flexiblen Unternehmensorganisation waren Voraussetzungen dafür, dass Shell als Gewinner aus der Krise hervorging.

3 Klimaszenarien

Die Erfahrungen der Ölkrise von 1973 bedeuteten einen Wendepunkt in der Energiepolitik vieler Nationen. Verfügbarkeit fossiler Ressourcen, Energieunabhängigkeit und neue Technologien waren zentrale Fragen und wurden Gegenstand wissenschaftlicher Forschungen. Sorgen um Energiesicherheit und Preisstabilität stießen erneut Diskussionen um die friedliche Nutzung der Kernenergie an. Auch umweltfreundliche und nachhaltige Energieressourcen wurden von Anfang an einbezogen. Diese Diskussionen verbanden sich im Verlauf der siebziger Jahre mit einer anderen wissenschaftlichen Debatte, die seit Ende des vorangehenden Jahrzehnts Fahrt aufgenommen hatte: der Klimadebatte.

Die Möglichkeit einer Verstärkung des natürlichen Treibhauseffekts durch die Emission von CO_2 und anderen Treibhausgasen aus der Verbrennung fossiler Brennstoffe war schon seit dem 19. Jahrhundert bekannt.[25] Der Brite Guy Stewart Callendar (1898–1964) hatte die Debatte Ende der 1930er Jahre wiederbelebt.[26] Aber noch Mitte des 20. Jahrhunderts war unklar, wie viel des industriell ausgestoßenen Kohlendioxids in der Atmosphäre zurückblieb. Zwar erlaubten die bekannten Mengen jährlich verbrauchter fossiler Ressourcen zuverlässige Schätzungen der Emissionen, die Biogeochemie des Kohlenstoffkreislaufs war jedoch völlig unzureichend erforscht, um auf dieser Basis zu errechnen, wie lange Kohlendioxid in der Atmosphäre blieb und dort akkumulierte. Beobachtungsdaten (Messungen) gab es vereinzelt. Diese waren jedoch mit bis dahin ungelösten methodischen Problemen behaftet. Eine zuverlässige Messreihe zur atmosphärischen CO_2-Konzentration war nicht verfügbar.

Erst mit dem Internationalen Geophysikalischen Jahr 1957/58 wurden neue Anstrengungen auf dem Gebiet der globalen Umweltbeobachtung unternommen, die

---

[25] Überblick zur Geschichte des Treibhauseffekts bei Spencer R. Weart, The Discovery of Global Warming, Cambridge, MA/London 2003, Kapitel 1 & 2, und die ausführlichere Online-Darstellung „The Carbon Dioxide Greenhouse Effect" vom selben Autor, https://www.aip.org/history/climate/co2.htm (zuletzt besucht am 25.5.2016). Einige der wichtigsten wissenschaftlichen Beiträge seit dem 19. Jahrhundert sind hier dokumentiert: David Archer/Raymond T. Pierrehumbert (Hrsg.), The Warming Papers. The Scientific Foundation for the Climate Change Forecast, Hoboken, NJ 2011.
[26] Vgl. vor allem Guy Stewart Callendar, The Artificial Production of Carbon Dioxide and Its Influence on Temperature, in: Quarterly Journal of the Royal Meteorological Society 64 (1938), H. 275, S. 223–240. Zu Callendar: James Rodger Fleming, The Callendar Effect. The Life and Work of Guy Stewart Callendar (1898–1964). The Scientist Who Established the Carbon Dioxide Theory of Climate Change, Boston, MA 2007.

der Klimaforschung in dieser wie in anderen Hinsichten zugutekam. Diese Anstrengungen sind insgesamt nur vor dem Hintergrund des Kalten Krieges zu begreifen.[27] Eine Schlüsselerfahrung aus Sicht des amerikanischen und britischen Militärs war, dass atmosphärische Beobachtungen 1949 wichtige Hinweise auf die Existenz einer sowjetischen Bombe gegeben hatten, während konventionelle Spionage in dieser Hinsicht versagt hatte. Auch Ideen einer Kriegführung, die sich auf die ökologischen Lebensgrundlagen des Feindes richteten, beflügelten Forschungen im Bereich der Erdwissenschaften, die sich nach dem Zweiten Weltkrieg rasch zu Musterbeispielen für Wissenschaft im Kalten Krieg entwickelten. Sie konnten Atombomben nicht nur aufspüren, sondern erforschten auch die Rahmenbedingungen für ihre zielgerichtete Steuerung über immer größere Strecken, wobei die ganze Bandbreite möglicher Abschussstandorte mit ihren jeweiligen Milieus (Boden, Luft, Ozeane) berücksichtigt werden musste.[28]

Wissenschaftliche und militärische Interessen waren längst eine Liaison eingegangen, als das Internationale Geophysikalische Jahr ins Leben gerufen wurde und sechzig Nationen Beobachtungsdaten auf allen Gebieten der Geophysik generierten und austauschten. Auch die Sowjetunion beteiligte sich an diesem Prozess. Nach dem Tod Stalins hatte die Sowjetische Akademie der Wissenschaften die dafür notwendigen Freiheiten erhalten. Eine wichtige Folge war, dass die neuen globalen Beobachtungsdaten die Spuren menschlicher Aktivitäten im Erd- und Klimasystem deutlicher als je zuvor erkennbar machten. Als wichtigster Beitrag zur Klimaforschung sollte sich eine Messreihe erweisen, die von Charles David Keeling (1928–2005) auf Hawaii aufgenommen wurde und heute nach ihm benannt ist („Keeling-Kurve"). Keeling hatte am California Institute of Technolgy ein neues Messverfahren für die atmosphärische CO_2-Konzentration entwickelt, das er ab 1957 auf Mauna Loa anwendete.[29]

Diese Messungen wurden vor allem von dem einflussreichen Ozeanographen Roger Revelle (1909–1991) unterstützt und institutionell in die Wege geleitet. Revelle leitete die Scripps Institution of Oceanography und hatte Keeling dort gleich nach dessen Promotion beschäftigt. Revelles Interesse am Kohlenstoffaustausch zwischen Atmosphäre und Ozeanen war aus seinen Untersuchungen zu radioaktiven Rückstän-

---

27 Jacob Darwin Hamblin, Arming Mother Nature. The Birth of Catastrophic Environmentalism, New York 2013, S. 86: "Global environmental monitoring began as an explicitly Cold War activity." Siehe zum Folgenden das gesamte Kapitel 4, „Earth under Surveillance", S. 85–107. Ebenso Joshua P. Howe, Behind the Curve. Science and the Politics of Global Warming, Seattle 2014, Kapitel 1 „The Cold War Roots of Global Warming", S. 16–43.
28 Hamblin, Arming Mother Nature, S. 88, spricht mit Bezug auf die Erdwissenschaften von „quintessential exemplars of ‚Cold War Science'".
29 Zu Keeling und seinen Messungen auf Hawai siehe Spencer Weart, The Discovery of Global Warming, im Kapitel „Money for Keeling: Monitoring CO_2 Levels", https://www.aip.org/history/climate/Kfunds.htm (zuletzt besucht am 30.5.2016).

den erwachsen, die Atomtests in den Ozeanen hinterließen.[30] Zum Auftakt des Internationalen Geophysikalischen Jahres veröffentlichte er gemeinsam mit Hans Eduard Süß (1909–1993)[31] einen Artikel in der Zeitschrift *Tellus*, der vor allem für eine Aussage berühmt werden sollte, die seitdem häufiger als jede andere in der Klimadebatte zitiert wurde: Die Menschheit führe ein geophysikalisches Experiment großen Stils durch, das weder in der Vergangenheit hätte durchgeführt werden können noch in der Zukunft wiederholbar sein würde: "Within a few centuries we are returning to the atmosphere and oceans the concentrated organic carbon stored in sedimentary rocks over hundreds of millions of years."[32] Das Experiment verspreche weitreichenden Einblick in Prozesse, die Wetter und Klima beeinflussten. Es sei darum von vorrangiger Bedeutung zu bestimmen, wie sich das Kohlendioxid zwischen der Atmosphäre, den Ozeanen, der Biosphäre und der Lithosphäre verteile. Mit anderen Worten empfahlen Revelle und Süß, Fortschritte beim Verständnis des Kohlenstoffkreislaufs im Erdsystem anzustreben. Sie regten ausdrücklich an, die mit dem Internationalen Geophysikalischen Jahr gebotene Chance zur Datensammlung über die CO_2-Konzentration in der Atmosphäre und die Mechanismen des CO_2-Austauschs im Erdsystem zu nutzen.[33]

Schon wenige Jahre nach Beginn der Messungen auf Mauna Loa ließen die von Keeling gemessenen CO_2-Konzentrationen kaum noch Zweifel daran übrig, dass ein erheblicher Anteil der Emissionen aus der Verbrennung fossiler Ressourcen in der Atmosphäre verblieb. Das CO_2 akkumulierte und nahm stetig zu, weil die emittierten Mengen offensichtlich weder unmittelbar noch vollständig durch chemische Reaktionen der Atmosphäre mit den Ozeanen und mit der Biosphäre wieder rezykliert wurden (s. Abb. S. 92). Ein anthropogener Treibhauseffekt war daher mit großer Wahrscheinlichkeit zu erwarten. Auch andere Treibhausgase rückten bald in den Blickpunkt. Zu klären blieb, welche Auswirkungen dieser Effekt auf die globalen Temperaturen haben würde und welche Wechselwirkungen er im Erdsystem auslösen würde. Darüber hinaus war der anthropogene Treibhauseffekt zunächst nicht die einzige mit dem Klima verbundene Sorge. Ein Teil der wissenschaftlichen Experten schätzte die Bedeutung von Aerosolen, die sich aus industriellen Schwefelemissionen bildeten und das Sonnenlicht zu einem gewissen Anteil blockierten, also kühlend wirkten,

---

30 Auch zu Revelle vgl. ausführlich ebenda, Kapitel „Roger Revelle's Discovery", https://www.aip.org/history/climate/Revelle.htm#L_0628 (zuletzt besucht am 27.5.2016).
31 Hans Eduard Süß war bei seinen Arbeiten zur Kalibrierung der Radiokarbondatierung auf erhöhte Anteile von Kohlenstoffisotopen in Bäumen des New Yorker Central Park gestoßen, die aus der Verbrennung fossiler Brennstoffe stammen mussten – ein Hinweis auf die Rezyklierung des Kohlenstoffs in der Biosphäre. Vgl. erneut Weart, The Discovery of Global Warming, Kapitel „Uses of Radiocarbon Dating", https://www.aip.org/history/climate/Radioc.htm (zuletzt besucht am 1.6.2016).
32 Roger Revelle/Hans Suess, Carbon Exchange between Atmosphere and Ocean and the Question of an Increase of Atmospheric CO_2 during the Past Decades, in: Tellus 9 (1957), H. 1, S. 18–27, hier S. 19 f.
33 Revelle/Suess, Carbon Exchange, S. 18 (im Abstract).

zunächst als gleichermaßen dringlich ein.[34] Spätestens Ende der 1970er Jahre war die Idee einer von Menschen verursachten globalen Abkühlung jedoch nur noch eine Mindermeinung.[35] Es zeichnete sich deutlich ab, dass von den Treibhausgasen eine größere Antriebskraft für das Klima ausging und daher insgesamt mit einer Erwärmung zu rechnen war.

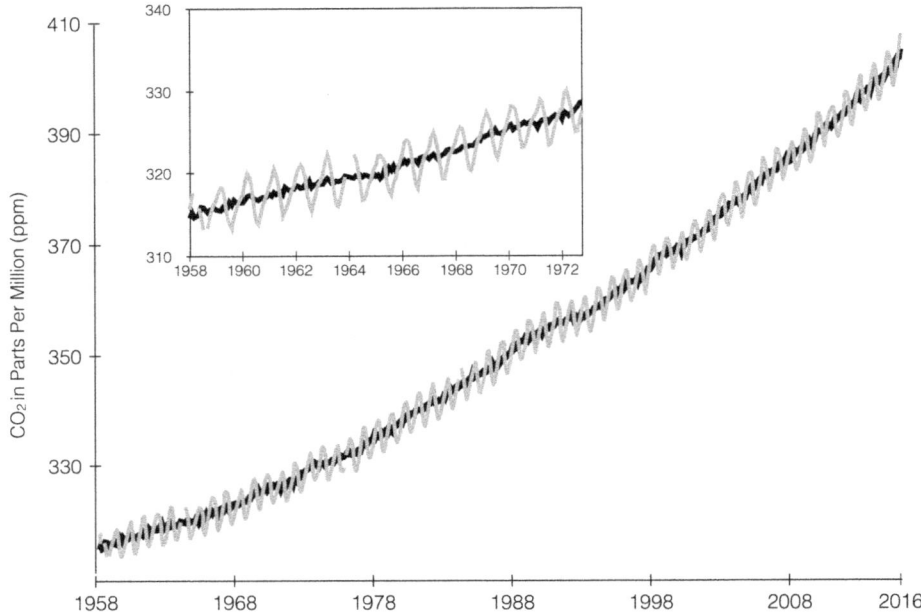

Abb.: Die sogenannte Keeling-Kurve zeigt atmosphärische CO_2-Konzentrationen (in *parts per million*, ppm), die auf dem Mauna Loa Observatorium (Hawaii) zwischen 1958–2016 (großes Diagramm) und 1958–1972 (kleines Diagramm, Ausschnitt) gemessen wurden. Das Stichjahr 1972 für die kleine Abbildung bezieht sich auf das Erscheinen von *Die Grenzen des Wachstums*. Die schwarze Linie zeigt Mittelwerte, die graue Linie zeigt zyklische Schwankungen, die eine Folge stärkerer Bewaldung auf der Nordhalbkugel in Kombination mit jahreszeitlich schwankender Aufnahme von CO_2 durch Bäume (nur in der Wachstumsperiode) sind. Datenquelle: Earth System Research Laboratory, https://www.esrl.noaa.gov/gmd/ccgg/trends/ (zuletzt besucht am 24.4.2017).

---

34 Vgl. auch dazu wieder Spencer Weart, The Discovery of Global Warming (online), diesmal im Kapitel „Aerosols: Volcanoes, Dust, Clouds and Climate", https://www.aip.org/history/climate/aerosol.htm (zuletzt besucht am 30.5.2016).
35 Thomas C. Peterson/William M. Connolley/John Fleck, The Myth of the 1970s Global Cooling Scientific Consensus in: Bulletin of the American Meteorological Society 89 (2008), H. 9, S. 1325–1337. Ein Teil der Klimaliteratur der 1970er Jahre wurde von William Connolley auf dieser Webseite zum Nachlesen bereitgestellt: http://www.wmconnolley.org.uk/sci/iceage/.

Es gab einige frühe Versuche in der Geschichte der Klimaforschung, Treibhausgasemissionen und Klimawandel in die Zukunft zu projizieren. Callendar hatte schon 1938 versucht, bis ins 22. Jahrhundert Temperaturveränderungen auf der Basis einer steigenden atmosphärischen CO_2-Konzentration zu kalkulieren. Dabei ging er von konstanten Emissionen aus, beruhend auf der Annahme eines Gleichgewichts zwischen erhöhtem Energiebedarf und Steigerung der Energieeffizienz durch technologischen Fortschritt. Ihm fehlte dabei nicht nur das Wort „Szenario" für seine Extrapolationen, sondern es fehlten ihm auch eine Methode und der politisch-gesellschaftliche Vorsorgezusammenhang. Callendar wollte lediglich eine wissenschaftliche Hypothese veranschaulichen. Um die Folgen seiner Erkenntnis war er nicht besorgt. Eher im Gegenteil: Von einer leichten Klimaerwärmung erwartete er neue Chancen für den Anbau von Nutzpflanzen in nördlichen Breiten und langfristig eine Verzögerung der zyklischen „Wiederkehr der tödlichen Gletscher."[36] Seine Extrapolationen als Szenarien zu bezeichnen wäre anachronistisch, weil es ihnen am Anwendungsbezug, an der Zukunftssorge und an alternativen Pfaden fehlte. Quantitative Extrapolationen sind zwar auch heute wichtiger Bestandteil von Emissions- und Klimaszenarien, aber sie sind nicht per se Szenarien.

Das gilt auch für die „Vorhersage" (*forecast*) zukünftiger CO_2-Emissionen, die sich im *Tellus*-Artikel von Revelle und Süß findet. Die Autoren arbeiteten hier zwar mit einer Alternative: Ihre erste Extrapolation stützte sich auf Schätzungen der Vereinten Nationen zum zukünftigen Energiebedarf; die zweite ging von einem konstant bleibenden Konsum fossiler Energieträger auf der Basis von Schätzungen für 1955 aus.[37] Aber diese Projektionen reichten über eine Kombination von Treibhausgasen und Energieverbrauch nicht hinaus und können daher auch nicht als Klimaszenarien bezeichnet werden. Dafür fehlten Revelle und Süß die Klimamodelle, mit denen die Auswirkungen der projizierten Emissionen auf den Wärmehaushalt der Erde hätten kalkuliert werden können. Die zu ihrer Zeit bestehenden Ungewissheiten über den Kohlenstoffkreislauf hielten sie von einer spekulativen Kalkulation ab, wie sie noch Callendar vorgelegt hatte. Sie teilten nicht dessen Optimismus in der Folgenabschätzung, hielten sich in dieser Hinsicht aber noch stärker zurück. Auch bei ihnen fehlten also Zukunftsvorsorge und Anwendungsbezug als Kontext. Und Mitte der fünfziger Jahre stand ihnen auch immer noch keine ausgefeilte Szenarienmethodik zur Verfügung, mit der sie ihre Extrapolationen experimentell hätten vervielfältigen, narrativ verdichten und um wichtige Paradigmen erweitern können. Herman Kahn und die RAND-Organisation begannen erst Ende der fünfziger Jahre, ihre Szenarien zu ent-

---

36 Callendar, The Artificial Production of Carbon Dioxide, S. 236.
37 Revelle/Suess, Carbon Exchange, hier Tabelle 1 und Text S. 19. Die Autoren waren allerdings fest davon überzeugt, dass das exponentielle Wirtschaftswachstum der „industriellen Zivilisation" anhalten und der Energiebedarf weiter rapide steigen würde, präferierten also klar die erste der beiden Alternativen.

wickeln. Trotz der engen Liaison zwischen Erdsystemforschung und dem militärisch-industriellen Sektor kam es zu diesem frühen Zeitpunkt nicht zu einem Austausch mit den Szenarienplanern des nuklearen Konflikts.

Klimaszenarien, die den Namen verdienen, wurden erst in den 1970er Jahren entwickelt und waren das Produkt einer Symbiose zwischen den politisch und gesellschaftlich hochaktuellen Zeitthemen Energie und Klima. Szenarien hatten sich in der von der Ölkrise angeheizten Sorge um die Energiezukunft auch schon an der Nahtstelle zwischen Wissenschaft und Politik bewährt. Energieszenarien berührten sich mit Klimaprojektionen an einem entscheidenden Punkt: bei den Emissionspfaden. In der Energiedebatte entwickelten sich Treibhausgase und Klimawandel zum Argument, während in der Klimadebatte die Energiezukunft zur Schlüsselfrage der Klimakontrolle durch Verringerung (Mitigation) des anthropogenen Treibhauseffekts wurde.

Wie es zur Symbiose von Energie und Klima kam, lässt sich vielleicht am eindrücklichsten am Beispiel einer außergewöhnlichen wissenschaftlichen Einrichtung beobachten, die 1972 gemeinsam von den Vereinigten Staaten, der UDSSR und zehn weiteren Nationen gegründet wurde: dem Internationalen Institut für Angewandte Systemanalyse (International Institute for Applied Systems Analysis, IIASA). Das IIASA war ein Produkt der Entspannungspolitik der sechziger Jahre und gemeinsamer Interessen, die seit den 1950er Jahren beiderseits des Eisernen Vorhangs an der Systemanalyse bestanden. Die 1972 in London unterzeichnete Charta formulierte unmissverständlich den gesellschaftlichen Anwendungsbezug. Das neu gegründete Institut erhielt den Auftrag, sich transnationalen Herausforderungen der Forschung zu widmen, zu denen sowohl Fragen der Energiezukunft als auch der Umwelt gehörten.[38] Eines der ersten Forschungsprogramme befasste sich mit Energiesystemen und wurde von dem deutschen Atomphysiker Wolf Häfele (1927–2013) geleitet, der vor allem für die Entwicklung des Schnellen Brüters bekannt wurde.

In einem Beitrag zum Bulletin der Internationalen Atomenergiebehörde (IAEA) vom Februar 1974 erläuterte Häfele den Mehrwert einer systemanalytischen Betrachtung von Energiesystemen. Sie könne entscheidend zu einem besseren Verständnis von Folgeproblemen außerhalb des Energiesystems selbst beitragen, das ständig weiter expandiere und damit ein wachsendes Potenzial für unerwünschte Folgewirkungen in seiner Umwelt entwickelte. Mögliche Klimaveränderungen durch CO_2-Emissionen gehörten zu den Folgeproblemen, die Häfele diskutierte. Das Ziel einer angemessenen Problemanalyse zu erreichen, sei keine Frage von Algorithmen,

---

38 Die Charta wurde 1979 und 2008 leicht modifiziert, aber nicht in der Formulierung der allgemeinen Zielsetzung. Eine aktuelle Version ist online unter http://www.iiasa.ac.at/web/home/about/leadership/iiasacharter/charter.pdf verfügbar. Der Gründungsauftrag des Instituts wird auch im Appendix zu dem Band Wolf Häfele, Energy in a Finite World. Paths to a Sustainable Future, Cambridge, MA 1981, Bd. 1, S. 223–225, wiedergegeben.

sondern technologischer und soziologischer Natur. "Scenario writings and life-style descriptions will probably be among the tools for accomplishing this task."[39]

Häfeles Ausführungen sollten sich als programmatisch für die Arbeit seiner Forschungsgruppe am IIASA erweisen. Als er 1981 das Institut wieder verließ und Direktor am Atomforschungszentrum Jülich wurde, veröffentlichte die Arbeitsgruppe *Energy Systems* eine Art Ergebnisbericht, der die Wechselwirkungen zwischen Energie und Klima ausführlich behandelte und aus Energieszenarien sowohl Emissions- als auch Klimaszenarien entwickelte.[40] Argumentativ wurden mögliche gravierende Klimafolgen als Einschränkungen zukünftiger Energiestrategien betrachtet – vor allem als eine der Grenzen des Wachstums bei der Nutzung fossiler Ressourcen. Die Klimaszenarien waren aus intensiver Zusammenarbeit mit einer Reihe von Institutionen wie der Meteorologischen Weltorganisation (WMO) und dem Meteorologischen Büro (MetOffice) in Großbritannien hervorgegangen und vom Umweltprogramm der Vereinten Nationen (UNEP) gefördert worden.[41] Sie beruhen auf einer Reihe früherer Publikationen der Arbeitsgruppe um Häfele.[42]

In einer dieser Publikationen beschrieb Jill Williams, dass die Entwicklung von Klimaszenarien die Integration dreier Modelle erfordere: (1) ein Energiemodell, um den zukünftigen Energiebedarf zu schätzen und, je nach zukünftiger Energiestrategie, die CO_2-Emissionen aus fossilen Brennstoffen zu errechnen; (2) ein Modell des Kohlenstoffkreislaufs, mit dem der jeweilige Anteil des in der Atmosphäre verbleibenden CO_2 errechnet werden konnte; (3) ein Klimamodell, mit dem die Folgen der atmosphärischen CO_2-Konzentrationen für das Klima bewertet werden könnten.[43] Im Grunde handelte es sich um die Beschreibung eines Integrierten Bewertungsmodells (*Integrated Assessment Model*, IAM), wie es zuerst vom Club of Rome in „Die Grenzen des Wachstums" verwendet worden war.[44] Diese Modelle überschreiten nicht nur Disziplinengrenzen, sie überschreiten die Grenzen der Disziplinarität überhaupt (Trans-

---

[39] Wolf Häfele, Energy Systems, in: IAEA Bulletin 16 (1974), H. 1–2, S. 3–43, bes. hier S. 11 und 25 (Zitat). Der Beitrag von Häfele kann sowohl auf der Webseite des IIASA (http://pure.iiasa.ac.at/27/) als auch auf derjenigen der IAEA (https://www.iaea.org/sites/default/files/161_204090348.pdf) heruntergeladen werden (letzter Zugriff am 24.4.2017).
[40] Häfele, Energy in a Finite World, 2 Bde., bes. Bd. 1, Kapitel 7 „A Review of Energy System Considerations", S. 229–250, und Bd. 2, Kapitel 10 „Energy and Climate", S. 307–338.
[41] Vgl. ebenda, Bd. 1, S. xiv.
[42] Insbesondere Friedrich Niehaus/Jill Williams, Studies of Different Energy Strategies in Terms of their Effects on the Atmospheric CO_2 Concentration, in: Journal of Geophysical Research 84 (1979), H. C6, S. 3123–3129 und Jill Williams, Global Energy Strategies. The Implications of CO_2, in: FUTURES 10 (1978), H. 4, S. 293–302 sowie der Tagungsband Jill Williams (Hrsg.), Carbon Dioxide, Climate and Society. Proceedings of a IIASA Workshop Cosponsored by WMO, UNEP and SCOPE [Scientific Committee on Problems of the Environment], February 21–24, 1978, Oxford 1978 sind hier zu erwähnen.
[43] Williams, Global Energy Strategies, S. 297 f.
[44] Club of Rome/Meadows u. a., The Limits to Growth und dazu Paul N. Edwards, History of Climate Modeling, in: Wiley Interdisciplinary Reviews: Climate Change 2 (2011), H. 1, S. 128–139, hier S. 135.

disziplinarität), sofern sie der strategischen Entscheidungsfindung und der Politikberatung dienen. Sie haben sich vor allem durch die Arbeit des Zwischenstaatlichen Ausschusses für Klimaänderungen (*Intergovernmental Panel on Climate Change*, IPCC) heute zu Medien der Zukunftsplanung in der Nachhaltigkeitspolitik entwickelt. Die Klimakonvention der Vereinten Nationen von 1988 hat dafür den zwischenstaatlichen Rahmen geschaffen. Aber auch ohne diesen Rahmen war der zukunftsbezogene, transnationale und transdisziplinäre Anwendungsbezug sowohl der Energie- als auch der Klimaszenarien in den siebziger und achtziger Jahren bereits deutlich erkennbar.

Alle Klimaszenarien stützen sich auf Emissionsszenarien, wie sie seit 1990 regelmäßig in den Sachstandsberichten des IPCC vorgelegt werden. Diese Emissionsszenarien arbeiten mit unterschiedlichen Annahmen über zukünftige gesellschaftliche Entwicklungen, die sich auf die Emission von Treibhausgasen auswirken: Paradigmen wie Energienutzung, Bevölkerungswachstum, wirtschaftliche Entwicklung und technologische Veränderungen, die etwa die Effizienz bei der Verbrennung fossiler Ressourcen steigern oder eine Umstellung auf andere Ressourcen wie Wind, Wasser oder Solarstrahlung vorantreiben könnten. Emissionsszenarien treffen eine Auswahl von Möglichkeiten, wie sich diese gesellschaftlichen Paradigmen entwickeln, und fassen diese narrativ in *Storylines* zusammen.

Vom ersten Sachstandsbericht des IPCC aus dem Jahr 1990 bis zum bisher letzten von 2013 haben Klimaszenarien eine enorme Entwicklung durchlaufen, die abschließend nur noch in groben Zügen skizziert werden kann. Ein ergänzender Bericht von 1992, der außerhalb des Erscheinungsrhythmus der Sachstandsberichte veröffentlicht wurde, spiegelt die Zäsur wider, die sich aus dem rapiden und unvorhergesehenen Zusammenbruch des Ostblocks ergab. Der gesellschaftliche Wandel, der dadurch eingeläutet wurde, ließ mit den neuen Perspektiven für die wirtschaftliche Entwicklung der ehemaligen Ostblockstaaten und den damit verbundenen Unsicherheiten auch eine Neueinschätzung ihrer zukünftigen Treibhausgasemissionen notwendig erscheinen.[45] Mindestens ebenso wichtig war, dass die Emissionsszenarien, die 1992 vorgelegt wurden, erstmals die ganze Bandbreite der Treibhausgase abdeckten.[46] Die Weiterentwicklung der Szenarien blieb ein zentrales Anliegen. Das bis dahin ange-

---

45 Vgl. Kapitel A3 in Jeremy Leggett/W. J. Pepper/R. J. Swart, Emissions Scenarios for the IPCC: an Update, in: John Theodore Houghton/B. A. Callander/S. K. Varney, Climate Change 1992. The Supplementary Report to the IPCC Scientific Assessment, Cambridge 1992, S. 73–95, hier bes. S. 74 (Executive Summary) und 93: "Most of the uncertainty over future growth in greenhouse gas emissions is likely to depend on how developing countries, Eastern European countries, and republics of the former Soviet Union choose to meet their economic and social needs."
46 Vgl. John Theodore Houghton u. a., Climate Change 1994. Radiative Forcing of Climate Change and an Evaluation of the IPCC IS92 Emission Scenarios. Reports of Working Groups I and III of the Intergovernmental Panel on Climate Change, forming part of the IPCC Special Report to the first session of the Conference of the Parties to the UN Framework Convention on Climate Change, Cambridge 1995, S. 259 f.

wandte Verfahren wurde bereits 1994 von Wissenschaftlern des IIASA evaluiert und anschließend modifiziert. In ihrem Bericht hoben sie gleich zu Beginn noch einmal den Doppelcharakter der Szenarien an der Nahtstelle zwischen Wissenschaft und Politik hervor: Der Wissenschaft dienten die Szenarien als Ausgangspunkt für die Einschätzung des zukünftigen Klimawandels und seiner Folgen; der Politik boten sie Auskunft über die Konsequenzen einer gezielten Reduktion von Treibhausgasemissionen sowie deren Unterlassung.[47] Daraus ergaben sich Folgerungen für die zukünftige ökonomisch-soziale Entwicklung, insbesondere unter der vorsorglichen Zielsetzung, einen gefährlichen Klimawandel abzuwenden. An der Entwicklung der Szenarien blieben auch nach der Evaluation mehrere internationale Expertengruppen beteiligt. Aber das IIASA übernahm nun die Federführung bei der Entwicklung neuer Emissionsszenarien, die zur Grundlage der Sachstandsberichte nach der Jahrtausendwende wurden. Erläutert wurden sie in einem *Special Report on Emissions Scenarios*, nach dem sie auch als „SRES-Szenarien" bezeichnet wurden.[48]

Für den neuesten IPCC-Sachstandsbericht von 2013/14 wurde ein neues Verfahren eingeführt. Jetzt sind es vier Forschergruppen, die Szenarien erstellen und dabei mit unterschiedlichen Klimamodellen arbeiten, nicht mehr nur eine. Der IPCC begegnet damit der Befürchtung einer Einflussnahme durch eine kleine Gruppe von Experten und der Präferenz eines Klimamodells gegenüber einer Reihe ebenso guter anderer. Diese Neuerungen sind Teil des Bemühens, den Prozess, der zur Erstellung der Sachstandsberichte führt, offener, transparenter und integrativer zu gestalten. Es gibt aber auch erhebliche methodische Neuerungen. Die wichtigste dieser Neuerungen besteht darin, dass die aktuellen Szenarien nun nicht mehr Emissionsszenarien sind, die von unterschiedlichen sozialökonomischen Zukunftsentwicklungen ausgehen. Vielmehr stützen sich die Klimaszenarien auf verschiedene CO_2-Konzentrationen und errechnen deren Auswirkungen auf den Strahlungshaushalt der Erde und die globalen Temperaturen. Diese neuen Klimaszenarien werden als *Representative Concentration Pathways* oder RCP-Szenarien bezeichnet.[49] Die sozialökonomischen Emissionsszenarien, die vorher in die Klimaszenarien eingebettet waren, bilden jetzt eine eigene Gruppe von Szenarien. Dabei bleibt es nach wie vor ausschlaggebend für die klimapolitische Entscheidungsfindung, insbesondere im Blick auf die Reduktion von Treibhausgasen in der Atmosphäre, dass die Emissions- und die Klimaszenarien

---

47 Vgl. Joseph Alcamo u. a., An Evaluation of the IPCC IS92 Emission Scenarios, in: Houghton u. a., Climate Change 1994, S. 247–304.
48 Nebojsa Nakicenovic/IPCC, Special Report on Emissions Scenarios, Cambridge 2000 und Tatsuya Hanaoka/Mikiko Kainuma/Kazutaka Oka/Hisaya Ishii, Greenhouse Gases Emissions Scenarios Database. Contribution to the IPCC Assessment Reports, Tsukuba, Japan 2011.
49 Intergovernmental Panel on Climate Change (IPCC), Climate Change 2013: The Physical Science Basis. Working Group I Contribution to the Fifth Assessment Report, Cambridge, UK 2013, S. 1029–1036 (Kapitel 12). Eine gute und knappe Übersicht zu SRES- und RCP-Szenarien bietet Georg Simonis (Hrsg.), Handbuch globale Klimapolitik, Stuttgart 2017, S. 65–75.

4 Das Zeitalter der Ungewissheit

Es ist ein Gemeinplatz, dass die Zukunft offen und letztlich nicht vorhersagbar ist. Manche Historiker neigen dazu, die Zukunftsoffenheit in Unvorhersagbarkeit zu übersetzen und Zukunftsgestaltung generell mit Skepsis zu betrachten. Die Geschichte des 20. Jahrhunderts, insbesondere die der ideologisch basierten Gesellschaftsutopien, die sich darin breitgemacht hat, scheint ihnen in gewisser Weise Recht zu geben. Aber auch jenseits dieser Ideologien und Utopien haben es moderne Gesellschaften nicht bei der Unvorhersagbarkeit bewenden lassen. Für sie bedeutete die Anerkennung der Zukunftsoffenheit als *conditio humana moderna* keineswegs, dass das individuelle wie kollektive Bedürfnis nach Sicherheit und Planbarkeit obsolet geworden wäre. Ganz im Gegenteil! Aus der grundlegenden Offenheit entsteht Zukunft überhaupt erst als Raum für Planung und Gestaltung – mit anderen Worten: Vorsorge als Aufgabe der individuellen und gesellschaftlichen Selbstorganisation.[50] Dies ist mit der Erwartung verbunden, dass sich bestimmte Gefahren und Risiken erkennen lassen und ihnen proaktiv begegnet werden kann. Staatliche und private Institutionen bedienen sich dabei einer Vielzahl prognostischer Verfahren, die sich auf Wahrscheinlichkeiten und ihre Berechnung stützen. Einfache Beispiele dafür bietet die Eintritts- oder Wiederkehrwahrscheinlichkeit von Risiken, etwa im Bereich der kollektiven Gesundheitsvorsorge (bes. im Bereich der Epidemiologie) oder der Naturgefahren. Risikokalküle haben heute eine mehrhundertjährige Geschichte und sind gesellschaftlich derart gebräuchlich, öffentlich und wissenschaftlich anerkannt, dass wir uns kaum noch bewusst vor Augen führen, dass es sich um Vorsorgemodelle handelt, die sich zu individuellen und kollektiven Entwürfen unserer Zukunft entwickelt haben. Ob es sich um das Gesundheitssystem oder die Altersvorsorge, den Katastrophenschutz oder die Wettervorhersage handelt, alle diese Systeme beruhen auf quantitativen Prognosen, deren Zeithorizont sich maximal einige wenige Jahrzehnte in die Zukunft erstreckt, meist aber sehr viel kurzfristiger angelegt ist. Risikokalküle spielen darin ausnahmslos eine Schlüsselrolle. Sie stützen sich auf historische Informationen (Daten) über die Häufigkeit bestimmter Ereignisse wie das Eintreten eines Erdbebens oder einer Krankheit und entwickeln daraus mehr oder weniger zuverlässige Projektionen über die Häufigkeit des Eintretens derselben Ereignisse in der Zukunft. Mit einem Wort:

---

[50] Das hat natürlich schon Reinhart Koselleck, Vergangene Zukunft. Zur Semantik geschichtlicher Zeiten, Frankfurt a. M. 1989, herausgestellt, der u. a. von einer „Umbesetzung prophezeiter Zukunft in prognostizierte Zukunft" (S. 33) in der Moderne spricht. Zukunftsvision und -gestaltung sind auch bei Lucian Hölscher, Die Entdeckung der Zukunft, Frankfurt a. M. 1999, durchgehend Thema.

Aus der Vergangenheit werden Zukunftserwartungen generiert, zum Beispiel um daraus ein Businessmodell wie die Versicherung zu entwickeln. Reinhart Koselleck hat von der „Zukünftigkeit des Vergangenen" gesprochen. Sie liegt auch den technischen Kalkülen moderner Vorsorgesysteme wie der Versicherung zugrunde.[51] Solche und ähnliche Prognoseverfahren haben ältere, etwa religiöse oder astrologische Vorhersagen, abgelöst.

Aber die „Zukünftigkeit des Vergangenen" basiert auf einem zyklischen Geschichtsverständnis, das in der Vormoderne verwurzelt ist. „Risiko" und „Wahrscheinlichkeit" sind Konzepte, die vor dem modernen Nationalstaat in Umlauf gebracht wurden. Sie sind nicht per se schon Instrumente des modernen Staates oder moderner Institutionen, sondern erst durch einen Auswahlprozess dazu geworden. Dabei wurden andere Verfahren der Prognose auf der Strecke zurückgelassen. Zugleich aber hat das Fortschrittsdenken mit der alten Metaphysik eines Kreislaufs der Geschichte gebrochen. Reinhart Koselleck hat bereits auf den daraus entstehenden Widerspruch hingewiesen. Die Zukunft des Fortschritts werde durch zwei Momente gekennzeichnet, „einmal durch die Beschleunigung, mit der sie auf uns zukommt, und zum anderen durch ihre Unbekanntheit. Denn die in sich beschleunigte Zeit, das heißt unsere Geschichte, verkürzt die Erfahrungsräume, beraubt sie ihrer Stetigkeit und bringt immer wieder neue Unbekannte ins Spiel derart, dass selbst das Gegenwärtige ob der Komplexität dieser Unbekannten sich in die Unerfahrbarkeit entzieht."[52]

Die Entwicklungsdynamik moderner Gesellschaften untergräbt die Zukünftigkeit des Vergangenen. Von dieser Dynamik her betrachtet, ist die Inkommensurabilität historischer Prozesse keine selbstverständliche Gegebenheit, sondern das Ergebnis eines historischen Prozesses der Beschleunigung, der aus dem Kreislauf der Geschichte ausbricht. Eine Folge dieser Beschleunigung ist die Verkleinerung

---

51 Vgl. Koselleck, Vergangene Zukunft, S. 33: „.... eine Diagnose, die die Vergangenheit in die Zukunft einbringt. Durch die so immer schon gewährleistete Zukünftigkeit des Vergangenen wurde der Handlungsspielraum des Staates ebenso erschlossen wie begrenzt." Die Versicherungsgeschichte liefert reihenweise Beispiele dafür. Vgl. besonders Martin Lengwiler, Risikopolitik im Sozialstaat. Die schweizerische Unfallversicherung 1870–1970, Köln u. a. 2006, außerdem den Beitrag von Martin Lengwiler im vorliegenden Band. Versicherung und Rückversicherung haben freilich eine hinter die Moderne zurückreichende Genealogie. Dazu besonders Cornel Zwierlein, Der gezähmte Prometheus. Feuer und Sicherheit zwischen früher Neuzeit und Moderne, Göttingen 2011. Die Versicherungsgeschichte hat erst jüngst auch in der Umweltgeschichte die ihr gebührende Aufmerksamkeit erhalten. Vgl. besonders Eleonora Rohland, Sharing the Risk. Fire, Climate, and Disaster. Swiss Re 1864–1906, Lancaster 2011 zur Rückversicherung, Uwe Lübken, Die Natur der Gefahr. Überschwemmungen am Ohio River im 19. und 20. Jahrhundert, Göttingen 2014, bes. S. 278–281 zum *Flood Insurance Program* in den USA, und Franz Mauelshagen, Sharing the Risk of Hail. Insurance, Reinsurance and the Variability of Hailstorms in Switzerland, 1880–1932, in: Environment & History 17 (2011), H. 1, S. 171–191 sowie Franz Mauelshagen, Die Vergesellschaftung des Hagelrisikos. Zur Geschichte der landwirtschaftlichen Hagelversicherung in der Schweiz, 1818–1950, in: Traverse 2014 (2014), H. 3, S. 60–71.
52 Koselleck, Vergangene Zukunft, S. 34.

des Erfahrungsraums der Historie, aus dem Zukunftserwartungen generiert werden können. Man kann von einer graduellen Enthistorisierung der Zukunft und damit auch der Vorsorge sprechen. Letztere steht vor einer Neuorientierung, wenn die Vergangenheit als Bezugspunkt an Relevanz einbüßt.

Damit ist *in abstracto* die Situation umschrieben, in der die Entwicklung von Zukunftsszenarien nach dem Zweiten Weltkrieg Karriere machte, zuerst in der strategischen Planung des nuklearen Konflikts, danach bei den Zukunftsthemen Energiesicherheit und Klimawandel. Die charakteristische Anwendungsbedingung wurde in allen drei Bereichen im Begriff der Ungewissheit (*uncertainty*) auf den Punkt gebracht, der sich als Gegenbegriff zur traditionellen Prognose und des Risikokalküls profilierte.[53] Mit anderen Worten: Zukunftsszenarien haben sich zu Instrumenten der politisch-gesellschaftlichen Vorsorge entwickelt, die immer dann zur Anwendung kommen, wenn Ungewissheiten traditionelle Prognoseverfahren aushebeln. Meistens rühren diese Ungewissheiten von komplexen Systemen und ihren Wechselwirkungen her. Ihre Diagnose setzt einen Perspektivwechsel voraus, der sich mit der Entwicklung der Systemtheorie in der Nachkriegszeit vollzog. Sie stützte sich auf neue Wissenskonzepte und Technologien der Datenverarbeitung und -analyse. Insofern haben neue Technologien, Wissen und Wissenschaft nicht nur als wesentlicher Antriebsfaktor der Beschleunigung, sondern in ganz spezifischer Weise die Erzeugung von Ungewissheit selbst befördert.[54] Eine rein konstruktivistische Erklärung würde die systemtheoretische Analyse vermutlich als Hauptquelle für Ungewissheiten identifizieren – oder allenfalls als Resultat eines Zusammenspiels zwischen Systemtheorie und Zukunftssorgen im Expertendiskurs. Eine solche Analyse, so aufschlussreich sie sein könnte, wäre aber offensichtlich dadurch limitiert, dass sie den Referenzpunkt, den sich dieser Expertendiskurs außerhalb seiner selbst, in seiner sozialen oder natürlichen Umwelt suchte, einfach ignoriert. Es spricht nichts gegen die Alternative, die darin besteht, diese Außenwelt mit einzubeziehen, und das Wissen, das wir heute davon haben, mit der zeitgenössischen Wahrnehmung von Beobachtern in Wissenschaft, Politik, Wirtschaft und Gesellschaft in Beziehung zu setzen. Diese Perspektive führt auf eine Zeitdiagnose hin, in der die Nachkriegszeit als Übergang in ein Zeitalter

---

53 Dieser Schritt ist daher kaum in den Kategorien einer Risikosoziologie zu fassen, die in ihren Diagnosen einer Risikogesellschaft oder gar Weltrisikogesellschaft von einem weiten Begriff des Risikos ausgeht, in dem die Unterscheidung zwischen Risiko und Ungewissheit ebenso aufgehoben ist wie diejenige zwischen Risiko und Gefahr. Vgl. etwa Anthony Giddens, Konsequenzen der Moderne, Frankfurt a. M. 1994, S. 156 zu den Risiken der „gestalteten Umwelt" und Ulrich Beck, Weltrisikogesellschaft, Frankfurt a. M. 2007, S. 153 zum Klimawandel. Beide Theorien betonen gerade im Umweltbezug einseitig den Selbstbezug der Moderne, der auch zweifellos gegeben ist, überdecken aber damit nur, dass die Ungewissheiten aus einem multikausalen Zusammenspiel zwischen „Natur" und „Gesellschaft" emergieren.
54 Zu Wissenschaft als Quelle von Ungewissheit siehe Nowotny/Scott/Gibbons, Wissenschaft neu denken.

der Ungewissheit charakterisiert werden kann. Die Entwicklung von Zukunftsszenarien war dafür insofern symptomatisch, als sie auf zeitgenössische Diagnosen wachsender Ungewissheit reagierte.

Das gilt für alle drei Bereiche, in denen Zukunftsszenarien als Instrumente der Vorsorge zur Anwendung kamen und weiterentwickelt wurden: Die atomare Bedrohung und die Möglichkeit der totalen Selbstvernichtung der Menschheit in einem Nuklearkrieg bewegten sich außerhalb des historischen Erfahrungsbereichs bisheriger Kriegführung. Die Folgenabschätzung eines Einsatzes von Nuklearwaffen war auf allen Ebenen, sowohl bei der Einschätzung des militärischen Handlungsspielraums wie bei den Umweltfolgen, mit neuen Ungewissheiten konfrontiert. In einer ähnlichen Situation sahen sich auch die strategischen Planer bei Royal Dutch Shell Ende der sechziger, Anfang der siebziger Jahre. Rückblickend beschrieb Pierre Wack sie so: "Traditional planning was based on forecasts, which worked reasonably well in the relatively stable 1950s and 1960s. Since the early 1970s, however, forecasting errors have become more frequent and occasionally of dramatic and unprecedented magnitude."[55] Hauptquelle der neuen Ungewissheiten waren in diesem Fall Veränderungen im Geschäftsumfeld (*business environment*), die in unmittelbarem Zusammenhang mit der geopolitischen Neuordnung nach der Dekolonisierung standen. Die Ölkrise von 1973 wirkte als Katalysator in der allgemeinen Wahrnehmung dieser Veränderungen.

Beim Klimawandel schließlich stand die Diagnose der Ungewissheit gleich am Anfang aller Diskussionen. Zur Zeit des Internationalen Geophysikalischen Jahres (1957) waren die biogeochemischen Austauschprozesse im Klimasystem noch so unzureichend erforscht, dass die Auswirkungen anthropogener CO_2-Emissionen auf das Klima kaum eingeschätzt, geschweige denn modelliert werden konnten. Erst nachdem sich die Evidenz für eine anthropogene globale Erwärmung verdichtete, kamen Zukunftsszenarien zum Einsatz, und zwar an der transdisziplinären Nahtstelle zwischen Wissenschaft und internationaler Politik. Inzwischen können Klimamodelle die Auswirkungen verschiedener möglicher Emissionspfade auf die globale Mitteltemperatur recht zuverlässig simulieren. Es bleiben aber nach wie vor Ungewissheiten, die sich aus dem Stand der Forschung, aus dem Charakter der jeweiligen Modelle und aus nicht linearen Prozessen im Klimasystem selbst ergeben. Die zukünftige sozial-ökonomische Entwicklung von heute weltweit knapp 200 Staaten stellt aber bei weitem die größte Quelle für Ungewissheiten dar.

Wie alle Szenarien sind auch Klimaszenarien keine Prognosen, sondern kommen da zur Anwendung, wo klassische Prognoseverfahren durch Ungewissheiten ausgehebelt werden. Sie dienen als Mittel zur Einschätzung der Folgen möglicher gesellschaftlicher Zukunftspfade und haben sich für die internationale Klimapolitik zu einem Schlüsselelement der wissenschaftlichen Politikberatung entwickelt. Dabei

---

55 Wack, Scenarios. Uncharted Waters Ahead, S. 73.

öffnen sie Zukunftshorizonte von 100 oder mehr Jahren, vor allem darum, weil sie sich auf Prozesse im Erdsystem beziehen, die sich in der Regel in sehr viel längeren Zeiträumen abspielen. 100 Jahre mögen auf der Zeitskala politischer oder gesellschaftlicher Entwicklungen lang erscheinen, nicht jedoch auf der Zeitskala geophysikalischer Prozesse im Klimasystem. Dieses Skalenproblem – die Diskrepanz zwischen gesellschaftlichen und erdgeschichtlichen Prozessen – stellt die größte Herausforderung nachhaltiger Klimapolitik dar, weil sie politische Vorsorge von einer Weitsicht verlangt, die außerhalb der Zeithorizonte liegt, in denen politische Entscheidungsträger zu denken gewöhnt sind.

Das Zeitskalenproblem ist eine der Schlüsselherausforderungen nachhaltiger Umweltpolitik, das sich aus den Interferenzen zwischen historischer Zeit und geologischer Zeit ergibt, die Folge massiver menschlicher Einwirkungen auf alle Teile des Erdsystems sind. Die Summe dieser Einwirkungen hat heute eine Qualität erreicht, die der Menschheit als Ganzes die Rolle einer quasi geologischen Kraft im Erdsystem zuschreibt. Dies ist die Grundidee der These, dass wir uns heute in einem neuen erdgeschichtlichen Zeitalter befinden, für das der Nobelpreisträger Paul Crutzen die Bezeichnung „Anthropozän" vorgeschlagen hat.[56] Betrachtet man quantitative Indikatoren für den Wandel menschlicher Gesellschaften und Veränderungen im Erdsystem parallel, wie das in dieser Debatte üblich ist, lässt sich ab etwa 1950 eine „Große Beschleunigung" identifizieren.[57] Diese Beschleunigung stellt heute die „Zukünftigkeit des Vergangenen" auch auf den Zeitskalen geologischer Prozesse infrage,

---

56 Zuerst in Paul J. Crutzen/Eugene F. Stoermer, The "Anthropocene", in: Global Change Newsletter 41 (2000), S. 17 f., dann in Paul J. Crutzen, Geology of Mankind, in: Nature 415 (2002), H. 6867, S. 23. Die These wurde in folgenden Beiträgen unter Beteiligung des Umwelthistorikers John R. McNeill dann auf eine breitere Grundlage gestellt: Will Steffen/Paul J. Crutzen/John R. McNeill, The Anthropocene. Are Humans now Overwhelming the Great Forces of Nature?, in: Ambio. A Journal of the Human Environment 36 (2007), H. 8, S. 614–621, und Will Steffen u. a., The Anthropocene. Conceptual and Historical Perspectives, in: Philos Transact A Math Phys Eng Sci 369 (2011), H. 1938, S. 842–967. Geologen diskutieren derzeit die offizielle Anerkennung des „Anthropocene" als offizielle stratigraphische Terminologie. Zu dieser Diskussion und der damit verbundenen Frage der Datierung siehe vor allem Jan Zalasiewicz, Die Einstiegsfrage: Wann hat das Anthropozän begonnen?, in: Jürgen Renn/Bernd Scherer (Hrsg.), Das Anthropozän. Zum Stand der Dinge, Berlin 2015, S. 160–180, und zuletzt Colin N. Waters u. a., The Anthropocene is Functionally and Stratigraphically Distinct from the Holocene, in: Science 351 (2016), H. 6269, S. 137. Beide Beiträge stammen direkt aus dem Umkreis der *Anthropocene Working Group*, die von der *International Commission on Stratigraphy* eingesetzt wurde.
57 Zur *Great Acceleration* vgl. wiederum Steffen/Crutzen/McNeill, The Anthropocene (2007), S. 617 f., und Steffen u. a., The Anthropocene (2011), S. 849–853. Außerdem das Buch von John Robert McNeill/Peter Engelke, The Great Acceleration. An Environmental History of the Anthropocene since 1945, Cambridge, MA 2014, dessen Inhalt auch in deutscher Übersetzung vorhanden ist in Akira Iriye/Jürgen Osterhammel (Hrsg.), 1945 bis Heute. Die globalisierte Welt, München 2013, S. 357–534, im Abschnitt „Mensch und Umwelt im Zeitalter des Anthropozän". Für den aktuellen Stand der quantitativen Indikatoren siehe Will Steffen u. a., The Trajectory of the Anthropocene: The Great Acceleration, in: The Anthropocene Review 2 (2015), H. 1, S. 81–98.

unter anderem indem Stoffkreisläufe wie der Kohlenstoffkreislauf massiv verändert werden. Die Klimazyklen, vor allem die Abfolge von Eiszeiten und Zwischeneiszeiten, die das Pleistozän prägten und bis zur Mitte des 20. Jahrhunderts auch das dominante Konzept des Klimawandels waren, werden durch den anthropogenen Klimawandel nachhaltig ausgehebelt.[58]

Die geologische Dimension des anthropogenen Klimawandels ist ein Novum im Zeitalter der Ungewissheit, das nach dem Zweiten Weltkrieg begann und das 21. Jahrhundert voraussichtlich noch stärker prägen wird als das zwanzigste. Der Klimawandel stellt die fossilen Entwicklungspfade der Moderne und damit zugleich die von ihnen angetriebene Beschleunigung sozioökonomischer Prozesse radikal infrage. Die Ungewissheit über die Zukunft wendet sich damit auf die entscheidende Quelle dieser Ungewissheit selbst zurück: auf die Moderne, die in all ihren Gestalten doch immer als linearer und irreversibler Prozess aufgefasst wurde.

---

[58] Andrey Ganopolski/Hans Joachim Winkelmann/Ricarda Schellnhuber, Critical Insolation–CO_2 Relation for Diagnosing Past and Future Glacial Inception, in: Nature 529 (2016), H. 7585, S. 200–203, zeigen dies mit Hilfe von Modell-Simulationen für verschiedene Emissionsszenarien.

Benjamin Herzog

„Menschliches Versagen" in der Kernenergie

Der Rollenwandel des Menschen in den Präventionskonzepten einer Risikotechnologie

Seit Mitte des 20. Jahrhunderts kreisen immer mehr präventive Anstrengungen und Debatten um „menschliches Versagen" bzw. „human error". Schon die Konjunktur dieses Begriffs selbst ist ein Kind dieser Zeit, also einer Hochmoderne, in der sich die Ansprüche von Technisierung, Rationalisierung und Fordismus an den Menschen immer mehr zur Selbstverständlichkeit verdichtet hatten. Als Sammelbezeichnung umfasst er alle dem Menschen zugerechneten Fehlleistungen, die in im weitesten Sinne technischen Zusammenhängen zu Schäden oder Unfällen geführt haben. Damit stellte er die Komplementärkategorie zu einem Stand an technischer Perfektion dar, der diese Momente und Bereiche menschlicher Schwäche noch ausspare, aber damit umso sichtbarer machte, und ihre weitere Zurückdrängung ankündigte. Als schlagwortartiger Ausdruck dieser Situationswahrnehmung wurde das „menschliche Versagen" vor allem in den fünfziger und sechziger Jahren allgegenwärtig.

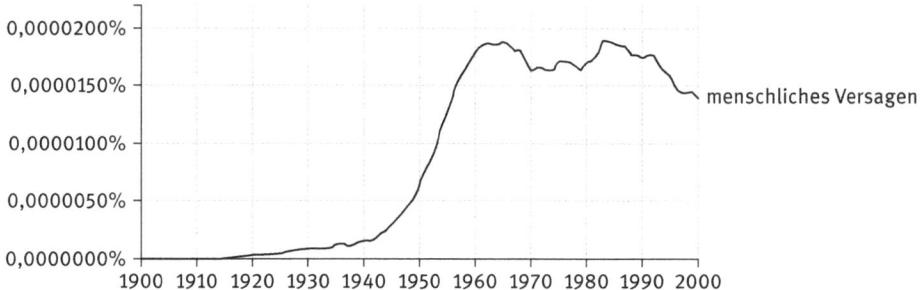

Abb.: Einen Eindruck von der Konjunktur der Kategorie vermittelt, bei allen methodischen Vorbehalten, Google Books. Quelle: Google Books Ngram Viewer, URL: http://books.google.com/ngrams.

Im Zuge der generellen Technisierung übertrug man das Deutungsmuster auf immer mehr ökonomische, soziale und politische Felder bis hin zur Auslösung von Kriegen. Dort trat es dann mit den herkömmlichen moralischen, juristischen und ideologischen Lesarten des Misslingens in Konkurrenz und intensivierte bzw. modernisierte die Suche nach Präventionsstrategien. Das menschliche Versagen diente sowohl als Signalbegriff für die *conditio humana* in Diskursen der Technikkritik und -begeisterung als auch als nüchterner Stellvertreter für technisch nicht zurechenbare, jedenfalls nicht nachweisbare Schadensursachen. In diesem Zusammenhang, in den Ursachenforschungen und Statistiken zu Unfällen und Unglücken, hat der Begriff seinen primären Entstehungskontext.

Insofern ist bereits die Kategorie des menschlichen Versagens selbst das Produkt eines präventiven Blicks, ergibt sie sich aus präventiver Beobachtung und präventivem Wissen. Aufsichts- und Genehmigungsbehörden des Staates registrieren menschliches Versagen immer lückenloser, gleiches gilt für Versicherungen (Unfall- und Haftpflichtversicherung) sowie für Arbeitgeber und Gewerkschaften in gefahrgeneigten Industrien, die alle aus verschiedenen Blickrichtungen auf Unfallverhütung hinarbeiten. Gleichzeitig wurde menschliches Versagen zu einem zentralen Untersuchungsgegenstand der sich immer weiter ausdifferenzierenden Arbeits-, Unfall- und Sicherheitsforschung. In fast allen auf diese Weise entstandenen Statistiken wurde diesem Faktor der höchste Anteil am Zustandekommen von Schadensereignissen angelastet, je nach Untersuchung und Bereich zwischen vierzig und neunzig Prozent.[1] Dass diese Zuordnung über die Jahrzehnte konstant blieb und nicht abnahm, musste man unweigerlich einerseits als sicheres Zeichen des technischen Fortschritts deuten, der an und für sich kaum mehr Fehler produziere, andererseits als Ausdruck eines ihm gegenüber scheinbar dauerhaft resistenten Bereichs. Die Verschränkung beider Aspekte gab dem Verweis auf menschliches Versagen eine argumentative Doppelrolle bzw. Verwendungsoffenheit für verschiedene Lager: als Nachweis, dass es an der Technik im Einzelfall nicht gelegen habe und als Zeichen für deren übergreifende Fehlentwicklung. Dieser Befund stellte Dringlichkeit und Dilemma der Prävention zeittypisch vor Augen, gerade weil sich daraus zwei unterschiedliche präventionspolitische Grundrichtungen ableiten ließen. Schon indem sie diese Ambivalenz verkörpert, erschließt die Kategorie des menschlichen Versagens die präventionsgeschichtliche Situation des „Goldenen Zeitalters" (Hobsbawm) von 1945 bis zur Mitte der 1970er Jahre. Ihre historische Aussagekraft und heuristische Fruchtbarkeit liegt aber noch viel offensichtlicher schon in der mit ihrer Verwendung vorgenommenen Zuschreibung von Verursachung an sich – denn diese ist nicht objektiv, sondern stellt immer eine ganz perspektiven- und interessegebundene Setzung dar. Das gilt für die Unterscheidung von „menschlich" und „technisch", das gilt für die Maßstäbe des Menschenmöglichen, Zumutbaren und Vermeidbaren, die in jeder Rede vom „Versagen" enthalten sind, und das gilt für die an diese Zuschreibung geknüpften Konsequenzen von Schuld und Verantwortung. Um die Historisierung der grundlegenden Weichenstellungen in diesen drei Bereichen und um ihre Konsequenzen für die Ausbildung präventiver Strategien soll es in den folgenden drei Abschnitten gehen.

---

1 Häufig auf unklarer Grundlage, vgl. dazu etwa Martin Lengwiler, Risikopolitik im Sozialstaat. Die Schweizerische Unfallversicherung 1870–1970, Köln u. a. 2006, S. 212. Exemplarisch für die zeitgenössische Kritik an der völligen Unschärfe des Begriffs aus Mangel an einer verbindlichen Definition K. Lehmann, Erscheinungsformen, Ursachen und Verhütung der Verkehrsunfälle, in: Arbeit und Leistung 18 (1963), S. 52–57.

Dazu konzentriert sich der Aufsatz empirisch auf Sicherheitsdiskurse in der zivilen Kernenergienutzung, deren industrielle Anwendung in den Atommächten Mitte der 1950er, in der Bundesrepublik Anfang, in der DDR Mitte der 1960er Jahre einsetzte.[2] In diesem Inbegriff einer Risikotechnologie stand der Umgang mit menschlichem Versagen unter einem besonderen Präventionsdruck – auch angesichts zunehmender öffentlicher Fundamentalkritik seit Mitte der 1970er Jahre. Daher werden hier generell verbreitete Präventionslogiken und Argumentationsweisen besonders zugespitzt greifbar. Ausgewertet wurden westdeutsche und amerikanische Fachzeitschriften von den fünfziger bis in die achtziger Jahre (mit einem vergleichenden Blick auf die DDR). Damit berücksichtigt der Beitrag, dass man in der Bundesrepublik zentrale sicherheitstechnische Grundentscheidungen aus der amerikanischen Kerntechnik übernahm. Zugleich wird so ein vergleichender Blick auf die Sicherheitskultur des sozialistischen Gesellschaftsmodells möglich.[3] In den Zeitschriften äußerten sich ganz überwiegend industrienahe oder in den offiziellen Aufsichtsbehörden tätige Ingenieure, zum geringeren Teil auch Physiker und Arbeitswissenschaftler. Die Vielzahl präventiver Bearbeitungen des Menschen, die hier diskutiert werden, lässt sich ganz generell in drei Dimensionen einteilen: Kontrolle und Lenkung (z. B. Vorschriften und Inspektionen), Ausbildung und Auswahl des Personals (z. B. Training oder Eignungsuntersuchungen) und schließlich die Anpassung und Optimierung von Arbeitsinstrumenten und Arbeitsumfeldern. Diese Bereiche wechselten einander nicht ab, sondern gingen vielmehr über weite Strecken Hand in Hand – allerdings sind langfristig deutliche Schwerpunktverlagerungen sichtbar. Vor allem richteten sich diese Anstrengungen methodisch immer neu aus, sowohl unter dem Einfluss der sie begleitenden Sicherheitsforschung als auch durch Lehren, die man aus einzelnen Vorfällen und ihrer Untersuchung zog. Statt die wechselnden Konjunkturen und Ausgestaltungen solcher Maßnahmen jeweils für sich nachzuzeichnen, treten die folgenden Ausführungen im ersten Abschnitt gewissermaßen einen Schritt zurück und fragen danach, wie sich die präventive Rollenbestimmung des Menschen, die ihnen zugrunde liegt, verändert hat. Offensichtlich zeichnet es das Feld „menschlichen Versagens" aus, dass sich das Problem der Vorsorge hier in den Augen der Zeitgenossen in Form präventionslogischer Alternativen zwischen Mensch und Technik stellte, auch wenn es de facto immer zu Kompromisslösungen kam. Wieweit also wurden dem Menschen hier überhaupt präventive Aufgaben zugewiesen, und in welchem

---

[2] Vgl. allgemein Joachim Radkau, Aufstieg und Krise der deutschen Atomwirtschaft 1945–1975, Reinbek 1983; ders./Lothar Hahn, Aufstieg und Fall der deutschen Atomwirtschaft, Berlin 2013.
[3] Durchgesehen wurden Nuclear Safety. Technical Progress Review (hrsg. von der US Atomic Energy Commission), Atom und Strom. Zeitschrift für die Anwendung der Kernenergie zur Stromerzeugung (hrsg. von der Vereinigung Deutscher Elektrizitätswerke), VGB Kraftwerkstechnik. Mitteilungen der Technischen Vereinigung der Großkraftwerksbetreiber, Die Atomwirtschaft. Zeitschrift für die wirtschaftlichen Fragen der Kernumwandlung und Kernenergie (hrsg. von der Kerntechnischen Gesellschaft) und die Zeitschrift für Kernforschung und Kerntechnik (Berlin-Ost).

Ausmaß sollte er sie der Technik überlassen? Inwieweit galt er noch als Präventionssubjekt, inwiefern nur noch als Präventionsobjekt, als reiner Risikofaktor also? Oder war er in diesem Bereich immer beides in Personalunion? Schließlich ging es immer auch um das Problem, wieweit der Mensch in diesen Zusammenhängen überhaupt präventiv erreichbar und erfolgreich zu bearbeiten war – und welche Konsequenzen dies für die Risikoeinschätzung und Akzeptanz der Technologie hatte. Die präventionspolitische Brisanz liegt bei diesen Fragen darin, dass hier immer zugleich über die Verteilung von Handlungsmacht und Handlungsspielräumen zwischen Mensch und Technik entschieden wurde. Die technikkritische Frage, wer wen kontrollieren sollte, versteckte sich zwar zumeist in der weitaus unspektakuläreren Suche nach den größeren präventiven Erfolgschancen, blieb aber jederzeit als Hebel präsent, über den das Präventionsproblem politisiert und ideologisiert werden konnte. Schon deshalb gestalteten sich Konflikte um präventive Kompetenz und um die Grenzen der Vorbeugung in Mensch-Technik-Verhältnissen anders als in Mensch-Natur-[4] oder Mensch-Mensch-Konstellationen von Vorsorge.[5]

Im zweiten und dritten Abschnitt soll danach gefragt werden, wie dieser Rollenwandel auf das Bild vom präventiven Menschen selbst zurückwirkte, seine Eigenschaften und sein praktisches und normatives Selbstverständnis als technischer Akteur veränderte. Auch diese Frage stellt sich in Bezug auf die Kategorien des menschlichen Versagens oder des „Fehlers" überhaupt auf spezifische Weise: Diese umreißen einen Zwischenbereich zwischen den bewusst in ihrer Wirkung intendierten Handlungen, wie zum Beispiel Verbrechen, und den als völlig kontingent empfundenen Katastrophen, etwa Naturereignissen. Dazwischen öffnete sich – und man kann im Blick auf die komplexen Gefährdungslagen der Moderne in der Wahrnehmung der Zeitgenossen behaupten: zunehmend – die Schere für einen Bereich von menschlich verursachten, aber nicht beabsichtigten Schadensereignissen. Deren Beeinflussbarkeit und damit auch Vorwerfbarkeit und Verhinderbarkeit durch den Handelnden beurteilten Beteiligte, Unfallforscher und Gerichte sehr unterschiedlich und kontrovers. Diese Grauzone umstrittener und unklarer Zurechnungen, so die Vermutung, ließ der Entwicklung präventiver Normen und Semantiken viel Freiraum, ja verlangte geradezu nach ihnen. Zugleich trafen sie aber auf bestehende, vor allem moralische und juristische Menschenbilder, mit denen sie sich auseinanderzusetzen hatten.

---

4 Vgl. Malte Thießen, Gesundheit erhalten, Gesellschaft gestalten. Konzepte und Praktiken der Vorsorge im 20. Jahrhundert. Eine Einführung, in: Zeithistorische Forschungen 10 (2013), H. 3; Nicolai Hannig, Die Suche nach Prävention. Naturgefahren im 19. und 20. Jahrhundert, in: HZ 300 (2015), S. 33–62.
5 Zu fragen ist, ob die übergreifenden Beobachtungen zur Prävention, wie sie Ulrich Bröckling (Vorbeugen ist besser … Zur Soziologie der Prävention, in: Behemoth 2008, S. 38–48) formuliert, für alle diese Konstellationen in gleicher Weise gültig und heuristisch fruchtbar sind.

1 Relikt, Retter oder Risiko: der Rollenwandel des „human factor" in den Präventionslogiken der Atomindustrie

Eine Maxime galt auch in den Sicherheitsüberlegungen der Atomindustrie bis in die 1970er Jahre als selbstverständlich und wirkte danach noch faktisch fort: die Prävention vom Menschen in die Technik hineinzuverlagern. Das schlug sich zum einen im Einbau von Selbstkorrekturmechanismen nieder. Es sollte ein idealiter vom menschlichen Handeln möglichst unabhängiges, der Technik immanentes Sicherungssystem konstruiert werden, ein Ideal, das sich als gewissermaßen selbst-präventives System charakterisieren lässt und das die Definitionshoheit von Ingenieuren und Physikern über die Sicherheitsmaßstäbe in der Aufbauphase der Kernenergie ausdrückt. Dieses Modell einer „Nullfehler-Technik" oder „Zuverlässigkeitstechnik" wurde vor allem in der Militärtechnik des Zweiten Weltkriegs und in der Raumfahrt entwickelt und auf die zivile Atomkraft übertragen. Dort installierte man von Beginn an die Grundelemente dieses Präventionsregimes, etwa das Fail-safe-Prinzip – also die Maßgabe, dass das Versagen einer Komponente automatisch zu einem sichereren Zustand des Systems zu führen habe, die Redundanz, also die Absicherung gegen Ausfall durch Bereitstellung von Ersatz, oder die Ein-Fehler-Sicherheit, also die Maxime, die Systemsicherheit bei jedem denkbaren Einzelfehler auf jeden Fall zu gewährleisten.[6] Nicht nur diese Mechanismen, sondern, noch bezeichnender, auch die entsprechenden hypothetischen Sicherheitsszenarien, auf die hin die Bauart der Atommeiler ausgelegt wurde, blendeten den menschlichen Faktor zugunsten externer sowie spektakulärer technischer Ausfallgründe aus. Das galt auch für das Konzept des „größten anzunehmenden Unfalls" (GAU), mit dem man um 1960 die frühen amerikanischen Annahmen des „maximum credible accident" in die deutschen Genehmigungsvorschriften übertrug; hier tauchte der Mensch höchstens am Rande auf.[7]

Das führt zum zweiten Aspekt dieses Primats technischer Prävention: Er sollte zugleich menschliches Versagen verhüten, indem er vorbeugend auf menschliche Handlungen im Betriebsablauf verzichtete. Auf diese Weise strebten die Planer an, die Anlagen „foolproof" oder „operatorproof" zu machen. Diese Zielbestimmung entsprach genau der Ausrichtung der Fehlerdiagnostik der Zeit, die in vergleichenden Fähigkeitsanalysen von Mensch und Maschine regelmäßig der Technik größere Fehlerlosigkeit attestierte, während insbesondere die Variabilität menschlichen Ver-

---

[6] Vgl. zu Konzepten immanenter Sicherheit Radkau, Aufstieg und Krise, S. 345, 368.
[7] Vgl. K. Kubis/G. Uhlmann, Methoden der Sicherheitsbeurteilung von Kernkraftwerken, in: Kernenergie 15 (1972), S. 1–4, hier S. 2.

haltens zum Problem wurde.[8] Aus der Beharrungskraft des Faktors „menschliches Versagen" zog man also nicht den Schluss, ihn zum Gegenstand spezifischer oder innovativer Vorsorge-Bemühungen zu machen. Vielmehr ging es darum, menschliches Versagen strukturell gar nicht erst zuzulassen. Insofern lässt sich technologische Prävention im Unterschied zu Präventionskonzepten, die mit Normierung, Sanktionierung oder Konditionierung arbeiten, als systematische, mechanische Reduzierung menschlicher Handlungsmöglichkeiten auf vorgegebene Handlungskanäle charakterisieren. Daher wurde auch der Ruf nach immer weiterer „Automatisierung" nicht nur ökonomisch, sondern auch präventiv begründet. Gleiches galt dann im Übrigen auch für die Computerisierung, obwohl man in ihrem Zusammenhang weniger von Einschränkung als von Entlastung und Unterstützung menschlichen Handelns sprach, da sich diese technische Entwicklung schon im Kontext eines anderen präventiven Paradigmas vollzog, wie gleich zu zeigen ist. Vor allem in der Bundesrepublik beharrte man mit größter Konsequenz auf diesem Sicherheitskalkül der Automatisierung – durchaus in Absetzung gegen die Amerikaner.[9] Schon deshalb, so beteuerten hier Behörden und Betreiber unisono und schon in ihren ersten Reaktionen, wären hier Unfälle wie in Harrisburg 1979 oder Tschernobyl 1986, die beide auf menschliches Versagen zurückgeführt wurden, gar nicht möglich gewesen.[10] Die Richtlinien zu Bau und Betrieb von Atomkraftwerken setzten diese Logik so konsequent wie möglich um, am grundsätzlichsten in der Trennung zweier Schaltkreisläufe, Betrieb und Reaktorschutz, von denen Letzterer ohne jede reguläre Zugriffsmöglichkeit („Handeingriff") anzulegen sei.[11] Oder in der Vorschrift, dass der Mensch nach einem Störfall dreißig Minuten lang nicht eingreifen sollte, um übereilte Fehlhandlungen von vornherein auszuschließen. Die offizielle Begründung lautete dann auch entsprechend, die Kontrolle der Kerntechnik übersteige schlicht die Grenzen menschlicher Leistungsfähigkeit; man folgte also von dieser Seite her de facto dem technikkritischen Narrativ des überforderten Menschen.

Allerdings schloss dieser präventive Primat der Technik ein Element ein, das sich, trotz allen Selbstwiderspruchs, durchaus notwendig aus seinen Prämissen ergab. Während der menschliche Faktor vorsorglich aus dem Normalbetrieb immer weiter verdrängt wurde, schrieb man ihm andererseits die Rolle des Retters in der Ausnah-

---

8 Vgl. S. H. Hanauer/C. S. Walker, Principles of Design of Reactor-Protection Instrument Systems, in: Nuclear Safety 9 (1968), S. 34; J. E. Binns, Design of Safety Systems for Nuclear Reactors, in: Nuclear Safety 4 (1962), S. 65, 69: "The more human factors enter into the risk, the less feasible it becomes."
9 Vgl. H. L. Schnurer/H. G. Seipel, The Safety Concept of Nuclear Power Plants in the Federal Republic of Germany, in: Nuclear Safety 24 (1983), S. 743–750, mit einschlägiger Literatur. Vgl. Joachim Radkau, Technik in Deutschland, Frankfurt a. M. 2008, S. 369.
10 Vgl. zum Störfallablauf in Harrisburg, in: Atom und Strom 25 (1979), S. 59; Was in Harrisburg geschah, wäre in Biblis nicht möglich gewesen, in: ebenda, S. 133 f.
11 Vgl. Ergebnisse neuerer Sicherheitsanalysen, in: Atom und Strom 32 (1986), S. 194 f.; L. Dieterich, Maßnahmen zur Störfallverhinderung, in: VGB Kraftwerkstechnik 60 (1980), S. 423–428.

mesituation des unberechenbaren und unvorhersehbaren Störfalls zu, in der er als *ultima ratio* wieder die Kontrolle zu übernehmen habe. Man hielt ihn für überfordert von einer Technik, für die er zugleich im Versagensfall als präventive Reserve fungieren sollte. Der Mensch war also beides, Risikofaktor und „line of defense", so heißt es auch von offizieller Seite, in einer Stellungnahme des Innenministeriums.[12] Der „operator" wurde vom Bediener zum Systemadministrator, zum „independent observer", der überwacht, Informationen verarbeitet und Entscheidungen trifft, aber nicht Teil des Systems ist.[13] Daher bestand man, etwa auch in den Publikationen der 1976 gegründeten Deutschen Gesellschaft für Reaktorsicherheit, immer wieder darauf, dass ein Eingriff möglich sein müsse. Denn daran hing die Rolle des menschlichen Kontrolleurs als Verantwortungsträger und „souverän" Handelnder.[14] Dieses Modell beschrieb für technische Systeme genau das, was im administrativen und betriebswirtschaftlichen Denken der 1950er und 1960er Jahre als „management by exception" bezeichnet wurde. Es gab einer Arbeitsteilung zwischen Mensch und Maschine Ausdruck, die menschliches Versagen im Bereich der Routine und der Reaktionsfähigkeit unter Zeitdruck und menschliche Fähigkeiten in der Analyse von Ausnahmesituationen erwartete.[15] Und es reagierte auf eine immer trennschärfere Gegenüberstellung von System und Mensch in der Arbeitssituation,[16] die die mit der Anlage und Gestaltung von Reaktorschaltwarten befassten Ingenieure vor allem daran festmachten, dass Letzterer, ohne eigenen Einblick, völlig von der ihm technisch gelieferten Information abhängig sei.[17] Diese Konstellation rückte das Problem der Information als

---

12 Vgl. N. Hoffmeister, Brunsbüttel-Störfall, in: Atomwirtschaft (AW) 24 (1979), S. 239; J. B. Fechner, Schutzbarriere Mensch im Kernkraftwerk, in: AW 25 (1980), S. 299 f., der hier im Namen des Innenministeriums formuliert.
13 Ausführliche Diskussion bei M. H. Raudenbush, Human Engineering Factors in Control Board Design for Nuclear Power Plants, in: Nuclear Safety 14 (1973), S. 21–26. Mit anderer Akzentuierung C. S. Walker, Control and Instrumentation, in: Nuclear Safety 11 (1970), S. 117. In späterer Variante als Entlastung vom Stress der schnellen Entscheidung R. J. Atchison u. a., Canadian Approach to Nuclear Power Safety, in: Nuclear Safety 24 (1983), S. 441. Zum „independent observer": E. P. Epler/L. C. Oakes, Obstacles to Complete Automation of Reactor Control, in: Nuclear Safety 14 (1973), S. 96, 102 f.
14 Das den menschlichen Eingriff blockierende Reaktorschutzsystem soll wiederum vom Menschen außer Kraft gesetzt werden können, vgl. Gesellschaft für Reaktorsicherheit (Hrsg.), Deutsche Risikostudie Kernkraftwerke. Phase B, Köln 1990, S. 114. In Brunsbüttel 1978 hatte genau dieses Außerkraftsetzen einen Störfall ausgelöst. Sorge vor Eigenmächtigkeiten artikuliert: L. Merz, Probleme bei der Instrumentierung und Regelung großer Kernkraftwerke, in: AW 13 (1968), S. 491–495.
15 Vgl. Institut für Unfallforschung des TÜV Rheinland (Hrsg.), Menschliche Faktoren im Kernkraftwerk. Bericht im Auftrag des Bundesministers des Inneren, Köln 1977, S. 1–11. Zur Überlegenheit des „alert operator" über Sicherheitstechnik: IAEA Reactor Safety Symposium, in: Nuclear Safety 4 (1962), S. 24 ff.
16 Vgl. H. J. Berliner u. a., Man-Machine-Factors in the NRL Nuclear Reactor Control System USAEC Report NRL-5270, US Naval Research Laboratory, Washington, DC 1958.
17 Vgl. L. C. Oakes, Automation of Reactor Control and Safety Systems at ORNL, in: Nuclear Safety 11 (1970), S. 115 ff.; M. A. Schultz, Reactor Safety Instrumentation, in: Nuclear Safety 4 (1962), S. 7.

Sollbruchstelle immer mehr in den Mittelpunkt präventiver Aufmerksamkeit. Das System wird in diesem Szenario komplex und undurchschaubar, man ist ihm und dem, was es an Signalen sendet, ausgeliefert. Damit wurde der Eingriff im Ausnahmefall zur höchst fehleranfälligen Handlung. Schon früh haben die Planer artikuliert, dass in dieser Rollenzuweisung eine neue, potenzierte Fehlerquelle liegt – auf diese Einsicht reagierte man später in den 1970er Jahren theoretisch und praktisch. Diese Stellenbeschreibung des Menschen verlangte ihm also eine Doppelrolle ab: zum einen die maximale Anpassung als Bestandteil des Systems, soweit dies den menschlichen Arbeiter noch benötigte. Darauf hatte er sich durch routinisierendes Training vorzubereiten. Und andererseits die Dauerbereitschaft für die Ausnahmesituation, für den Eingriff ins System, der verlangte, das Angelernte plötzlich außer Acht zu lassen (was ebenfalls präventiv antrainiert werden sollte).[18] Das Ideal der 1960er Jahre umfasste beides, höchste Unterstellung unter den vorgeschriebenen Verfahrensablauf und zugleich höchste Dispositionsgewalt aufgrund von Transparenz und souveräner Rationalität. Die Gleichzeitigkeit von Langeweile und einer hohe theoretische Kompetenz voraussetzenden Entscheidungsfähigkeit,[19] die sich die Planer vorab selbst nicht zutrauen wollten, überspannte, das problematisierten die Sicherheitsfachleute, die sich mit Ausbildungs- und Rekrutierungsfragen beschäftigten, die Aufmerksamkeit und das Anforderungsprofil. Der Simulator, den man als eine zum Zweck der Prävention erfundene Anthropotechnik verstehen kann, erhielt auch deshalb in Diskussionen und Praktiken einen immer höheren Stellenwert, weil er eben diese Spannung ausdrückt: Er sollte das Paradox leisten, für die Ausnahme zu routinisieren.[20]

Diese Sicherheitskalküle der Planer kollidierten mit dem oft abweichenden praktischen Bewusstsein der Bedienmannschaften, soweit es in den Quellen greifbar wird. Ihr Bestehen darauf, dass der Mensch ein „Gefühl" für die Anlage erhalten müsse, zielte letztlich auf Handlungssouveränität durch tatsächliche Handhabung.[21] Das, was man ihren „präventiven Eigensinn" nennen könnte, will sich nicht auf die

---

18 Vgl. Menschliches Fehlverhalten. Ein Kernproblem der Kernkraftwerke?, in: Atom und Strom 26 (1980), S. 166; Kernkraftunfall aus dem Computer. Neuer Störfalltrainer für Kernkraftwerke, in: Atom und Strom 29 (1983), S. 72 f.
19 Vgl. K.-H. Alex/F. Portmann, Die Rekrutierung, Ausbildung und Motivierung des Kraftwerkspersonals, in: VGB Kraftwerkstechnik 61 (1981), S. 659; Friedrich Oszuszky, Die Ausbildung des Reaktorbetriebspersonals, in: AW (1958), S. 122; E. W. Hagen/G. T. Mayst, Human Factors Engineering in the U. S. Nuclear Arena, in: Nuclear Safety 22 (1981), S. 241: Die Verantwortlichen müssen in der Lage sein, „to develop an entirely new strategy".
20 Vgl. z. B. Rudolf Jaerschky/Hans-Dieter Martin, Kraftwerkspersonal – seine Ausbildung mit einem Simulator, in: Atom und Strom 67 (1970), S. 107 ff. Informationen zur historischen Entwicklung des Simulator-Einsatzes bei A. E. G. Bates, Training Nuclear Power-Plant Operators with Computerized Simulators, in: Nuclear Safety 10 (1969), S. 405 ff.: 300 Szenarien sollen durchgespielt werden. Dahinter steht die hier typisch präventive Aporie des Misstrauens in die Improvisation, auf die man andererseits ja setzt.
21 Zitiert nach Radkau, Aufstieg und Krise, Anm. 140, S. 55.

Mechanismen des Systems verlassen müssen. Vielmehr sieht er in selbst verantworteter Handlungsmacht und in einem dem Menschen einsichtigen und verfügbaren Handlungsfeld Voraussetzungen für eine gelingende Vorsorge. So nahmen die Schichtleiter beispielsweise für sich, wohl auch aus Gründen der Selbstdisziplinierung, in Anspruch, man müsse und wolle so handeln, als ob eine automatische Absicherung gar nicht existiere.[22] Sie äußerten aber auch Misstrauen in das Funktionieren und die Informationsübermittlung der Systeme – was wiederum im Ernstfall zu Konfusion und Missverständnissen führte, wie in Untersuchungsberichten immer wieder bemerkt wird.[23] Bei Störfällen offenbarte sich, dass die Mannschaften eigene „Tricks" und Routinen der Umgehung von Vorschriften entwickelt hatten.[24]

In den 1970er Jahren geriet die Strategie technischer Prävention angesichts der Havarien dieses Jahrzehnts in eine Krise, sowohl wissenschaftlich als auch in der öffentlichen Debatte. Das bisher gültige Modell, dessen langfristige Weichenstellungen aber weiterhin fortdauerten, zeigt seine Erschöpfung darin, dass mit massivem technischen und finanziellen Aufwand nur noch minimale Sicherheitsgewinne erzielt wurden. Der menschliche Faktor wurde dabei nicht verdrängt, sondern rückte jetzt vielmehr ins Zentrum auch der öffentlichen Aufmerksamkeit. Daher dominierte jetzt in den Diskursen statt der vorgesehenen eingespielten Rollenverteilung eine antagonistische und dialektische Wahrnehmung: Je anspruchsvoller und automatisierter die Technik, umso kritischer wurde die Rolle des Menschen und umso teurer seine Fehler. Die präventionsgeschichtlichen Trends der 1970er Jahre lassen sich als Versuche verstehen, auf dieses Dilemma zu reagieren. Erstens durch eine Technikkritik, die sich spiegelbildlich zum technischen Präventionsmodell verhielt, das heißt seine Grundprämisse, die Anpassung, die die Technik dem Menschen zumutet, teilte, aber gegensätzlich bewertete. Der menschliche Faktor, so bilanzierte man nun, verweigere sich der dort vorgenommenen Rollenzuschreibung, die ihm übermenschliche Sorgfalt und Übersicht abverlange. Das „menschlichen Versagen" in dieser Lesart erhielt im Laufe dieses Jahrzehnts immer stärker den Charakter eines Kampfbegriffs der sich nun breit formierenden Antikernkraftbewegung.[25] Der Mensch, so argumentiert man hier, bleibe grundsätzlich unberechenbar und fehlbar, lasse sich andererseits aber

---

22 Vgl. E. N. Cramer, Report on tenth 1965 Conference on Reactor Operating Experience, in: Nuclear Safety 7 (1966), S. 149 ff.
23 Damit ergeben sich hier Parallelen zu auch auf anderen präventiven Feldern zu beobachtenden Phänomenen zur Vermehrung von Unsicherheit durch präventive Maßnahmen und zur Diskrepanz zwischen wissenschaftlichen und alltäglichen Präventionspraktiken, vgl. Martin Lengwiler/Jeannette Madaráz, Präventionsgeschichte als Kulturgeschichte der Gesundheitspolitik, in: dies. (Hrsg.), Das präventive Selbst. Eine Kulturgeschichte moderner Gesundheitspolitik, Bielefeld 2010, S. 11–30.
24 Siehe unten Anm. 64.
25 Vgl. zum Kontext: Matthias Jung, Öffentlichkeit und Sprachwandel. Zur Geschichte des Diskurses über die Atomenergie, Opladen 1994; Barbara Wörndl, Die Kernkraftdebatte. Eine Analyse von Risikokonflikten und sozialem Wandel, Wiesbaden 1992.

nicht aus den Risikotechnologien verbannen. Seine Überforderung und Unverzichtbarkeit gingen demnach Hand in Hand. Hinter der fehlerfreien Technik verberge sich konträr zum Selbstverständnis dieses Präventionsregimes eigentlich die Forderung nach dem fehlerfreien Menschen. Demzufolge streiche der Mensch alle Präventionskalküle durch und mache das Risiko prinzipiell unbeherrschbar. Seine Fehlbarkeit sah man dann nicht mehr als Herausforderung im Sinne einer Optimierung präventiver Mechanismen, sondern als fundamentalisierte, das heißt unveränderliche Größe, als Fanal technischer Vergeblichkeit. Damit stilisierten und politisierten die Kritiker der Kernenergie menschliches Versagen zum Beweis eines spezifischen Humanums der Freiheit wie auch Verantwortung. In der Konstante menschlicher Schwäche trafen liberale und ökologische Positionen zusammen. Ein herausragendes Beispiel bietet das Grundargument in Robert Jungks 1977 erschienenem Buch „Atomstaat"[26]: Die Anpassung des Menschen an die nun verlangten technischen Standards, so der Futurologe, lasse sich mit den Mitteln klassischer, disziplinierender Prävention nicht mehr erreichen. Die einzige Möglichkeit, dieses Präventionsmodell durchzusetzen und den verlangten Sicherheitsstandard zu gewährleisten, liege in der Schaffung einer Art Präventionsdiktatur, die den fehlerfreien Menschen, den „homo atomicus", wie der Autor ihn nannte, durch totalitäre Kontrolle und Drill erzwingen müsse.

Ging diese Fundamentalkritik also von der Notwendigkeit des fehlerfreien Menschen als blinder Fleck des bestehenden Modells aus, so entwickelte sich dagegen die Sicherheitsdiskussion der Ingenieure, Wissenschaftler und Behörden in den 1970er Jahren mehrheitlich in Richtung eines neuen Begriffs von „Fehlertoleranz". Dieser forderte umgekehrt, die Technik habe sich dem unverbesserlich fehlbaren Menschen anzupassen – und könne dies auch, selbst in einem so sensiblen Bereich wie der Atomtechnik. Das wurde zum Kerngedanken einer veränderten Präventionsstrategie: Sie erlaubt Fehler in dem Sinne, dass sie „forgiving", nicht nur „foolproof" ist. Ihre Durchsetzung profitierte von einem neuen Systembegriff, der den Menschen dem System nicht gegenüberstellte, sondern in es integrierte, und zwar in einen Gesamtzusammenhang, der als Mensch-Maschine-Hybrid aufgefasst wurde. Diese Auffassung vom Fehler steht im Kontext eines generellen Trends zur Fokussierung auf die Mensch-Maschine-Schnittstelle seit den 1980er Jahren.[27] An ihr setzte die Prävention nun an. In einer solchen Perspektive erscheint der Mensch als „lifeware" neben „software" und „hardware", das heißt als gleichberechtigter vernetzter Systembestandteil, dessen Eigenheiten die anderen Komponenten zu berücksichtigen haben. Diese Neu-

---

26 Robert Jungk, Der Atomstaat, München 1977. Vgl. dazu Thomas Dannenbaum, „Atom-Staat" oder „Unregierbarkeit"? Wahrnehmungsmuster im westdeutschen Atomkonflikt der siebziger Jahre, in: Franz-Josef Brüggemeier/Jens Ivo Engels (Hrsg.), Natur- und Umweltschutz nach 1945, Frankfurt a. M./New York 2005, S. 268–286.
27 Vgl. etwa Martina Heßler, Die Halle 54 bei Volkswagen und die Grenzen der Automatisierung: Überlegungen zum Mensch-Maschine-Verhältnis in der industriellen Produktion der 1980er Jahre, in: Zeitschrift für Historische Forschung (ZHF) 11 (2014), H. 1, S. 56–76.

ausrichtung des Diskurses setzte sich gegen bisherige Präventionskonzepte mit dem Vorwurf ab, diese hätten den menschlichen Faktor zu wenig berücksichtigt. Zeitgenössisch wurde dies häufig als Reaktion auf den Harrisburg-Unfall 1979 verstanden.²⁸ Historisch betrachtet wird man indes eher umgekehrt die Rezeption des Störfalls durch die lange vorher einsetzende Wende der Diskussion vorbereitet sehen. Diese intensivierte sich über die gesamten 1970er Jahre hinweg und konnte ihrerseits an frühere Ansätze, etwa unter dem Leitbegriff des „human engineering", anknüpfen.²⁹ Zweifellos festigte 1979 aber diese Sichtweise für die 1980er Jahre.³⁰ Auf Störfälle wie Biblis 1987, die menschlichem Fehlverhalten zugerechnet wurden, reagiert man, wie in diesem Fall der Betreiber RWE, jetzt auch gegenüber der Öffentlichkeit standardmäßig mit dem Verweis auf einen Nachholbedarf in dieser Hinsicht, dem man nun nachkomme.³¹ Auch diese Lesart eines Versäumnisses projizieren westliche Kernkraftbefürworter auf die Havarie in Tschernobyl, um sie nicht zum Argument gegen die Kernkraft überhaupt werden zu lassen. Zu dieser Umlenkung der Aufmerksamkeit auf die Detailabstimmung an der Mensch-Maschine-Schnittstelle trug auch bei, dass an die Stelle reiner Hypothesen nun immer mehr praktische Betriebserfahrungen traten.³² Statt des GAU rückten alltägliche kleine Betriebsstörungen und sich gegen-

---

28 Vgl. zu diesem Wandel Radkau, Aufstieg und Krise, S. 348, 363, 369 ff., 390 – nachdem zunächst kaum Sicherheitsforschung in der BRD betrieben worden war, vgl. zu deren Anfängen auch Wolfgang D. Müller, Geschichte der Kernenergie in der Bundesrepublik Deutschland, Stuttgart 1990, S. 194 f. Radkau führt die neue Fokussierung des Menschen auf die Beteiligung der Öffentlichkeit am Sicherheitsdiskurs zurück.
29 Vgl. F. Mayinger, Sicherheitsforschung in der BRD, in: Atomwirtschaft 1974, S. 289; K.-H. Berg/J. B. Fechner, Menschlicher Einfluss auf die Sicherheit kerntechnischer Anlagen, in: Atomwirtschaft 1975, S. 556–558 – referiert auch Einwände, dies sei verfrüht, solange die Betriebshandbücher noch nicht ausgereift seien. Vgl. auch: Reaktorsicherheitsforschung großgeschrieben, in: Atom und Strom 28 (1982), S. 88; H. Arp, Mensch-Maschine-Kommunikation in Kraftwerksanlagen, in: VGBK 52 (1973), S. 50. Zum „Human engineering" gegen „human error": K. W. West, Safety Instrumentation and the Human Element, in: Nuclear Safety 1962, S. 25; J. L. Seminara u. a., Human Factors Engineering Enhancement of Nuclear Power Plant Control Rooms, in: Nuclear Safety 21 (1980), S. 351 ff. G. W. Manz, Human Engineering, in: Nuclear Safety 18 (1977), S. 223 ff.
30 Der Mensch war hier nicht nur Auslöser, sondern hat den fatalen Gang der Ereignisse dominiert – das bedeutete das Gegenteil des erwarteten Störfallverlaufs. Vgl. Report of the President's Commission on the Accident at Three Mile Island, in: Nuclear Safety 21 (1980), S. 234–244; D. W. Hagen, The Human. Key Factor in Nuclear Safety, in: ebenda, S. 480–485; Summary of TMI-2 Lessons Learned Task Force Report, in: Nuclear Safety 2 (1979), 735–741; NRC Action Plan, in: Nuclear Safety 23 (1982), S. 291 ff. mit 6400 Änderungen; R. B Duffey, U. S. Nuclear Power Plant Safety. Impact and Opportunities Following Three Mile Island, in: Nuclear Safety 30 (1989), S. 222–231 mit Rückblick auf die Nachwirkungen. Vgl. zum Vorfall insgesamt J. Samuel Walker, Three Mile Island. A Nuclear Crisis in Historical Perspective, Berkeley u. a. 2004.
31 Vgl. Deutscher Bundestag, 11. Wahlperiode Drucksache 11/7800, S. 309, 317, 320, 329, 383 – versprochen wird von RWE nun ein Human-Factor-Koordinator in jedem Kraftwerk.
32 Vgl. typisch für die Anfangsphase, die nicht auf Erfahrungen zurückgreifen konnte: Erich H. Schulz, Vorkommnisse und Strahlenunfälle in Kerntechnischen Anlagen. Aus 20 Jahren internatio-

seitig verstärkende Fehlhandlungen in den Fokus, sodass eine Art Normalisierung des Fehlers erfolgte.[33] Der Denkansatz des Hybrids entsprach aber auch einem neuen und komplexeren Blick der Öffentlichkeit auf die Technik jenseits einfacher Technikfeindschaft und -begeisterung.[34]

Der Zusammenhang zwischen der Aushandlung präventiver Rollen und der Verpflichtung auf übergreifende Menschenbilder wird auch darin deutlich, dass sich die Atombehörden der DDR trotz allen Wissenstransfers vom westlichen Primat der Technik in der Prävention teilweise explizit abgrenzten. Der sozialistische Mensch steht hier über und gewissermaßen in der Technik und wird als ihr „Partner" verstanden. Auch Prävention wird zum Bestandteil der wechselseitigen Beobachtung der Blöcke:[35] Die Berücksichtigung des Menschen, die der Westen dem Osten als konzeptuell innovative Fehlertoleranz entgegenhielt,[36] nahm man dort gegen den Westen für sich in Anspruch, aber als immer schon betriebenen Emanzipationsvorgang, nicht als fortschrittsrelativierende Sensibilität für seine Schwächen – so etwa in einem Artikel des in der Kernforschung der DDR hocheinflussreichen, vom Westen in den Osten übergewechselten Atomphysikers und SED-ZK-Mitglieds Klaus Fuchs. Eben seine „Teilhaberschaft", seine Integration in den Produktionsprozess seien es, die ihn weniger fehleranfällig machten.[37] Seine Verantwortung und Ausbildung als Facharbeiter mit Einsicht und Eingriffsmöglichkeit erhielten hier den präventiven Vorzug („Intelligenz statt Beton") vor seiner Entlastung durch die Technik. Das entsprach der Bauart sowjetischer Atomkraftwerke, denen das „Containment" als wesentlicher Teil menschenunabhängiger Vorsorge fehlte. Gerade der Kontext eines sozialistisch

---

naler Erfahrung, München 1966, S. 383: Kerntechnik braucht nicht aus Erfahrung zu lernen und kann sich dies auch nicht leisten.
33 Vgl. N. N., Kernenergie – Option für die Welt, in: Atom und Strom 25 (1979), S. 95.
34 Vgl. Thomas Raithel, Neue Technologien: Produktionsprozesse und Diskurse, in: ders./Andreas Rödder/Andreas Wirsching, Auf dem Weg in eine neue Moderne? Die Bundesrepublik Deutschland in den siebziger und achtziger Jahren, München 2009, S. 31–44, insbes. S. 42.
35 Vgl. allgemein zum Wissenstransfer: Jens Niederhut, Wissenschaftsaustausch im Kalten Krieg: Die ostdeutschen Naturwissenschaftler und der Westen, Köln u. a. 2007.
36 Ergebnisse neuerer Sicherheitsanalysen, in: Atom und Strom 32 (1986), S. 195; Kernkraftwerke verzeihen menschliche Fehler, in: Atom und Strom 33 (1987), S. 169. Genauso in den USA, vgl. The Chernobyl Accident, in: Nuclear Safety 28 (1987), S. 9.
37 Jeder neue Anspruch in der Produktion sei zunächst und vor allem ein Anspruch an die Menschen, so wird Erich Honecker zitiert. Der Westen schrecke nach Harrisburg vor den ideologischen Konsequenzen des Mensch-Maschine-Problems zurück. Es gehe um Urteilsfähigkeit und Verantwortung. Vgl. K. Fuchs, Über die Zuverlässigkeit von Kernkraftwerken, in: Kernenergie 27 (1984), S. 69–74; R. Lehmann u. a., Die Aus- und Weiterbildung des Personals von Kernkraftwerken in der DDR, in: Kernenergie 32 (1989), S. 229. Gegen den rein technisch-probabilistischen Blick: G. Hartmann, Handlungszuverlässigkeit des Betriebspersonals, in: Kernenergie 33 (1990), S. 276 f. Man betont auch die fehlerfreie Arbeit in der Produktion als präventiven Faktor: F. W. Krüger, Die Gewährleistung des Strahlenschutzes und der Strahlensicherheit durch die Arbeit des Generalauftragnehmers für Kernkraftwerke, in: Kernenergie 15 (1972), S. 189 ff.

verordneten Technikoptimismus lässt es hier also nicht zum Primat der Technik in der Prävention kommen.[38] In umgekehrter Richtung lautete dann die westdeutsche Diagnose, man habe sich in Tschernobyl zu sehr auf den Menschen verlassen.[39] Hier schlugen also ideologische Prämissen unmittelbar auf die Wahl der präventiven Mittel durch. Der Automatisierung misstraute man aus ideologischen Gründen und nicht nur, um mit der Option für den Menschen den technologischen Rückstand zu kompensieren. An der jeweiligen Präventionstechnologie entschieden sich Menschenbilder und Gesellschaftskonzepte, über die der „Systemgegensatz" ausgefochten wurde. Die diskursive Verknüpfung von Freiheit und Fehler tauchte auch in dieser Debatte wieder auf, gewissermaßen als politische Variante der Fehlertoleranz: Die DDR sah im kapitalistischen Erfolgsdruck, der Westen umgekehrt in der Planwirtschaft fehlerfördernde Rahmenbedingungen.[40]

2 Die Veränderung der Sorgfaltsmaßstäbe zwischen „homo diligens" und „homo atomicus"

Die geschilderten, rein sicherheitstechnischen Bewertungen „menschlichen Versagens" standen immer auch im Verhältnis zu nichttechnischen Handlungsmaßstäben, die sie teils voraussetzten, teils aber auch modifizierten oder gar konterkarierten. Anders gewendet: Das, was präventiv erforderlich erschien, hatte sich fortwährend mit dem abzugleichen, was als Standard verantwortlichen Handelns sinnvoll und geboten erschien und dem, was juristisch durchsetzbar war. Eine nicht nur technik- und wissensgeschichtlich, sondern auch rechts-, mentalitäts- und moralgeschichtlich interessierte Präventionsgeschichte hat diese Aspekte mit einzubeziehen. Ihre Historisierung kann an der Kategorie der „Fahrlässigkeit" ansetzen. Denn sie übersetzt „menschliches Versagen" in die juristische Logik von Haftung und Strafe. Und mit ihr geriet präventives Verhalten überhaupt in den Blick der Rechtsprechung und des juristischen Diskurses. Schließlich wurde sie auf Handlungsfolgen bezogen, die man eigentlich hätte vorhersehen müssen bzw. können. Deswegen geht sie auch über Ungehorsam oder Pflichtverletzung hinaus, die lange Zeit die Lesart von Fehl-

---

38 Vgl. Dieter Hoffmann/Kristie Mackrakis (Hrsg.), Naturwissenschaft und Technik in der DDR, Berlin 1997.
39 Der Vorwurf entspricht also durchaus der sozialistischen Selbstsicht. Vgl. Gerhard Flämig, Tschernobyl und seine Folgen, in: Atom und Strom 32 (1986), S. 89 ff.; Ergebnisse neuerer Sicherheitsanalysen, in: ebenda, S. 194 ff.
40 Vgl. zum Kontext Mike Reichert, Kernenergiewirtschaft in der DDR, St. Katharinen 1999, S. 359, 363. Dementsprechend steht unter den Empfehlungen nach Tschernobyl auch die Betriebsdisziplin wieder an prominenter Stelle, die Perspektive bleibt davon unberührt, vgl. ebenda, S. 370. So auch Wolfgang D. Müller, Geschichte der Kernenergie in der DDR, Stuttgart 2001, S. 149, 137.

handlungen dominiert hatten. Die bloße Befolgung der Vorschriften, der „Dienst nach Vorschrift" reichte hier nicht mehr aus, vielmehr verlangte ihre Vermeidung ein Minimum an präventivem Aufwand. Und zur anderen Seite hin hat die Fahrlässigkeit ihre Grenze an dem, was man „unabwendbares Ereignis" nennt. Die Grenzen der Prävention bestimmen hier also auch die Grenzen der Haftung, genauso wie dies in erzieherischer Absicht umgekehrt behauptet wurde. Vor allem aber impliziert sie einen Standard menschenmöglicher Voraussicht und Umsicht, der sich traditionell im Begriff der „Sorgfalt" bündelte. An ihm bemisst sich, was dem Menschen jeweils als „Versagen" überhaupt billigerweise zuzurechnen, und das heißt welcher Präventionsradius ihm abzuverlangen ist. Diese „Durchschnittssorgfalt" richtete das erste BGB von 1900 am „homo diligens" als treusorgendem Familienvater aus. Diese Deutung entsprach also noch ganz einer bürgerlich-patriarchalen, nicht technisch definierten Lebenswelt.[41] Später, und selbstverständlich auch in der Atomindustrie, wurde der „Stand der Wissenschaft" bzw. „der Technik" zum Kriterium in Haftungsfragen.[42] Indem man Präventionsgeschichte an die sich langfristig wandelnden, inhaltlich-konkreten Füllungen solcher Sorgfaltsbegriffe anschließt, wird erkennbar, wie sich in ihrem Verlauf der Maßstab des Menschenmöglichen zwischen unterstellten Fähigkeiten und wahrgenommenen Anforderungen bzw. Gefahren immer wieder neu justierte. In der historisch auszumessenden Spannweite zwischen „homo diligens" und „hochzuverlässigem" „homo atomicus" ändern sich die Maßstäbe nicht nur dem Grad nach, sondern unterliegen Paradigmenwechseln. Denn bis in die 1950er Jahre wirkte eine Definition des Fehlers als Willens- und Persönlichkeitsdefekt nach, die ihrerseits ein früheres, disziplinarisches Paradigma der Fehlerverhütung abgelöst hatte.[43] Gewissenhaftigkeit und die kognitiven Fähigkeiten der Vorsicht und Vorausschau wurden hier an die Willensspannung gekoppelt, ihr Mangel war daher vorwerfbar und haftungsrechtlich verantwortbar. Damit war die Tendenz verbunden, die Fehlleistung als Aussage über die Gesamtpersönlichkeit zu werten. Auch psychologisch informierte Unfallverhütungskampagnen dieser Zeit zielten mit Appellen und Mahnungen letztlich auf diese Charakter-Schicht, auf das Selbstbild einer Willens- und Verantwortungspersönlichkeit. Vereinzelt reicht diese Sprache der Tugenden

---

41 Vgl. zu Dogmatik und Geschichte dieser Rechtsfigur Erwin Deutsch, Fahrlässigkeit und erforderliche Sorgfalt, Köln u. a. 1995 – mit weiterführender Literatur.
42 Vgl. Karl Albrecht Schachtschneider, Der Rechtsbegriff „Stand von Wissenschaft und Technik" im Atom- und Immissionsschutzrecht, in: Werner Thieme (Hrsg.), Umweltschutz im Recht, Berlin 1988, S. 81.
43 Zur Unfallverhütung im Übergang zum 20. Jh. vgl. Martina Bauernfeind, Gefahren der Technik und neue Unfallrisiken im Zeitalter der Industrialisierung. Ereignis, Wahrnehmung und Reaktion am Beispiel Nürnbergs, in: Ulrich Wagner, Stadt und Stadtverderben, Ostfildern 2012, S. 217–236; Wolfhard Weber, Gedanken zum Arbeitsschutz in der Schwerindustrie der Weimarer Republik, in: Ottfried Dascher/Christian Kleinschmidt, Die Eisen- und Stahlindustrie im Dortmunder Raum, Dortmund 1992, S. 215–230.

und Untugenden noch bis in die frühen Sicherheitsdiskussionen der Atomindustrie hinein: Sicherheit sei auch bei dieser Technik problemlos zu gewährleisten, wenn der Mensch nur gewissenhaft genug agiere, also ohne „Irrtum, Vergesslichkeit und Unvorsichtigkeit".[44]

Die oben geschilderten Präventionsregime der 1950er und 1960er Jahre hingegen interpretierten, oder besser: ersetzten Sorgfalt konsequent durch „Zuverlässigkeit".[45] Darin lag eine paradigmatische Angleichung des menschlichen an technisches Versagen, die sich negativ in der semantischen Unterscheidung von Fehler und Ausfall niederschlägt. Denn „failure", so charakterisierte etwa ein amerikanischer Ingenieur Anfang der 1960er Jahre den Vorteil des Computers, sei präventiv weit besser zu behandeln als der menschliche „mistake", der schwieriger zu beheben und zu entdecken sei.[46] In diesem Muster wurden nun auch menschliche Fehlhandlungen beschrieben. Für den Einzelnen bedeutete das, dass sein präventives Potenzial zu einem Bündel einzeln messbarer, systemrelevanter Fähigkeiten und Leistungen wurde. Auf die epistemischen Voraussetzungen von Prävention hatten diese Trends einen erheblichen Einfluss:[47] Im Zuverlässigkeitsparadigma öffnete sich das Wissen vom menschlichen Versagen einer Quantifizierung, die auch den Menschen möglichst nahtlos in Risikorechnungen einbeziehen sollte. Die Verfasser von Risikoeinschätzungen formulierten Quoten menschlicher Zuverlässigkeit insgesamt und für einzelne Arbeitsschritte, auch wenn dies immer wieder auf Zweifel und Widerstand traf. Die Frage, ob ein solches Vorhaben grundsätzlich möglich sei, wurde zur methodischen Achillesferse der Sicherheitsforschung.[48] Mit ihm stand und fiel eine Denkschule, die die Möglichkeit der Prävention von der Probabilisierbarkeit des Fehlers

---

44 Schulz, Vorkommnisse und Strahlenunfälle, S. 383.
45 Vgl. Ohne Service keine Sicherheit. Zuverlässigkeit und Verfügbarkeit haben in der Kerntechnik Priorität, in: Atom und Strom 32 (1986), S. 198 ff.; J. B. Fussell/F. S. Arendt, System Reliability Engineering Methodology, in: Nuclear Safety 20 (1979), S. 541–550.
46 Vgl. M. A. Schultz, Reactor Safety Instrumentation, in: Nuclear Safety 4 (1962), S. 9: "The digital computer can fail, but it will not make a mistake. When it fails it will fail decisively, and the trouble can be easily found." Vgl. entsprechend auch Human Reliability Analysis, in: Nuclear Safety 17 (1976), S. 315–326, hier S. 322: "Human error (unreliability) is defined as failure to perform a prescribed act (or the performance of a prohibited act)."
47 Vgl. allgemein: Martin Lengwiler/Stefan Beck, Historizität, Materialität und Hybridität von Wissenspraxen. Die Entwicklung europäischer Präventionsregime im 20. Jahrhundert, in: Geschichte und Gesellschaft 34 (2008), S. 489–523.
48 Vgl. Frank P. Lees, Quantification of Man-Machine System Reliability in Process Control, in: Nuclear Safety 16 (1975), S. 316 f.; Technical Note: Quantification of Human Error, in: Nuclear Safety 23 (1982), S. 665 ff.; G. W. Parry, Characterization and Evaluation of Uncertainty in Probabilistic Risk Analysis, in: Nuclear Safety 27 (1981), S. 28 ff.; Human Reliability Analysis, in: Nuclear Safety 17 (1976), S. 315–326, hier S. 323: "The effort that is sometimes spent in designing ultrareliable equipment is often negated by human error" – diese Erfahrung wird jetzt bestimmend. Vgl. auch Norman C. Rasmussen, The AEC Study on the Estimation of Risks, in: Nuclear Safety 15 (1974) – mit Rückblicken, S. 375–383; B. Schallopp, Protection-System Developments, in: ebenda, S. 409 ff.

abhängig machte. Die Konzeptualisierung menschlichen Versagens gewann damit Anschluss an den übergreifenden Trend zur probabilistischen Risikokalkulation in verschiedensten Bereichen.[49]

Dieser Ansatz schlug sich in den großen Reaktorsicherheitsstudien der USA (1975) und der Bundesrepublik (1979 und 1989) nieder, deren Prämissen – die die Deutschen von den Amerikanern übernehmen – konstant blieben, die aber den anfangs weitgehend unberücksichtigten menschlichen Faktor zunehmend stärker einbezogen.[50] Die Autoren der Studien, in der Bundesrepublik unter anderem der TÜV, die Gesellschaft für Anlagen- und Reaktorsicherheit (GRS) und diverse Ingenieurbüros, definierten den Menschen konsequent als Systembestandteil, das heißt über die Ausführung einer bestimmten Funktion im Gesamtgefüge pro Zeit. Seine oben geschilderte Doppelrolle spiegelte sich in der Grenze seiner Berechenbarkeit: Als quantifizierbar galten Verhaltensweisen, die auf trainierbaren Fähigkeiten und Regelbefolgung beruhten, aber nicht das wissensbasierte Handeln und damit die im Notfall geforderte Entscheidung. Die Berechenbarkeit beschränkte sich also auf die Grenzen von Handbuch und Routine. Unter den auf den Arbeiter einwirkenden Faktoren galt die Zeit als entscheidende Variable: Mit zunehmender Dauer nach dem Unfallereignis nehme die Fehlerwahrscheinlichkeit rapide ab.[51] Mit einem solchen Modell, das menschliches Handeln methodisch als Zufall handhabte,[52] löste man sich von linearen, erkennbar an forensische Modelle angelehnten Kausalmodellen, wie sie als Domino-Theorie anfangs die Ätiologie des Unfalls beherrscht hatten. Der Abschied von der deterministischen Verursachung und der von individueller Haftung bedingten sich hier gegenseitig. Insgesamt verlor Sorgfalt durch die Verlagerung vom persönlichen Fehler zum Systemfehler[53] den Charakter einer individuellen Tugend. Auf

---

49 Vgl. Gerd Gigerenzer u. a., The Empire of Chance. How Probability Changed Science and Everyday Life, Cambridge, England/New York 1989.
50 Die deutsche Risikostudie übernimmt die Prämissen der Rasmussen-Studie. Die menschliche Komponente wird in Phase A noch kaum einbezogen, was auch mit der Dominanz der Automatik gerechtfertigt wird: Deutsche Risikostudie Kernkraftwerke. Eine Untersuchung zu dem durch Störfälle in Kernkraftwerken verursachten Risiko. Hauptband. Eine Studie der Gesellschaft für Reaktorsicherheit im Auftrag des Bundesministeriudiems für Forschung und Technologie, Bonn 1979, S. 238, 246, 281. In Phase B geschieht dies hingegen systematisch. Vgl. generell zum Problem: Jon Elster, Ungewißheit und Kernkraft, in: Gotthard Bechmann (Hrsg.), Risiko und Gesellschaft, Opladen 1993, S. 59–87.
51 Ebenda, S. 282. Vgl. Deutsche Risikostudie Kernkraftwerke. Phase B. Eine Untersuchung im Auftrag des Bundesministers für Forschung und Technologie, Köln 1990, S. 160, 398–406, 774. Die Prämisse teilen auch die Kernkraftkritiker, so im Anti-Rasmussen-Report, vgl. Die Risiken der Atomkraftwerke. Der Anti-Rasmussen-Report der Union of Concerned Scientists, Bonz 1980, hrsg. vom Öko-Institut, Freiburg i. Br., S. 57 f.
52 L. Merz, Das Doppelgesicht der Reaktorsicherheit, in: AW 1981, S. 294 ff. Vgl. dagegen die sozialistische Skepsis gegenüber dem Probabilismus.
53 So typisch bei Charles Perrow, Normal Accidents. Living with High-Risk Technologies, New York 1984.

der Systemebene fing nun Prävention in neuartigem Sinne überhaupt erst an. Schon den britischen Atomunfall von Windscale 1957 deutete die Untersuchungskommission, der „Penney Report", als organisatorisches, „kollektives Versagen", auch wenn zugleich einzelne Schuldige des „human error" benannt wurden, die sich dann aber bezeichnenderweise gegen diese Zuschreibung wehrten.[54]

In diesem Rahmen war also die Frage nach dem Menschenmöglichen nicht nur entmoralisiert worden und hatte damit ihre normative Beeinflussbarkeit verloren, sondern war schließlich ganz in der Messung von Ausfallwahrscheinlichkeiten aufgegangen. Im Paradigma der Fehlertoleranz hingegen wurde sie in den 1970er Jahren unter neuen Vorzeichen wieder explizit gestellt. Unter dieser Überschrift kreiste der Präventions-Diskurs jetzt um die Vermeidung menschlicher Überforderung vor dem Hintergrund ihrer grundsätzlichen Akzeptanz.[55] Hier bedeutete Vorbeugung nicht Anstrengung als Verhütung der Nachlässigkeit, sondern Entlastung des Menschen als Vermeidung der Überforderung und der dadurch provozierten Fehler. Das Problem der Information etwa diskutierten die Techniker jetzt nicht mehr als eines von Steuerung, sondern als das des „Meldeschwalls".[56] Auch dafür war eine Verschiebung der Perspektive auf das System entscheidend, die der Entwicklung zum Hybrid hin entspricht: Es wurde in diesem Diskurs tendenziell vom Garanten zum Gegenstand der Prävention. Der menschliche Fehler ist ein Produkt des Systems – das war der Kern der öffentlichkeitswirksamen Deutung von Harrisburg. Der dortige „human error", so deutete man die Untersuchungsberichte, resultierte nicht aus „operator deficiencies", sondern aus „inadequacies in equipment design, information, presentation, emergency procedures and training". Der Mensch war hier „trapped in a system". In dieser Akzentuierung der Wahrnehmung, die fortan prägend blieb, konzentriert sich der epochale Gesamtprozess.[57]

In der Konsequenz wurde Prävention nun zur Suche nach „error-proneness", ein Begriff, der das Konzept der Fehlertoleranz operationalisierbar machte: "When factors exist that could cause human error, the situation is error prone."[58] Mit diesem Blick auf Verursachung wurde die Verkoppelung von Mensch und System also nicht

---

54 Vgl. Der Reaktorunfall in Windscale, in: Atomwirtschaft 1957, S. 357 ff.; Lorna Arnold, Windscale 1957. Anatomy of a Nuclear Accident, New York 1992.
55 J. N. Zerbo, Fourth Symposium on Training, in: Nuclear Safety 23 (1982), S. 211; A. B. Long, Computerized Operator Decision Aids, in: Nuclear Safety 25 (1984), S. 512–524.
56 Vgl. W.-E. Büttner, Entwicklungstendenzen der Informationsverarbeitung mit Hilfe von Prozessrechnern für das Wartenpersonal in Kernkraftwerken der BRD, in: Kernenergie 29 (1986), S. 215–222.
57 Hagen/Mayst, Human Factors Engineering in the U. S. Nuclear Arena, in: Nuclear Safety 22 (1981), S. 342 f. Vgl. im Kontrast dazu die Bedienmannschaft in Tschernobyl, die zu hohen Haftstrafen verurteilt wurde (Franz-Josef Brüggemeier, Tschernobyl, 26. April 1986, München 1998, S. 27).
58 Ebenda, S. 343. Vgl. R. J. Breen, Defense-in-Depth Approach to Safety in Light of the TMI Accident, in: Nuclear Safety 22 (1981), S. 561 ff. Ebenda, S. 337–346: Es geht darum, „accident precursors" herauszufinden.

etwa aufgelöst, sondern im Gegenteil noch enger. Es ist gerade die dialektische Folge des auch jetzt noch immer weiter verflechtenden und verdichtenden Systemanspruchs der 1950er und 1960er Jahre, dass sich seine Vorzeichen in Bezug auf den Menschen umkehren: Das System stand nun nicht mehr für reibungslose Geschlossenheit, sondern für den Zusammenhang vieler Faktoren und Anschlussstellen, die zu berücksichtigen seien; nicht Aufteilung und Trennung, sondern Entlastung durch Abstimmung und Intensivierung der Interaktion waren seither gefragt. Das schlug sich auch darin nieder, dass die Ergonomie spätestens in den 1980er Jahren an die Spitze der präventiven Disziplinen gerückt war.[59] Wenn das Unfallgeschehen von 1979 als *breakdown* des Man-Machine-Systems beschrieben wurde, lag darin zugleich ein konzeptueller Bruch mit der bisherigen Selbstverständlichkeit, in der Analyse des Versagens zwischen Technik und Mensch zu unterscheiden. Für die Techniker des „human engineering" war ein Fehler nun kein menschliches Versagen vor der Technik mehr. Vielmehr definierten sie ihn als „misfit", an dem immer beide Komponenten in Wechselwirkung beteiligt sind.[60] Nun wurden immer mehr, auch sehr heterogene Dimensionen in einen integralen Zusammenhang unter präventivem Vorzeichen mit einbezogen: Kommunikation, Führungsstruktur, psychosoziale Aspekte, die Ebene der Verhaltensforschung usw.[61] Dem entspricht genau das 1986 von der Internationalen Atomenergie-Organisation in Reaktion auf Tschernobyl eingeführte Konzept der „safety culture", das in der Folge auch viele Bereiche jenseits der Atomwirtschaft geprägt hat[62] – und zwar genau darin, dass „Kultur" hier „System" als Inbegriff des präventiven Bezugsrahmens abgelöst hat. In diese Umstellung der präventiven Diskurse spielte erkennbar auch die Umstrukturierung der Arbeitswelt und der Stellung des Menschen in ihr hinein, wie man sie generell für die Phase „nach dem Boom" herausgearbeitet hat.[63]

---

59 Vgl. Institut für Unfallforschung des TÜV Rheinland (Hrsg.), Menschliche Faktoren im Kernkraftwerk. Bericht im Auftrag des Bundesministers des Inneren, Köln 1977, S. 1–1 bis 1–31. Human Reliability Analysis, in: Nuclear Safety 17 (1976), S. 315–326, hier S. 323: "Man cannot be regarded as an entity apart from the system, an entity that only operates, maintains, or controls a process, rather he is a part of the system."
60 Vgl. Raudenbush, Human Engineering Factors in Control-Board Design, in: Nuclear Safety 14 (1973), S. 21–26.
61 Psychische und charakterliche Eignung kommen hier auf anderer Ebene und in anderer Sprache wieder in den Blick, vgl. K.-H. Berg/J. B. Fechner, Menschlicher Einfluss auf die Sicherheit kerntechnischer Anlagen, in: Atomwirtschaft 1975, S. 556–558; zur Führungsstruktur: Lehren aus Brunsbüttel, in: Atomwirtschaft 1978, S. 312, 389 ff., 392, 359, 337.
62 "One cannot directly manage safety instead one manages the conditions that are necessary for promoting safety – attitude commitment etc.", so T. E. Murley, Developments in Nuclear Safety, in: Nuclear Safety 31 (1990), S. 5.
63 Vgl. Anselm Doering-Manteuffel/Lutz Raphael, Nach dem Boom. Perspektiven auf die Zeitgeschichte seit 1970, Göttingen 2008.

3 Die Gefährdungshaftung und die Entwicklung präventiver Verantwortung

Solche Vorstellungen integraler Gesamtsysteme trugen aber auch dazu bei, dass die Frage nach dem Anteil menschlichen Handelns im Sinne von Verschulden und Verantwortlichkeit immer weniger klar beantwortet werden konnte. Das zeigt sich bei Verhandlungen im Anschluss an Störfälle, also im semantischen Nahkampf der konkreten Beschreibung von Fehlhandlungen. Nach Biblis 1987 wiesen die kritischen Experten wie Klaus Traube, einer der bekanntesten bundesdeutschen Kernkraftgegner und ehemaliger Atomindustriemanager, auf die grundsätzliche systemische Inkompatibilität, und daher auch Unbeherrschbarkeit menschlichen Handelns hin, dem man daher subjektiv keinen Vorwurf machen könne. Die Vertreter des konventionellen Sicherheitskonzepts wie Adolf Birkhofer, langjähriger Geschäftsführer der GRS und Lobbyist der zivilen Kernkraftnutzung, hielten den Handelnden dagegen massives Fehlverhalten vor, das „durch den Menschen hineingetragen" worden, und damit also eine Systemverletzung sei.[64] Den Fahrlässigkeitsbegriff, der eine solche Zurechnung ja gerade leisten sollte, hielt man in Biblis für unanwendbar, und in Brunsbüttel 1978 etwa bezieht ihn der Bericht der das Umweltministerium beratenden Reaktorsicherheitskommission als „grobe Fahrlässigkeit" ausschließlich auf die ausdrückliche Verletzung von Vorschriften.[65] Die präventive Anstrengung hatte sich also, das zeigen diese Beispiele, von der individuellen rechtlichen Zurechenbarkeit längst entkoppelt.

Dass sich die Vorsorgekonzepte der Atomindustrie unter dieser zentralen Rahmenbedingung entwickelten, ging auf eine schon sehr frühe Weichenstellung im Bereich von Risikotechnologien wie der Eisenbahn zurück: den Übergang von der individuellen Verschuldenshaftung zur Gefährdungshaftung.[66] Daran ist entscheidend für den Wandel in der Wahrnehmung und Konzeptualisierung menschlicher Fehlbarkeit, dass in diesem Rahmen nach einem Verschuldensnachweis tatsächlicher, individuell mangelnder Sorgfalt als Haftungsgrund nicht mehr gesucht werden muss. Vielmehr haftet der Betriebseigentümer gewissermaßen als Systemverantwortlicher für alles, was weder als höhere Gewalt noch als grobe Fahrlässigkeit des Arbei-

---

64 Vgl. Deutscher Bundestag, 11. Wahlperiode Drucksache 11/7800 S. 346 f., 355, 359, 374–380. Zum Problem der mangelnden und zur unkonkreten Beschreibung von Handlungsabläufen vgl. Human Error in Events, in: Nuclear Safety 25 (1984), S. 700.
65 Ebenda, S. 327. Zum Brunsbüttel-Reaktorsicherheitskommissions-Bericht, zitiert in: Der Spiegel 1978, Nr. 26, S. 33 und Nr. 29, S. 149.
66 Vgl. zur Geschichte der Gefährdungshaftung: Nils Jansen, Die Struktur des Haftungsrechts. Geschichte, Theorie und Dogmatik außervertraglicher Ansprüche auf Schadensersatz, Tübingen 2003, S. 369 ff.; Regina Ogorek, Untersuchungen zur Entwicklung der Gefährdungshaftung im 19. Jahrhundert, Köln/Wien 1975; Hanspeter Strickler, Die Entwicklung der Gefährdungshaftung: Auf dem Weg zur Generalklausel? Diss. St. Gallen 1982. Zum Atomhaftungsrecht im Speziellen: Joachim Radkau/Lothar Hahn, Aufstieg und Fall der deutschen Atomwirtschaft, München 2013, S. 233 ff.

ters oder Kunden gilt. Von dieser Rechtsfigur profitierten die langfristigen Prozesse der Verlagerung vom Einzelnen aufs System, der allmählichen Entstigmatisierung des Fehlers und der Gewichtsverlagerung von einem sanktionierend-juristischen zu einem präventiven Blick. Die Frage des Verschuldens verlor an Aufmerksamkeit, während der präventive Aspekt ausgreifender, umfassender und abstrakter wurde, sich vom individuellen Handlungsradius entfernte. Dass auf individuelle Verantwortlichkeit auch zu präventiven Zwecken nicht verzichtet werden dürfe, blieb zwar als ganz generelles liberales Argument ein Gemeinplatz in Vorsorgedebatten jeder Art,[67] wurde aber von der ja durch staatliche Haftung abgesicherten Atomindustrie vor allem in strategischer Absicht bemüht, als „Selbstverantwortung" gegen zu starke staatliche Eingriffe.[68] Im Modell der Gefährdungshaftung wurde der Maßstab der subjektiv möglichen Voraussicht durch die sogenannte objektive Sorgfalt ersetzt, die begrifflich genau fasst, was moderne Präventionsregime und entsprechende Fehlerbegriffe von der Tradition individueller Schuldzuschreibung trennt. Sie soll nicht mehr das abdecken, was vorhergesehen werden könnte (so die Fahrlässigkeitsdefinition), sondern alles, was nicht ausgeschlossen werden kann und damit einberechnet werden muss. In den juristischen Definitionen verbergen sich hier zwei verschiedene präventive Paradigmen: prospektive Vorsorge für das, was individuell absehbar und damit zu verantworten ist, also für die auf einen zukommende Gefahr, und probabilistische Vorsorge für etwas, das statistisch gesehen, das heißt abstrakt und anonym, in einem definierten Ereignisraum irgendwann eintreten wird, also für die kalkulierte Gefahr.[69] Ausgeschlossen aus der zweiten Art von Verantwortung ist nicht mehr einfach das Unabwendbare, sondern es muss außerdem ein von außen Kommendes, nicht dem Betriebsablauf Angehöriges sein, so lautet die Definition von „höherer Gewalt" im Rahmen der Gefährdungshaftung. Diese führte also schon früh zu einem systemischen Verständnis des Präventionsradius. Das eröffnete dann auch neue Spielräume des erlaubten Risikos, also der Inkaufnahme. Denn gehaftet wurde hier nicht für das sträflich, wegen mangelnder Sorgfalt Geschehene, sondern für das in Kauf genommene, trotz Sorgfalt Geschehene. Daher wurde dieser Paradigmenwechsel auch von Vertretern der betroffenen Industrien und von Politikern von Beginn an mit dem Argument gefordert, nur er erlaube den notwendigen technischen Fortschritt; dieses Argument spielte in der Modernisierung von Präventionsmustern also eine treibende Rolle. Auch semantisch verschwanden nun Kategorien wie Schuld oder auch nur

---

67 Vgl. Radkau, Aufstieg und Krise, S. 389, 392: Vorbehalte der Betreiber gegenüber der Gefährdungshaftung.
68 Unabhängig vom Materiellen sei dies ethisch-psychologisch wichtig: A. Bachmair, Zur Frage der Selbstverantwortung bei der Bauausführung von Atomkraftwerken, in: Atomwirtschaft 1961, S. 361 ff. Der bisherige Verantwortungsbegriff und Haftungsbegriff reiche nicht mehr: B. Lutz, Der technische Fortschritt als kalkuliertes Risiko, in: Atomwirtschaft 1967, S. 404 f.
69 Das deckt sich nur teilweise mit Luhmanns Unterscheidung von Gefahr und Risiko, vgl. Niklas Luhmann, Soziologie des Risikos, Berlin/New York 1991, S. 30 f.

Missbilligung immer weiter aus dem Reden und Verhandeln über menschliches Versagen und zogen sich in den Bereich grober Fahrlässigkeit zurück.

Im Gegenzug entwickelte sich ein spezifisch präventives Verständnis von Verantwortung gerade unter vorrangiger Bezugnahme auf die Kernenergie. Dies sollte sich nicht mehr am Vorhersehbaren, sondern am nicht Vorhersehbaren orientieren. In diesem Sinne radikalisierten und verabsolutierten Entwürfe einer neuen präventiven Ethik für die 1980er Jahre, wie etwa das „Prinzip Verantwortung" des Philosophen Hans Jonas (1979), nur das, was in der Gefährdungshaftung schon lange angelegt war. Diese stellten nämlich vom Nahbereich auf Fern- und Systemwirkungen um sowie von der Verursachung des Getanen ganz auf das Präventive.[70] Historisch lassen sie sich auch als Versuch deuten, eine Lücke zu überbrücken zwischen den neuen präventiven Dimensionen und einer gleichsam nachhinkenden politisch-moralischen Sprache, die vor allem in der öffentlich-politischen Debatte immer noch den Maßstab des „homo diligens" anlegte. So forderte etwa der SPD-Parteivorsitzende Hans-Jochen Vogel 1987 eine für die moderne Technik geltende „Fähigkeit, auch die schädlichen Folgen menschlichen Tuns vorherzusehen, die nicht beabsichtigt sind". Andernfalls regiere die Hybris einer „praktischen Unfehlbarkeit".[71] Mehr Nüchternheit und Nähe zur Expertendiskussion drückte sich in dem Grundgedanken atomrechtlicher Versicherungslösungen aus, dass es „unbekannte Gefahren" seien, für die der Staat Haftungssummen der Industrie übernehme.[72]

4 Fazit

Blickt man von diesen Befunden aus noch einmal auf den Grundansatz zurück, „menschliches Versagen" zum Zweck historischer Analyse nach den verschiedenen normativen Regimen aufzubrechen, die hier zusammentreffen, lassen sich abschließend zwei Bemerkungen machen. In synchroner Hinsicht wird Präventionsgeschichte so als Kreuzungspunkt verschiedener Regulierungsansprüche erkennbar, die aus heterogenen, zum Teil inkommensurablen institutionellen Kontexten und Diskursen erwachsen – technischen, wissenschaftlichen, politischen, moralischen und

---

70 Vgl. Hans Jonas, Das Prinzip Verantwortung. Versuch einer Ethik für die technologische Zivilisation, Frankfurt a. M. 1979. Dazu auch Hans Lenk, Verantwortungsdifferenzierung und Systemkomplexität, in: Friedrich Rapp, Technik und Philosophie, Düsseldorf 1990, S. 194–244.
71 Zitiert nach Klaus Traube, Technikkontrolle, in: Christoph Zöpel (Hrsg.), Technikkontrolle in der Risikogesellschaft, Bonn 1988, S. 19–32, hier S. 22 f.
72 Zur Diskussion um Gefährdungshaftung oder Verschuldenshaftung mit Hinweis auf weitere Quellen: Hans-Joachim Fonk, Inhalt der Schadensersatzpflicht bei Atomschäden, in: Atompraxis 3 (1957), S. 99–104. Vgl. W. B. Cottrell, AEA Convention on Civil Liability for Nuclear Damage, in: Nuclear Safety 5 (1964), S. 221 ff.

juristischen. Löst man den Begriff der „Fehlertoleranz" aus seinem zeitgenössischen Kontext und hebt ihn auf eine methodische Ebene, als Sammelbegriff für Strategien, mit denen sich moderne Gesellschaften Sicherheitsspielräume, Puffer verschaffen, so lassen sich hier verschiedene Wege und Argumente erkennen, diese herzustellen und auszuweiten. Sie können in Zielkonflikte geraten, vor allem bedienen sie sich unterschiedlicher Mittel und Logiken. Der Präventionsdruck gerade einer Risikotechnologie wie der Atomenergie erzwingt gewissermaßen die Verschränkung und wechselseitige Durchlässigkeit dieser sonst getrennten Diskurse. Vor allem die Rede vom „Menschen", ob als Leerstelle im System oder als emphatische Anrufung des fehlbaren Humanen, erweist sich als Knotenpunkt solcher Verschaltungen.

In diachroner Hinsicht kann man die dargestellten Befunde langfristig in eine Abfolge dreier Präventionsmuster einordnen: Eine repressive, disziplinierende Prävention bei intensiv genutzter menschlicher Arbeitskraft wird von einer progressiven Prävention abgelöst. Hier soll der technologische Fortschritt seine eigene Sicherheit mitproduzieren. Dies wird, das konnte gezeigt werden, nicht einfach aufgegeben, aber durch eine integrative bzw. defensive Prävention ergänzt, die Anpassung und Entlastung fordert. Dort dominiert eine indirekte, „tolerante" Steuerung des Menschen, nach deren Lesart er, auf diese Formel könnte man das bringen, immer mehr verursacht, aber immer weniger verschuldet. In der Rückschau wird, im Gegensatz zu den Konfliktlagen der Zeitgenossen, deutlich, wie sehr dieses letztere Paradigma das vorhergehende, technologische historisch voraussetzt. Denn dessen funktionalistischer Blick löst den präventiv in Anspruch genommenen Menschen aus disziplinarisch definierten Zusammenhängen heraus und spielt ein systemisches Denken und Verhalten ein, dessen Vorzeichen dann geändert werden. Das wirft die Frage auf, inwiefern die Erfordernisse und Eigenlogiken gerade technischer Prävention die Durchschlagskraft besitzen, überkommene Handlungsformen und -normen aufzubrechen und sich von ihnen zu emanzipieren oder inwieweit sich hier Widerstände und Ungleichzeitigkeiten einstellen. Noch genereller gefragt: Welche Rolle spielen präventive Diskurse im späteren 20. Jahrhundert für den Blickwandel auf die Fragen von Verursachung, Verantwortung und Konsequenzen individuellen Handelns überhaupt?

Christoph Strupp
Wirtschaftspolitik für eine unbestimmte Zukunft

Vorsorge als Argument im Streit um die Hamburger Hafenerweiterung

Am 6. Juni 1982 fanden in Hamburg Wahlen zur Hamburgischen Bürgerschaft statt. Sie endeten mit den später sogenannten Hamburger Verhältnissen: Die CDU wurde stärkste Partei im Parlament, verfügte aber über keine Mehrheit; die FDP, gelegentlich Koalitionspartner der seit 1957 ununterbrochen regierenden SPD, scheiterte knapp an der Fünf-Prozent-Hürde, und die Sozialdemokraten als nunmehr zweitstärkste Kraft konnten sich mit der erstmals in der Bürgerschaft vertretenen „Grün-Alternativen Liste" (GAL) nicht auf eine Tolerierung einigen. Im Dezember 1982 kam es zu Neuwahlen, die der SPD mit ihrem Ersten Bürgermeister Klaus von Dohnanyi wieder eine absolute Mehrheit bescherten.[1]

In den inhaltlich und atmosphärisch schwierigen Gesprächen zwischen SPD und GAL war die Entwicklung des Hamburger Hafens ein zentraler Streitpunkt gewesen. Die Sozialdemokraten hatten auf der Erweiterung des Hafens im Süderelberaum beharrt. Eine zentrale Rolle spielte dabei das Argument der „Vorsorge": Der Hafen sei für Hamburg lebenswichtig und müsse seine Wettbewerbsfähigkeit erhalten. Der dafür erforderliche Flächenbedarf könne „nur durch eine langfristige Vorsorge sichergestellt werden". Zwar räumte man ein, dass Prognosen über zukünftige Entwicklungen des Güterumschlags unsicher seien, gerade deswegen müsse man aber „die Vorsorge planerisch an den oberen Grenzen des Bedarfs" ausrichten. Langfristige Vorsorge müsse mit dem Interesse am Erhalt der natürlichen Landschaft und der Wohnsiedlungen „soweit wie möglich in Einklang gebracht werden". Das verkündete zumindest das 1982 verabschiedete und von der GAL bekämpfte Hafenentwicklungsgesetz – von den Gegnern wegen seiner weitgehenden Handlungsspielräume für die Behörden auch als „Hafenermächtigungsgesetz" diffamiert. Aus „Vorsorgegründen" sei es für die SPD deshalb nicht vertretbar, das Gesetz zurückzunehmen.[2]

---
1 Vgl. zum Mobilisierungsfaktor Umwelt im damaligen Wahlkampf: Hamburg: Angst vor Alternativen, in: Der Spiegel, 31.5.1982, S. 17–22.
2 Zitiert nach: Staatsarchiv Hamburg (StaHH) 131–21, Senatskanzlei – Planungsamt, 4680, Anlage 1 zu Abschnitt 11.1 und 11.2 des BGM I-Fragenkatalogs, Auszug aus dem Vermerk: „Die Gespräche der SPD/GAL aus der Sicht des Bürgermeisters". Der Begriff des „Hafenermächtigungsgesetzes" u. a. in: Moorburg muß erhalten bleiben, in: Rettet die Elbe, H. 5 (1981), S. 16–18, hier S. 17.

DOI 10.1515/9783110529524-007

1 Vorsorge für Wirtschaft und Infrastruktur – Schlagwort oder Konzept?

Die Vorhaltung von Flächen für eine Erweiterung des Hafens wurde in den frühen 1980er Jahren nicht nur in den Gesprächen der Hamburger SPD mit der GAL, sondern auch in zahllosen öffentlichen Verlautbarungen des Senats und der Hafenwirtschaft als ein Akt der „Vorsorge" charakterisiert. Dies erscheint ebenso bemerkenswert wie erklärungsbedürftig. Schließlich ist die Begriffsgeschichte von Vorsorge ursprünglich von gesundheits- und sozialpolitischen Kontexten geprägt. Seit den frühen 1970er Jahren war zudem die staatliche Umweltpolitik zunehmend vom Prinzip der Vorsorge beeinflusst.[3]

In wirtschaftspolitischen Zusammenhängen findet sich der Begriff dagegen nur sporadisch und inhaltlich keineswegs einheitlich verwendet. So lässt sich in Deutschland eine „ordnungspolitisch-präventive" Dimension staatlicher Wirtschaftspolitik bis in die Zwischenkriegszeit zurückverfolgen.[4] Und nach der ersten Ölkrise von 1973/74 propagierte der Sachverständigenrat zur Begutachtung der gesamtwirtschaftlichen Entwicklung 1976/77 ein „Programm der wachstumspolitischen Vorsorge", das mit einem Bündel konkreter wirtschafts- und finanzpolitischer Maßnahmen Nachfrage schaffen und einen Rückgang der Arbeitslosigkeit bewirken sollte.[5] Dagegen stellte der Präsident des Deutschen Industrie- und Handelstages, Otto Wolff

---

[3] Deutscher Bundestag, Drs. 6/2710, 14.10.1971: Umweltprogramm der Bundesregierung; Werner Buchner, Umweltvorsorge als Aufgabe der planenden Verwaltung, in: Gerhard Hosemann/Eberhard Finckh (Hrsg.), Vorsorge für die Umwelt. Neun Vorträge zum Entsorgungsproblem der Industriegesellschaft, Erlangen 1984, S. 87–103.

[4] Vgl. Werner Abelshauser, Wirtschaftliche Wechsellagen, Wirtschaftsordnung und Staat: Die deutschen Erfahrungen, in: Dieter Grimm (Hrsg.), Staatsaufgaben, Baden-Baden 1994, S. 199–232, hier S. 226 f. Vgl. auf der Ebene tatsächlichen wirtschaftlichen Handelns die Definition von „Vorratswirtschaft" als „planmäßige Vorsorge für einen bestimmten oder nicht bestimmbaren Zukunftsbedarf" durch „bewußte und zielstrebige ... Güteranhäufung" in öffentlicher oder privater bzw. unternehmerischer Hand, in: Wilhelm Meinhold, Vorratswirtschaft, in: Erwin von Beckerath u. a. (Hrsg.), Handwörterbuch der Sozialwissenschaften, Bd. 11, Stuttgart u. a. 1961, S. 424–430, hier S. 424.

[5] Vgl. Deutscher Bundestag, Drs. 7/5902, 25.11.1976: Jahresgutachten des Sachverständigenrates zur Begutachtung der gesamtwirtschaftlichen Entwicklung, S. 10–12, 125–171. Vgl. auch Franz Holzheu, Mehr wachstumspolitische Vorsorge? Bemerkungen zum Jahresgutachten 1976/77 des Sachverständigenrates zur Begutachtung der gesamtwirtschaftlichen Entwicklung, in: Finanzarchiv N. F. 36 (1977/78), S. 113–134; Peter Badura, Wachstumsvorsorge und Wirtschaftsfreiheit, in: Rolf Stödter/Werner Thieme (Hrsg.), Hamburg, Deutschland, Europa. Beiträge zum deutschen und europäischen Verfassungs-, Verwaltungs- und Wirtschaftsrecht. Festschrift für Hans Peter Ipsen zum siebzigsten Geburtstag, Tübingen 1977, S. 367–384. Die Bundesregierung beschloss im Frühjahr 1977 ein mehrjähriges „Investitionsprogramm zur wachstums- und umweltpolitischen Vorsorge": Deutscher Bundestag, Drs. 8/270, 15.4.1977: Ergänzung zum Entwurf des Bundeshaushaltsplans 1977. Vgl. auch Deutscher Bundestag, Drs. 8/2313, 23.11.1978: Jahresgutachten 1978/79, S. 134–138, 162–164.

von Amerongen, 1980 eine wirtschaftspolitische Grundsatzrede zwar unter das Motto „Vorsorge statt Fürsorge", meinte mit „Vorsorge" aber vor allem den Abbau staatlicher Leistungen und Subventionen im Interesse der Konsolidierung der öffentlichen Haushalte.[6] Im Bereich der Infrastruktur kann man Maßnahmen wie den Bau oder die Erweiterung von Straßen, Brücken, Schienen, Bahnhöfen, Flughäfen oder eben auch Containerterminals als eine Form von Vorsorge interpretieren, mit der die Verantwortlichen für die Zukunft planen und deren Folgen so steuern wollen, dass wirtschaftlich schädliche Entwicklungen vermieden oder positive angestoßen werden.[7] Aber lassen sich derartige Aktivitäten staatlicher und privater Akteure tatsächlich als Akte der Minimierung bzw. Abwehr von Risiken, der Herstellung von Sicherheit und der gesellschaftlichen Optimierung charakterisieren und damit unter einem Paradigma von Vorsorge als Form „vorbeugender Kontingenzbewältigung"[8] fassen?

Explizit wird im Zusammenhang von Wirtschaft und Infrastruktur eher schlagwortartig von Vorsorge gesprochen. Die Gefahr, das analytische Konzept zu verwässern, wenn es auf weite Bereiche staatlichen oder privatwirtschaftlichen Handelns ausgedehnt wird, erscheint daher groß. Weiterführender dürften stattdessen Forschungsansätze sein, die von zeitgenössischen Verwendungszusammenhängen ausgehen. Die öffentliche Auseinandersetzung um den Hamburger Hafen in den späten 1970er und frühen 1980er Jahren soll im Folgenden somit als eine Probebohrung im Schnittfeld von Wirtschafts-, Planungs- und Infrastrukturgeschichte in letztgenanntem Sinn dienen. Wieso also beharrten die Verantwortlichen damals darauf, die Freimachung von Flächen für die Hafenerweiterung als Akt der „Vorsorge" zu charakterisieren? Auf welche Entwicklungen versuchten sie zu reagieren und welche Argumente führten ihre Gegner an?

2 „Flächenvorsorge" im Hafen – die Etablierung einer Denkfigur in den 1960er Jahren

Vorsorge bedeutete im Zusammenhang mit den Erweiterungsplänen des Hamburger Hafens seit den späten 1950er Jahren „Flächenvorsorge", das heißt die Vorhaltung

---

6 Otto Wolff von Amerongen, Vorsorge statt Fürsorge. Wirtschaftspolitik der 80er Jahre, Bonn 1980.
7 In diese Richtung geht z. B. der von der Gewerkschaft Öffentliche Dienste, Transport und Verkehr herausgegebene Band: Kommunale Vorsorge, Stuttgart 1969, eine Art Leistungsschau des öffentlichen Dienstes in der Großstadt mit Beiträgen zu Straßenbau, Nahverkehr, Abfallbeseitigung, Häfen, Flughäfen, Parkhäusern und Messen. Vgl. zur Bereitstellung von Infrastruktur als Teil kommunaler Daseinsvorsorge zuletzt auch Marlit Haber u. a. (Hrsg.), Daseinsvorsorge in der Raumentwicklung. Sicherung – Steuerung – Vernetzung – Qualitäten, Essen 2014.
8 Ulrich Bröckling, Vorbeugen ist besser … Zur Soziologie der Prävention, in: Behemoth 1 (2008), H. 1, S. 38–48, hier S. 40.

und Vorbereitung von Grundstücken für den Ausbau des Hafens. Sie war damit auf eine spezifische Weise mit Raumfragen verknüpft: Vorsorge fand nicht nur an einem bestimmten Ort statt, sondern die Identifizierung und rechtliche sowie physische Umgestaltung des städtischen Raums selbst war der Akt der Vorsorge. Es ging damit nicht generell um Hafenplanung und Konzepte für die Zukunft, die sich ja auch auf die technische Ausstattung der Anlagen, die Organisationsstruktur des Hafens oder die Erschließung neuer Märkte hätten beziehen können. Vorsorge zur Erweiterung des Hafens diente insofern der Risikovermeidung, als man die eigene wirtschaftliche Position stärken und nicht im Wettbewerb der Hafenstandorte hinter Konkurrenten wie Bremen, Rotterdam und Antwerpen zurückfallen wollte. Dagegen lassen sich Bezüge zur langfristigen Optimierung individueller Lebensverhältnisse, wie sie für Vorsorge im sozialpolitischen Sinn kennzeichnend wäre, nur soweit herstellen, als aus Sicht maßgeblicher Akteure – Hamburger Wirtschaftspolitiker, Hafenexperten der Wirtschaftsbehörde und Interessenvertretern der Hafenwirtschaft – durch die Flächenvorsorge wirtschaftliches Wachstum und damit Wohlstand für die Stadt und ihre Bürger ermöglicht oder gesichert werden sollte. Da die Grundstücke im Hafen sich im Besitz der Stadt befanden und die Hamburger Hafen- und Lagerhaus-Aktiengesellschaft (HHLA) als städtisches Unternehmen den Hafenbetrieb dominierte, ergab sich dabei von selbst eine zentrale Rolle des Staates.[9]

Der Hamburger Hafen hat sich im Lauf seiner Entwicklung im Gegensatz zu anderen großen Stadthäfen wie London oder New York räumlich zwar nicht vollständig von der Stadt gelöst, dennoch hat sich der Standort verändert und zunächst vom Nordufer der Elbe auf das Südufer ausgedehnt und dann Richtung Westen vorgeschoben. 1929 schloss der Stadtstaat Hamburg einen Vertrag mit Preußen, der die Ausdehnung des Hafens auf 4500 Hektar preußisches Gebiet vorsah: Aus geographischen Gründen waren dies ziemlich genau die Räume im Südwesten der Stadt – die Dörfer Altenwerder, Moorburg, Francop usw. –, die dann auch seit den 1960er Jahren im Fokus standen. Aufgrund der Weltwirtschaftskrise hatte der Vertrag von 1929 keine unmittelbaren Folgen. Das galt auch für das „Groß-Hamburg-Gesetz" von 1937, das die in den Blick genommenen Gebiete eingemeindete und Hamburg damit eine eigenständige Hafenplanung ermöglichte. Im Rahmen der Generalbebauungspläne von 1941 und 1944 waren umfangreiche Hafenerweiterungen vorgesehen, diese gelangten aber im Zweiten Weltkrieg nicht zur Ausführung. Auch in der Nachkriegszeit standen sie zunächst nicht zur Debatte.[10]

---

[9] Vgl. zur Geschichte der HHLA Oliver Driesen, Welt im Fluss. Hamburgs Hafen, die HHLA und die Globalisierung, Hamburg 2010.
[10] Vgl. Arnold Kludas/Dieter Maass/Susanne Sabisch, Hafen Hamburg. Die Geschichte des Hamburger Freihafens von den Anfängen bis zur Gegenwart, Hamburg 1988, S. 130–132, 137–141, 144–147, 189–193.

Erst Ende der 1950er Jahre, als der jährliche Umschlag im Hafen die bisherigen Höchstwerte der Zwischenkriegszeit wieder erreichte, wurden Überlegungen zur Erweiterung des Hafens wieder aktuell, zumal auch andere Häfen in Europa neue Flächen auswiesen. Dabei ging es zum einen um Flächen für den Güterumschlag, also den Hafenbetrieb im engeren Sinn. Zum anderen zielte man aber, internationalen Entwicklungen folgend, auch auf die Ausweisung von Flächen für die Ansiedlung hafennaher Industriebetriebe und damit auf die Stärkung der lokalen Wirtschaftskraft. Gerade für Hamburg und im Kontext des Kalten Krieges erschien dies nach dem Verlust eines Teils des traditionellen Hinterlandes des Hafens durch den „Eisernen Vorhang" dringend notwendig.

Der Hamburgische Senat reagierte mit dem am 30. Oktober 1961 verkündeten Hafenerweiterungsgesetz, das 2500 Hektar der 1929 in den Blick genommenen Gebiete nun offiziell zum „Hafenerweiterungsgebiet" erklärte und damit die Anwohner perspektivisch der Umsiedlung unterwarf.[11] Zudem verzichtete man auf alte Hafenrechte in Cuxhaven und erhielt dafür von Niedersachsen vor der Elbmündung die Inseln Neuwerk und Scharhörn, die als Standort für einen neuen Tiefwasserhafen angedacht waren.[12] Im Zusammenhang dieser Aktivitäten war erstmals explizit von „Vorsorge" die Rede. Der Hamburger Hafenbaudirektor Friedrich Mühlradt argumentierte in seinem Hafenentwicklungsplan im August 1960, angesichts des Wachstums des weltweiten Güterverkehrs und seiner Strukturwandlungen sei es nun „notwendig geworden, für eine fernere Zukunft Vorsorge zu treffen", wie man es bereits 1929 beabsichtigt habe. Man könne auf „eine weitsichtige Raumplanung und Aufschließung von Gelände für Hafenzwecke" nicht verzichten, selbst wenn Mühlradt einräumte, dass sie „mit gewissen spekulativen Momenten verbunden" seien. Für den „möglichst freihändigen, notfalls zwangsweisen" Grunderwerb durch den Staat müsse ein Sondergesetz geschaffen werden. Rechtliche Bedenken gegen Enteignungen hatte Mühlradt nicht. Für ihn lag die Vorsorge zur Hafenerweiterung unbestreitbar im öffentlichen Interesse.[13] Während Mühlradt mehrfach mit dem Vorsorgebegriff argumentierte, verwendete der zuständige Wirtschaftssenator Edgar Engelhard (FDP) in der Bürgerschaftsdebatte über das Hafenerweiterungsgesetz den Begriff der Vorsorge eher bei-

---

[11] Vgl. den Gesetzestext in: Hamburgisches Gesetz- und Verordnungsblatt, Teil I, 8.11.1961, S. 339–344.
[12] Vgl. ausführlich Hans Laucht, Hafenprojekt Scharhörn. Eine Planung im Spiegel der Zeit (1948 bis 1980), Aumühle 1982. Laucht war einer der Projektverantwortlichen in der Hamburger Wirtschaftsbehörde.
[13] Grundlagen für den künftigen Ausbau des Hafens Hamburg, hrsg. vom Amt für Strom- und Hafenbau, Hamburg 1960, Zitate: S. 11, 8, 23. Vgl. zu der schon damals keineswegs unumstrittenen Möglichkeit der Enteignung von Grundstücken für den Ausbau des Hafens die behördeninterne Diskussion, in der sich die Hamburger Baubehörde kritisch äußerte: StaHH 131-1 II, Senatskanzlei II, 9736.

läufig.¹⁴ Erst in einem Gastbeitrag Engelhards zum 775. Hafenjubiläum im *Hamburger Abendblatt* im Mai 1964 war dann von „Vorsorge für den Hafen" als „Vorsorge für Hamburg" mehrfach die Rede. Auch das Schlusskapitel einer 1965 veröffentlichten Bilanz der Hamburger Wirtschaftsbehörde über „20 Jahre Aufbau und Entwicklung" des Hafens seit 1945 war mit „Vorsorge für die Zukunft" überschrieben.¹⁵

Mühlradt und Engelhard sprachen in den 1960er Jahren von Vorsorge bereits mit jener Stoßrichtung, die neben der Definition von Vorsorge als Flächenvorsorge zu einem weiteren zentralen Merkmal werden sollte: Sie verwendeten den Begriff nämlich als Ausdruck für Entwicklungen des Hafens in mittlerer bis ferner Zukunft, die „voraussichtlich oder möglicherweise – in den nächsten Jahrzehnten an ihn herantreten werden".¹⁶ Zwar ging es ihnen gerade nicht um konkrete Planungen von neuen Hafenbecken, Terminals oder die Ansiedlung konkret benennbarer Industrieunternehmen, sondern eher um eine allgemeine politische Willensbekundung. Im Bemühen, sich Handlungsmöglichkeiten offenzuhalten, wirtschaftliche Entwicklungen mit Hilfe von Fachleuten wie Mühlradt (vor)zustrukturieren und so die Unwägbarkeiten und Risiken der Zukunft einzuhegen, scheinen aber dennoch wesentliche Merkmale des Ordnungs- und Planungsdenkens der ersten Nachkriegsjahrzehnte durch.¹⁷ Motiviert war dies weniger von wissenschaftlich abgesicherten Prognosen. Vielmehr schrieb man aktuelle Trends in Seeverkehr und Hafenwirtschaft relativ freihändig fort.¹⁸ Ansonsten spielte der Blick auf die Konkurrenzhäfen eine

---

14 Vgl. die Rede Engelhards in: Stenographische Berichte über die Sitzungen der Bürgerschaft zu Hamburg im Jahre 1961, 27.9.1961, S. 317. Vgl. auch die Rede des Ersten Bürgermeisters Paul Nevermann (SPD) im Juni 1961 zum Staatsvertrag mit Niedersachsen, in der er von „Möglichkeiten für die Zukunft" und „Verantwortungsgefühl" sprach, nicht aber von Vorsorge: ebenda, 28.6.1961, S. 271 f.
15 Vgl. Bürgermeister Edgar Engelhard: Vorsorge für den Hafen ist Vorsorge für Hamburg, in: Hamburger Abendblatt (HA), 6.5.1964, Beilage, S. III; Hafen Hamburg 1945–1965. Zwanzig Jahre Aufbau und Entwicklung, im Auftrage der Behörde für Wirtschaft und Verkehr, Hamburg 1965, S. 79. Im Text des Zukunftskapitels wurde betont, dass man angesichts des möglichen Wandels im Verkehr und in den politischen Rahmenbedingungen kein Bild des Hafens im Jahr 1980 oder gar 2000 geben könne, dass man zwar Leitlinien für die Nutzung und Aufteilung der Flächen benötige, zugleich aber auch die bewährte Elastizität behalten müsse. Vgl. zu Neuwerk zeitgleich: Hans Laucht, Hamburgs Vorsorge an der Elbmündung, in: Hansa 102 (1965), S. 857–863; ders., Hamburgs Vorsorge an der Elbmündung, in: Handbuch für Hafenbau und Umschlagstechnik 11 (1966), S. 74–80.
16 Hafen Hamburg 1945–1965, S. 79.
17 Vgl. Dirk van Laak, Planung, Planbarkeit und Planungseuphorie, Version: 1.0, in: Docupedia-Zeitgeschichte, 16.2.2010, URL: http://docupedia.de/zg/Planung [1.9.2015]; Anselm Doering-Manteuffel, Ordnung jenseits der politischen Systeme: Planung im 20. Jahrhundert. Ein Kommentar, in: Geschichte und Gesellschaft 34 (2008), S. 398–406; Michael Ruck, Ein kurzer Sommer der konkreten Utopie? Zur westdeutschen Planungsgeschichte der langen 60er Jahre, in: Axel Schildt/Detlef Siegfried/Karl Christian Lammers (Hrsg.), Dynamische Zeiten. Die 60er Jahre in den beiden deutschen Staaten, Hamburg 2000, S. 362–401.
18 Vgl. zum Prognoseproblem schon in den 1960er Jahren: Karl-Eduard Naumann, Der Hafenbau im Teleobjektiv der Futurologie, in: Wirtschafts-Correspondent 23 (1969), H. 17, S. 32, 34; ders., Grund-

wichtige Rolle. Insbesondere die Aktivitäten in Rotterdam, wo von 1958 bis 1964 mit dem „Europoort" ein großes neues Hafen- und Industriegelände entstand, wirkten als Schreck- und Vorbild zugleich. Den Hintergrund für diese Wahrnehmung bildeten die Randlage Hamburgs seit der deutschen Teilung und die Verschiebung der wirtschaftlichen Schwerpunkte innerhalb der EWG, die in Hamburg für mindestens zwei Jahrzehnte tief sitzende Existenzängste auslösten.[19]

Öffentlicher Widerspruch oder kontroverse Debatten über die geplanten Maßnahmen insbesondere im Süderelberaum sind für die 1960er Jahre nicht überliefert. Die Leidtragenden dieser Vorsorgepolitik, vor allem die von der Umsiedlung als erste bedrohten Einwohner des Dorfes Altenwerder, wurden eher beiläufig bedauert. Man hänge „in Liebe an diesen Gebietsteilen Hamburgs" und wisse, „wie schön die alte Süderelbe" sei, erklärte Engelhard in der Bürgerschaft, aber für den Hafen „und für die Zukunftssicherung unserer Stadt müssen wie in der Vergangenheit auch heute und in Zukunft Opfer gebracht werden".[20] Im vorsorgetypischen Interessenkonflikt zwischen gesamtgesellschaftlicher Sicherheit und der Handlungsfreiheit des Einzelnen bzw. zwischen Staat und Staatsbürger dominierten also eindeutig Erstere.[21] Der Senat konnte sich dabei auf eine informelle Hafenkoalition stützen, die sämtliche etablierte Parteien, Interessenverbände der Wirtschaft, lokale Medien und Gewerkschaften umfasste.

Weder das Hafenerweiterungsgesetz von 1961 noch der Erwerb Neuwerks und Scharhörns in der Elbmündung hatten unmittelbare Folgen, obwohl die Stadt begann, in Altenwerder Grundstücke aufzukaufen und in der Elbmündung Untersuchungen zu Geologie, Wasser- und Strömungsverhältnissen einleitete. Gebaut wurde der Tiefwasserhafen dort allerdings nie: Die bis in die späten 1970er Jahre diskutierten Pläne scheiterten zum einen an tiefgreifenden Veränderungen in der Weltwirtschaft und im Seegüterverkehr, darunter der Revolutionierung des Stückguttransports durch die Container. Zum anderen scheiterten sie am Zögern Hamburgs, sich tatsächlich auf einen Hafenbau über 100 Kilometer von der Stadt entfernt einzulassen sowie am Widerstand Niedersachsens, das den Hafen in Wilhelmshaven schützen wollte. Heute

---

sätzliches zur Planung für den Hamburger Hafen, in: Internationale Transport-Zeitschrift 27 (1965), S. 3300–3303.
19 Vgl. Christoph Strupp, Bedrohung aus Bonn und Brüssel? Hafenwirtschaft, Strukturwandel und Freihafenprivileg in Hamburg seit den 1950er Jahren, in: Vom Freihafen zum Seezollhafen. Der Hamburger Hafen im Wandel der Zeit. Begleitpublikation zur Sonderausstellung im Deutschen Zollmuseum, hrsg. von der Bundesfinanzdirektion Nord und dem Deutschen Zollmuseum, Hamburg 2013, S. 29–55, hier S. 32–37.
20 Stenographische Berichte über die Sitzungen der Bürgerschaft zu Hamburg im Jahre 1961, 27.9.1961, S. 311.
21 Vgl. Malte Thießen, Gesundheit erhalten, Gesellschaft gestalten. Konzepte und Praktiken der Vorsorge im 20. Jahrhundert: Eine Einführung, in: Zeithistorische Forschungen/Studies in Contemporary History 10 (2013), S. 354–365, hier S. 361 f.

sind Neuwerk und Scharhörn Teil des 1990 gegründeten Nationalparks Hamburgisches Wattenmeer. Die „Vorsorge für eine noch unbestimmte Zukunft"[22] hatte sich hier am Ende als entbehrlich erwiesen.

3 Kontroverser „Abschied von einer Idylle hinterm Deich" in den 1970er Jahren

Stattdessen wurde 1973 in Altenwerder der „Abschied von einer Idylle hinterm Deich" eingeleitet, um den Bau eines neuen Massenguthafens, des 1977 eröffneten Hansaports, und eines neuen Containerterminals zu ermöglichen.[23] Wirtschaftssenator Helmuth Kern (SPD) begründete die Aktivierung der ersten, 1961 festgelegten Flächen für die Hafenerweiterung in der Bürgerschaft damit, dass es darum gehe, „rechtzeitig Vorsorge zu treffen für die notwendige Steigerung der Wirtschaftskraft unserer Stadt und der Wettbewerbsfähigkeit unseres Hafens".[24] In der nachfolgenden, teilweise emotional geführten Debatte ging es dann allerdings weniger um mittel- und langfristige Perspektiven als um die verbliebenen rund 2000 Einwohner Altenwerders, die mit staatlichen Hilfen, aber auch mit mehr oder weniger massivem Druck und der Drohung der Enteignung umgesiedelt werden mussten.[25] Gleichzeitig gerieten nun die benachbarten Dörfer Moorburg und Francop ins Visier der Hafenerweiterer.[26]

---

22 Zitat in: Viele Interessenten für Neuwerk, in: HA, 27.6.1970, S. 14.
23 Karl Denker, Abschied von einer Idylle hinterm Deich, in: HA, 2.11.1973, S. 3. Vgl. zu der Legendenbildung, bei dem der bereits „von Verkehrs- und Industrieanlagen umringte, kaum mehr lebensfähige Ort mit Auspendlern und in ihrer Existenz bedrohten Bauern, Fischern und Gewerbetreibenden ... zum idealen Lebensraum mit intakten ökonomischen und sozialen Strukturen hochstilisiert" wurde: Helmut Nuhn, Einführung in den Untersuchungsraum und die bearbeiteten Fragestellungen, in: ders./Jürgen Oßenbrügge/Elfried Söker (Hrsg.), Expansion des Hamburger Hafens und Konsequenzen für den Süderelberaum. Durchführung der Umsiedlung Altenwerders und Reaktion der Betroffenen, Paderborn 1983, S. 5–38, hier S. 22. Diese Stilisierung bzw. Instrumentalisierung der betroffenen Dörfer durch die Erweiterungsgegner sollte in den kommenden Jahren noch verbreiteter werden.
24 Helmuth Kern in: Bürgerschaft der Freien und Hansestadt Hamburg, 7. Wahlperiode, Plenarprotokolle zu den Verhandlungen, 104. Sitzung, 28.11.1973, S. 5788. Vgl. zudem: Bürgerschaft der Freien und Hansestadt Hamburg, 7. Wahlperiode, Mitteilung des Senats an die Bürgerschaft, Drs. VII/3278, 30.10.1973: Maßnahmen zur Hafenerweiterung, S. 1.
25 Vgl. die Kritik an der städtischen Vorgehensweise in Altenwerder: Politiker und Verwaltung gegen die Moorburger, in: Rettet die Elbe, H. 8 (1982), S. 9 f.; Hans Edlef Paulsen, Die Umsiedlung und ihre Folgen, in: ebenda, S. 12 f.
26 Vgl. Hafen Hamburg – Konzepte für morgen. Entwicklungsplan, hrsg. von der Behörde für Wirtschaft, Verkehr und Landwirtschaft der Freien und Hansestadt Hamburg, Hamburg 1976, S. 36.

In Altenwerder kam die Räumung Ende 1978 zunächst zum Stillstand, als einer der letzten verbliebenen Einwohner, der Obstbauer Claus Schwartau, vor Gericht gegen die Stadt siegte und auch innerhalb der Finanzbehörde Zweifel an der Rechtmäßigkeit des Vorgehens nach dem Hafenerweiterungsgesetz von 1961 laut geworden waren.[27] Dieses Problem war in der Hafenfachliteratur schon Anfang der 1970er Jahre benannt worden[28] und legte die juristischen Fallstricke einer „vorsorglichen" Flächenfreimachung mit langen Zeithorizonten offen. Schließlich waren und sind die Enteignung und Räumung von Grundstücken im Interesse des Allgemeinwohls für Infrastrukturmaßnahmen zulässig. Diese Zulässigkeit gilt allerdings für konkrete, durch Planfeststellungsverfahren und Bebauungspläne abgesicherte öffentliche Projekte, nicht aber „auf Verdacht"[29] für eine möglicherweise in Jahren oder Jahrzehnten notwendige Inanspruchnahme für den Hafen.[30] Zudem beziehen sich die einschlägigen bundesgesetzlichen Regelungen auf Infrastrukturmaßnahmen im engeren Sinn, nicht aber auf die gewinnträchtige Ansiedlung privater Industriebetriebe, auf der der Hamburger Senat unter dem Schlagwort des modernen „Universalhafens" mit Verkehrs-, Handels- und Industriefunktionen beharrte. In den behördeninternen Überlegungen zur Novellierung des Gesetzes hatte man 1970 die Definition von „Hafenindustrie" und damit das Handlungsfeld von Vorsorge sogar noch ausgeweitet. Nun rechnete man nicht nur Industrie hinzu, die direkt vom Zugang zum seeschifftiefen Wasser abhängig war, sondern auch deren Zulieferbetriebe. Vorsorgliche Enteignungen sollten deshalb auch „im Interesse einer wirksamen Strukturpolitik" möglich sein – was keineswegs deckungsgleich mit dem im Gesetz betonten Interesse der Allgemeinheit sein musste. Zudem warf man die Frage auf, ob die so gewonne-

---

27 Vgl. Ein Bauer setzt den Hafen matt, in: HA, 11.10.1978, S. 1, 4; Horst Wisser, Bauern-Sieg in Altenwerder, in: HA, 8.5.1979, S. 1; Bürgerschaft der Freien und Hansestadt Hamburg, 9. Wahlperiode, Plenarprotokolle zu den Verhandlungen, 23. Sitzung, 13.6.1979, S. 1236–1240; Peter Badura, Planung der Hafenentwicklung in Hamburg und Enteignung zum Zwecke der Vorbereitungsmaßnahmen für die Hafenerweiterung. Rechtsgutachten, in: ders./Eberhard Schmidt-Assmann, Hafenentwicklung in Hamburg. Rechtsfragen der Planung und Enteignung nach dem hamburgischen Hafenentwicklungsgesetz, Ebelsbach 1983, S. 1–94, hier S. 13–16. Zu den Mängeln des Gesetzes von 1961: Helmut Schulz-Schaeffer, Das hamburgische Hafenentwicklungsgesetz von 1982. Chronik der Entstehungsgeschichte eines Sonderplanungsgesetzes, in: Jahrbuch der Hafenbautechnischen Gesellschaft 40 (1983/84), S. 61–90, hier S. 67–69; StaHH 135-1 VI, Staatliche Pressestelle VI, 2165, Staatliche Pressestelle Hamburg, 11.10.1978, Stellungnahme zum Beschluss der Enteignungsbehörde zur Enteignung von Grundstücksteilen in Altenwerder.
28 Vgl. Rudolf Regul, Die Zukunft der Seehäfen Europas, Baden-Baden 1971, S. 143: „Raumplanung ist vorsorgliche Bereitstellung von Wasser- und Bodenflächen". Das Grundproblem der Planung sei aber die Entscheidung über den richtigen Zeitpunkt (ebenda, S. 159). Vgl. auch Günther Thode, Zur Frage der Bereitstellung von Gelände für Hafenerweiterungen, in: Hansa 106 (1969), S. 974–976.
29 Vgl. die Karte des Süderelberaums mit dem Titel „Abbruch auf Verdacht?", in: „Hände weg von Moorburg". Wahlthema und Dauerkonflikt in Hamburg, in: Der Spiegel, 13.12.1982, S. 42–48, hier S. 46.
30 Vgl. Badura, Planung, S. 46, unter Verweis auf die Fachliteratur.

nen Flächen nicht auch verkauft statt, wie im Hamburger Hafen seit Jahrhunderten üblich, nur verpachtet werden konnten.[31] Allerdings ließen sich enteignete Hafenerweiterungsflächen wirtschaftlich nur mit Hilfe von sowieso vorhandenem Baggergut aus Elbe und Hafen aufspülen und mussten vor einer Bebauung noch längere Zeit ablagern, sodass das „jeder rechtlichen Erfassung von Planung und Planverwirklichung eigentümliche Moment der Zeit" im Hafenausbau anders zum Tragen kommen musste als bei sonstigen kurzfristig zu realisierenden Bauprojekten.[32]

In der zweiten Hälfte der 1970er Jahre geriet der Hafen aber nicht nur wegen juristischer Probleme der Erweiterungspläne in die Kritik. Angesichts sinkender Steuereinnahmen und dreistelliger Millionenbeträge, die direkt und indirekt aus dem städtischen Haushalt in den Hafen flossen, wurden selbst in Senat und Bürgerschaft die Zielkonflikte zwischen einer vorbehaltlosen Hafenförderung und der Förderung anderer Politikfelder wie Bildung, Gesundheit, Stadtentwicklung und Umwelt immer offensichtlicher. Die frühere Begeisterung für staatliche Großprojekte nahm ab. Hinzu kam zunehmend heftiger Gegenwind aus der alternativen Umweltbewegung, für die in Hamburg neben dem Kampf gegen die Kernkraft und die Verschmutzung der Elbe der Widerstand gegen die Hafenerweiterung ein wichtiges und emotional aufgeladenes Mobilisierungsfeld war.[33] Dabei stellten ihre Vertreter die wirtschaftlichen Annahmen der offiziellen Hafenpolitik und das Konkurrenzdenken, die dem Vorsorgeparadigma zugrunde lagen, grundsätzlich und öffentlichkeitswirksam in Frage: „Die fortschrittsgläubigen Planer meinen, daß man diese Wohngebiete braucht für Hafenerweiterung und Industrieansiedlung. In einer Zeit, in der man täglich von den Grenzen des Wachstums lesen kann, schreitet für die Hafenerweiterungsplaner der Fortschritt munter fort, ein Fortschritt, von dem die betroffenen Bürger überhaupt nichts halten."[34] Die taz kommentierte, die Vernichtung Altenwerders sei vorgedacht worden „in den Köpfen von Menschen, die die Macht haben, uns ihre Zukunftsvisionen aufzuzwingen. Es sind schreckliche Visionen, böse Träume. Einige dieser Träume sind bereits Wirklichkeit geworden. Vieles ist aber erst Papier. Und hier muß unser Widerstand einsetzen. Wir müssen diese Träume bekämpfen, wenn sie geträumt werden, die Pläne ans Licht zerren, wenn geplant wird. Und wenn das

---

31 Vgl. Schulz-Schaeffer, Das hamburgische Hafenentwicklungsgesetz, S. 71; Badura, Planung, S. 31–34.
32 Badura/Assmann, Einleitung, in: dies., Hafenentwicklung, S. XVII-XXII, hier S. XVII, sowie Badura, Planung, S. 8 f. Vgl. weiter zur Nutzung von Baggergut ebenda, S. 34–36.
33 Vgl. Schlagzeilen wie Altenwerder stirbt, in: Große Freiheit. Zeitung für Hamburg und Umgebung, H. 4, 2.6.1977; Moorburg stirbt, in: Hamburger Morgenpost, 29.5.1980; Todesurteil für Moorburg, in: Bild-Hamburg, 21.1.1981; Sabine Rosenbladt, Moorburg wird ausradiert, in: Konkret, H. 12, 1.12.1982, S. 40–47.
34 StaHH 135-1 VI, Staatliche Pressestelle VI, 2166, Transkript einer Sendung des NDR-Hamburg Journals, 9.2.1981. Der Beitrag ließ auch den Hamburger Wirtschaftssenator Jürgen Steinert (SPD) zu Wort kommen, aber die kritischen Stimmen dominierten.

nicht reicht, müssen wir verhindern, das [sic] aus den Träumen Wirklichkeit wird."[35] Am Rande der Verhandlungen zwischen SPD und GAL im Sommer 1982 bekräftigte die GAL-Abgeordnete Regula Schmidt-Bott diese grundsätzliche Kritik am Vorsorgedenken mit einem klaren Statement: „Senat und SPD müssen auf die Hafenerweiterung verzichten. Die Planungen basieren auf unrealistischen Zuwachshoffnungen, der Ausbau bringt keine neuen Arbeitsplätze und zerstört schöne Dörfer und eine ökologisch wertvolle Landschaft."[36] Statt einer „einseitig auf der Erhaltung der Konkurrenzfähigkeit basierende[n] Politik der Hafenentwicklung" forderte die GAL eine „politische Gesamtplanung" im Hafen, die Beschränkung der Hafengröße und vermehrte Zusammenarbeit mit anderen Häfen.[37] Zudem erhoben die Umweltschützer immer wieder den brisanten Vorwurf, es gehe gar nicht um mehr Platz für den Hafen, sondern das eigentliche Ziel sei es, das ständig in großen Mengen anfallende und teilweise hochbelastete Baggergut aus der Elbe und den Hafenbecken kostengünstig abzulagern.[38] Demnach hätten die Menschen ihre Heimat statt für das wirtschaftliche Überleben ihrer Stadt quasi für eine Abfalldeponie aufgegeben.[39]

Im Vergleich zu den fast harmonisch geführten Debatten der frühen 1960er Jahre wurde in der Wirtschafts- und Hafenpolitik – wie auch auf anderen Gebieten – nun also ein fundamentaler Konflikt sichtbar, in dem staatliches Planen und Handeln und (behauptete) gesamtgesellschaftliche Interessen an Vorsorgemaßnahmen in ganz neuer Weise kritisch hinterfragt und gegen die Interessen und Bedürfnisse Einzelner abgewogen wurden.[40] Auf diese Fortschrittskritik und das wachsende Misstrauen

---

35 Böse Träume, in: taz, 8.1.1982.
36 Spiegel-Gespräch: „Kompromißfähigkeit ist kein Lernziel", in: Der Spiegel, 20.9.1982, S. 45. Regula Schmidt-Bott war seit 1966 SPD-Mitglied gewesen und gehörte 1981 zu den Gründungsmitgliedern der Hamburger Alternativen Liste. Vgl. auch Eine Lüge: Hafenerweiterung schafft Arbeitsplätze, in: Rettet die Elbe, H. 8 (1982), S. 4 f. Selbst der SPD-nahe *Vorwärts* thematisierte Moorburg als Konflikt über gesellschaftliche Grundwerte: Rainer B. Jogschies, Das unmoderne Wort Heimat und die Realität in Moorburg, in: Vorwärts, H. 6, 3.2.1983, S. 21.
37 Herbert Schalthoff (Hrsg.), Für einen anderen Haushalt. Kritik und Vorschläge der GAL Hamburg, Hamburg 1983, S. 23; Thea Bock u. a., Hafenerweiterung, in: Die Grünen/AL Hamburg, Mitgliederrundbrief, H. 4, 20.10.1982, S. 6 f.
38 Vgl. u. a. Moorburg muß erhalten bleiben, in: Rettet die Elbe, H. 5 (1981), S. 16–18; Gerhard Spörl, Ein listiger Plan, in: Die Zeit, 29.1.1982; „Projekt Moorburg". Zu gewalttätigen Auseinandersetzungen kam es bisher nicht, hrsg. von der Elbe-Filmgruppe/Umwelt und Medien, Hamburg 1982, S. 29–54; Schalthoff (Hrsg.), Für einen anderen Haushalt, S. 19 f.; Paul Riekmann (Hrsg.), Alternative Hafen- und Küstenpolitik, Hamburg ²1985, S. 167 f.
39 Dass Hamburg tatsächlich Lagerflächen für die Ausbaggerungen brauchte, wurde auch von offizieller Seite nicht bestritten; vgl. z. B. Rathaus warnt: Hamburg muß zur Schlick-Schlacht rüsten!, in: HA, 27.2.1979, S. 3; Hafenerweiterung: Erst mal abwarten. CDU zum Problem Moorburg, in: HA, 18.3.1981, S. 6; Volker Lange, Für den Hamburger Hafen sind Baggerarbeiten und Betrieb der Spülfelder lebensnotwendig, in: Hamburger Hafen-Nachrichten 36 (1983), H. 26, S. 4.
40 Vgl. van Laak, Planung, Planbarkeit, S. 10 f.

bestimmter gesellschaftlicher Gruppen gegen technokratische Heilsversprechen wird im Folgenden noch zurückzukommen sein.

4 „Keine Vorsorgepolitik betreiben, heißt Rückschritt!" Der Höhepunkt der Debatte in den 1980er Jahren

Der Senat reagierte auf die juristischen Probleme des Hafenerweiterungsgesetzes von 1961 und die Infragestellung seiner auf Wachstum und Eigenständigkeit ausgerichteten Hafenpolitik auf zwei Ebenen: mit der Ausarbeitung des im Januar 1982 verabschiedeten Hafenentwicklungsgesetzes und mit einer öffentlichen Rechtfertigungsstrategie, mit der das Argument der „Vorsorge" in den Mittelpunkt der Debatte gerückt wurde. Dabei mischten sich mindestens bis in die 1950er Jahre zurückreichende Vorstellungen, dass der Staat für Wirtschaftswachstum und Wohlstand verantwortlich war, mit dem Versuch, positive Konnotationen von Vorsorge – im Sinne von Verantwortungsgefühl, vorausschauendem Handeln, der Herstellung von Sicherheit und Ähnlichem – zu aktivieren. Diese Konnotationen waren eigentlich mit dem Sozial- und Gesundheitsbereich verbunden, spielten aber seit Beginn der 1970er Jahre zum Beispiel in Form staatlicher „Risikovorsorge" auch in der Umweltpolitik eine wichtige Rolle.[41]

Das Hafenentwicklungsgesetz, ein „Fachplanungsgesetz für die Hafenerweiterung",[42] sollte nach der Niederlage des Senats vor Gericht 1978 das Vorsorgeprinzip – Enteignung und Räumung mit großem zeitlichen Vorlauf und ohne konkrete Nutzungsabsichten – mit Hilfe einer auf die Bedürfnisse des Hafens zugeschnittenen „gleitenden Planung" über mehrere Stufen in eine rechtssichere Form gießen.[43] Im Gesetzestext selbst wurde der Begriff zwar nicht verwendet, dafür argumentierten die Verantwortlichen im Senat, Bürgermeister Klaus von Dohnanyi sowie die sozialdemokratischen Wirtschaftssenatoren Jürgen Steinert (1978–1982) und Volker Lange (1982–1987) in zahllosen öffentlichen Erklärungen mit der Notwendigkeit von „Vorsorge". Unterstützung erhielten sie von Interessenorganisationen wie dem Unternehmensverband Hafen Hamburg e. V. und der Hamburger Handelskammer, die sich

---

41 Vgl. oben, Anm. 3 und 4, sowie Ulrich K. Preuß, Risikovorsorge als Staatsaufgabe. Die epistemologischen Voraussetzungen von Sicherheit, in: Grimm (Hrsg.), Staatsaufgaben, S. 523–551.
42 Badura, Planung, S. 16.
43 StaHH 131-1 II, Senatskanzlei II, 9745, Staatliche Pressestelle Hamburg, 24.2.1981: Senat verabschiedet Entwurf des Hafenentwicklungsgesetzes; Schulz-Schaeffer, Das hamburgische Hafenentwicklungsgesetz, S. 83 f.; Badura, Planung, S. 22. Vgl. den Gesetzestext in: Hamburgisches Gesetz- und Verordnungsblatt, Teil I, 3.2.1982, S. 19–28.

regelmäßig in der Fachpublizistik zu Wort meldeten.⁴⁴ Die Argumentationslinien erinnerten dabei an zwei „massenmedial repräsentierte, widerstreitende Diskurse", die der Soziologe Reiner Keller für die 1970er und 1980er Jahre mit Blick auf die bundesdeutsche Abfalldiskussion konstatiert hat: einen kulturkritischen, von Katastrophenszenarien und moralischen Appellen zum Verzicht bestimmten Diskurs der Umweltbewegung auf der einen Seite; und einen strukturkonservativen, auf Vernunft und technisches Expertenwissen setzenden Diskurs von Politik und Wirtschaft auf der anderen.⁴⁵

Senator Steinert erklärte im April 1980 vor 450 Bürgern in Moorburg – laut dem *Hamburger Abendblatt* „mit geballter Faust und erhobenem Zeigefinger" –, man müsse die Konkurrenzfähigkeit Hamburgs erhalten. Sein Credo war eindeutig: „Keine Vorsorgepolitik betreiben, heißt Rückschritt!"⁴⁶ Ein Jahr später verteidigte Steinert seine Hafenpolitik in einer Bürgerschaftsdebatte über die geplante Räumung von Moorburg und Francop-Ost: Sie habe „nichts mit Wachstumseuphorie zu tun, sondern etwas mit Vorsorge für kommende Generationen und für die Sicherung der Arbeitsplätze auch noch in 15 bis 20 Jahren".⁴⁷ Sein Vorvorgänger Helmuth Kern, seit 1976 Vorstandschef der städtischen HHLA, fügte hinzu, dass der Senat richtig handele, wenn er angesichts einer Flächenreserve von nur noch 200 Hektar „rechtzeitig Vorsorge" treffen wolle.⁴⁸ Beide zusammen hielten einen kurzfristigen Rückgang des Umschlags im Hafen für möglich und räumten die Risiken von mehr als zehn Jahre in die Zukunft reichenden Umschlags- und Bedarfsprognosen ein. Steinert beharrte

---

44 Vgl. Hafen Hamburg: Zukunftssicherung tut not!, in: Hansa 117 (1980), S. 1178 f.; Handelskammer Hamburg. Flächenvorsorge ist notwendig, in: Hamburger Hafen-Nachrichten 34 (1981), H. 2, S. 1; Hafenerweiterungsflächen. Vorsorge für die Zukunft, in: ebenda, H. 5, S. 2; UV-Hafen Hamburg. Notwendige Zukunftsvorsorge, in: ebenda, H. 6, S. 2; Daseinsvorsorge für Hamburg. Nur in Zusammenarbeit mit den Nachbarn, in: Hamburger Wirtschaft 36 (1981), H. 6, S. 10; Flächenvorsorge – Eckpfeiler der Hamburger Hafenpolitik, in: Hansa 119 (1982), S. 1287; Flächenvorsorge. Eckpfeiler der Hafenpolitik, in: Hamburger Hafen-Nachrichten 35 (1982), H. 40, S. 3; Flächenvorsorge – Eckpfeiler der Hamburger Hafenpolitik, in: Handbuch für Hafenbau und Umschlagstechnik 28 (1983), S. 114; Hafen Hamburg. Vorsorge ist notwendig, in: Hamburger Hafen-Nachrichten 36 (1983), H. 40, S. 2.
45 Vgl. Reiner Keller, Strukturen ökologischer Kommunikation in Deutschland und Frankreich. Eine sozialwissenschaftliche Diskursanalyse, in: Martin Wengeler (Hrsg.), Deutsche Sprachgeschichte nach 1945. Diskurs- und kulturgeschichtliche Perspektiven, Hildesheim 2003, S. 240–271, hier S. 251. Vgl. ausführlich ders., Müll. Die gesellschaftliche Konstruktion des Wertvollen, Opladen 1998.
46 Horst Wisser, Die Bürger kämpfen um Moorburg, in: HA, 3.4.1980, S. 3 (Zitat ebenda). Vgl. auch ders., Die Moorburger rüsten zum Kampf, in: HA, 8.4.1980, S. 7; StaHH 135-1 VI, Staatliche Pressestelle VI, 2166, Staatliche Pressestelle Hamburg, 2.4.1980: Wirtschaftssenator Steinert in Moorburg: Wir müssen die Wettbewerbsfähigkeit des Hamburger Hafens sichern!
47 Bürgerschaft der Freien und Hansestadt Hamburg, 9. Wahlperiode, Plenarprotokolle zu den Verhandlungen, 69. Sitzung, 11.2.1981, S. 4104. Vgl. auch die der Debatte zugrunde liegende Mitteilung des Senats an die Bürgerschaft, Drs. 9/3077, 20.1.1981: Räumung von Moorburg und Francop-Ost.
48 Bürgerschaft der Freien und Hansestadt Hamburg, 9. Wahlperiode, Plenarprotokolle zu den Verhandlungen, 69. Sitzung, 11.2.1981, S. 4103.

aber darauf, dass sich dennoch ein Trend ablesen lasse, „und dieser Trend verpflichtet uns heute, Vorsorge zu treffen und nicht erst im Jahre 1990. Denn dann wäre es zu spät."[49] Nicht fehlen durften der Hinweis auf die weitaus größeren Flächenreserven der Konkurrenten Rotterdam und Antwerpen und einige freundliche Worte der Anerkennung für die „Opfer", die man den Bürgern der betroffenen Stadtteile im Interesse der „Zukunftssicherung des Hafens" abverlange.[50] Der Senat bekräftigte auch in den Ausschussberatungen der Bürgerschaft nachdrücklich, dass „eine vernünftige Politik der Flächenvorsorge" unerlässlich und eine „logische" Schlussfolgerung aus den vorliegenden Erkenntnissen sei, aber Aussagen über die konkrete Nutzung der Flächen „15 Jahre vor einer möglichen Aktivierung" nicht möglich wären.[51] Umweltschützer hielten dagegen: „Wer behauptet, Flächenvorsorge geschehe, um langfristig den Wohlstand der Bevölkerung zu sichern, verschleiert, daß hier bereits kurzfristig die Lebensqualität verschlechtert wird."[52]

Steinerts Nachfolger Volker Lange diskutierte im Oktober 1982 in der NDR-Sendung „Moorburg, Stolperstein der SPD"[53] mit den Kritikern und verwies dabei auch auf die Tradition: „Zunächst einmal ist das immer Aussage gewesen. Schon immer ist gesagt worden: Vorsorge. Und wenn Sie die Debatte in der Bürgerschaft nachlesen, dann ist von allen Fraktionssprechern [...] ganz klar gesagt worden, wir haben aus der Vorsorgenotwendigkeit für Hamburg heraus die Entscheidung getroffen." Selbst ohne Mengenwachstum brauche man für die anhaltende Containerisierung im Stückgutverkehr mehr Fläche, zudem müsse man sich auf „potentielle Betriebe" einrichten. Lange schloss seinen Beitrag mit einer grundsätzlichen Forderung: „Das müssen Sie doch einem Staat, einer Stadt zubilligen, daß er oder sie Vorsorge treiben kann."[54]

---

49 Ebenda, S. 4104.
50 Ebenda, S. 4105.
51 Ebenda, Drs. 9/3849, 28.10.1981: Gemeinsamer Bericht des Ausschusses für Hafen und Wirtschaft und des Bauausschusses, S. 3, 5.
52 Hafenerweiterung durch Stadtteilzerstörung, in: Rettet die Elbe, H. 8 (1982), S. 3.
53 StaHH 135-1 VI, Staatliche Pressestelle VI, 2167, Transkript der NDR-Sendung, 13.10.1982.
54 Zitat ebenda. Der Geschäftsführer des Unternehmensverbands Hafen Hamburg, Wilhelm Voß, sekundierte in der Sendung, dass bei Vorlaufzeiten von 8 bis 12 Jahren für Planung und Bau die Stadt als Grundstückseigentümerin im Hafen „Vorsorge" treffen müsse. Vgl. auch Senator Volker Lange zur Hafenerweiterung. Vorsorge sichert Arbeitsplätze, in: Hamburger Hafen-Nachrichten 35 (1982), H. 51/52, S. 1. Das Argument der Vorsorge auch in „Hände weg von Moorburg". Wahlthema und Dauerkonflikt in Hamburg, in: Der Spiegel, 13.12.1982, S. 42–48, hier S. 44, 46; Heinz Blüthmann, Moorburg muß sterben, in: Die Zeit, 17.12.1982, S. 25. Betonung der Kontinuität der Hafenentwicklung auch bereits in: Hans Laucht, Häfen (Übersichten, Planungen, Bauwerke): Vorsorge für die Entwicklung des Hamburger Hafens früher und heute, in: Handbuch für Hafenbau und Umschlagstechnik 24 (1979), S. 40–47. Im Mai 1983 verteidigte Lange in seinem Grußwort zum Hafengeburtstag das Hafenentwicklungsgesetz und die Flächenvorsorge: vgl. Volker Lange, Für den Hamburger Senat ist der Hafen das Kernstück seiner Politik, in: Hamburger Hafen-Nachrichten 36 (1983), H. 18, S. 9.

Dohnanyi unterstrich in seiner Regierungserklärung im Februar 1983, er wolle die Arbeitslosigkeit bekämpfen und die Wettbewerbsfähigkeit der Stadt erhalten. Dabei stehe die Leistungsfähigkeit des Hafens mit über 100.000 Arbeitsplätzen im Vordergrund. Deshalb werde man die „Vorsorgepolitik für den Hafen konsequent fortsetzen".[55] Das Arbeitsplatzargument hatte bereits bei Steinert und zwei Jahre zuvor in einer Senatsmitteilung zum Hafenentwicklungsgesetz eine Rolle gespielt, in der es hieß: „Vorsorge für die Hafenerweiterung hat dadurch seit einiger Zeit besondere Bedeutung erlangt, daß die Schaffung zusätzlicher Arbeitsplätze zu einem vorrangigen Ziel der Wirtschaftspolitik geworden ist".[56] Der damalige SPD-Fraktionschef und spätere Erste Bürgermeister Henning Voscherau ging in der Debatte im Februar 1983 über das staatliche bzw. städtische „Recht auf Vorsorge" sogar noch hinaus: „Da niemand mit Sicherheit vorhersagen kann, in welchem Umfange der Bedarf steigt, ist Hamburg *verpflichtet*, gesetzlich Vorsorge zu treffen. [...] Die sorgfältige, differenzierte gesetzgeberische Vorsorge ist wichtig und nützlich."[57] Das Argument, zu „planerischer und planungsrechtlicher Vorsorge weit über diesen Zeitraum [der Erschließung Altenwerders] hinaus verpflichtet" zu sein, griff wiederum Lange später auf.[58]

Auch in anderen Zusammenhängen argumentierten die Verantwortlichen ähnlich. So stellte etwa Heinz Giszas, als Direktor des Amtes für Strom- und Hafenbau in den 1980er Jahren einer der Nachfolger Friedrich Mühlradts, in einer Sitzung der Enquete-Kommission der Bürgerschaft zur Untersuchung des Unterelberaums heraus, dass angesichts der unterschiedlichen Anforderungen an Flächen im Hafen und der viel größeren Gebiete, über die Rotterdam verfügen könne, in Hamburg „eine Vorsorge an Flächenreserven notwendig" sei.[59] Auf dem Höhepunkt der Debatte schien für die

---

55 Bürgerschaft der Freien und Hansestadt Hamburg, 11. Wahlperiode, Plenarprotokolle zu den Verhandlungen, 5. Sitzung, 23.2.1983, S. 193. Intern stand Dohnanyi der Förderung des Hafens durchaus kritisch gegenüber. So erklärte er im Oktober 1985 in einem erst nach langem Drängen zustande gekommenen Spitzengespräch mit Lange, seiner Meinung nach sei der Flächenbedarf des Hafens in der Vergangenheit überschätzt worden: StaHH 131-21, Senatskanzlei – Planungsamt, 4680, von Rohr, 23.10.1985, Gesprächsvermerk zum „Hafentermin" am 8.10.1985, 11.30 Uhr.
56 Bürgerschaft der Freien und Hansestadt Hamburg, 9. Wahlperiode, Mitteilung des Senats an die Bürgerschaft, Drs. 9/3205, 24.2.1981: Hafenentwicklungsgesetz, S. 19. Vgl. Senator Volker Lange zur Hafenerweiterung. Vorsorge sichert Arbeitsplätze, in: Hamburger Hafen-Nachrichten 35 (1982), H. 51/52, S. 1.
57 Bürgerschaft der Freien und Hansestadt Hamburg, 11. Wahlperiode, Plenarprotokolle zu den Verhandlungen, 5. Sitzung, 23.2.1983, S. 227, Hervorhebung durch den Autor.
58 Hamburger Hafen: Senator Lange zum Hafenentwicklungsplan, in: Hansa 122 (1985), S. 1952.
59 StaHH 131-21, Senatskanzlei – Planungsamt, 4679, Bürgerschaft der Freien und Hansestadt Hamburg, Protokoll der nichtöffentlichen Sitzung der Enquete-Kommission zur Untersuchung des Unterelberaums am 21.9.1984 im Rathaus, 11.10.1984, S. 18. Vgl. auch die öffentlichen Äußerungen von Giszas in: Hafen Hamburg. Vorsorge ist notwendig, in: Hamburger Hafen-Nachrichten 36 (1983), H. 40, S. 2. Zehn Jahre später beharrte Giszas zwar weiterhin auf „Flächenvorsorge zur Zukunftssicherung", aber mit einem sehr viel defensiveren Grundton: Heinz Giszas, Seehäfen als Logistikzentren im Transportsystem, in: Hansa 130 (1993), S. 76–80, hier S. 78.

Vertreter der offiziellen Politik in Hamburg in der Vorsorge für den Hafen geradezu die Handlungs- und Zukunftsfähigkeit des Staates insgesamt auf dem Spiel zu stehen.

5 Hafenerweiterung in der politischen Defensive in den 1980er Jahren

Wieweit die SPD mit ihren Plänen zur Hafenerweiterung öffentlich in die Defensive geraten war, machte eine Umfrage des Instituts für angewandte Sozialwissenschaft im Spätherbst 1982 deutlich: Obwohl eine Mehrheit der Hamburger Bevölkerung dem Hafen eine große Bedeutung für die Wirtschaft der Stadt zuschrieb und der Arbeitsplatzanteil sogar eher überschätzt wurde, sprach sich rund ein Drittel der Menschen gegen die Hafenerweiterung aus, darunter besonders viele junge Leute (72 Prozent) und Menschen mit Abitur (52 Prozent). Dass 91 Prozent der Anhänger der GAL die Hafenerweiterung ablehnten, konnte kaum überraschen. Aber auch unter Sozial- und Christdemokraten war rund ein Drittel dagegen.[60] Gegen diese Stimmung versuchten Steinert, Lange und andere erneut, mit dem Argument der Vorsorge anzugehen: Vorsorge sollte im Kontext der Hafenpolitik ein Ausdruck für Verantwortungsbewusstsein, Logik, Rationalität – gegen die Emotionalität der Erweiterungsgegner –, Weitsicht und vorausschauendes Handeln zum Wohl der Allgemeinheit sein. Zudem ging es darum, die rechtlich und angesichts der erzwungenen Umsiedlungen auch moralisch heikle zeitliche Lücke zwischen der frühzeitigen Räumung und langwierigen Aufspülung von Hafenerweiterungsflächen und ihrer späteren konkreten Überplanung und Nutzung zu schließen. Eine der profiliertesten Gegnerinnen des Senats, die Moorburger Lehrerin und GAL-Spitzenkandidatin Thea Bock, charakterisierte die Pläne dagegen schlicht als „Politik der Zerstörung".[61] Später warf sie Lange zudem vor, mit dem Vorsorge-Argument gerade „jede sachliche Auseinandersetzung erschlagen" zu haben.[62]

Angesichts rückläufiger Gesamtumschlagsmengen im Hafen in den 1980er Jahren und einer keineswegs starken Nachfrage nach Industrieflächen am Wasser räumten im Juni 1985 dann auch Vertreter der Hafenwirtschaft, darunter HHLA-Vorstand Helmuth Kern, ein, dass Moorburg für die Hafenerweiterung zunächst nicht gebraucht werde.[63] SPD-Abgeordnete der Bezirksversammlung in Harburg hielten

---

60 StaHH 131-21, Senatskanzlei – Planungsamt, 4681, Schreiben Rahlffs, 28.2.1983, Anlage mit Meinungsumfrage des Instituts für angewandte Sozialwissenschaft.
61 Thea Bock, Bleibe im Lande und wehre Dich redlich, in: Rettet die Elbe, H. 6 (1981), S. 5.
62 Thea Bock in der „Hamburger Rundschau", wieder abgedruckt in: GAL Rundbrief, 1985, H. 4, S. 91.
63 Hafen-Pläne ohne Moorburg?, in: HA, 21.6.1985, S. 3; Hamburger Hafen: Senator Lange zum Hafenentwicklungsplan, in: Hansa 122 (1985), S. 1952.

Senator Lange vor, dass der Hafenbedarf „in einer immer stärker werdenden Spannungslage zu den Bedürfnissen der in diesen Gebieten lebenden Bevölkerung steht". Man stehe „vor zunehmenden Überzeugungsproblemen gegenüber der Öffentlichkeit" und forderte nun, in Moorburg durch die zeitlichen Verschiebungen kein „soziales Niemandsland" entstehen zu lassen.[64]

Der Senat beschloss zwar Erleichterungen für die Einwohner, rückte aber vom Grundsatz der Flächenvorsorge nicht ab. Lange betonte in einer erneut emotional geführten Bürgerschaftsdebatte im April 1986, das Hafenentwicklungsgesetz sei ein Kompromiss zwischen den Interessen der Stadt und denen einzelner betroffener Bürger. Flächenvorsorge sei „Zukunftssicherung des Hafens und seiner Arbeitsplätze" und werde daher „auch weiterhin [...] langfristige Perspektive einer Senatspolitik im Hafen sein [...]".[65] Die CDU-Opposition kritisierte zwar, dass sich die Prognosen des Senats aus den 1970er Jahren über den Flächenbedarf als fehlerhaft erwiesen hätten, und prangerte an, dass man Teile Moorburgs und Francops „jahrelang hat verrotten lassen", anstatt die Lebensverhältnisse der Menschen dort wieder zu verbessern. „[D]ie generelle langfristige Vorsorgepolitik für den Hafen" stellte allerdings auch die CDU nicht in Frage.[66] Die GAL brachte sich gegen diese Koalition in Stellung. Das Hafenentwicklungsgesetz sei schlichtweg „größenwahnsinnig", setze „völlig überzogene Maßstäbe für den Flächenbedarf im Hafen" und habe „die Zerstörung der südlichen Elbdörfer schon in großem Umfang vollzogen".[67]

Auch diese Debatte legte grundsätzliche Gegensätze zwischen den konkreten Interessen der Bewohner vor Ort und den Interessen einer vagen „Allgemeinheit" sowie zwischen einer konkreten Gegenwart und einer unbestimmten – und in der Gegenwart unbestimmbaren – Zukunft offen. Dass sich der zukünftige Flächenbedarf des Hafens mit wissenschaftlichen Mitteln nicht belegen ließ und sich Prognosen über die Zeithorizonte aus den 1960er und 1970er Jahre mittlerweile als falsch erwiesen hatten, untergrub nun jedoch immer stärker das Rationalitätspostulat von Senat und Hafenwirtschaft und damit ein zentrales Element jeder modernen Vorsorgepolitik.[68] Das zu diesem Zeitpunkt bereits fast vollständig geräumte, aber brachliegende und teilweise als Deponie genutzte Altenwerder erschien Mitte der 1980er Jahre wie ein Menetekel, dass sich die vom Senat propagierte wirtschaftspolitische Vorsorge keineswegs auszahlen musste und möglicherweise überflüssig war. Die Kritiker ließen

---

64 StaHH 131-21, Senatskanzlei – Planungsamt, 4679, SPD-Fraktion der Bezirksversammlung Harburg/Helmut Frahm und Michael Ulrich an Senator Lange, 3.10.1985, Betr. Position der SPD-Harburg zu neuen Perspektiven der Hafenerweiterung, Unser Gespräch hierüber am 25.9.1985.
65 Bürgerschaft der Freien und Hansestadt Hamburg, 11. Wahlperiode, Plenarprotokolle zu den Verhandlungen, 93. Sitzung, 16.4.1986, S. 5600–5602.
66 Redebeitrag von Georg Jarzembowski, ebenda, S. 5597–5599, Zitate: S. 5598 f.
67 GAL Rundbrief, Sondernummer zur Bürgerschaftswahl: Vorstellung des Programms der GAL, August 1986, S. 32. Vgl. Moorburg völlig umsonst zerstört, in: GAL Rundbrief, 1985, H. 4, S. 91.
68 Vgl. Thießen, Gesundheit erhalten, S. 363; Bröckling, Vorbeugen ist besser, S. 42 f.

sich auch nicht davon überzeugen, dass der Nutzen die Kosten überwog, womit eine weitere zentrale Rechtfertigung von Vorsorge nicht griff.[69]

Beide Seiten standen unter dem Eindruck eines immer schnelleren Wandels in der Weltwirtschaft und im Seegütertransport seit den 1960er Jahren. Der Schock der Containerisierung wirkte nach, als alle großen Seehäfen in kurzer Zeit ganz andere Flächen als zuvor bereitstellen und enorme Investitionen leisten mussten, um wirtschaftlich erfolgreich zu bleiben. Zudem machten sich die Folgen der Deindustrialisierung zum Beispiel in der Krise im Großschiffbau bemerkbar. Düstere Zukunftsprognosen sagten schon in den späten 1970er Jahren einen wirtschaftlichen Niedergang der Küstenländer voraus und sahen die Zukunft der Bundesrepublik im Süden.[70] Die offizielle Politik in Hamburg zog daraus die Konsequenz, dass Vorsorge umso notwendiger sei: Gerade weil die Wirtschaft einem immer schnelleren Wandel zu unterliegen schien und belastbare Prognosen für die Zukunft schwierig sowie konkrete Investitionsplanungen mit längeren Zeithorizonten im Hafen nicht mehr sinnvoll seien,[71] komme es umso mehr darauf an, künftigen Unwägbarkeiten vorzusorgen und mit Flächenreserven auf alles vorbereitet zu sein. Dagegen traten die Kritiker dafür ein, die „Grenzen des Wachstums" zu akzeptieren, im Fall des Hafens sogar wortwörtlich, und auf neue Herausforderungen durch Strukturreformen zu reagieren.

Altenwerder wurde erst ab 1997 für Hafenzwecke bebaut. Dass dort nach der langen Auflassung der Freiflächen ein Naturraum entstanden war, der nun ebenfalls schützenswert erschien,[72] hielt die Wirtschaftsbehörde nicht auf. 2002 war der hochmoderne CTA (Container-Terminal Altenwerder) fertiggestellt, fast 30 Jahre nach dem Beginn der Räumung. Die damals Verantwortlichen konnten sich allerdings durch den Erfolg des CTA und die spektakulären Zuwächse im Hafenumschlag in den 2000er Jahren bestätigt fühlen: Ohne die frühzeitige Räumung hätte man nach dem Fall des „Eisernen Vorhangs" und der wirtschaftlichen Öffnung Chinas nicht so schnell auf die neuen wirtschaftlichen Chancen reagieren können. Moorburg und Francop sind dagegen bis heute nicht in den Hafen einbezogen, aber nach wie vor Teil des besonderen Rechts- und Planungsraums des Hafenerweiterungsgebiets und teilweise bereits mit Baggergut aufgespült. Die Rahmenbedingungen, die in Hamburg den wirtschaftspolitischen Wunsch nach „Flächenvorsorge" – inzwischen ein verbreiteter Fachbe-

---

69 Vgl. auch Thießen, Gesundheit erhalten, S. 357.
70 Vgl. u. a. die Debatte über den „Ausbau der Wirtschaftskraft Hamburgs", in: Bürgerschaft der Freien und Hansestadt Hamburg, 8. Wahlperiode, Plenarprotokolle zu den Verhandlungen, 59. Sitzung, 6.10.1976, S. 3531–3546, sowie Heinz Michaels, Blutet Hamburg aus?, in: Die Zeit, 13.8.1976, S. 23.
71 So schon in Bürgerschaft der Freien und Hansestadt Hamburg, 8. Wahlperiode, Mitteilung des Senats an die Bürgerschaft, Drs. 8/1425, 30.3.1976: Hafenentwicklung, S. 1; Hafen Hamburg – Konzepte für morgen.
72 Vgl. Das Biotop mit der Kirche, in: HA Journal, 28.5.1994, S. 3; Heike Haarhoff, Hafen statt Biotop, in: taz, 9.6.1995, S. 6; Alexander Porschke, Hafenerweiterung in Altenwerder – nie war sie so unnötig wie heute!, in: GAL Fraktionsinfo, H. 11, November 1996, S. 33.

griff in der Hafenentwicklung auch an anderen Standorten – Ende der 1950er Jahre begründet hatten, nämlich Wachstum als zentraler Gradmesser des Erfolgs eines Hafens („Tonnenfetischismus"), der Wunsch nach weitgehender planerischer Handlungsfreiheit bzw. Flexibilität und die Angst, im europäischen Konkurrenzkampf der Seehäfen zurückzufallen, haben sich bis heute nicht wesentlich geändert. Die hafenpolitischen Auseinandersetzungen sind dagegen abgeebbt bzw. haben sich auf andere Felder wie die Elbvertiefung verlagert, weil seit Längerem keine umstrittenen Flächen mehr aktiviert wurden.

6 Fazit

Inwiefern fügt sich die „Flächenvorsorge" im Hamburger Hafen und damit ein Gegenstand aus dem Themenfeld Wirtschaft und Infrastruktur in einen größeren Rahmen von „Konzepte[n] und Praktiken der Vorsorge im 20. Jahrhundert"[73] ein? Zunächst fällt hier die herausgehobene Stellung des Staates auf, der mit großer Selbstverständlichkeit die Verantwortung annahm, für „Sicherheit" zu sorgen – in diesem Fall, indem man Weichen für Wachstum zu stellen versuchte – und dem Risiko wirtschaftlichen Abstiegs und Wohlstandsverlustes zu begegnen. Fragen nach dem Verhältnis von Kosten und Nutzen in der Vorsorge – und danach, wer dies bestimmt –, nach Hierarchien und Machtverhältnissen vor Ort oder nach Opfern der Vorsorgepolitik – wortwörtlich im Sinne der umzusiedelnden Menschen, aber auch mit Blick auf Landschaftsbild und Natur – spielten auch in den Auseinandersetzungen um die Hafenerweiterung eine Rolle. Die von Malte Thießen für eine „Zeitgeschichte der Vorsorge" identifizierten Spannungsfelder: Sicherheit und Freiheit, Staat und Staatsbürger sowie Gegenwart und Zukunft,[74] stecken damit ziemlich genau den Argumentationsrahmen ab, in dem sich Senat und Hafenwirtschaft auf der einen und ihre Kritiker auf der anderen Seite bewegten. Was dagegen mit der „Flächenvorsorge" im Hafen nicht in gleicher Weise verbunden war wie mit gesundheits- oder sozialpolitischer Vorsorge, waren Prozesse gesellschaftlicher Steuerung und Optimierung.

Auch das „Risiko", das man hier einzugrenzen versuchte, erscheint vor allem aus der Perspektive des Einzelnen wesentlich unbestimmter als etwa die Gefahr, an einer Infektionskrankheit zu erkranken oder im Alter kein Auskommen zu haben. Dies erklärt, warum die Übertragung des Begriffs und die Charakterisierung der Übernahme und Vorhaltung von Flächen im Hafen als Akt der Vorsorge in den späten 1970er und 1980er Jahren nur unzureichend gelang: Der Nutzen für den Einzelnen – Bürger einer wirtschaftlich erfolgreichen Stadt zu sein – war sehr viel schwerer

---

73 Thießen, Gesundheit erhalten, S. 354.
74 Vgl. ebenda, S. 361.

fassbar als bei der Vorsorge für Krankheit oder Alter. Die für den Nutzen zu erbringenden Opfer – die Zerstörung ökologischer und sozialer Lebensräume – waren dagegen konkret sichtbar. Zudem ließ sich die Notwendigkeit einer zukünftigen Hafenerweiterung im Gegensatz zu anderen Vorsorge-Aktivitäten nicht in gleicher Weise mit wissenschaftlichen Fakten untermauern. Die Prognosen basierten auf Fortschreibungen vergangener Entwicklungen, die angesichts des gleichzeitig zu Recht postulierten beschleunigten Wandels in Wirtschaft und Güterverkehr immer weniger überzeugen konnten, und auf der Beobachtung der Konkurrenzhäfen, die ihrerseits Ausbaupläne mit den Aktivitäten in Hamburg rechtfertigten.

Ein zentrales Merkmal der Vorsorge im hier untersuchten Kontext von Wirtschaft, Planung und Infrastruktur stellt die zeitliche und inhaltliche Unbestimmtheit dar, das Offenhalten von Möglichkeiten statt konkreter Maßnahmen und Pläne. Gerade diese Unbestimmtheit macht die Erforschung von Vorsorge in diesem Zusammenhang indes so schwierig: Je konkreter geplant oder gar gebaut wird, desto weniger ist von Vorsorge die Rede. Umso notwendiger erscheinen daher über das Hamburger Fallbeispiel hinaus weitere Untersuchungen zur Verwendung des Begriffs und seiner Instrumentalisierung sowohl in der Wirtschafts- und Infrastrukturpolitik als auch auf Ebene der Unternehmen und konkreter Projekte. Zukünftige Studien, beispielsweise zum Verkehrswesen, zur Stadtplanung oder zum Energiesektor,[75] könnten weitere Erkenntnisse gewinnen, wie Vorsorge im 20. Jahrhundert zu einem wirtschaftspolitischen Argument avancierte.

---

75 Vgl. z. B. das Interview mit dem Veba-Vorstand Rudolf von Bennigsen-Foerder über die Notwendigkeit, mit Hilfe bundesdeutscher Steinkohle und ihrer staatlichen finanziellen Unterstützung „Krisenvorsorge" für die nächste Ölpreiskrise zu betreiben: Spiegel-Gespräch: „Wir machen uns die Sorgen reicher Leute", in: Der Spiegel, 28.9.1987, S. 72–80, hier S. 75.

Kai Nowak
Automatismen als Unfallprävention?
Verkehrssicherheit in der frühen Bundesrepublik im Zeichen von Selbstkontrolle und Resilienz

Seit dem späten 19. Jahrhundert verwandelte sich die Straße vom „Lebensraum zum Leitungsweg".[1] Wo vormals Menschen reisten, kommunizierten, flanierten und beobachteten, galt es nun, den Fluss und die reibungslose Synchronisation eines ständig wachsenden Verkehrsaufkommens sicherzustellen. Im Straßenverkehr als komplexem Infrastruktursystem bewegten und bewegen sich eine Vielzahl an Teilnehmern mit unterschiedlichen Zielen, Interessen und Geschwindigkeiten. Um die damit verbundene Störanfälligkeit ebenso zu minimieren wie die Gefahren für Besitz, Leib und Leben, muss jeder Verkehrsteilnehmer ein hohes Maß an Disziplin aufbringen. Schließlich erzeugen Straßen, da sie – mit Ausnahme von Autobahnen und reinen Kraftfahrstraßen – die Art und Weise ihrer Nutzung nicht klar festlegen, fortgesetzt Uneindeutigkeiten, Unsicherheiten und damit Aushandlungsbedarf.

Bereits in der Frühzeit des Automobils wurde der Kampf um Privilegien und Verantwortlichkeiten auf der Straße mit harten Bandagen geführt. Der sogenannte Motor-Wagen machte eine komplette Neuverhandlung des Straßenraums notwendig. So regte sich zu Beginn des 20. Jahrhunderts Widerstand gegen die negativen Begleiterscheinungen des Automobils, die man sowohl im rücksichtslosen Fahren als auch in deutlich höheren Geschwindigkeiten gegenüber anderen Verkehrsmitteln wie Pferdekutschen und Fußgängern sah. Der Protest schlug teils sogar in Gewalt um und schuf seinerseits neue Gefahren; einige Autofeinde streuten Nägel und Glasscherben aus, bauten Barrikaden oder spannten Stahlseile über die Straße.[2] Andererseits gab es das Phänomen der „Herrenfahrer", die aus Unfallrisiko und Geschwindigkeit einen Lustgewinn zogen und einen sportlichen bis aggressiven Fahrstil pflegten. In diesem Zusammenhang war der Verkehrsunfall – ähnlich wie Kriegsverletzungen – durchaus mit sozialem Prestige verbunden und entwickelte sich zu einem Topos der Moderne.[3]

---

1 Vgl. Dirk van Laak, Vom Lebensraum zum Leitungsweg. Die Stadtstraße als soziale Arena, in: Michael Flitner/Julia Lossau/Anna-Lisa Müller (Hrsg.), Infrastrukturen der Stadt, Wiesbaden 2017, S. 145–162.
2 Vgl. Uwe Fraunholz, Motorphobia, Anti-automobiler Protest in Kaiserreich und Weimarer Republik, Göttingen 2002; Peter D. Norton, Fighting Traffic. The Dawn of the Motor Age in the American City, Cambridge 2008; Brian Ladd, Autophobia. Love and Hate in the Automotive Age, Chicago 2008.
3 Vgl. Claudia Lieb, Crash. Der Unfall der Moderne, Bielefeld 2009; Kurt Möser, Zwischen Systemopposition und Systemteilnahme. Sicherheit und Risiko im motorisierten Straßenverkehr 1890–1930, in: Harry Niemann/Armin Hermann (Hrsg.), Geschichte der Straßenverkehrssicherheit im Wechselspiel zwischen Fahrzeug, Fahrbahn und Mensch, Bielefeld 1999, S. 159–167, hier S. 164; Kurt Möser, The

Dass die mit dem zunehmenden Straßenverkehr verbundenen sozialen Verwerfungen ebenso eingedämmt werden mussten wie die steigenden Todes- und Verletztenzahlen, war unstrittig. Eine bunte Allianz aus Reichs- und Länderregierungen und Verbänden wie den Automobilclubs versicherheitlichte den Straßenverkehr: Sie thematisierte den Straßenverkehr als Sicherheitsproblem und bearbeitete ihn als ein solches, indem sie spezifische Institutionen zur Einflussnahme auf das Verhalten der Verkehrsteilnehmer schuf. Dazu gehörten Einrichtungen der Fahrerausbildung. So gründete der Architekt Rudolf Kempf 1904 in Aschaffenburg die erste private „Auto-Lenkerschule"; 1909 wurde reichsweit die Führerscheinpflicht eingeführt.[4] Dazu gehörten ebenso Maßnahmen der Verkehrserziehung, wie ein Erlass des Preußischen Kultusministers von 1906, mit dem der Verkehrsunterricht in den Schulen Einzug hielt,[5] oder die Gründung der Deutschen Verkehrswacht 1924, die sich mit Aktionen der Verkehrsaufklärung an die breite Bevölkerung wandte, ob motorisiert oder nicht.[6] Dazu gehörte ebenso die Produktion spezifischen Wissens, für die eine sich allmählich herausbildende wissenschaftliche *community* von Verkehrsexperten verantwortlich zeichnete. Diese bewegten sich meist eher am Rande ihrer je eigenen Disziplinen, insbesondere der Psychologie, Medizin, Soziologie, Ingenieurs- und Rechtswissenschaft sowie Pädagogik,[7] als in die Disziplinbildungsprozesse einer dezidierten Verkehrswissenschaft eingebunden gewesen zu sein.[8]

Im Zuge der Versicherheitlichung des Straßenverkehrs bildeten sich spezifische Praktiken heraus, die nicht allein auf das Verhindern von Unfällen oder die

---

Dark Side of "Automobilism", 1900–30. Violence, War and the Motor Car, in: The Journal of Transport History 24 (2003), H. 2, S. 238–258.

4 Vgl. Dietmar Fack, Das deutsche Kraftfahrschulwesen und die technisch-rechtliche Konstitution der Fahrausbildung 1899–1943, in: Technikgeschichte 67 (2000), H. 2, S. 111–138.

5 Vgl. ders., Automobil, Verkehr und Erziehung. Motorisierung und Sozialisation zwischen Beschleunigung und Anpassung 1885–1945, Opladen 2000, S. 199.

6 Vgl. ebenda, S. 264–269.

7 Die disziplinäre Breite des Feldes wird deutlich anhand der Autorenliste der *Zeitschrift für Verkehrssicherheit*. Die 1952 von Staatsanwalt Konstantin Lehmann gegründete Zeitschrift verfolgte einen dezidiert interdisziplinären Ansatz und betonte damit die Komplexität der Aufgabe. Gerade in den Anfangsjahren kamen dort auch Autoren zu Wort, die sich als Autodidakten in Sachen Verkehrssicherheit – auch methodisch – nicht immer auf dem Stand der (disziplinären) Forschung bewegten, etwa weil sie eigene Fahrerlebnisse referierten und daraus generalisierende Aussagen ableiteten – ein Hinweis auf die Offenheit und Beweglichkeit eines emergierenden Forschungsfeldes. Für knappe Bemerkungen zur Geschichte der Zeitschrift vgl. Jörg Kubitzki, 50 Jahre Zeitschrift für Verkehrssicherheit. Wer tötete Margaret Mitchell?, in: Zeitschrift für Verkehrssicherheit 48 (2002), H. 3, S. 97–105.

8 In der um disziplinäre Einheit ringenden Verkehrswissenschaft herrschte bis in die zweite Hälfte des 20. Jahrhunderts hinein ein – jedoch nicht unangefochtenes – Primat der ökonomischen Wissenschaften, ergänzt um spezifische juristische, geographische und ingenieurwissenschaftliche Perspektiven. Vgl. Anette Schlimm, Ordnungen des Verkehrs. Arbeit an der Moderne – deutsche und britische Verkehrsexpertise im 20. Jahrhundert, Bielefeld 2011; Michael Hascher, Politikberatung durch Experten. Das Beispiel der deutschen Verkehrspolitik im 19. und 20. Jahrhundert, Frankfurt a. M. u. a. 2006.

Abschwächung negativer Unfallfolgen zielten.[9] Sie orientierten sich nicht nur an den Dysfunktionen des Straßenverkehrs, sondern mehr noch an seinem reibungslosen Funktionieren. Obwohl Prävention gemeinhin als Antizipation negativer Zukünfte verstanden wird, deren Eintritt durch rechtzeitige Interventionen möglichst verhindert werden soll,[10] beschränkt sie sich nicht zwangsläufig auf die Ablehnung ungewollter Zukünfte.[11] Als ein grundsätzlich offener „Umgang mit krisenhaften Zeitdiagnosen und Zukunftserwartungen"[12] enthalten Präventionskonzepte oft auch positive Gegenmodelle, das heißt Vorstellungen einer erwünschten Zukunft. Ähnlich wie die Weltgesundheitsorganisation 1946 die Definition von Gesundheit über die Absenz von Krankheit hinaus um positive Zustände des Wohlbefindens erweiterte,[13] zielte Unfallprävention auf mehr als auf die bloße Abwesenheit von Unfällen. Vielmehr thematisierte sie die Bedingungen und Begleiterscheinungen des Straßenverkehrs, mithin die an individuelle Mobilität geknüpften politischen, sozialen, moralischen und kulturellen Vorstellungen einer modernen Gesellschaft wie Demokratie, individuelle Freiheit, materieller Wohlstand oder gegenseitige Rücksichtnahme.[14]

Diese Werte waren in der Verkehrssicherheitsarbeit stets gebunden an die Verkehrsteilnehmer und realisierten sich im alltäglichen, individuellen Vollzug auf der Straße. Schon deshalb war der Mensch zentraler Gegenstand der Präventionsmaßnahmen der Verkehrssicherheitsarbeit. Dies galt auch für technische Sicherheitseinrichtungen, die in Bezug auf das Wesen des Menschen und seine körperlichen und kognitiven Defizite konzipiert wurden. Immerhin stiegen ungeachtet der eklatanten Risiken eine Vielzahl an Menschen nahezu tagtäglich in ein Fahrzeug oder setzten sich als andere Verkehrsteilnehmer dem unübersichtlichen Geschehen auf der Straße aus. Warum aber verhielt sich die übergroße Mehrheit der Verkehrsteilnehmer dabei in der Regel „verkehrsgerecht", obwohl der Typus des ostentativ risikoaffinen Fahrers ein permanentes Phänomen darstellte, sei es in Form des auftrumpfenden „Herrenfahrers" zu Beginn des 20. Jahrhunderts oder des „Bleifußes" auf der linken Auto-

---

9 Zu einer Geschichte des Verkehrsunfalls forscht Peter Itzen (Freiburg) im Rahmen seines Habilitationsprojekts.
10 Vgl. Ulrich Bröckling, Vorbeugen ist besser ... Zur Soziologie der Prävention, in: Behemoth 1 (2008), H. 1, S. 38–48, hier S. 38 f.
11 Vgl. dazu die Begriffsgeschichte und das Stufenmodell in der Einleitung von Nicolai Hannig und Malte Thießen in diesem Band.
12 Martin Lengwiler/Stefan Beck, Historizität, Materialität und Hybridität von Wissenspraxen. Die Entwicklung europäischer Präventionsregime im 20. Jahrhundert, in: Geschichte und Gesellschaft 34 (2008), S. 489–523, hier S. 490 f.
13 Vgl. Martin Lengwiler/Jeannette Madarász, Präventionsgeschichte als Kulturgeschichte der Gesundheitspolitik, in: dies. (Hrsg.), Das präventive Selbst. Eine Kulturgeschichte moderner Gesundheitspolitik, Bielefeld 2010, S. 11–28, hier S. 21.
14 Zum Zusammenhang von Präventionskonzepten und sozialen Ordnungen vgl. Malte Thießen, Gesundheit erhalten, Gesellschaft gestalten. Konzepte und Praktiken der Vorsorge im 20. Jahrhundert: Eine Einführung, in: Zeithistorische Forschungen 10 (2013), S. 354–365.

bahnspur bis heute? Beide Phänomene, so die Ausgangsthese dieses Beitrags, waren eine Folge der Ambivalenz einer auf Dauer gestellten Versicherheitlichung. Einerseits wurde das Verkehrsgeschehen auf der Straße als prinzipiell risikobehaftet und unfallträchtig problematisiert, um verantwortliches Verkehrsverhalten einzufordern und fortgesetzten Handlungsbedarf in Sachen Unfallprävention zu unterstreichen. Andererseits sollten die verkehrssicherheitlichen Maßnahmen das Vertrauen in das Auto als Verkehrsmittel erhalten und den Straßenverkehr als Infrastruktursystem kalkulierbar machen. Sowohl Maßnahmen der Regulierung und Kontrolle als auch Bemühungen um Verkehrserziehung und -aufklärung zielten darauf ab, die Verkehrsteilnehmer zu Selbstkontrolle und zur Verinnerlichung von Verhaltensroutinen zu bewegen. Zugleich sollten auf diese Weise die Verlässlichkeit des Infrastruktursystems und die kollektive Wahrnehmung einer *hinreichenden* Sicherheit suggeriert werden. Demnach sollten alle Verkehrsteilnehmer erwarten können, dass andere ebenfalls über angemessene Verhaltensweisen orientiert waren und diese umsetzten. In dieser Perspektive war die Verkehrssicherheitsarbeit nicht allein um die Beseitigung von Unfallrisiken bemüht, sondern arbeitete an ihrer prinzipiellen Akzeptanz.

Im Folgenden wird nachgezeichnet, wie sich diese Perspektivenerweiterung in der bundesdeutschen Unfallprävention zwischen den späten 1950er und 1970er Jahren vollzog und zu einem Paradigmenwechsel der Verkehrserziehung und -aufklärung führte. Anhand der Debatten zwischen Verkehrspsychologen und Praktikern der Verkehrssicherheitsarbeit soll dabei die Bedeutung von Automatismen fürs sichere, unfallfreie Fahren ausgelotet werden. Neben verkehrspsychologischer Literatur wird dazu vor allem die *Zeitschrift für Verkehrssicherheit* sowie die *Deutsche Verkehrswacht*, das Organ der Bundesverkehrswacht (ab 1968 Deutsche Verkehrswacht), herangezogen sowie beispielhaft Unterrichtsmaterialien, in denen sich der Wandel von Präventionskonzepten in der Gestaltung und der Visualisierung des Straßenverkehrs niederschlug. Dabei zeigt sich, dass das Konzept von Selbstkontrolle in der Expertendiskussion um verkehrsgerechtes Verhalten an Einfluss gewann, ohne dass auf Interventionen in die menschliche Umwelt durch technische und bauliche Maßnahmen sowie auf die Aussonderung von Unfallfahrern im Sinne eines Präventionsregimes der Hygiene[15] verzichtet worden wäre. Vielmehr wurde ein Präventionstypus prägend, der „auf die internalisierte, habitualisierte Kultur – also auf sozio-kulturelle Dispositive, Lebensstile und handlungsleitende Konzepte"[16] zielte und somit eine Variante des „präventiven Selbst" darstellte.[17] Unfallprävention wurde dabei in die

---

15 Vgl. Ulrich Bröckling, Dispositive der Vorbeugung. Gefahrenabwehr, Resilienz, Precaution, in: Christopher Daase/Philipp Offermann/Valentin Rauer (Hrsg.), Sicherheitskultur. Soziale und politische Praktiken der Gefahrenabwehr, Frankfurt a. M. u. a. 2012, S. 93–108, hier S. 97 f.
16 Lengwiler/Beck, Historizität, in: Geschichte und Gesellschaft 34 (2008), S. 494.
17 Martin Lengwiler/Jeanette Madarász (Hrsg.), Das präventive Selbst. Eine Kulturgeschichte moderner Gesundheitspolitik, Bielefeld 2010.

Verantwortung eines jeden einzelnen Verkehrsteilnehmers gelegt, der sein Verhalten auf der Straße aus eigenem Antrieb anpassen und sich kontinuierlich selbst disziplinieren sollte. Leitprinzip dieser Perspektiverweiterung war Resilienz „als liberaler Modus der Vorbeugung",[18] der darauf zielte, „Ungewissheit resp. Unsicherheit nicht auszuschalten, sondern damit umzugehen".[19]

1 Motorisierung, Verkehrskrise und der „Faktor Mensch"

Trotz der zunächst wirtschaftlich ungünstigen Ausgangssituation nahm die Motorisierung der bundesdeutschen Bevölkerung Anfang der 1950er Jahre an Fahrt auf. Der private PKW-Besitz wuchs mit einem Tempo, das kaum zu erwarten gewesen war. So verkehrten im Jahr 1960 beinahe viermal so viele Fahrzeuge auf deutschen Straßen wie zehn Jahre zuvor. Die Gesamtsumme der Krafträder, PKW und LKW stieg von 1,8 Millionen im Jahr 1950 auf 6,9 Millionen. Seit 1957 übertraf die Zahl der PKW bereits die der Krafträder.[20] Im selben Jahr lag auch die Personenverkehrsleistung des Individualverkehrs erstmals über der des öffentlichen Personenverkehrs und wuchs noch bis Mitte der 1960er Jahre rapide, bevor sich der Anstieg verlangsamte.[21] Die allgemeine Einkommensentwicklung und ein florierender Gebrauchtwagenmarkt sorgten dafür, dass sich seit dem Übergang in die 1960er Jahre zunächst Angestellten-, später auch immer mehr Arbeiterhaushalte ein eigenes Auto anschaffen konnten.[22] Dominierte zunächst der Einsatz des PKW im Beruf bzw. für den Weg zur Arbeit, nahm seit Mitte der 1950er Jahre die private Nutzung für Freizeit- und Urlaubszwecke deutlich zu.[23]

Die Motorisierung erweiterte also in einem hohen Maße die individuellen Lebensradien der Bundesbürger. Allerdings produzierte sie eine Reihe von Folgeproblemen

---

18 Stefan Kaufmann, Resilienz als Sicherheitsprogramm. Zum Janusgesicht eines Leitkonzepts, in: Martin Endreß/Andrea Maurer (Hrsg.), Resilienz im Sozialen. Theoretische und empirische Analysen, Wiesbaden 2015, S. 295–312, hier S. 298.
19 Ebenda.
20 Dietmar Klenke, Bundesdeutsche Verkehrspolitik und Motorisierung. Konfliktträchtige Weichenstellungen in den Jahren des Wiederaufstiegs, Stuttgart 1993, S. 353, Tabelle 1. Zahlen ohne Berücksichtigung West-Berlins.
21 Thomas Südbeck, Motorisierung, Verkehrsentwicklung und Verkehrspolitik in der Bundesrepublik Deutschland der 1950er Jahre. Umrisse der allgemeinen Entwicklung und zwei Beispiele: Hamburg und das Emsland, Stuttgart 1994, S. 34, Tab. 18.
22 Vgl. Christopher Kopper, Der Durchbruch des PKW zum Massenkonsumgut 1950–1964, in: Jahrbuch für Wirtschaftsgeschichte 51 (2010), H. 1, S. 19–36, hier S. 32–34; Klenke, Verkehrspolitik, S. 354, Tabelle 2.
23 Vgl. Südbeck, Motorisierung, S. 63–65.

wie die Verknappung des Straßenraums und vor allem die Prekarisierung der Sicherheit auf den Straßen, sodass zeitgenössisch von einer „Verkehrskrise" die Rede war. Mit den Fahrzeugzahlen stiegen ebenso die Zahlen der Unfälle deutlich: Zwischen 1950 und 1960 verzeichnete die Verkehrsunfallstatistik eine Verdoppelung der im Straßenverkehr Getöteten von 7300 auf 14.000, während sich die Zahl der Verletzten im selben Zeitraum auf 430.000 gar verdreifachte.[24] Die Verkehrskrise gefährdete das von einem breiten gesellschaftlichen Konsens getragene, politisch erwünschte Ziel einer individuellen Mobilität für alle, ja sie gefährdete letztlich sogar die Akzeptanz eines als zentral für das „Wirtschaftswunder" angesehenen Infrastruktursystems als Ganzes. Die Bundesregierung reagierte daher nicht nur mit der (Wieder-)Einführung des innerörtlichen Tempolimits 1957 oder mit Reformen der Straßenverkehrsordnung (StVO) in den Jahren 1956 und 1960. Hinzu kamen baulich-technische Maßnahmen durch Verbesserungen der Fahrzeugsicherheit[25] sowie durch größere Anstrengungen im Straßenbau, u. a. zur Verringerung der Verkehrsdichte durch neue und breite Straßen sowie zur räumlichen Segregation der Verkehrsmittel durch eigene Fahrspuren.[26] Vor allem aber intensivierten Organisationen wie die Automobilclubs und die wiedergegründete Verkehrswacht[27] im Laufe der 1950er Jahre die Unfallprävention durch Verkehrsaufklärung von jungen Menschen und Erwachsenen. Nun hielt Verkehrserziehung verstärkt Eingang in den Schulunterricht und in die Vorschule, etwa durch die Einrichtung von „Verkehrszimmern" mit Spiel- und Lehrmaterialien und von Verkehrsübungsplätzen auf Schulhöfen. 1953 wurde der Schülerlotsendienst offiziell eingeführt,[28] die Verkehrswachten boten verstärkt Rad- und Fußgängerprüfungen an, seit Ende der 1940er Jahre tourte der „Verkehrskasper" durch die Repub-

---

24 Klenke, Verkehrspolitik, S. 353, Tabelle 4. Zahlen ohne Berücksichtigung des Saarlands und West-Berlins.
25 Vgl. Norbert Stieniczka, Das „narrensichere" Auto. Die Entwicklung passiver Sicherheitstechnik in der Bundesrepublik Deutschland, Darmstadt 2006; Heike Weishaupt, Die Entwicklung der passiven Sicherheit im Automobilbau von den Anfängen bis 1980 unter besonderer Berücksichtigung der Daimler-Benz AG, Bielefeld 1999.
26 Für die britische Diskussion vgl. Muhammad M. Ishaque/Robert B. Noland, Making Roads Safe for Pedestrians or Keeping Them out of the Way? A Historical Perspective on Pedestrian Policies in Britain, in: The Journal of Transport History 27 (2006), S. 115–137. Als zeitgenössisches deutsches Beispiel vgl. die Denkschrift der Gruppe Radwegebau der Arbeitsgemeinschaft für Verkehrssicherheit: Die Entmischung der Fahrbahn durch den Rad- und Mopedwegebau fördert eine erhöhte Verkehrssicherheit, Wuppertal-Elberfeld 1957.
27 Die Deutsche Verkehrswacht hatte sich 1937 zwangsweise selbst aufgelöst, und ihre Aufgaben wurden fortan zum Teil vom Nationalsozialistischen Kraftfahrkorps wahrgenommen. Die Wiedergründung einer bundesweiten Verkehrswacht erfolgte 1950 auf Initiative des Bundesverkehrsministeriums, nachdem sich zuvor bereits einzelne Landesverkehrswachten konstituiert hatten. Vgl. Dorothee Hochstetter, Motorisierung und „Volksgemeinschaft". Das Nationalsozialistische Kraftfahrkorps (NSKK) 1931–1945, München 2005, S. 395; Klenke, Verkehrspolitik, S. 83–91.
28 Vgl. Erdmann Werner Böhme, Der deutsche Schülerlotsendienst, Bonn 1956.

lik.²⁹ Darüber hinaus richteten sich unzählige Kampagnen mit Broschüren, Plakaten, Verkehrserziehungsfilmen etc. an die breite Öffentlichkeit der Verkehrsteilnehmer.³⁰

Angesichts explodierender Unfallzahlen schien eine Intensivierung der ohnehin breit betriebenen Unfallursachenforschung angeraten. Neben den etablierten Feldern Straßenbau und Fahrzeugtechnik gewann nun – und dies sicherte der Verkehrspsychologie wachsenden Einfluss – der „Faktor Mensch" an Bedeutung. So wurden zahlreiche Typologisierungsversuche von Unfällen unternommen, wobei in den 1950er Jahren nach wie vor der Begriff des „Unfällers" Konjunktur hatte.³¹ Diesen hatte in den frühen 1920er Jahren der Würzburger Psychologe Karl Marbe in Untersuchungen zur Arbeits- und Straßenverkehrssicherheit geprägt.³² Marbe zufolge zeige ein Mensch unter vergleichbaren Umweltbedingungen aufgrund seiner ebenfalls gleichbleibenden Persönlichkeit ein wiederholt ähnliches Verhalten. Daraus leitete er ab, dass es im Betrieb oder auf der Straße Menschen gebe, die wiederholt zu Unfällen neigten. Mit unzähligen Studien versuchten Psychologen seither diesen Dispositionen nachzuspüren, den Typus des Unfällers näher zu bestimmen und seine charakterlichen Eigenschaften bzw. Defizite aufzuzeigen. Mittels Befragungen, diagnostischen Studien oder mit Rückgriff auf Gerichtsakten und Unfallstatistiken versuchten die Experten, bei Unfallbeteiligten ihre Einstellungen zum Fahrzeug und zu anderen Verkehrsteilnehmern zu identifizieren, tiefenpsychologisch Angst- und Aggressionspotenziale offenzulegen, Pathologien auszumachen (vor allem Neurosen), Unfallneigung mit Kriminalitätsbiographien zu korrelieren, Unfälle entwicklungspsychologisch einzuordnen, auf Geschlecht oder Lebensalter zu beziehen etc.³³ Besondere Plausibilität gewann die Kategorie des Unfällers in den 1950er Jahren durch das sogenannte Minderheitentheorem des Kölner Verkehrspsychologen Wilhelm Lejeune. Ausgangspunkt seiner Untersuchungen zur „Unfallpersönlichkeit" waren Analysen von Unfallstatistiken, die ergaben, dass eine geringe Anzahl von Fahrern an einer Mehrheit der Unfälle beteiligt war.³⁴

Wissen ist eine Grundvoraussetzung für die Implementierung von Präventivmaßnahmen. Schließlich werden konkrete Anhaltspunkte benötigt, wo sich Maßnahmen

---

29 Vgl. Sven Bardua, Straßenverkehr. Verkehrsteilnehmer im Dauerkonflikt, in: Sven Bardua/Gert Kähler (Hrsg.), Die Stadt und das Auto. Wie der Verkehr Hamburg veränderte, München 2012, S. 100–117, hier S. 111 f.
30 Zum konzeptionellen Status der genannten verkehrserzieherischen Projekte und Maßnahmen im Rahmen der Unfallprävention siehe den folgenden Abschnitt.
31 Zur Figur des Unfällers vgl. auch den Beitrag von Benjamin Herzog in diesem Band.
32 Vgl. Karl Marbe, Über Unfallversicherung und Psychotechnik, in: Praktische Psychologie 4 (1923), H. 9, S. 257–264.
33 Vgl. u. a. Klaus Mayer, Zur psychischen Struktur der Unfäller-Persönlichkeit, in: Zeitschrift für Verkehrssicherheit 5 (1959), H. 1, S. 17–38; Hans Hoff/Peter Berner, Persönlichkeit und Verkehrsverhalten, in: Hans Hoff/Konrad Händel (Hrsg.), Verkehrsunfall und Persönlichkeit, Hamm (Westf.) 1961, S. 5–24.
34 Vgl. Wilhelm Lejeune, Beitrag zur statistischen Verifikation der Minderheiten-Theorie, Köln 1958.

am besten ansetzen lassen. Zu diesem Zweck produzierten Experten permanent Wahrscheinlichkeitsaussagen über zukünftige Entwicklungen bzw. lieferten Methodiken, die im Einzelfall Voraussagen ermöglichten.[35] Augenfällig wird dies an der Forderung der „Unfällerforschung" nach einer konsequenten Identifizierung der betreffenden Fahrer, ihrer Untersuchung auf körperliche und psychische Mängel und gegebenenfalls ihrer „Aussonderung" aus dem Straßenverkehr. Eine in diesem Zusammenhang zentrale Maßnahme war die bis heute bekannte, 1954 eingeführte Medizinisch-Psychologische Untersuchung (MPU). Zunächst nur verpflichtend für diejenigen Führerscheinaspiranten, bei denen aus körperlichen oder psychischen Gründen Zweifel an der Fahrtauglichkeit bestanden, wurde die MPU sukzessive ausgebaut und bald auch beim dreimaligen Nichtbestehen der Theorieprüfung obligatorisch. Im Zuge des Bedeutungsverlustes des Unfäller-Konzepts wurde die MPU schließlich zum Instrument der Verkehrs*resozialisation* zur Wiederzulassung nach einem Führerscheinentzug. Die MPU stellte seither ein prognostisches Verfahren über die Wahrscheinlichkeit verkehrsgerechten Verhaltens dar. Eine negative Prognose hatte zufolge, dass der betreffende Fahrer dauerhaft buchstäblich „aus dem Verkehr gezogen" wurde. Die MPU erwies sich daher als ein (sozial-)hygienischen Logiken folgendes Präventionsinstrument, das „epidemische Zustände" zu verhindern suchte, indem potenziell gefährliche, pathologische Störelemente identifiziert und ausgeschlossen wurden.[36] Wie die MPU setzten die seit Mitte der 1960er Jahre in Deutschland diskutierten *Driver Improvement*-Kurse nach amerikanischem Vorbild auf das Prinzip der Einsichtsbildung. Diese freiwilligen Nachschulungsangebote, die in den 1970er Jahren ausgiebig erprobt wurden, zielten darauf, bei Mehrfachverstößen oder erstmaligem Fahren unter Alkoholeinfluss es gar nicht erst zu einem Verlust des Führerscheins kommen zu lassen.[37] Sie dienten gleichsam der individuellen Prävention weitergehender, staatlicher Präventionsmaßnahmen.

---

35 Vgl. Bröckling, Vorbeugen, in: Behemoth 1 (2008), H. 1, S. 42 f.
36 Vgl. Bröckling, Dispositive der Vorbeugung, in: Daase/Offermann/Rauer (Hrsg.), Sicherheitskultur, S. 97 f.
37 Für eine knappe Skizze der historischen Entwicklung von *Driver Improvement*-Kursen und einen Literaturüberblick vgl. Wilfried Follmann u. a., Dokumentation von Maßnahmen außerhalb des gesetzlich geregelten Bereichs und Optimierungsansätze, in: Bundesanstalt für Straßenwesen (Hrsg.), Psychologische Rehabilitations- und Therapiemaßnahmen für verkehrsauffällige Kraftfahrer, Bremerhaven 2008, S. 7–76, hier S. 10–12.

2 Das Konzept der Selbstkontrolle in der Verkehrserziehung

Eine allmähliche Abkehr vom Leitprinzip der „negativen Auslese" setzte bereits in den 1950er Jahren ein. Zunehmend wichtiger wurde seither der Gedanke einer, wie der Verkehrspsychologe Benedikt Hebenstreit 1961 formulierte, „Anpassung des Menschen an den Verkehr" durch Verkehrserziehung.[38] Dieses Konzept zielte in erster Linie auf die Etablierung des Prinzips der Selbstkontrolle im Verkehrsverhalten. Es galt, die Verkehrsteilnehmer zu motivieren, sich selbst zu disziplinieren. Nach Norbert Elias erfordert die Komplexitätszunahme moderner Gesellschaften die Ausrichtung des eigenen Verhaltens an dem anderer (und an der Beobachtung durch andere). Dazu werde Fremdzwang in internalisierten Selbstzwang transformiert, das heißt, das Subjekt unterwerfe sich aus freien Stücken einem Erwartungsregime, ohne dass dieser Umstand als Aufgabe von Eigenständigkeit wahrgenommen würde. Vielmehr erfolge das Sicheinfügen aus wohlverstandenem Eigeninteresse. Die Internalisierung sozial erwünschter Verhaltensweisen ist demnach wesentlich effektiver als externe Kontrolle, als Verbot und Strafe. Weil Selbstkontrolle sowohl über Latenz als auch Freiwilligkeit funktioniere, treffe sie auf weniger innere Widerstände als Interventionen von außen.[39]

Zwar konnten derartige Anpassungsprozesse nicht verordnet, in Sozialisation und Alltagspraxis aber wenigstens angeregt und angeleitet werden. Insofern avancierte Selbstkontrolle bald zu einem zentralen Erziehungsziel der Verkehrspädagogik. Bundesverkehrsminister Hans-Christoph Seebohm (Deutsche Partei, ab 1960 CDU) hatte die Nützlichkeit von Eigenverantwortlichkeit und Selbstkontrolle für die Verkehrssicherheit bereits im Oktober 1951 in einer Rede vor dem Bundestag betont.[40] Dass allerdings das Vertrauen auf eine effektive Selbstkontrolle allein die „Verkehrskrise" nicht zu lösen vermochte, wurde offenkundig, als Seebohm 1953 das innerörtliche Tempolimit abschaffte. Der Minister wollte die Motorisierung der Bundesrepublik vorantreiben und zugleich nach zwölf Jahren NS-Diktatur die Eigenverantwortlichkeit der autofahrenden demokratischen Staatsbürger fördern. Während die nationalsozialistische Verkehrspolitik noch die Unterordnung unter die deutsche „Verkehrsgemeinschaft" verlangt hatte, realisierte sich auf den Straßen der Bundesrepublik, so die Idealvorstellung, symbolhaft eine neue individuelle Freiheit, in deren Rahmen Auto-

---
38 Benedikt von Hebenstreit, Grundzüge einer Verkehrspsychologie, München 1961, S. 141.
39 Vgl. Norbert Elias, Über den Prozeß der Zivilisation, Bd. 2: Soziogenetische und psychogenetische Untersuchungen, Frankfurt a. M. 1997, S. 327–330.
40 Parlamentsrede, Bundesverkehrsminister Hans-Christoph Seebohm, Plenarprotokoll Nr. 01/171, 25.10.1951, http://dipbt.bundestag.de/doc/btp/01/01171.pdf (letzter Zugriff am 31.5.2016).

fahrer sich aus eigenem Antrieb verkehrsgerecht verhielten.[41] Allerdings hatten schon die Nationalsozialisten die Erfahrung machen müssen, dass staatsbürgerliches Ethos allein nicht genügte, um die Verkehrsteilnehmer zu einer ideologisch wie moralisch gebotenen adäquaten Fahrweise zu bewegen und die Zahl der Unfälle zu mindern.[42] Obwohl auf Prävention anspielend, zeitigte Seebohms „Unfallvermeidungsgesetz", so der rückblickend durchaus zynische Name, jedenfalls den gegenteiligen Effekt: Die tödlichen Unfälle innerorts stiegen derart rasch, dass sich der Minister gezwungen sah, bereits 1957 das innerörtliche Tempolimit von 50 km/h wieder einzuführen.[43]

Das Beispiel macht deutlich, wie „Fremd- und Selbstführung unauflösbar ineinander verwoben" sind.[44] In der Unfallprävention konnte nicht auf externe Kontrolle und Regulierung zugunsten von Selbstkontrolle verzichtet werden. So waren gesetzliche Regulierungen und polizeiliche Verkehrskontrollen weiterhin genauso notwendig wie auf Disziplinierung zielende verkehrspädagogische Ansätze. Im Mittelpunkt der verkehrsaufklärerischen Maßnahmen der 1950er Jahre, wie sie oben exemplarisch aufgeführt worden sind, stand neben der Etablierung positiver Leitbilder wie dem „Kavalier der Straße"[45] auch *ex negativo* die Thematisierung von Fehlverhalten. So unterhielt die Bundesverkehrswacht in ihrer Zeitschrift eine langjährige feste Rubrik mit der resigniert klingenden Überschrift „Man muss es 1000x sagen". Während Elias den Ort der Realisierung von Selbstkontrolle in erster Linie im Unterbewusstsein sah, war die Arbeit der Verkehrspädagogen zu dieser Zeit also eher auf die verstandesmäßige Verarbeitung gerichtet. Deutlich wird dies etwa an Kampagnenslogans wie „Augen auf im Straßenverkehr" oder „Hör auf Deine Frau, fahr vorsichtig".

Ob bewusstes oder unbewusstes Präventionsverhalten, ob eine appellative oder aktivierende Verkehrspädagogik – beide Ansätze markieren einen Bedeutungsverlust des etatistisch-hygienischen Präventionsregimes. Stattdessen nahmen beide auf ihre Weise den individuellen Verkehrsteilnehmer in die Verantwortung, der sein Verhalten an Kriterien der Unfallprävention ausrichten und durch Selbstkontrolle Gemeinwohl und Eigeninteresse in Deckung bringen sollte. Angesichts ungebremst steigender Zahlen von Verkehrstoten hinterfragten die Praktiker jedoch zunehmend die Wirksamkeit einer auf rationale Einsicht setzenden Verkehrserziehung. So kam in den späten 1950er Jahren eine Diskussion in wissenschaftlichen Fachzeitschriften

---

41 Dietmar Klenke, „Freier Stau für freie Bürger". Die Geschichte der bundesdeutschen Verkehrspolitik 1949–1994, Darmstadt 1995, S. 41–44.
42 Vgl. Hochstetter, Motorisierung, S. 381–385.
43 Vgl. Klenke, „Freier Stau für freie Bürger", S. 17 f.; Heinrich Praxenthaler, Die Sache mit der Geschwindigkeit. Geschichte der Tempobeschränkungen im Für und Wider, Bonn 1999, S. 19–21.
44 Ulrich Bröckling, Das demokratisierte Panopticon. Subjektivierung und Kontrolle im 360°-Feedback, in: Axel Honneth/Martin Saar (Hrsg.), Michel Foucault. Zwischenbilanz einer Rezeption, Frankfurt a. M. 2003, S. 77–93, hier S. 81.
45 Vgl. die Broschüre der Arbeitsgemeinschaft „Kavalier der Straße" im Kuratorium „Wir und die Straße", Ja zur Sicherheit! Ja zur Fairness! Ja zum „Kavalier der Straße"!, [Frankfurt a. M. 1965].

über die Bedeutung vorbewusster Verhaltensweisen für die Verkehrssicherheit auf, die zunächst unter den Stichworten „Automatismen" und „reflektorisches Verhalten" geführt wurde.

3 Automatismen als Mittel der Unfallprävention

Ausgangspunkt der Debatte um Automatismen als Mittel der Unfallprävention war die ernüchternde Beobachtung von Verkehrspsychologen, dass die bewusste Verarbeitung des Verkehrsgeschehens nicht funktioniere. Aufgrund der Komplexität und raschen Abläufe im Straßenverkehr reiche die Zeit für derartige Kognitionsleistungen schlichtweg nicht aus. So falle die nachträgliche Rationalisierung eines Unfallhergangs oft schwer.[46] Bei Unaufmerksamkeit reagiere ein Fahrer auf brenzlige Situationen dagegen oft wie von selbst „richtig".[47] Verkehrssignale würden unterbewusst wahrgenommen und eine automatisiert ablaufende Handlungssequenz auslösen, deren einzelne Bestandteile sich kaum oder gar nicht explizieren ließen. So leitet die Wahrnehmung einer roten Ampel über zum Bremsen, Kuppeln, Gang herunterschalten usw., bis das Fahrzeug rechtzeitig zum Stehen kommt.[48] Durch Fahrerbeobachtungen und einfache Fahrsimulatoren wurde versucht, solche Zusammenhänge experimentell nachzuweisen.

Diese Überlegungen erinnern unweigerlich an das vom Chemiker und Wissenschaftsphilosophen Michael Polanyi freilich erst Mitte der 1960er Jahre vorgestellte Konzept des impliziten Wissens („tacit knowledge"), nicht zuletzt, weil er das Steuern eines Fahrzeugs als ein paradigmatisches Beispiel anführte.[49] Während sich für Polanyi implizites Wissen vor allem in unbewussten Fertigkeiten äußerte, ging die von Verkehrspsychologen geführte Automatismusdebatte zunächst von einem physiologisch-reflexhaften Reiz-Reaktions-Zusammenhang aus. Für Hebenstreit bestand Autofahren vor allem aus Reaktionen, die er als „aktives Verhalten eines handelnden Subjekts" definierte, „das ausgelöst wird durch die Erkenntnis eines äußeren Sachverhalts, wobei Sachverhalt, Erkennen und Handlung in einer unmittelbaren Folgebeziehung stehen".[50] Ein Reiz in Form einer Umweltsituation werde wahrgenommen

---

46 Vgl. Joachim Franke, Vorschläge für eine psychologisch fundierte Verkehrserziehung in der Schule. Folgerungen aus einer kritischen Betrachtung der Unfallstatistik, in: Zeitschrift für Verkehrssicherheit 7 (1961), H. 2, S. 81–105, hier S. 90.
47 Vgl. Karl Leonhard, Verhütung von Verkehrsunfällen durch den Erwerb von Automatismen, in: Zeitschrift für Verkehrssicherheit 3 (1957), H. 1/2, S. 6–19, hier S. 10.
48 Vgl. Wilhelm-Ludolf Schmitz, Bewußtes oder unbewußtes Fahren. Eine Studie zur Frage des reflektorischen Verhaltens im Kraftfahrzeug, in: Zeitschrift für Verkehrssicherheit 4 (1958), H. 1/2, S. 17–27, hier S. 17 f.
49 Vgl. Michael Polanyi, Implizites Wissen, Frankfurt a. M. 1985, S. 27.
50 Von Hebenstreit, Grundzüge, S. 81.

und verarbeitet und äußere sich schließlich in einer Reaktion bzw. Reaktionskette. Reaktionen erforderten zwar gemeinhin einen bewussten Willensakt, durch Wiederholung schleife sich der Reiz-Reaktions-Zusammenhang indes sukzessive ein, er werde unbewusst-reflexhaft und vollziehe sich automatisch.[51] Bewusstsein hingegen, darauf wies auch Polanyi hin, zerstöre den Automatismus: Jegliche Versuche, die einzelnen Glieder einer automatisierten Handlungskette zu separieren, einzeln zu beobachten und zu verstehen, führten zum Verlust der auf implizitem Wissen basierenden Fähigkeit. Diese ist gleichsam mehr als ihre einzelnen Teile.[52] Aus diesem Grund wurde in der Debatte über Automatismen konstatiert, dass der Prozess des Einschleifens eines Verhaltens von der Gewöhnung bis zur Automatisierung ein fragiler und störungsanfälliger Prozess sei. Verkehrspsychologen warnten daher, dass Ausnahmen, da sie einen bewussten Willensakt erforderten, in der Verkehrserziehung vermieden werden sollten. Vielmehr müssten, so die ebenso radikale wie illusionäre Forderung einiger Automatismus-Apologeten, die Verkehrsregeln vollständig auf den Erwerb und Fortbestand von Automatismen abgestellt werden. So sei jegliche Vorfahrtsbeschilderung an Kreuzungen abzuschaffen, damit man generell ohne Fuß auf dem Gaspedal an Kreuzungen heranfahre.[53]

Wenngleich solch radikale Positionen nicht mehrheitsfähig waren, stieß die Vorstellung eines nur noch schematisch abgespulten „Fahr-Plans" auch bei einem Teil der Verkehrspädagogen auf Abwehrreaktionen. Ein Verkehrswacht-Funktionär wandte ein: „Dem heutigen Menschen, der zum Bewußtsein und zur Behauptung seiner Freiheit und Menschenwürde erzogen wurde, widerstrebt es eben, sich in einen automatischen und mechanischen Ablauf hineinzwingen zu lassen, wie ein Rädchen in einer Maschine, ohne die Möglichkeit, sein Verhalten nach der konkreten Situation selbst zu bestimmen – nur ‚weil das Gesetz es befahl.'"[54] Allerdings lassen sich Automatismen nicht mit Automaten gleichsetzen. Insofern trifft die hier verwendete Maschinenmetapher nicht den Kern des Phänomens.[55] Bei aller Beschreibbarkeit durch technische Kategorien – Automatismen verdanken ihren Mehrwert der Tatsache, dass sie nach wie vor an Subjekte gebunden sind.[56] Gleichwohl sprach aus Einwänden wie diesem eine grundsätzliche Sorge vor einem Kontrollverlust, gegen den die Verkehrspädagogen stets anarbeiteten. Eine weitere offene Frage war, was bei Störungen im typi-

---

51 Vgl. ebenda, S. 81–84.
52 Vgl. Polanyi, Implizites Wissen, S. 25–28.
53 Vgl. Leonhard, Verhütung von Verkehrsunfällen, in: Zeitschrift für Verkehrssicherheit 3 (1957), H. 1/2, S. 14 f.
54 Eberhard Freiherr von Löw, „Was soll der Hut dort auf der Stange?". Über die Grenzen des Gesetzgebers, in: Deutsche Verkehrswacht, H. 7/8, 1961, S. 97–99.
55 Zur zeitgenössischen Automatisierungsdebatte vgl. Martina Heßler, Einleitung. Herausforderungen der Automatisierung: Forschungsperspektiven, in: Technikgeschichte 82 (2015), H. 2, S. 99–108.
56 Vgl. Hannelore Bublitz/Roman Marek/Christina L. Steinmann/Hartmut Winkler, Einleitung, in: dies. (Hrsg.), Automatismen, München 2010, S. 9–16, hier S. 12.

schen Verkehrsablauf passieren solle. Konnte ein Fahrer in solchen Situationen ohne weiteres auf bewusstes Handeln umstellen, den erlernten Automatismus temporär außer Kraft setzen und die Kontrolle zurückerlangen, um adäquat zu reagieren?[57] Der Verkehrssicherheitstag 1959 gab auf diese Frage eine eindeutige Antwort. Unter dem Motto „Der tägliche Weg" warnte die Verkehrswacht vor der Vertrautheit regelmäßig zurückgelegter Strecken. Durch die Absenkung der verkehrssicherheitlichen Herausforderungen ins Unterbewusste steige nämlich die Unfallgefahr. Die Kampagne war, ebenso wie die gesamte Verkehrserziehungsarbeit der 1950er Jahre, ein Plädoyer für den unter allen Umständen alerten Fahrer.[58] Als weiteres Argument gegen Automatismen wurde das Problem der Paralyse aufgeworfen, dem Starr-vor-Schreck-Sein bei drohender Gefahr. In solchen Fällen führten reflexhafte Reaktionsweisen, wie ein Autor in der *Zeitschrift für Verkehrssicherheit* bemerkte, oft zu falschen Entscheidungen – oder zu gar keiner. Zusammen mit internalisierten Verkehrsregeln könnten Automatismen daher zu einem „gefährlichen Ordnungs- und Gewohnheitskomplex führen [.]. Damit behaftete Menschen zeigen sich oft unfähig, [...] Ungewöhnliches zu ihrer Rettung zu tun. Das gilt besonders, wenn das, was zu tun wäre, unter normalen Umständen wider die polizeilichen Vorschriften verstößt".[59] Die Automatismus-Skeptiker forderten von der Verkehrserziehung daher eine Abkehr vom gängigen Stimulus-Response-Denken, das auf einen Reiz, zum Beispiel ein Verkehrszeichen, eine schulbuchmäßige Reaktion einfordert: „Wegen der Einmaligkeit jeder Verkehrssituation kann ein solches automatenhaftes Verhalten nur sehr begrenzt zur Erhöhung der Verkehrssicherheit beitragen. [...] Wenn [.] nur ein Verkehrsteilnehmer sich in dem Geschehen fehlerhaft verhält, gefährdet er den ‚perfekten Ablauf' der Dressurakte aller anderen."[60]

Ein Grundproblem der Debatte blieb das Fehlen einer allgemeingültigen Definition des Automatismus-Begriffs. Dadurch blieb sein Bezugspunkt uneindeutig, sodass die Experten zum Teil aneinander vorbei diskutierten. Grundsätzlich wurde nicht bestritten, dass Autofahren zu einem wesentlichen Teil auf unbewussten Routinen basiert. So bestand weitgehende Einigkeit darüber, dass die Handlungsabläufe

---

57 Vgl. Wilhelm Ludolf Schmitz, Verkehrs-Unfälle als Frage reflektorischen Verkehrsverhaltens, Bonn 1956, S. 14 f.
58 Vgl. C. B. [Curt Baumgarten], Gegen die Macht der Gewohnheit. Gedanken zum Verkehrssicherheitstag 1959, in: Deutsche Verkehrswacht, H. 5, 1959, S. 65–68.
59 Franz Egon von Fürstenberg, Praktische Fahrkunde, in: Zeitschrift für Verkehrssicherheit 7 (1961), H. 4, S. 307–310, hier S. 309 f.
60 Franke, Verkehrserziehung in der Schule, in: Zeitschrift für Verkehrssicherheit 7 (1961), H. 2, S. 90. Mit ähnlichem Tenor: Alfred Brunner, Bewußtes oder unbewußtes Fahren. Bemerkungen zu dem gleichnamigen Aufsatz von Prof. W. Schmitz in Heft 1/2 des vierten Jahrgangs dieser Zeitschrift, in: Zeitschrift für Verkehrssicherheit 5 (1958), H. 7/8, S. 358–360, hier S. 358; G[erhard] Munsch, Sind wir überfordert? Eine Untersuchung über den 7. Sinn des Kraftfahrers, in: Deutsche Verkehrswacht, H. 6, 1961, S. 81–83.

zur Bedienung des Fahrzeugs in der Regel automatisch vollzogen werden. Nicht mehrheitsfähig war hingegen die Position einiger Experten, die dieses Prinzip auf die Beziehungen zur Umwelt außerhalb des Fahrzeugs ausweiteten. Allenfalls umweltbezogene „Automatismen elementarer Sicherheit"[61] wie der Schulterblick beim Anfahren oder Spiegelblicke vor dem Überholen waren Konsens. Automatismen, so ließe sich sagen, waren dann ein von den Experten akzeptiertes Mittel zur Verhinderung von Unfällen und Gegenstand verkehrspädagogischer Maßnahmen, wenn sie sich auf Disziplinierungen des Körpers bezogen. Dies betraf sowohl die Beziehung zwischen Körper und Fahrzeug als auch die Lenkung des Blicks etwa durch Straßenmarkierungen und Beschilderungen.[62]

Langfristig gesehen setzte sich in der Verkehrserziehungsarbeit der 1960er und 1970er Jahre über diesen Minimalkonsens hinaus ein „gemäßigtes" Verständnis von Automatismen durch. Dies lag u. a. an einer zunehmend systemischen Sicht auf den Straßenverkehr, während das Nachdenken über Automatismen in der Verkehrssicherheit bislang von Kategorien der Steuerungs- und Regelungstechnik geprägt worden war. Demnach sei im verkehrssicherheitlichen Regelkreis der Soll-Zustand, also Unfallfreiheit, zu erreichen, indem alle Teilnehmer schlicht zum Beachten der Verkehrsregeln bewegt würden.[63] Dass der Ist-Zustand trotz aller Steuerungsbemühungen stark davon abwich, offenbarte bereits der Blick auf die amtlichen Unfallstatistiken. Stattdessen konzeptualisierte man im Lauf der 1960er Jahre den Straßenverkehr zunehmend als ein offenes, interdependentes, dynamisches, selbstorganisierendes – kurz: kybernetisches – System mit einer Vielzahl autonomer und eigensinniger Teilnehmer.[64] Kontingenz erschien damit nicht mehr allein als ein unfallträchtiges Problem. Vielmehr war sie im Rahmen der Verkehrserziehung fruchtbar zu machen.[65] Ein solchermaßen verstandenes Verkehrssystem benötigte, wie es ein Experte formulierte, „ein hohes Maß *elastischer* Anpassung".[66] Mit einer der Regelungstechnik entlehnten Kategorie des eindeutig und immer richtigen Verhaltens kam man hier nicht

---

61 Brunner, Bewußtes oder unbewußtes Fahren, in: Zeitschrift für Verkehrssicherheit 5 (1958), H. 7/8, S. 359.
62 Vgl. John Urry, Inhabiting the Car, in: Steffen Böhm u. a. (Hrsg.), Against Automobility, Oxford 2006, S. 17–31.
63 In den 1970er Jahren wurden solche vergleichsweise einfachen Regelkreismodelle von komplexeren kybernetischen Modellen des Verkehrsverhaltens abgelöst, die eine Vielzahl weiterer Einflussfaktoren berücksichtigen oder auch mehrere Regelkreise verschränken. Vgl. Dieter Klebelsberg, Verkehrspsychologie, Berlin 1982, S. 14–20.
64 Vgl. Brunner, Bewußtes oder unbewußtes Fahren, in: Zeitschrift für Verkehrssicherheit 5 (1958), H. 7/8, S. 359; Franke, Verkehrserziehung in der Schule, in: Zeitschrift für Verkehrssicherheit 7 (1961), H. 2, S. 82–87; Munsch, Sind wir überfordert?, in: Deutsche Verkehrswacht, H. 6, 1961.
65 Michael Makropoulos brachte diesen Ansatz auf die griffige Formel einer „Kontingenzbegrenzung durch Kontingenznutzung". Ders., Kontingenz. Aspekte einer theoretischen Semantik der Moderne, in: Archives Européennes de Sociologie 45 (2004), H. 3, S. 369–399, hier S. 377.
66 Franke, Verkehrserziehung in der Schule, in: Zeitschrift für Verkehrssicherheit 7 (1961), H. 2, S. 90.

weiter. Die *fuzzy logic* indes, mit deren Hilfe „die Vagheit des Systems selbst" mathematisch abgebildet werden kann,67 wurde erst 1965 entwickelt und kam wesentlich später erst in technischen Systemen zum praktischen Einsatz. Die Metapher der Elastizität verweist in diesem Zusammenhang auf eine Unschärfe, auf einen Grauzonenbereich der Anpassung, der nicht mit vorgegebenen Schemata zu bearbeiten war. Sogar die neue StVO von 1970 trug diesem Gedanken Rechnung. In den Erläuterungen hieß es: „Wie der Verkehrsteilnehmer sich zu verhalten hat, könnte ihm zudem der Gesetzgeber gar nicht für jeden einzelnen Fall sagen. Dazu ist das Verkehrsgeschehen viel zu vielfältig."68

Es galt also die *Resilienz* der Verkehrsteilnehmer zu verbessern, ihre Anpassungsfähigkeit an ein variables, kontingentes Verkehrsgeschehen, und damit eben auch die Resilienz des Infrastruktursystems Straße gegenüber Störungen. Dieses Konzept hing nicht dem prinzipiell unerreichbaren Ziel nach, Risiken gänzlich zu verhindern. Anders als im Präventionsregime der Hygiene, das Prävention stets an ihren eigenen Ansprüchen scheitern ließ und daher immer mehr präventive Maßnahmen einforderte, arbeitete das Resilienzkonzept an einem Selbst-Management von Kontingenz und Risiko und stellte dies in den Verantwortungsbereich eines jeden Einzelnen, wenngleich das Verhindern potenzieller, gefahrvoller Ereignisse dadurch nicht obsolet wurde.69

In diesem Zusammenhang brachten Verkehrspsychologen vorbewusste Handlungsstrukturen wieder ins Spiel: „Der Anteil der praktischen, unreflektierten Intelligenz, die ,instinktiv' das Richtige tun läßt, dürfte daran nicht unerheblich sein."70 Die Verkehrserziehung müsse „Einstellungen entwickeln, die Bewegungsfreiheit lassen und damit die Anpassung an die vielfältigen konkreten Situationen ermöglichen".71 Die persönlichen Einstellungen zum Verkehrsgeschehen und zu anderen Verkehrsteilnehmern wurden dabei als entscheidende Faktoren für die Verarbeitung externer Reize ausgemacht. Demzufolge konnte sich Verkehrserziehung nicht auf bloße Konditionierung beschränken. Vielmehr waren Automatismen in diesem Verständnis auf die Herausbildung eines spezifischen Habitus angewiesen. Dieser umfasste neben eingeübtem situationsadäquatem *Verhalten* auch soziales *Handeln* und eine

---

67 Thomas Kron, Fuzzy-Logik für die Soziologie, in: Österreichische Zeitschrift für Soziologie 30 (2005), H. 3, S. 51–89, hier S. 52.
68 Bundesverkehrsministerium, Begründung zur Straßenverkehrsordnung, 7.12.1970, in: Verkehrsblatt 24 (1970), H. 22, S. 797–826, hier S. 798.
69 Vgl. Michael Makropoulos, Möglichkeitsbändigungen. Disziplin und Versicherung als Konzepte zur sozialen Steuerung von Kontingenz, in: Soziale Welt 41 (1990), H. 4, S. 407–423, hier S. 417 f.
70 Brunner, Bewußtes oder unbewußtes Fahren, in: Zeitschrift für Verkehrssicherheit 5 (1958), H. 7/8, S. 360.
71 Franke, Verkehrserziehung in der Schule, in: Zeitschrift für Verkehrssicherheit 7 (1961), H. 2, S. 91 f.

verinnerlichte *Haltung*, und beugte insofern mechanistischen Verkürzungen vor.⁷² In diesem Verständnis ließen sich Automatismen mit dem Konzept der Selbstkontrolle versöhnen, weil sich Habitualisierungen und Eigensinn der Verkehrsteilnehmer nicht ausschlossen. Damit war der Rekurs auf den Topos der Freiheit auf der Straße weiterhin möglich, war dieser doch essenziell für das Erfolgsgeheimnis von Selbstkontrolle: die freiwillige, aus verstandesmäßiger Einsicht erfolgende Unterwerfung unter die – geschriebenen und ungeschriebenen – Verkehrsregeln. Verkehrspädagogen nahmen diese Anregungen dankbar auf, eignete sich das Automatismus-Konzept doch aus zwei Gründen vorzüglich zur Legitimation ihrer Arbeit. Zum einen konnten Automatismen wie jeder Habitus in Sozialisations- und Bildungsprozessen erworben werden. Zum anderen enthielten die zugrunde liegenden neobehavioristischen Annahmen von Hebenstreit und anderen das Versprechen einer prinzipiellen Steuerbarkeit von Verhalten und brachten zugleich entsprechende Lerntheorien mit.⁷³

Verkehrspsychologen widmeten sich fortan der Erforschung des Fahrers und seiner Signalverarbeitung, also der Black Box zwischen Reiz und Reaktion,⁷⁴ während Verkehrspädagogen deren Überlegungen Anfang der 1960er Jahre in das Schlagwort vom „Verkehrssinn" übersetzten, besser bekannt als der „Siebte Sinn". Während sich die bisherige Verkehrserziehungspraxis stets an den Unfällen, also den Störungen des Straßenverkehrs, abgearbeitet hatte, definierte sich der Siebte Sinn aus seinem reibungslosen Funktionieren.⁷⁵ Verkörpert wurde der Siebte Sinn durch den Typus des „guten Fahrers".⁷⁶ Als Zielvorstellung verkehrspädagogischer Appellation gab es diesen schon lange. Doch erst in den 1960er Jahren erfuhr er zum ersten Mal eine wissenschaftliche, genauer: eine psychologische Fundierung inklusive daraus abge-

---

72 Vgl. Hannelore Bublitz, Täuschend natürlich. Zur Dynamik gesellschaftlicher Automatismen, ihrer Ereignishaftigkeit und strukturbildenden Kraft, in: Bublitz u. a. (Hrsg.), Automatismen, S. 153–171, hier S. 160 f.
73 In den 1970er Jahren verbreitet war insbesondere das Programmierte Lernen, das auf dem von Burrhus F. Skinner, Hauptvertreter des radikalen Behaviorismus, entwickelten Konzept der operanten Konditionierung basierte. Ebenfalls diskutiert wurden auf verhaltenstherapeutische Verfahren rekurrierende Ansätze. Vgl. Wolfgang Böcher, Anwendungsmöglichkeiten von Lerntheorie und Verhaltenstherapie in der Verkehrspädagogik (Teil I), in: Zeitschrift für Verkehrssicherheit 14 (1968), H. 2, S. 89–98; ebenda (Teil II), in: Zeitschrift für Verkehrssicherheit 14 (1968), H. 3, S. 157–166.
74 Für ein kybernetisches Modell des Fahrverhaltens, das auch Automatismen berücksichtigt, vgl. Friedhelm Burkardt, Fahrbahn, Fahrzeug und Fahrverhalten, in: Carl Hoyos (Hrsg.), Psychologie des Straßenverkehrs, Bern u. a. 1965, S. 135–172, hier S. 139–144.
75 Vgl. Munsch, Sind wir überfordert?, in: Deutsche Verkehrswacht, H. 6, 1961.
76 Die Fahrer*in* wurde im Verkehrssicherheitsdiskurs hingegen seltener adressiert. Für Beobachtungen zur Kategorie Geschlecht in der Verkehrssicherheitsarbeit der 1950er und 1960er Jahre vgl. Kai Nowak, „Hör auf deine Frau – fahr' vorsichtig!" Historische Perspektiven auf die Sphäre des Privaten in der Verkehrssicherheitsarbeit, in: Katharina Eisch-Angus/Alexandra Schwell (Hrsg.), Der Alltag der (Un)sicherheit. Ethnographisch-kulturwissenschaftliche Perspektiven auf die Sicherheitsgesellschaft, Berlin 2017 (im Erscheinen); Kai Nowak, Teaching Self-Control. Road Safety and Traffic Education in Post-War Germany, in: Historical Social Research 41 (2016), H. 1, S. 135–153, hier S. 142–144.

leiteter Kommunikationsstrategien und Didaktiken. Diese entwarfen das Bild einer geradezu kybernetischen Figur: Der „gute Fahrer" habe korrektes, situationsadäquates Fahrverhalten wie selbstverständlich verinnerlicht, ohne darüber bewusst nachdenken zu müssen. Dabei antizipiere er, die Kontingenz des Straßenverkehrs stets unterschwellig präsent, jederzeit potenziell gefährliche Situationen. Er fahre gleichermaßen defensiv wie bestimmt und strahle dadurch auch für andere Verkehrsteilnehmer Sicherheit aus. Komme es dennoch zu riskanten Situationen, entschärfe er diese, indem er instinktiv richtig reagiere und dabei unter Umständen sogar gegen Verkehrsregeln verstoße.[77] Allerdings gehörte zum Siebten Sinn mehr als routiniertes Fahren. Vielmehr handelte es sich, wie der Begriff nahelegt, um einen neuen spezifischen Körpersinn, der für das Überleben in der spätindustriellen Gesellschaft unverzichtbar war, eine im Gehlen'schen Sinne *zweite Natur*.[78]

Aber wie wollte man die Herausbildung des Siebten Sinns stimulieren? Erstens, so lautete die naheliegende Forderung an die auf dem Feld der Verkehrserziehung tätigen Akteure, sollte die Einübung von Automatismen durch ständige Wiederholung in praktischen Fahrtrainings, etwa auf Übungsplätzen oder in Verkehrsgärten, intensiviert werden.[79] Geradezu paradigmatisch für das Erlernen von implizitem Wissen nach Polanyi war jedoch die Institution der Fahrschule: Sie legt zumindest die Grundlagen für eine zukünftig routinierte Handhabung des Fahrzeugs. In der Fahrschule werden die Einzelschritte sowohl der Fahrzeugbedienung als auch des Umgangs mit Situationen im Straßenverkehr anfangs expliziert, das heißt die Funktionsweise eines Autos und die Verkehrsabläufe zunächst in der Theorie bewusst gemacht, und wiederholt praktisch eingeübt, bis sie im Idealfall der Sphäre bewussten Agierens entzogen sind und im Automatismus verschwinden. Im Prozess des Erlernens bedingen sich Polanyi zufolge explizite und implizite „Integration" zumindest zeitweise.[80]

Um die Verinnerlichung eines antizipierenden Fahrverhaltens zu befördern, arbeiteten Verkehrspädagogen über den Begriff des Siebten Sinns hinaus mit einer Semantik des Sensorischen.[81] So wurden das sachte Abbremsen oder „Erfühlen" der richtigen Kurvenlinie als Beispiele angeführt.[82] Am wichtigsten war jedoch die

---

77 Vgl. Karl Lidl, Vom sechsten Sinn des Kraftfahrers, in: Deutsche Verkehrswacht, H. 4, 1960, S. 58.
78 Vgl. Christoph Maria Merki, Die „Auto-Wildlinge" und das Recht, in: Niemann/Hermann (Hrsg.), Geschichte der Straßenverkehrssicherheit, S. 51–73, hier S. 52 f.
79 Von Hebenstreit spricht von „Verkehrsgewöhnung". Ders., Grundzüge, S. 147–149. Vgl. auch Leonhard, Verhütung von Verkehrsunfällen, in: Zeitschrift für Verkehrssicherheit 3 (1957), H. 1/2, S. 9 f.; Franke, Verkehrserziehung in der Schule, in: Zeitschrift für Verkehrssicherheit 7 (1961), H. 2, S. 101 f.
80 Vgl. Polanyi, Implizites Wissen, S. 26 f.
81 Auch Polanyi sah „Einfühlung" als das geeignete Mittel zum Erlernen impliziten Wissens an. Vgl. ebenda, S. 24 f.
82 F. Gert Pohle, Man muß fahren können…, in: Deutsche Verkehrswacht, H. 3, 1962, S. 33 f.

visuelle Wahrnehmung,[83] weil, so die These des Münchener Verkehrspsychologen Gerhard Munsch, die Bewegung im Verkehr unmittelbar mit dem Sehsinn gekoppelt sei: „Verkehrssehen bedeutet eine umfassende Verkehrswelt-Anschauung, die das Verhalten des Kraftfahrers bis ins letzte entscheidend steuert."[84] Im Rahmen der Verkehrserziehung sollte daher die unbewusste Aufmerksamkeitssteuerung eingeübt werden. Es galt, sich einen für vorausschauendes Fahren notwendigen selektiven Zugriff auf die Fülle von Seheindrücken anzueignen.[85] Dazu veränderte sich im Verlauf der 1960er Jahre die Gestaltung von Lehrmaterialien. Wurden Verkehrssituationen zuvor meist schematisch aus der Vogelperspektive visualisiert, setzte sich nun stärker die subjektive Kamera durch, damit der Betrachter die Perspektive des Verkehrsteilnehmers einnehmen konnte. Ein Beispiel: Zur Einführung der neuen StVO 1970 schlug die Kölner Forschergruppe „Programmiertes Lernen" in Verbindung mit der einflussreichen Forschungsgemeinschaft „Der Mensch und Verkehr" zielgruppenspezifische Arbeitshefte für Grundschüler vor. Diese sollten Bilder enthalten, die eine Verkehrssituation jeweils aus drei Perspektiven zeigten: aus der Sicht eines Rad fahrenden Kindes, aus der eines Autofahrers und schließlich das Zusammenspiel der beteiligten Verkehrsteilnehmer in einer Gesamtübersicht. Die Hefte sollten von den Schülern anhand von Lückentexten selbstständig und im eigenen Tempo durchzuarbeiten sein.[86] Ein besonderer Stellenwert für die Förderung des „Verkehrsehens" wurde zudem dem Medium Film beigemessen, weil es den Verkehr in seiner zeitlichen Dynamik darstellen könne und so die didaktische Verknüpfung von Ursache-Wirkungs-Zusammenhängen mit vorgelagerten Seheindrücken ermögliche. Bereits 1964 kamen die ersten an diesem Konzept orientierten Verkehrserziehungsfilme zum Einsatz.[87]

Populär wurde der Siebte Sinn vor allem durch die gleichnamige Fernsehreihe, die von 1966 bis 2005 mit ungeheurem Erfolg in der ARD lief. Die Ratgebersendung, die Tipps von der Wartung des Autos bis zum Verhalten im Verkehr präsentierte, warb für vorausschauendes, defensives Fahren und stellte die Folgen von Fehlverhalten ebenso drastisch wie geräuschvoll dar. Als Leitmotiv diente nun die Figur des kundi-

---

83 Am Beispiel des historischen Wandels des räumlichen Rundumblicks plädiert Kurt Möser für eine Geschichte elementarer körperlicher Fähigkeiten. So habe die „Interaktion von Körpersensorik und Mobilitätstechnik" wie das Fahrrad oder das Automobil mit seiner sich über die Jahrzehnte verändernden Ausrüstung mit Spiegeln und anderen Assistenzsystemen zu einem neuen Raumgefühl und Blickdisziplinierungen geführt. Vgl. ders., Grauzonen der Technikgeschichte, Karlsruhe 2011, S. 121–123, Zitat S. 122.
84 „Verkehrs-Sehen", in: Deutsche Verkehrswacht, H. 10, 1964, S. 143 f.
85 Gerhard Munsch, Eigenarten des Verkehrs-Sehens, in: Deutsche Verkehrswacht, H. 5, 1962, S. 66–69.
86 Forschungsgruppe für Programmiertes Lernen, Köln, an den Deutschen Verkehrssicherheitsrat, 23.3.1970, Bundesarchiv (BArch), B 108/10352.
87 Vgl. Gerhard Munsch, Seh-Schulung durch Filme für Kraftfahrer, in: Zeitschrift für Verkehrssicherheit 10 (1964), H. 3, S. 153–168; „Verkehrs-Sehen", in: Deutsche Verkehrswacht, H. 10, 1964.

gen und gleichermaßen selbstbewusst – im Sinne eines „zielklaren Bewegens"[88] – wie rücksichtsvoll auftretenden Fahrers.[89] Der Fahrer stand mitsamt seiner Fähigkeiten, Selbstwahrnehmungen und Eigeninteressen auch im Mittelpunkt einer langjährigen, im Jahr 1971 gestarteten Kampagne des kurz zuvor gegründeten Deutschen Verkehrssicherheitsrates, der zahlreiche Verbände und Organisationen wie die Automobilclubs, die Deutsche Verkehrswacht, Gewerkschaften und Berufsgenossenschaften sowie die Automobilindustrie zusammenfasste. Unter dem etwas vage anmutenden Slogan „Hallo Partner – danke schön!" wollte die Kampagne einen, wie es wörtlich hieß, „Klimawechsel auf den Straßen" herbeiführen. Es ging darum, die Einstellung zu anderen Verkehrsteilnehmern hin zu wechselseitiger Akzeptanz und Rücksichtnahme zu beeinflussen. Ein wichtiger Kampagnenbestandteil war eine Serie von Plakaten an Autobahnen und Bundesstraßen. Jedes Plakat zeigte einen „Könner", einen fähigen, verantwortlichen und ruhigen Fahrer. Die zugehörigen Slogans lauteten zum Beispiel „Könner halten Abstand" oder „Könner tragen Gurt".[90] Der Könner, so suggerierten die Plakate, brauche keinen externen Zwang, kein *Enforcement*. Er habe vorausschauendes Verkehrsverhalten freiwillig internalisiert, er stehe für Kompetenz mit Blick auf die eigene Sicherheit und die anderer. Die Figur des Könners war also geradezu die Verkörperung des Siebten Sinns und von Selbstkontrolle. Sie sollte nicht allein als Vorbild dienen, sondern fungierte zugleich als unpersönlicher Spiegel des Anderen, der die Verkehrsteilnehmer anregen sollte, das eigene Verhalten an einer – unterstellten – Fremdbeobachtung zu orientieren.

4 Fazit

Im Laufe der 1960er Jahre vollzog sich in der Unfallprävention eine fundamentale Perspektivenverschiebung. Das Konzept der Resilienz etablierte sich als Paradigma in der Verkehrserziehung und -aufklärung, wenngleich es technische Maßnahmen sowie Regulierung, Kontrolle und Disziplinierung nicht ersetzte. Diese waren nach wie vor unverzichtbar, wie nicht zuletzt die Ausstattung der Autobahnen mit Leitplanken in den 1960er Jahren oder die Einführung der Gurtanlegepflicht 1976

---

88 Gerhard Munsch, Gedanken über die Gestaltung einer integrierten Groß-Kampagne zur Gewöhnung der Verkehrsteilnehmer an zielklares Bewegen, [Januar 1968], BArch, B 108/38961.
89 Vgl. Günther H. Wind, Der „7. Sinn" – eine Idee ging um die Welt, in: Bundesminister für Verkehr (Hrsg.), Vier Jahrzehnte Verkehrssicherheit. Entwicklungen, Fakten, Hintergründe, Bonn 1990, S. 195 f.; H. Diether Ebeler (Hrsg.), Der 7. Sinn. Der große Ratgeber zur erfolgreichen ARD-Fernsehserie, Köln 1986.
90 Vgl. Hallo Partner – danke schön, in: DVR-Report (2009), H. 2, S. 9 f.

zeigen.[91] Noch in den 1950er Jahren hatten sich Experten primär an den Dysfunktionen des Straßenverkehrs, den Unfällen, abgearbeitet, um deren Zahl zu verringern oder zumindest ihre Folgen abzumildern, sei es durch *Enforcement*, durch die Aussonderung von „Unfällern" oder durch belehrende Verkehrserziehung „von oben". Im Verlauf der 1960er Jahre rückte das reibungslose Funktionieren des Straßenverkehrs in den Mittelpunkt. Maßnahmen der Verkehrserziehung sollten durch die Herstellung von Regelvertrauen, Erwartungssicherheit sowie ein kollektives Sekuritätsempfinden die Voraussetzungen dafür schaffen. Dieses Konzept setzte beim einzelnen Verkehrsteilnehmer an und zielte auf das Erlernen eines spezifisch angepassten Verhaltens, das im Idealfall routinisiert und gleichsam intuitiv abgerufen werden konnte, und damit auf die Auflösung des Widerspruchs zwischen Freiheit und Regulierung. Die Verkehrsteilnehmer sollten motiviert werden, sich aus freien Stücken dem Reglement und den „guten Sitten" des Verkehrs unterzuordnen, bei gleichzeitiger Erhaltung von Spielräumen des Eigensinns.

Diese Art von Selbstkontrolle funktionierte jedoch nicht allein durch systematische Bemühungen von oben. Wie Arwen P. Mohun gezeigt hat, hing und hängt Verkehrssicherheit eng mit dem zusammen, was Mohun selbst *vernacular risk culture* nennt. Gemeint ist ein traditionales Risikoverhalten, eine Praxis, die auf Alltagswissen und Erfahrung basiert und über Vorbilder auf der Grundlage von Könnerschaft und sozialem Status informell Verbreitung findet.[92] Da über diesen Mechanismus ebenso Risikoaffinität und Vorsorgeverweigerung befördert werden konnte,[93] versuchte die Verkehrserziehung hier anzusetzen, um präventives Verhalten anzuregen. Statt sich wie zuvor primär mit einer Mischung aus Regelkunde und moralischen Appellen an die Verantwortung eines jeden Einzelnen und damit an verstandesmäßige Einsicht zu richten, versuchte die Verkehrspädagogik seit den späten 1950er Jahren zunehmend sanktionierte Verhaltensweisen in vernakulare Praktiken einsickern zu lassen.[94] Befördert wurde das nicht zuletzt durch das Erlernen von Automatismen, wenn sich internalisierte, unbewusst vollziehende Verhaltensweisen und verkehrsgerechte Einstellungen miteinander verbanden. Implizites Wissen und ein geeigneter Habitus liefen dann, so die Vorstellung, in einem flexiblen Automatismusbegriff zusammen und ermöglichen den Verkehrsteilnehmern, stets beweglich auf das jeweilige Verkehrsgeschehen reagieren zu können. Vor diesem Hintergrund gehörte Selbstkontrolle zu einer Strategie des „flexiblen Normalismus", die die indi-

---

91 Vgl. Heike Bergmann, Angeschnallt und los. Die Gurtdebatte der 1970er und 1980er Jahre in der BRD, in: Technikgeschichte 76 (2009), S. 105–130.
92 Vgl. Arwen P. Mohun, Risk. Negotiating Safety in American Society, Baltimore 2013, S. 1.
93 Zur Vorsorgeverweigerung vgl. den Beitrag von Rüdiger Graf in diesem Band.
94 Zum Prozess des Infiltrierens vgl. Mohun, Risk, S. 164 f.

viduelle Selbstausrichtung an erwarteten Verhaltensweisen forcierte, beispielsweise am Typus des guten Fahrers.[95]

Während die verkehrspädagogischen Maßnahmen im Resilienzparadigma zur Etablierung von Selbstkontrolle auf Normalisierung zielten, setzten die anfänglich von Verkehrspsychologen diskutierten Automatismen vordergründig auf Normierung. Dagegen könnte man den Siebten Sinn als eine ins Unterbewusste verlagerte Selbstkontrolle begreifen. Das Konzept – gewissermaßen die Übersetzung verkehrspsychologischer Überlegungen in eine pädagogische Praxis – vereinigte die Latenz von Automatismen mit der Beweglichkeit von Selbstregulierungskräften und verschob so den Fokus der Unfallprävention vom Vermeiden des Unfalls auf das Vermeiden des Vermeiden-müssens.[96] Diese „strategische Konstellation von Selbsterhaltung und Selbstentfaltung"[97] inkorporierte den Freiheitsimpetus, der dem Automobil anhängte, in ein Präventionskonzept und führte letztlich zu einer – vermeintlichen – Erhöhung von Freiheitsgraden, weil es Prävention ins Subjekt verlegte, anstatt vor allem repressiv zu disziplinieren. Die Verkehrssicherheitsarbeit akzeptierte somit ein inhärentes Unfallrisiko und setzte die Anpassungsfähigkeit der einzelnen Verkehrsteilnehmer dagegen. Insofern vollzog sich die Perspektivverschiebung in der Verkehrssicherheitsarbeit der 1960er und 1970er Jahre im Rahmen des, wie Ulrich Bröckling es nennt, Präventionsregimes der Immunisierung.[98] Verkehrserziehung fungierte seither als Vorsorgestrategie, gleichsam als eine Art Impfstoff gegen den Verkehrsunfall.[99]

---

95 Vgl. Jürgen Link, Versuch über den Normalismus. Wie Normalität produziert wird, Opladen 1997, S. 75–82.
96 Dies unterstreichen auch Kampagnenslogans wie „Deutlich fahren!" (1969) und Leitsätze wie „Halber Tacho Abstand".
97 Makropoulos, Kontingenz, in: Archives Européennes de Sociologie 45 (2004), H. 3, S. 382.
98 Vgl. Bröckling, Dispositive, in: Daase/Offermann/Rauer (Hrsg.), Sicherheitskultur, S. 98 f.
99 Für wertvolle Hinweise zum Manuskript danke ich Malte Thießen, Nicolai Hannig, Dirk van Laak und Ulrich Bröckling.

Rüdiger Graf
Sorglosigkeit und Versicherheitlichung
Der Aufstieg der Verhaltensökonomie und die Transformation des Verkehrsverhaltens

Im Jahr 2010 erklärte die Vollversammlung der Vereinten Nationen das beginnende Jahrzehnt zur „Decade of Action for Road Safety", um eine globale „Verkehrssicherheitskrise" zu beheben.[1] Die geringe Aufmerksamkeit, die das Jahrzehnt der Verkehrssicherheit hierzulande bisher erfahren hat, steht in scharfem Kontrast zur Größe der Ziele, welche die mit seiner Durchführung betraute *World Health Organization* (WHO) verkündet hat: Es geht um nichts weniger als darum, in einer Dekade fünf Millionen Menschenleben zu retten.[2] Da 90 Prozent der Verkehrsunfälle auf menschliche Fehler zurückzuführen seien, hatte die WHO schon 2004 erklärt, sie wolle die Verkehrsteilnehmer überzeugen, „to adopt error-free behavior".[3] Neben der Verkehrsumgebung verursachen vor allem die folgenden Verhaltensweisen Unfälle und beeinflussen ihren Ausgang negativ: „the non-use of safety belts and child restraints, the non-use of helmets, driving under the influence of alcohol and drugs, inappropriate and excessive speed".[4] Einprägsam visualisiert werden sie auf den Kampagnenpostern der *Youth for Road Safety*, die von der WHO unterstützt wird.[5]

Diese Kampagnenposter (Abb. S. 170) verweisen einerseits auf die Versuche staatlicher und nicht-staatlicher Akteure, Sicherheit – in diesem Falle Verkehrssicherheit – herzustellen. Andererseits zeigen sie aber auch, dass sich Menschen trotz aller Versicherheitlichungsbestrebungen sorglos verhalten. Sie reflektieren Risiken oft nur unzureichend, blenden ihnen eigentlich bekannte Risiken aus, gehen sie willentlich ein oder suchen sie vielleicht sogar.[6] Im Folgenden soll es darum gehen, diese Sorglosigkeit im Umgang mit Risiken genauer zu konturieren und zugleich das Verhältnis von Sorglosigkeit und Versicherheitlichung zu bestimmen.

---

[1] United Nations. General Assembly, Resolution 64/255. Improving Global Road Safety, 2.3.2010. Für Hinweise und Kritik zu diesem Beitrag danke ich Benjamin Herzog, Philipp Müller und Annelie Ramsbrock.
[2] WHO, Saving Millions of Lives. Decade of Action for Road Safety 2011–2020, Genf 2011, S. 5.
[3] WHO, World Report on Road Traffic Injury Prevention, Genf 2004, S. 10.
[4] United Nations. General Assembly, Resolution 64/255. Improving Global Road Safety, 2.3.2010; siehe auch WHO, Global Status Report on Road Safety, Genf 2009; und dies., Global Status Report on Road Safety, Genf 2013.
[5] http://www.youthforroadsafety.org/ [zuletzt besucht am 28.6.2017].
[6] Zu Letzterem siehe: Nicolai Hannig/Hiram Kümper, Abenteuer. Zur Geschichte eines paradoxen Bedürfnisses, Paderborn 2015.

DOI 10.1515/9783110529524-009

Historiographische Arbeiten, die den Modernisierungsprozess auch und ganz wesentlich als einen Prozess der Versicherheitlichung begreifen, schließen an die politische und politikwissenschaftliche Ausweitung des Sicherheitsbegriffs in der zweiten Hälfte des 20. Jahrhunderts an. Mit einem breiten Begriffsverständnis wird „Sicherheit" in verschiedenen Politikfeldern aufgesucht, die normalerweise getrennt voneinander behandelt werden.[7] Zunächst ist es Konsens der umfangreichen Forschungen zur Geschichte des Sozialstaats, dass Staaten im Verlauf des 20. Jahrhunderts durch die Ausweitung wohlfahrtsstaatlicher Maßnahmen versuchten, die immer höheren Ansprüche ihrer Bürgerinnen und Bürger nach Sicherheit zu befriedigen.[8] Ganz ähnlich betont die boomende Versicherungsgeschichte den Trend zur Absicherung gegen immer mehr Lebensrisiken.[9] In der Umweltgeschichte wiederum wird oft im

---

[7] Siehe das Heft zu „Sicherheit und Epochengrenzen", in: Geschichte und Gesellschaft 38 (2012), H. 3; zur Ausweitung des Sicherheitsbegriffs Emma Rothschild, What is Security?, in: Barry Buzan/Lene Hansen (Hrsg.), International Security, Bd. 3: Widening Security, Los Angeles u. a. 2007, S. 1–34; Christopher Daase, National, Societal, and Human Security. On the Transformation of Political Language, in: Historical Social Research 35 (2010), H. 4, S. 22–40; Commission on Human Security, Human Security Now, New York 2003; sowie Cornel Zwierlein/Rüdiger Graf, The Production of Human Security in Premodern and Contemporary History, in: Historical Social Research 35 (2010), H. 4, S. 7–21.

[8] Siehe dazu klassisch François Ewald, Der Vorsorgestaat, Frankfurt a. M. 1993; siehe auch Matthias Bohlender, Soziale (Un)Sicherheit. Zur Genealogie eines Dispositivs moderner Gesellschaften, in: Matthias Bohlender/Sabine Meurer/Herfried Münkler (Hrsg.), Sicherheit und Risiko. Über den Umgang mit Gefahr im 21. Jahrhundert, Bielefeld 2010, S. 101–124.

[9] Cornel Zwierlein, Der gezähmte Prometheus. Feuer und Sicherheit zwischen Früher Neuzeit und Moderne, Göttingen 2011; Martin Lengwiler, Risikopolitik im Sozialstaat. Die schweizerische Unfall-

Anschluss an Ulrich Becks Deutung aus den 1980er Jahren erklärt, das mit der technischen Industrialisierung einhergehende Sicherheitsstreben sei im ausgehenden 20. Jahrhundert vor allem durch die Atomenergie in die Produktion unkalkulierbarer und nicht mehr versicherbarer Risiken umgeschlagen.[10] Auch die an Michel Foucault anschließenden Gouvernementalitätsstudien untersuchen Präventionsprogramme, die in der zweiten Hälfte des 20. Jahrhunderts bedeutsamer wurden, als Ausdruck eines zunehmenden Strebens nach Sicherheit.[11] Im Anschluss daran wurde für die Geschichte der Gesundheitspolitik die Transformation von staatlichen Vorsorgemodellen hin zur individualisierten Prävention nachgezeichnet, wodurch in der zweiten Hälfte des 20. Jahrhunderts die Figur des „präventiven Selbst" entstanden sei.[12]

Zwar weisen all diese Arbeiten auf das Paradox hin, dass gerade die Präventionsversuche und Absicherungsbemühungen gegen alle möglichen Gefahren und Risiken zur Proliferation von Unsicherheitswahrnehmungen geführt haben, auch wenn sie deren Verbreitung nicht genau vermessen können.[13] Gleichwohl erklären sie die Zunahme von Vorsorge- und Präventionsmechanismen und damit das Streben nach Sicherheit zu einem wesentlichen Zug westlicher Gesellschaften des 20. Jahrhunderts, wenn nicht gar zur allgemeinen Tendenz, die aus dem 19. Jahrhundert bis in unsere Gegenwart reicht. Konkret hat beispielsweise Eckart Conze im Anschluss an Franz-Xaver Kaufmann die „Suche nach Sicherheit" zum zentralen Charakteristikum der bundesrepublikanischen Geschichte nach 1945 erhoben. Sicherheit, so Conze, sei sowohl das Ziel von Regierungshandeln als auch eine wesentliche Erwartung an Politik gewesen und habe den soziokulturellen Orientierungshorizont definiert.[14] Malte Thießen sieht „Vorsorge" als Schlüsselbegriff der Zeitgeschichte, und

---

versicherung 1870–1970, Köln u. a. 2006; diese Feststellung findet sich auch in der Sozialstaatsgeschichte, siehe zum Beispiel Martin H. Geyer, Rahmenbedingungen: Unsicherheit als Normalität, in: Hans Günter Hockerts/Martin H. Geyer (Hrsg.), Geschichte der Sozialpolitik in Deutschland seit 1945, Bd. 6: 1974–1982, Baden Baden 2008, S. 1–110.
10 Ulrich Beck, Risikogesellschaft. Auf dem Weg in eine andere Moderne, Frankfurt a. M. 1986; Christoph Wehner, Grenzen der Versicherbarkeit. Grenzen der Risikogesellschaft. Atomgefahr, Sicherheitsproduktion und Versicherungsexpertise in der Bundesrepublik und den USA, in: Archiv für Sozialgeschichte (AfS) 52 (2012), S. 582–605.
11 Ulrich Bröckling, Vorbeugen ist besser … Zur Soziologie der Prävention, in: Behemoth. A Journal of Civilisation 1 (2008), S. 38–48; ders. (Hrsg.), Gouvernementalität der Gegenwart. Studien zur Ökonomisierung des Sozialen, Frankfurt a. M. 2012; Filippa Lentzos/Nikolas Rose, Governing Insecurity. Contingency Planning, Protection, Resilience, in: Economy and Society 38 (2009), H. 2, S. 230–254.
12 Martin Lengwiler/Jeannette Madarász, Präventionsgeschichte als Kulturgeschichte, in: Martin Lengwiler (Hrsg.), Das präventive Selbst. Eine Kulturgeschichte moderner Gesundheitspolitik, Bielefeld 2010, S. 11–30, hier S. 16, 22–24.
13 Siehe zum Beispiel ebenda, S. 16.
14 Eckart Conze, Sicherheit als Kultur. Überlegungen zu einer „modernen Politikgeschichte" der Bundesrepublik Deutschland, in: Vierteljahrshefte für Zeitgeschichte (VfZ) 53 (2005), S. 357–380, hier S. 360; ders., Die Suche nach Sicherheit. Eine Geschichte der Bundesrepublik Deutschland von 1949 bis in die Gegenwart, München 2009.

Nicolai Hannig erklärt die „Suche nach Prävention", also den Ausschluss der Gefahr, zu einem Signum des 19. und 20. Jahrhunderts.[15] Selbst wenn diesen Diagnosen im Anschluss an die Copenhagen School den Prozessen der Versicherheitlichung auch solche der Entsicherheitlichung gegenübergestellt werden,[16] tendieren die Arbeiten zu Sicherheit und Versicherheitlichung doch insgesamt dazu, den rationalen, steuernden und planenden Zugriff auf die Zukunft hervorzuheben, ganz wie dies auch die Arbeiten zur Geschichte der Zukunft tun.[17]

Im Unterschied zum inzwischen gut etablierten Versicherheitlichungsnarrativ legt der folgende Beitrag den Schwerpunkt auf die komplementären Phänomene der unzureichenden Zukunftsreflexion oder der schlichten Zukunftsvergessenheit. Dazu widmet er sich zunächst Versuchen, Phänomene der „Sorglosigkeit", sei es der Vorsorgevergessenheit oder der Vorsorgeverweigerung, theoretisch zu erfassen und empirisch zu beschreiben. Mit der Akzentverschiebung von der Sicherheit zur Sorglosigkeit soll der These einer Versicherheitlichung und Bedeutungssteigerung von Vorsorgepraktiken im 20. Jahrhundert nicht widersprochen werden. Vielmehr geht es darum, den Prozess der Versicherheitlichung genauer zu konturieren, indem seine Grenzbereiche anhand ihrer schon zeitgenössischen Reflexion ausgeleuchtet werden.

In einem ersten Schritt wird die Verhaltensökonomie, die sich in der Hochphase des Versicherheitlichungsprozesses seit dem Ende des Zweiten Weltkriegs ausbildete, genutzt, um den Begriff der Sorglosigkeit zu schärfen. Dies ist möglich, weil bei ihr genau die Wahrscheinlichkeitskalkulationen im Zentrum stehen, die sowohl für Praktiken der Vorsorge als auch der Prävention entscheidend sind. Mit dem Aufstieg der Verhaltensökonomie, so die Hypothese, wurden die Vorsorge- und Risikokulturen liberal-demokratischer Staaten des 20. Jahrhunderts in dem Moment reflexiv, als die Versuche, Prävention zu individualisieren und zu privatisieren, an ihre Grenzen stießen. In einem zweiten Schritt wird dann am Beispiel der Gurtpflicht und der Verkehrssicherheitskampagnen in der Bundesrepublik der 1970er und 1980er Jahre das Wechselverhältnis von Sorglosigkeit und Sicherheit im Straßenverkehr untersucht. Am Beispiel des alltäglichen Verkehrsverhaltens zeigt sich, dass mit den Bestrebun-

---

15 Malte Thießen, Gesundheit erhalten, Gesellschaft gestalten. Konzepte und Praktiken der Vorsorge im 20. Jahrhundert: Eine Einführung, in: Zeithistorische Forschungen/Studies in Contemporary History, Online-Ausgabe 10 (2013), H. 3, S. 354–365, hier S. 356; Nicolai Hannig, Die Suche nach Prävention. Naturgefahren im 19. und 20. Jahrhundert, in: Historische Zeitschrift 300 (2015), H. 1, S. 33–65.
16 So im Programm des Sonderforschungsbereichs Transregio in Marburg und Gießen zu den „Dynamiken der Sicherheit". Diese Begriffe beziehen sich allerdings auf die Frage, welche politischen Probleme als Sicherheitsfragen begriffen werden und welche nicht. Siehe dazu Ole Waever, Securitization and Desecuritization, in: Barry Buzan/Lene Hansen (Hrsg.), International Security, Bd. III: Widening Security, Los Angeles u. a. 2007, S. 66–98.
17 Siehe zum Beispiel Lucian Hölscher, Die Entdeckung der Zukunft, Frankfurt a. M. 1999; Rüdiger Graf, Die Zukunft der Weimarer Republik. Krisen und Zukunftsaneignungen in Deutschland 1918–1933, München 2008; Elke Seefried, Zukünfte. Eine Geschichte der Zukunftsforschung in den 1960er und 1970er Jahren, München 2015.

gen zur Versicherheitlichung auch Sorglosigkeitsphänomene sichtbar wurden, die von der schlichten These einer Zunahme von Sicherheit nur unzureichend erfasst werden. Sicherheitsstrukturen und Sorglosigkeit sind vielmehr in dialektischer Weise aufeinander bezogen: Sicherungssysteme werden dort etabliert, wo Risiken verringert oder ausgeschaltet und mithin Sorglosigkeit beseitigt und Sorgenfreiheit hergestellt werden sollen. Ihr Vorhandensein ändert dann aber wiederum die Definition dessen, was als Sorglosigkeit gilt.

1 Verhaltensökonomie als Theorie der Sorglosigkeit

In den letzten Jahren wurde in den Sozial-, Geschichts- und Kulturwissenschaften viel über den Begriff der „Sicherheit" geschrieben. Das gilt nicht für den komplementären, aber genauso grundlegenden Begriff der Sorglosigkeit, der zunächst einmal eine mentale Einstellung bezeichnet, die nicht auf den Ausschluss von Gefahren einer zukünftigen Schädigung konzentriert ist. Damit scheint Sorglosigkeit im Gegensatz zur Vorsorge zu stehen und eine gleichsam ahistorische Disposition zu beschreiben.[18] Die jeweiligen Ausprägungen der Sorglosigkeit sind jedoch genauso wie die der Vorsorge zutiefst historisch, auch wenn der Begriff bisher nicht in die historische Forschung eingeführt wurde. Im Deutschen reicht sein Bedeutungsraum von der negativen Achtlosigkeit oder Fahrlässigkeit bis zur positiven Unbeschwertheit. „Mit knappen Vorräten sorglos geaast", titelte der *Spiegel*, als im November 1973 die Sicherheit der Öl- und Energieversorgung bedroht zu sein schien. Dale Carnegies Best- und Longseller „How to Stop Worrying and Start Living" hingegen trägt in Deutschland den Titel „Sorge Dich nicht, lebe!".[19] Achtlosigkeit und Unbeschwertheit sind semantisch so verschieden, dass viele Sprachen zwei Ausdrücke für die deutsche „Sorglosigkeit" haben. Im Englischen wird etwa zwischen „carelessness" oder „recklessness" auf der einen und „carefreeness" oder dem französischen Lehnwort „insouciance" auf der anderen Seite unterschieden. Auf Französisch kennt man neben der „insouciance" die „imprévoyance" und die „incurie". Interessanterweise enthielt der Ursprung unseres Sicherheitsbegriffs, das lateinische „securitas", auch die positive Bedeutung der Sorglosigkeit als Unbeschwertheit.[20] Wer in Sicherheit war, so die dahinter stehende Idee, konnte sorgenfrei leben. Dieses Ideal der Sorgenfreiheit war

---

[18] Zum dispositionalen Verständnis des mentalen Vokabulars siehe Gilbert Ryle, The Concept of Mind, New York 1949, S. 116–125.
[19] „Mit knappen Vorräten sorglos geaast", in: Der Spiegel, 19.11.1973, S. 25–30; Dale Carnegie, How to Stop Worrying and Start Living, New York 1985.
[20] Herfried Münkler, Strategien der Sicherung: Welten der Sicherheit und Kulturen des Risikos. Theoretische Perspektiven, in: Matthias Bohlender/Sabine Meurer/Herfried Münkler (Hrsg.), Sicherheit und Risiko. Über den Umgang mit Gefahr im 21. Jahrhundert, Bielefeld 2010, S. 11–34, hier S. 23.

das Ziel vieler Sicherheitsversprechen staatlicher und nicht-staatlicher Akteure im 20. Jahrhundert und darüber hinaus. Im Folgenden geht es indes um die komplementäre Reflexion, inwiefern die Sorglosigkeit als Sich-in-Sicherheit-Wiegen gerade die Sicherheit reduzieren kann, die Politiker und Experten anstrebten.

Der Begriff der Sorglosigkeit oder des sorglosen Verhaltens kann geschärft und analytisch fruchtbar gemacht werden, indem man zunächst von seinem Gegenteil ausgeht, der idealen Vorsorge. Im Unterschied zum sorglosen Menschen ist der ideale Vorsorger nämlich historisch und bis in unsere Gegenwart intensiv theoretisch reflektiert worden. War das zunächst der fromme oder moralisch rechtschaffene Mensch, ging es im Verlauf des 20. Jahrhunderts zunehmend um die Figur des Homo oeconomicus. Letzterer bezeichnet gemeinhin das Ideal eines rational handelnden Nutzenmaximierers, der über ein stabiles und wohl geordnetes Präferenzsystem verfügt, sich über seine Präferenzen im Klaren ist, alle Handlungsoptionen und ihre Konsequenzen prüft und dann die für ihn nützlichste auswählt.[21] Dieser Homo oeconomicus, also der streng rational kalkulierende Nutzenabwäger ist das Gegenbild des sorglosen Menschen.[22]

Wenn man Sorglosigkeit in diesem Sinne als Abweichung vom Ideal des Homo oeconomicus begreift, wird der Begriff operationalisierbar, und es lassen sich verschiedene Sorglosigkeitsgrade ausdifferenzieren. Schließlich eröffnen die Verhaltensökonomie und Teile der Risikosoziologie auch ein reichhaltiges Reservoir theoretischer Überlegungen und empirischer Untersuchungen, wo reales menschliches Verhalten vom Homo oeconomicus abweicht. Diese wurden just in der Zeit entworfen, die heute sowohl als Phase intensiver Versicherheitlichungsprozesse gilt wie auch als Zeit, in der Vorsorgepraktiken vom Staat auf die Individuen übertragen wurden.[23] Verhaltensökonomische und risikosoziologische Studien können als Reflexion eben dieser Prozesse gelesen werden. Sie versprachen, darüber Aufschluss zu geben, inwiefern Individuen überhaupt dazu in der Lage sind, rationale Zukunftsabschätzungen vorzunehmen und sich als präventives Selbst zu verhalten.

Nachdem psychologische Überlegungen noch Teil der Wirtschaftstheorien des 19. Jahrhunderts gewesen waren, dominierte im 20. Jahrhundert die Vorstellung des

---

21 Siehe einführend Mary S. Morgan, Economic Man as Model Man. Ideal Types, Idealization and Caricatures, in: Journal of the History of Economic Thought (JHET) 28 (2006), H. 1, S. 1; Werner Plumpe, Die Neue Institutionenökonomik und die moderne Wirtschaft. Zur wirtschaftshistorischen Reichweite institutionenökonomischer Argumente am Beispiel des Handlungsmodells der Rationalität, in: Karl-Peter Ellerbrock/Clemens Wischermann (Hrsg.), Die Wirtschaftsgeschichte vor der Herausforderung durch die New Institutional Economics, Dortmund 2004, S. 31–57; David Wilson/William Dixon, A History of Homo Economicus. The Nature of the Moral in Economic Theory, London, New York, NY 2012.
22 Zum Problem des Altruismus siehe Philippe Fontaine, From Philanthropy to Altruism. Incorporating Unselfish Behavior into Economics, 1961–1975, in: History of Political Economy 39 (2007), H. 1, S. 1–46.
23 Siehe Anmerkung 11.

Homo oeconomicus die Wirtschaftswissenschaft.[24] Schon nach dem Zweiten Weltkrieg wurde aber an verschiedenen Orten kritisiert, dass das Modell Homo oeconomicus mit der Realität nichts zu tun habe. Individuen seien in ihren wirtschaftlichen Handlungen weder so rational noch so willensstark oder so egoistisch und hedonistisch, wie das Modell behauptet.[25] Für den Kölner Ordinarius Günter Schmölders beispielsweise hatten die Sozial- und Humanwissenschaften deutlich gemacht, dass „niemals ein menschliches Wesen existierte, das die charakteristischen Eigenschaften, die dem homo oeconomicus in den Textbüchern zugeschrieben werden, wirklich besaß".[26] Zeitgleich und wirkmächtiger forderte Herbert A. Simon in den 1950er Jahren in den Vereinigten Staaten eine grundsätzliche Abkehr der Wirtschaftswissenschaften vom Modell des Homo oeconomicus. Dieses wollte er ersetzen durch die Modellierung von „a kind of rational behavior that is compatible with the access to information and the computational capacities that are actually possessed by organisms, including man, in the kinds of environments in which they exist".[27]

In transdisziplinärer Perspektive wollte Simon eine Theorie der rationalen und nicht-rationalen Aspekte menschlichen Handelns in sozialen Zusammenhängen entwickeln.[28] Nicht nur eine idealisierte Zukunftsplanung, sondern auch die sorglose Zukunftsvernachlässigung sollte also modelliert werden. Dabei stellte sich Simon den menschlichen Entscheider weniger gott- als vielmehr rattenähnlich vor, also wie das Versuchstier der frühen Verhaltenswissenschaften, das mit seinen begrenzten Fähigkeiten versucht, den Weg durch ein Labyrinth zu finden.[29] Tatsächliche Entscheidungsprozesse von Menschen erfolgten immer mit unvollständigen Informati-

---

24 George Loewenstein, The Fall and Rise of Psychological Explanations in the Economics of Intertemporal Choice, in: George Loewenstein/John Elster (Hrsg.), Choice over Time, New York 1992, S. 3–34; Jakob Tanner, „Kultur" in den Wirtschaftswissenschaften und kulturwissenschaftliche Interpretationen ökonomischen Handelns, in: Friedrich Jaeger/Jörn Rüsen (Hrsg.), Handbuch der Kulturwissenschaften. Bd. 3: Themen und Tendenzen, Stuttgart 2004, S. 195–224; Morgan, Economic Man as Model Man. Ideal Types, Idealization and Caricatures.
25 Siehe einführend zur Programmatik der Behavioral Economics S. Mullainathan/Richard H. Thaler, Behavioral Economics, in: International Encyclopedia of the Social & Behavioral Sciences, Bd. 2, Oxford 2001, S. 1094–1100.
26 Günter Schmölders, Ökonomische Verhaltensforschung, in: Ordo. Jahrbuch für die Ordnung von Wirtschaft und Gesellschaft 5 (1953), S. 203–244, hier S. 211.
27 Herbert A. Simon, Behavioral Model of Rational Choice, in: Journal of Economics 69 (1955), S. 99–118, hier S. 99; zu Simon siehe: Ron Theodore Robin, The Making of the Cold War Enemy. Culture and Politics in the Military-Intellectual Complex, Princeton 2009, S. 19–37; Hunter Crowther-Heyck/Herbert A. Simon, The Bounds of Reason in Modern America, Baltimore 2005; Herbert A. Simon, Models of my Life, New York 1991.
28 Herbert A. Simon, Models of Man, New York 1957, S. vii. Zur Interdisziplinaritätsfaszination in den amerikanischen Wissenschaften in der Mitte des 20. Jahrhunderts siehe Jamie Cohen-Cole, The Open Mind. Cold War Politics and the Sciences of Human Nature, Chicago, IL 2014, S. 5.
29 Crowther-Heyck, Herbert A. Simon, S. 6; Rebecca M. Lemov, World as Laboratory. Experiments with Mice, Mazes, and Men, New York 2005.

onen und begrenzten Fähigkeiten, in knapper Zeit und unter konkreten, sie beeinflussenden Umweltbedingungen. Vorsorge war unter diesen Bedingungen, für die Simon den Begriff der *bounded rationality* prägte, nur in engen Grenzen möglich.[30] Auch wenn sich Simon selbst mit großer Energie daran machte, Entscheidungsprozesse von Individuen unter den Bedingungen der *bounded rationality* zu modellieren und die Wirtschaftswissenschaften davon ausgehend neu zu entwerfen, blieb sein Einfluss auf akademische Ökonomen zunächst begrenzt.[31] Erst seit den 1970er Jahren begannen mehr Ökonomen, sich für die Abweichungen vom Modell des Homo oeconomicus zu interessieren, also für Verhaltensweisen, die auch als sorglos begriffen werden können.[32] Entscheidend für den Aufstieg der Verhaltensökonomie oder *Behavioral Economics* waren nun die israelisch-amerikanischen Psychologen Daniel Kahneman und Amos Tversky.[33] In langjähriger Zusammenarbeit beschäftigten sie sich mit zukunftsgerichtetem menschlichen Verhalten unter den Bedingungen von Unsicherheit. Dabei interessierten sie sich vor allem dafür, wo dieses Verhalten systematisch von den Erwartungen der ökonomischen Logik abwich. 1974 veröffentlichten sie in *Science* den sogenannten *Heuristics and Biases Approach*, der die Mechanismen erklären sollte, nach denen sich Menschen in bestimmten Entscheidungssituationen falsch bzw. nicht ökonomisch rational oder eben sorglos verhalten.[34] Fünf Jahre später entwarfen sie dann die stärker auf ein ökonomisches Publikum zugeschnittene *Prospect Theory*, mit der die Abweichungen menschlichen Entscheidungsverhaltens vom Homo oeconomicus prognostiziert werden sollten.[35]

Ihre Verfahren ähnelten dabei eher der Psychologie und Verhaltensforschung als der Ökonomie: In Befragungen forderten Kahneman und Tversky Gruppen von Probanden (zumeist ihre Studenten oder Kollegen) auf, die Wahrscheinlichkeiten von bestimmten Sätzen abzuschätzen. Ihre sehr grundsätzlichen Thesen über die Natur des Menschen basierten also auf der Befragung einer relativ überschaubaren Anzahl

---

30 Simon, Behavioral Model of Rational Choice, S. 114.
31 Pooley/Solovey, Marginal to the Revolution; Esther-Mirjam Sent, Behavioral Economics. How Psychology Made Its (Limited) Way Back into Economics, in: History of Political Economy 36 (2004), H. 4, S. 735–760. Siehe in Deutschland Reinhard Selten, Autobiography, in: Tore Frängsmyr (Hrsg.), The Nobel Prizes 1994, Stockholm 1995, online unter: http://www.nobelprize.org/nobel_prizes/economic-sciences/laureates/1994/selten-bio.html (zuletzt besucht am 28.6.2017).
32 Matthias Klaes/Esther-Mirjam Sent, A Conceptual History of the Emergence of Bounded Rationality, in: History of Political Economy 37 (2005), H. 1, S. 27–59.
33 Esther-Mirjam Sent, Simplifying Herbert Simon, in: History of Political Economy 37 (2005), H. 2, S. 227–232; Floris Heukelom, Three Explanations for the Kahneman-Tversky Programme of the 1970s, in: The European Journal of the History of Economic Thought 19 (2012), H. 5, S. 797–828; Floris Heukelom, Behavioral Economics. A History, Cambridge 2014, S. 96–132.
34 Amos Tversky/Daniel Kahneman, Judgment under Uncertainty. Heuristics and Biases, in: Science 185 (1974), S. 1124–1131.
35 Daniel Kahneman/Amos Tversky, Prospect Theory. An Analysis of Decision under Risk, in: Econometrica 47 (1979), H. 2, S. 263–292.

nicht eben repräsentativ ausgewählter Individuen. Die Fragen hatten das Ziel aufzuzeigen, dass Menschen bei Wahrscheinlichkeitskalkülen nicht nur aus Nachlässigkeit oder Dummheit Fehler machten, sondern vielmehr systematisch falsch lagen. Die an Kahneman und Tversky anschließenden verhaltensökonomischen Studien, die seit den 1980er Jahren erstellt wurden, widmen sich vielfältigen menschlichen Verhaltensbereichen, die stark formalisiert und mathematisiert dargestellt werden. Für eine Geschichte der Vorsorge und der Sorglosigkeit sind drei Aspekte ihrer Überlegungen relevant, die mit den Begriffen *availability*, *status quo bias* und *overconfidence* bezeichnet werden können.[36]

1. *Availability*: Mit dem englischen Begriff für Verfügbarkeit bezeichnen Kahneman und Tversky die Leichtigkeit und Geschwindigkeit, mit der ein Beispiel für eine bestimmte Art von Ereignissen mental vergegenwärtigt werden kann. Weil die Erfahrung lehre, dass häufig auftretende Ereignisse leichter erinnert werden als seltene, seien Wahrscheinlichkeitsabschätzungen oft durch die zufällige Kenntnis eines Beispiels verzerrt. *Availability* bezeichnet also das bekannte Phänomen, dass Menschen nach einem Autodiebstahl oder einem Hausbrand in der Nachbarschaft Ereignisse dieser Art für wahrscheinlicher halten. Ebenso beeinflusst die mediale Berichterstattung über spektakuläre Verbrechen die öffentliche Meinung über die Häufigkeit dieser Verbrechen. Da Vorsorgemaßnahmen auf wahrgenommenen Wahrscheinlichkeiten basieren und diese unter anderem durch die *availability* von Schadensfällen verzerrt werden, zeigen Verhaltensökonomen, dass mentale und finanzielle Ressourcen an bestimmten Stellen unnötig gebündelt werden, während zugleich mit anderen Risiken sorglos umgegangen wird. So beobachtet beispielsweise der Risikopsychologe Gerd Gigerenzer, dass nach dem 11. September 2001 die Zahl der Flugreisen in den USA signifikant gesunken, die Zahl der Autounfälle aber entsprechend angestiegen sei.[37]

Diese Zusammenhänge, welche die Struktur mentaler und gesellschaftlicher Risikohaushalte beeinflussen, beschäftigten schon die in den 1980er Jahren expandierenden Risikostudien. So argumentierten die Anthropologin Mary Douglas und der Politikwissenschaftler Aaron Wildavsky in „Risk and Culture", dass die Konzentration auf eine Gefahrenquelle und die darauf bezogene Risikovorsorge stets zur Vernachlässigung unzähliger anderer Risiken führe: "Acting in the present to ward off future dangers, each social arrangement elevates some risks to a high peak and

---

[36] Siehe zu den Forschungsgegenständen und Methoden der Verhaltensökonomie ausführlicher Benjamin Gilad/Stanley Kaish (Hrsg.), Handbook of Behavioral Economics. Behavioral Microeconomics, Greenwich, CT 1986; Peter E. Earl (Hrsg.), Behavioural Economics, Bd. 2, Aldershot u. a. 1988; Sendhil Mullainathan/Richard Thaler, Behavioral Economics, in: Colin Camerer/George Loewenstein/Matthew Rabin (Hrsg.), Advances in Behavioral Economics, New York, Princeton, NJ 2004 sowie zur Wissenschaftsentwicklung Heukelom, Behavioral Economics; Richard H. Thaler, Misbehaving. The Making of Behavioral Economics, New York/London 2015.
[37] Gerd Gigerenzer, Risiko. Wie man die richtigen Entscheidungen trifft, München 2013, S. 20–24.

depresses others below sight. This cultural bias is integral to social organization. Risk taking and risk aversion, shared confidence and shared fears, are part of the dialogue on how best to organize social relations."[38] Gerade vor dem Hintergrund der zu Beginn der 1980er Jahre intensiven Diskussionen über Vorsorgemaßnahmen gegenüber den von der Industriegesellschaft produzierten Umweltgefahren, die Ulrich Beck unter dem Label der „Risikogesellschaft" zusammenfasste,[39] argumentierten Douglas und Wildavsky, dass Vorsorge nie vollständig werden, sondern immer nur vor einem Hintergrund von Sorglosigkeit existieren könne. Im Anschluss sowohl an Douglas/Wildavsky als auch an Kahneman/Tversky prägte der selbsternannte „libertäre Paternalist" Cass Sunstein für diesen Zusammenhang gut zehn Jahre später den Begriff des „selektiven Fatalismus": "Human beings are selectively fatalistic. Some risks appear as mere 'background noise' and do not create much concern even if their magnitude is relatively high."[40] Weil auch die gesellschaftlichen Risikokalkulationen nicht dem tatsächlichen statistischen Kalkül entsprächen und historisch variierten, zeichne sich jede Kultur durch eine spezifische Mischung von „paranoia and neglect" aus. Von dieser allgemeinen Feststellung ist es nur noch ein kleiner Schritt sowohl zu konkreten Vorschlägen für politische Interventionen als auch zur Kritik der Risikokultur als einer angeblich politisch geförderten Kultur der Angst.[41] Jenseits dieser normativen Implikationen herrscht in den interdisziplinären Risikostudien Konsens, dass „Welten der Sicherheit" unrealisierbare Fiktionen sind, während „Kulturen des Risikos" zugleich immer auch Kulturen der Sorglosigkeit sein müssen, ohne dass Letztere auch so genannt würden.[42]

2. *Status quo bias*: Auch mit dem sogenannten *status quo bias* wird zunächst ein aus der alltäglichen Erfahrung vertrautes Phänomen beschrieben: In vielen Entscheidungssituationen gibt es neben verschiedenen Handlungsoptionen auch die

---

[38] Mary Douglas/Aaron Wildavsky, Risk and Culture. An Essay on the Selection of Technological and Environmental Danger, Berkeley 1985, S. 8. Mit anderer Akzentuierung entwerfen Dieter Frey und Stefan Schulz-Hardt eine „Theorie der erlernten Sorglosigkeit" und erläutern: „In allen Kontexten des privaten, beruflichen und gesellschaftlichen Lebens ist häufig zu beobachten, daß Menschen bestehende Risiken ignorieren bzw. überhöhte Risiken eingehen, elementare Vorsichtsregeln mißachten, gedankenlos handeln und aus Gefahrensignalen nicht lernen." Sie folgten der „affektiv-kognitiven Monopolhypothese": „‚Alles ist gut und wird auch in Zukunft (von selbst) gut bleiben.'" Dies., Eine Theorie der gelernten Sorglosigkeit, in: Heinz Mandl (Hrsg.), Bericht über den 40. Kongreß der Deutschen Gesellschaft für Psychologie. Schwerpunktthema: Wissen und Handeln, Göttingen 1996, S. 604–611.
[39] Beck, Risikogesellschaft.
[40] Cass R. Sunstein, Selective Fatalism, in: Journal of Legal Studies 27 (1998), S. 799–823, hier S. 799.
[41] Siehe Cass R. Sunstein, Laws of Fear. Beyond the Precautionary Principle, Cambridge 2005; Frank Furedi, Culture of Fear. Risk-Taking and the Morality of Low Expectation, London/Washington, DC 1997; Frank Furedi, Towards a Sociology of Fear, in: Kate Hebblethwaite (Hrsg.), Fear. Essays on the Meaning and Experience of Fear, Dublin 2007, S. 18–30.
[42] Münkler, Strategien der Sicherung: Welten der Sicherheit und Kulturen des Risikos, S. 11–34.

Möglichkeit, nichts zu tun bzw. das bekannte Verhalten einfach fortzuführen. Ende der 1980er Jahre argumentierten verhaltensökonomische Studien unter anderem von William Samuelson und Richard Zeckhauser, dass diese Option auch dann eine hohe Attraktivität habe, wenn eindeutig bessere Alternativen angeboten werden: "[...] in realworld decision problems the alternatives often come with influential labels. Indeed, one alternative inevitably carries the label status quo – that is, doing nothing or maintaining one's current or previous decision is almost always a possibility. Faced with new options, decision makers often stick with the status quo alternative."[43] Auf der Basis von Befragungen wollten Samuelson und Zeckhauser zeigen, dass der *status quo bias* nicht einfach nur ein Fehler war, den die Probanden beheben konnten, wenn er ihnen bewusst gemacht wurde. Vielmehr wirke er subtiler und schleiche sich auch dann ein, wenn die Befragten sich explizit darum bemühten, alle Optionen sorgfältig und objektiv zu prüfen.[44]

Nicht nur anhand von Experimenten, sondern auch in Feldstudien über die Wahl von Krankenversicherungsleistungen oder die Altersvorsorge amerikanischer Hochschullehrer, die ihre Vorsorgepläne auch dann nicht änderten, wenn Sie eindeutig bessere Optionen hatten, argumentierten Samuelson und Zeckhauser, dass der *status quo bias* ein zentraler Bestandteil menschlichen Entscheidungsverhaltens sei, „stemming partly from a mental illusion and partly from psychological inclination".[45] Als solcher habe er viele Gründe, von denen sie einige in ihrem Aufsatz entfalteten: „convenience, habit or inertia, policy (company or government) or custom, [...] fear or innate conservatism, or [...] simple rationalization".[46] Unabhängig von seinen Ursachen wirft der *status quo bias* die grundsätzliche Frage auf, inwieweit Menschen eigentlich dazu in der Lage sind, effektiv Vorsorge zu betreiben. Diese stellt sich umso dringender in dem Maße, in dem staatliche Vorsorgeleistungen privatisiert und der Eigenverantwortung des Individuums anheimgestellt werden.[47] Die Konzepte einer Privatisierung und Vermarktlichung von Vorsorgestrukturen setzten voraus, dass die Bürgerinnen und Bürger als kompetente Marktteilnehmer agierten. Dies wurde und wird immer wieder in Zweifel gezogen, zum Beispiel mit Feststellungen wie „die Deutschen riester[te]n viel zu wenig".[48]

---

43 William Samuelson/Richard Zeckhauser, Status Quo Bias in Decision Making, in: Journal of Risk and Uncertainty 1 (1988), S. 7–59, hier S. 8.
44 Ebenda, S. 9.
45 Ebenda, S. 11.
46 Ebenda, S. 10.
47 Norbert Frei (Hrsg.), Privatisierung. Idee und Praxis seit den 1970er Jahren, Göttingen 2012; Ralf Ahrens/Marcus Böick/Marcel vom Lehn, Vermarktlichung. Zeithistorische Perspektiven auf ein umkämpftes Feld, in: Zeithistorische Forschungen/Studies in Contemporary History, Online-Ausgabe 12 (2015), H. 3, S. 393–402.
48 Kerstin Schwenn, Die Deutschen „riestern" viel zu wenig, in: Frankfurter Allgemeine Zeitung, 27.11.2014.

Wie vertragen sich diese Beobachtungen des sorglosen Umgangs mit Zukunftsrisiken mit dem historiographischen Paradigma der Versicherheitlichung, das die Suche nach Sicherheit zum zentralen Zug der Zeitgeschichte erhebt und diese nicht nur als staatliches Programm begreift, sondern auch in die Individuen selbst hineinverlegt? Die Verhaltensweisen, die unter den Begriffen *availability* und des *status quo bias* untersucht werden, deuten weniger auf eine Suche nach Sicherheit hin als vielmehr auf eine Vorsorge-, wenn nicht gar Zukunftsvergessenheit. Diese scheint grundlegender zu sein, als dass sie von den allenthalben beobachteten Versicherheitlichungstendenzen erfasst werden könnte. Zugleich lässt sich die Reflexion der Sorglosigkeit zumindest im Bereich der Risikosoziologie aber auch als Symptom eben dieser Versicherheitlichung lesen.

Anders gelagert als die Vorsorgevergessenheit, aber ebenfalls im Konflikt mit der These eines umfassenden Versicherheitlichungsprozesses, ist das Phänomen der Vorsorgeverweigerung. Nur wenige Menschen dürften sich vornehmen, heute wieder nichts für die Altersvorsorge zu tun oder wieder keinen Termin für die eigentlich anstehende medizinische Vorsorgeuntersuchung zu vereinbaren, sondern die meisten machen es einfach nicht. Durch *availability* und *status quo bias* werden Zukunftsrisiken nicht willentlich falsch eingeschätzt. Vielmehr handelt es sich um Verzerrungen, die dazu führen, dass Menschen, die sich eigentlich um ein rationales Kalkül und Vorsorgemaßnahmen bemühen, Fehler bei der Wahrscheinlichkeitsabschätzung machen. Dies gilt zwar auch für das dritte Phänomen, das in verhaltensökonomischen Studien herausgearbeitet wird und für eine Geschichte der Sorglosigkeit bedeutsam ist. Im Unterschied zu den beiden ersten führt es aber weniger zur Vorsorgevergessenheit als vielmehr zur Vorsorgeverweigerung.

3. *Overconfidence*: Optimismus gilt in den Verhaltenswissenschaften als Indikator für psychische Gesundheit und soll vielfältige positive Auswirkungen auf das Leben zeitigen.[49] So seien optimistische Menschen nicht nur erfolgreicher, sondern auch gesünder als pessimistischere.[50] Zugleich könne Optimismus aber auch eine dunkle Seite haben, wenn er zur Überschätzung der eigenen Fähigkeiten und zur Unterschätzung von Risiken und Gefahren führe.[51] Schon in den 1980er Jahren zeigten verschiedene Studien, dass professionelle Risikoabschätzer genauso wie Laien den Sicherheitsgrad ihrer Risikokalkulationen systematisch überschätzten.[52] So befragte

---

49 D. S. Bailis/J. G. Chipperfield, Hope and Optimism, in: Vilayanur S. Ramachandran (Hrsg.), Encyclopedia of Human Behavior, Bd. 2, London 2012, S. 342–349.
50 M. F. Scheier/C. S. Carver, Optimism, Coping and Health. Assessment and Implications of Generalized Outcome Expectancies, in: Health Psychology 4 (1985), S. 219–247.
51 A. J. Dillard/A. M. Midboe/W. M. P. Klein, The Dark Side of Optimism. Unrealistic Optimism about Problems with Alcohol Predicts Subsequent Negative Event Experience, in: Personality and Social Psychology Bulletin 35 (2009), S. 1540–1550.
52 Sarah Lichtenstein/Baruch Fischhoff/Lawrence D. Phillips, Calibration of Probabilities. The State of the Art to 1980, in: Daniel Kahneman/Paul Slovic/Amos Tversky (Hrsg.), Judgment under Uncer-

Neil D. Weinstein erwachsene Bürger New Jerseys, ob sie das eigene Krankheitsrisiko für niedriger oder höher hielten als das des Durchschnittsbürgers und gelangte zu dem Ergebnis, dass eine große Mehrheit das eigene Risiko, krank zu werden, geringer einschätzte.[53] Bei unbekannten Gefahren sowie bei solchen mit insgesamt geringen Wahrscheinlichkeiten oder solchen, die auch vom eigenen Verhalten abhingen, unterschätzten die Befragten ihre eigenen Krankheitsrisiken. Für diese Selbstüberschätzung machte Weinstein sowohl das Bedürfnis, besser zu sein als andere, als auch kognitive Fehlleistungen bei der Wahrscheinlichkeitskalkulation verantwortlich. Gerade im Gesundheitsbereich galt ihm Selbstüberschätzung als Gefahr, weil sie zur Vernachlässigung von Vorsorge führen könne: "Optimistic biases in personal risk perceptions are important because they may seriously hinder efforts to promote risk-reducing behaviors."[54] Inzwischen haben verhaltensökonomische Studien eine Tendenz zum unberechtigten Optimismus in vielen Bereichen menschlichen Verhaltens aufzuweisen versucht.[55] So argumentiert beispielsweise Arnold Cooper, dass Unternehmensgründer das Überleben ihres eigenen Betriebes für wahrscheinlicher halten als das eines anderen in der jeweiligen Branche.[56] Genauso zeigen Befragungen, dass die überwiegende Mehrheit der Autofahrer glaubt, sicherer als der durchschnittliche Autofahrer zu fahren, und eine große Mehrheit der Studierenden zu Beginn des Semesters meint, an dessen Ende überdurchschnittlich abzuschneiden.[57]

Über die Ursachen der weit verbreiteten Tendenz zu Selbstüberschätzung und unberechtigtem Optimismus gibt es vielfältige Erklärungsangebote. Vor allem evolutionsbiologische sind populär, aber kontrovers: "Evolutionary arguments can just as readily explain over-confidence as they can explain appropriate levels of

---

tainty. Heuristics and Biases, Cambridge 1982, S. 306–334, hier S. 315. Die Autoren stellten fest, dass nur zwischen 72 Prozent und 83 Prozent der Antworten, bei denen die Befragten angaben, sie seien sich hundertprozentig sicher, tatsächlich richtig waren. Ähnliches wurde für die Sicherheit psychologischer Diagnosen demonstriert: Stuart Oskamp, Overconfidence in Case-Study Judgments, in: Daniel Kahneman/Paul Slovic/Amos Tversky (Hrsg.), Judgment under Uncertainty. Heuristics and Biases, Cambridge 1982, S. 287–294; siehe auch Ellen J. Langer, The Illusion of Control, in: Journal of Personality and Social Psychology 32 (1975), H. 2, S. 311–328.
53 Neil D. Weinstein, Optimistic Biases about Personal Risk, in: Science 246 (1989), S. 1232 f., hier S. 1232: "A random sample of New Jersey adults, for instance, yielded the following ratios of 'below-average' to 'above-average' responses: asthma, 9:1; drug addiction, 8:1; food poisoning, 7:1; influenza, 3:1; lung cancer, 2:1; and pneumonia, 5:1. A significant optimistic bias was found for 25 of 32 hazards in this study."
54 Ebenda. Ähnlich auch Frey/Schulz-Hardt, Eine Theorie der gelernten Sorglosigkeit.
55 Siehe einführend Bailis/Chipperfield, Hope and Optimism.
56 Arnold C. Cooper, Entrepreneurs' Perceived Chances for Success, in: Journal of Business Venturing 3 (1988), H. 2, S. 97–108, hier S. 97.
57 Richard H. Thaler/Cass R. Sunstein, Nudge. Improving Decisions about Health, Wealth and Happiness, London 2009, S. 34–37.

confidence."⁵⁸ Das gilt auch für das nah verwandte, risikobereite Verhalten, das in den Verhaltenswissenschaften oft als „risk-taking behavior" und bisweilen als „young male syndrom" beschrieben wird.⁵⁹ Die Grenze zwischen Überoptimismus und „risk-taking" ist fließend. Letztlich hängt es von den konkreten Kontexten und den jeweils vorausgegangenen mentalen Operationen ab, ob es sich noch um Vorsorgevergessenheit oder schon um Vorsorgeverweigerung handelt. Verhaltenswissenschaftliche Studien legen nahe, dass sowohl der unberechtigte Optimismus als auch das bewusste Eingehen von Risiken selbst dort weiterexistieren, wo staatliche Stellen oder Unternehmen massive Aufklärungsmaßnahmen über Risiken und Gefahren durchführen. Dafür kann sowohl Nachlässigkeit verantwortlich sein als auch das Prestige und andere Gratifikationen, die mit dem risikobereiten Verhalten verbunden sein können. Angesichts dieser Verhaltensweisen und ihrer wissenschaftlichen Reflexion darf weder aus der medialen Repräsentation von Risiken und Gefahren auf deren tatsächliche Wahrnehmung noch aus dem Vorhandensein von immer mehr Absicherungsmechanismen auf ein auch in der Bevölkerung zunehmendes Streben nach Sicherheit geschlossen werden.

2 Sorglosigkeit und Vorsorge im Straßenverkehr: der Anschnallgurt

In verhaltensökonomischen Arbeiten, deren Zahl seit dem Ende der 1970er Jahre rasant zunahm, wurden theoretische Modelle der Unzulänglichkeit menschlicher Wahrscheinlichkeitskalkulation und menschlichen Risikoverhaltens entworfen. Praktiker der Versicherheitlichung in Gesundheitsämtern, Versicherungen oder Verkehrsbehörden benötigten aber wohl keine Inspiration aus der akademischen Verhaltensökonomie, um sich darüber Gedanken zu machen, welche Faktoren zu sorglosem Verhalten gegenüber Risiken führten. Schon für sie waren Phänomene, die Verhaltensökonomen mit den Begriffen *availability*, *status quo bias* und *overconfidence* beschrieben, die Ursachen für mangelhaftes Vorsorgeverhalten. In ihren Kampagnen versuchten sie, diesen entgegenzuwirken, sie aber zugleich auch zur Beeinflussung des Verhaltens in die gewünschte Richtung auszunutzen. Zeigen lässt sich dies zum Beispiel an den Versuchen zur Steuerung des Verkehrsverhaltens, mit denen die Zahl

---

58 Mullainathan/Thaler, Behavioral Economics, S. 1095.
59 M. D. Baker, Risk-Taking Behavior (Young Male Syndrom), in: Ramachandran (Hrsg.), Encyclopedia of Human Behavior, Bd. 3, S. 276–279; M. Wilson/M. Daly, Competitiveness, Risk-Taking, and Violence. The Young Male Syndrome, in: Ethology and Sociobiology 6 (1985), S. 59–73. Siehe zur Kulturgeschichte der Risikobereitschaft Arwen Mohun, Risk. Negotiating Safety in American Society, Baltimore 2013.

der Verkehrstoten reduziert werden sollte. Dabei zeigt sich zugleich, dass die Auseinandersetzungen um derartige Verhaltensregulierungen in liberal-demokratischen Systemen zugleich auch Diskussionszusammenhänge waren, in denen das Spannungsverhältnis zwischen individueller Freiheit und den Ansprüchen der Solidargemeinschaft verhandelt wurde.

In den Jahren des ökonomischen Booms nach dem Ende des Zweiten Weltkriegs nahm in den westlichen Industrieländern mit der massenhaften Automobilisierung auch die Zahl der Verkehrstoten rasant zu. Nachdem sich der World Health Day des Jahres 1961 dem Thema „Unfälle" gewidmet und Kraftfahrzeuge als häufigste Unfallursache ausgemacht hatte, veröffentlichte die WHO im Folgejahr eine Studie über die „Epidemiologie, Kontrolle und Prävention" von Verkehrsunfällen.[60] Die Beschäftigung der WHO mit Verkehrsunfällen ergab sich, da diese in den hochmotorisierten Ländern inzwischen die häufigste Todesursache für Männer zwischen 15 und 30 Jahren darstellten.[61] Die steigenden Verkehrsunfallzahlen schienen unmissverständlich zu zeigen, dass das bisherige Verkehrssicherheitskonzept, das den Fahrern die Hauptverantwortung für die Unfallvermeidung zusprach und in deren Fahrverhalten die hauptsächliche Unfallursache sah, revisionsbedürftig war.[62] Zur Erklärung der „epidemischen Ausbreitung" der Verkehrsunfälle bot der Bericht eine aufmerksamkeitsökonomische Erklärung an: Der schleichende Anstieg der Verkehrstoten habe sich im Schatten der Weltkriege nahezu unbemerkt vollzogen. Während Flugzeugabstürze und Schiffsunglücke große mediale Aufmerksamkeit erhielten, gelte dies nicht für die wesentlich häufigeren, aber räumlich verstreut auftretenden Autounfälle.[63] Da man durchschnittlich 400.000 Meilen fahren müsse, bevor man in einen Unfall verwickelt werde, erzeuge die eigene Fahrerfahrung eine gewisse Sorglosigkeit, das heißt eine „,it can't happen to me' attitude, which is not conducive to safety".[64]

Zeitgenössische Aufklärungskampagnen setzten bei dieser Einstellung an. Zwar gingen sie zunächst weiter davon aus, dass Erziehung der beste „Impfstoff" gegen Unfälle sei, nutzten aber zugleich auch subtilere Strategien, um das abstrakte Risiko

---

60 WHO, World Health Day 1961. Accidents Need Not Happen, in: The Courier 14, April (1961); L. G. Norman, Road Traffic Accidents. Epidemiology, Control, and Prevention, Genf 1962.
61 Norman, Road Traffic Accidents, S. 9, 13.
62 Jameson F. Wetmore, Redefining Risks and Redistributing Responsibilities. Building Networks to Increase Automobile Safety, in: Science, Technology & Human Values 29 (2004), H. 3, S. 377–405, hier S. 382: "Prior to the 1960s, [...] the driver was blamed as the root cause of nearly all collisions and was morally and legally liable for the resulting injuries." Siehe auch Why Do Accidents Happen. Whose Fault Is It?, in: The Courier 14, April (1962), S. 14–16; Norbert Stieniczka, Das „narrensichere" Auto. Die Entwicklung passiver Sicherheitstechnik in der Bundesrepublik Deutschland, Darmstadt 2006, S. 38; Helmuth Trischler/Kilian J. L. Steiner, Innovationsgeschichte als Gesellschaftsgeschichte. Wissenschaftlich konstruierte Nutzerbilder in der Automobilindustrie seit 1950, in: Geschichte und Gesellschaft 34 (2008), S. 455–488, hier S. 471.
63 Norman, Road Traffic Accidents, S. 11.
64 Ebenda, S. 11.

eines Verkehrsunfalls konkreter zu machen. So wurden Statistiken zur Frequenz von Verkehrsunfällen beispielsweise gern mit Bildern von Unfallwagen unterlegt.[65] Darüber hinaus stellte die Zeitschrift der UNESCO zum Weltgesundheitstag 1961 eine Aktion von US-amerikanischen Bürgerinnen und Bürgern als vorbildlich dar, die sich für einige Minuten auf eine Straßenkreuzung gelegt hatten, um so die Zahl der Verkehrstoten in ihrer Region fassbar zu machen: "The sight of all these bodies sprawled on the highway around a battered automobile brings home perhaps more vividly than could any statistics the full meaning and measure of death on the road."[66] In der Sprache der Verhaltensökonomie ging es dieser wie vielen anderen Aktionen auch darum, die *availability* des Verkehrsunfalls zu steigern, um auf diese Weise das Wahrscheinlichkeitskalkül der Bürgerinnen und Bürger zu verändern, ob sie selbst in einen Unfall verwickelt werden könnten.

Jenseits dieser Aufklärungs-, Erziehungs- und Beeinflussungsbemühungen vollzog sich in den 1960er Jahren ein grundsätzlicher Wandel: die Verantwortung für den Ausgang von Unfällen wurde nun zunehmend in der Gestaltung des Automobils gesucht, dessen Sicherheit es folglich zu erhöhen galt. Schon in den 1950er Jahren war es möglich gewesen, sein Auto gegen einen Aufpreis mit Sicherheitsgurten ausstatten zu lassen, die vor allem mit der Erfindung des Dreipunktsicherheitsgurtes durch Niels Bohlin 1957 die Wahrscheinlichkeit schwerer Verletzungen bei einem Unfall deutlich reduzierten.[67] Serienmäßig ließ zuerst Volvo Sicherheitsgurte in seine Modelle einbauen. In den 1960er Jahren folgten weitere Automobilhersteller, bei weitem aber nicht alle.[68] Dies änderte sich in der Bundesrepublik erst, als 1974 alle neu zugelassenen Autos auf den Vordersitzen und ab 1979 auch auf den Rücksitzen mit einem Sicherheitsgurt ausgestattet sein mussten.[69] Verhaltensökonomisch gesprochen, änderte der Gesetzgeber hier also den *status quo bias* für das Anlegen des Sicherheitsgurtes, der von nun an zumindest grundsätzlich vorhanden sein musste und nicht mehr nur dann vorhanden war, wenn beim Autokauf eine Zusatzinvestition getätigt worden war. Die Veränderung des *status quo bias* führte aber nicht notwendigerweise zu einer Verhaltensänderung. Vielmehr belegten zahlreiche Studien, dass die Gurtanlegequoten hinter der Ausstattung mit Gurten zurückblieben.[70] Daher ließ die Erhöhung der „passiven Sicherheit" des Automobils und mithin die Verlagerung

---

65 Siehe World Health Day 1961, S. 4, 12.
66 Norman, Road Traffic Accidents, S. 18 f.
67 Heike Bergmann, Angeschnallt und los! Die Gurtdebatte der 1970er und 1980er Jahre in der BRD, in: Technikgeschichte 76 (2009), S. 105–130, hier S. 108.
68 Heike Weishaupt, Die Entwicklung der passiven Sicherheit im Automobilbau von den Anfängen bis 1980 unter besonderer Berücksichtigung der Daimler-Benz AG, Bielefeld 1999.
69 Ebenda, S. 113.
70 Ingo Pfafferott, Problemfeld Sicherheitsgurt, in: Eberhard Löw von und zu Steinfurth (Hrsg.), Für und wider Sicherheitsgurte, Frankfurt a. M. 1973, S. 5–50, hier S. 22–24, 26.

der Verantwortung in das technische Gerät die Beeinflussung menschlicher Verhaltensweisen nicht obsolet werden.[71]

Die Diskussion um Sicherheit und Sorglosigkeit im Straßenverkehr verschärfte sich in der Bundesrepublik Deutschland, nachdem im Jahr 1970 mit mehr als 19.000 Verkehrstoten und über einer halben Million bei Verkehrsunfällen Verletzten ein neuer Höhepunkt erreicht worden war.[72] Obwohl der Verband der Haftpflicht-, Unfall- und Kraftverkehrsversicherer e. V. in einer groß angelegten Studie bis 1972 nachwies, dass die Verletzungsgefahr durch Gurte deutlich sank, lagen die Anlegequoten in der Bundesrepublik 1974 nur bei 8,7 Prozent im inner- und 14 Prozent im außerstädtischen Verkehr.[73] Zwar waren zu diesem Zeitpunkt etwa 41 Prozent der Autos mit einem Gurt ausgestattet, aber eine psychologische Untersuchung zum Gurtanlegeverhalten stellte fest, dass auch eine Einbauvorschrift die Anlegequoten nur auf 10 Prozent in Städten und 30 Prozent auf Autobahnen steigern würde.[74] Allein diese Differenz wies für die Autoren bereits auf eine falsche Risikokalkulation hin, weil Unfälle in Städten wahrscheinlicher und deren Verletzungsgefahren ebenfalls beträchtlich waren. Als auch der Effekt der straflosen Gurtpflicht, die zum 1. Januar 1976 eingeführt wurde, rasch wieder verpuffte, setzte der Deutsche Verkehrssicherheitsrat weiter auf Werbekampagnen, um die Gurtanlegequoten zu erhöhen.[75] Fernsehspots mit Crash-Test-Dummies in zerstörten Autos sollten die Gefahren von Unfällen demonstrieren und die Sicherheitserwägungen der Fahrer verändern, indem sie die Unmöglichkeit verdeutlichten, sich bei einem Aufprall mit Geschwindigkeiten über 30 km/h noch selbst abzustützen.[76] Allerdings bestritten bereits zeitgenössische Fachleute die Effektivität von derartigen Versuchen, durch Negativwerbungen die Gurtanlegequoten zu erhöhen.[77] War schon der Glaube, sich bei einem Unfall selbst abstützen zu können, eine gängige Selbstüberschätzung, setzten Werbekampagnen des Deutschen

---

71 Trischler/Steiner, Innovationsgeschichte als Gesellschaftsgeschichte.
72 Weishaupt, Die Entwicklung der passiven Sicherheit im Automobilbau von den Anfängen bis 1980 unter besonderer Berücksichtigung der Daimler-Benz AG, S. 123; Heinrich Praxenthaler, Die Geschichte der Verkehrssicherheit nach 1945, in: Harry Niemann (Hrsg.), Geschichte der Straßenverkehrssicherheit im Wechselspiel zwischen Fahrzeug, Fahrbahn und Mensch, Bielefeld 1999, S. 185–208.
73 Bundesministerium für Verkehr. Abteilung Straßenverkehr, Der Sicherheitsgurt. Fragen und Antworten, Bonn 1984, S. 12; Pfafferott, Problemfeld Sicherheitsgurt.
74 Günter Kroj, Psychologische Forschung zum Sicherheitsgurt und Umsetzung ihrer Ergebnisse, Köln 1974, S. 8.
75 Holger Volks, Einbau- und Anlegeverhalten Sicherheitsgurte. Einfluß von Rechtsnormen und Aufklärungskampagnen über den Sicherheitsgurt auf Informationsstand, Einstellungen und Verhaltensweisen der Pkw-Fahrerpopulation, Köln 1978, S. 102 f.
76 Achim Saupe, Human Security and the Challenge of Automobile and Road Traffic Safety. A Cultural Historical Perspective, in: Historical Social Research 35 (2010), H. 4, S. 102–120, hier S. 112.
77 Pfafferott, Problemfeld Sicherheitsgurt, S. 32; R. I. Beach, The Effect of a 'Fear Arousing' Safety Film on Physiological, Attitudinal and Behavioral Measures. A Pilot Study, in: Traffic Safety Research Review, Juni (1966), S. 53–57.

Verkehrssicherheitsrats oft bei der verbreiteten Annahme an, besser und sicherer zu fahren als die anderen und deshalb keinen Anschnallgurt zu benötigen. Slogans lauteten „Erfolgreiche meiden das Risiko", „Könner tragen Gurt" oder „Könner halten Abstand" und versuchten somit genau die Selbstüberschätzungsphänomene auszunutzen, die in psychologischen Studien als wesentliche Ursachen für die Anschnallverweigerung ausgemacht wurden.

Die Kombination aus der Veränderung des *status quo bias*, der zunächst straflosen Gurtanlegepflicht und den Verkehrssicherheitskampagnen änderte das Anschnallverhalten in den Folgejahren dann aber tatsächlich. Bis 1979 stieg die Anschnallquote immerhin auf 45 Prozent in Städten und 85 Prozent auf Autobahnen.[78] Die Wahrnehmung eines sorglosen Umgangs mit Verkehrsrisiken blieb aber weiter bestehen. Ungefähr zeitgleich kam eine psychologische Untersuchung der Bundesanstalt für Straßenwesen über das „Einbau- und Anlegeverhalten von Sicherheitsgurten" zu dem Ergebnis, dass die Anlegequoten durch Aufklärungsmaßnahmen nicht mehr wesentlich zu steigern sein würden.[79] Vor allem auf Druck von Versicherungsunternehmen wurde daher 1984 ein Bußgeld von 40 DM beim Verletzen der Anschnallpflicht eingeführt, was noch einmal die Diskussion darüber anheizte, ob der Staat berechtigt sei, den mündigen und freien Bürger zu seinem eigenen Schutz zum Anschnallen zu zwingen. Eine Informationsbroschüre des Verkehrsministeriums erklärte dazu, sowohl die Bundesgerichte als auch die Europäische Kommission für Menschenrechte sähen in der Gurtpflicht keine Verletzung individueller Freiheitsrechte, weil durch sie nicht nur das Individuum selbst, sondern die Gesellschaft als Ganze vor dessen Unvernunft geschützt werde: „Wer sich nicht angurtet, verhält sich unvernünftig gegen sich selbst, aber er handelt damit auch gegen die Solidargemeinschaft. Denn auch sie trägt Lasten, wenn eines ihrer Mitglieder vermeidbare Verletzungen oder gar den Tod erleidet und sie dafür aufkommen muß."[80] Nichtsdestoweniger sprach ein Richter am Albstädter Landgericht noch 1985 einen sogenannten Gurtmuffel frei, denn solange „der Staat viel zu wenig gegen die wichtigsten [technischen und baulichen] Unfallursachen unternehme, habe er kein Recht zur Härte gegenüber potenziellen Unfallopfern".[81]

In den Debatten über einen so alltäglichen Gegenstand wie den Sicherheitsgurt und seine politische Regulierung zeigt sich eine enge Verknüpfung von und Abwägung zwischen unterschiedlichen Freiheits- und Rationalitätsvorstellungen auf der einen Seite und staatlicher Fürsorgepflicht sowie den Anforderungen der Solidargemeinschaft auf der anderen. Sie eröffnen zudem diachrone und internationale

---

78 Bundesministerium für Verkehr. Abteilung Straßenverkehr, Der Sicherheitsgurt, S. 13.
79 Volks, Einbau- und Anlegeverhalten Sicherheitsgurte, S. 133.
80 Bundesministerium für Verkehr. Abteilung Straßenverkehr, Der Sicherheitsgurt, S. 14.
81 Hans-Wolfgang Sternsdorff, Das unterscheidet den Bürger vom Untertanen, in: Der Spiegel, 24.6.1985.

Vergleichsperspektiven, insofern die Verkehrsunfallquoten, welche die westlichen Länder in den 1950er und 1960er Jahren erreichten, später in Teilen Afrikas und Südostasiens gemessen wurden, wie die WHO beunruhigt feststellte.[82] Dort dient gegenwärtig der Verhaltenswandel, der sich in Westeuropa und den USA in nur 20 Jahren ereignete und zur Steigerung der Gurtanlegequoten auf über 90 Prozent führte, als Vorbild. Verantwortlich für diese Verhaltensänderungen waren sowohl strafbewehrte Gesetze und finanzielle Anreize der Versicherungsunternehmen als auch Aufklärungs- und Erziehungsmaßnahmen sowie subtilere Formen der Verhaltensbeeinflussung, die sich Verzerrungen der Entscheidungsfindung zunutze machten und heute im Anschluss an Richard Thaler und Cass Sunstein vielleicht als Nudges bezeichnet würden.[83] Nichtsdestoweniger wurden auch in den westlichen Industrieländern keine hundertprozentigen Gurtanlegequoten erreicht, sondern es verbleibt ein Rest sorgloser Autofahrerinnen und vor allem Autofahrer. Diese werden inzwischen von den meisten Autos nicht nur durch Warnleuchten, sondern auch durch unangenehme Piepsgeräusche darauf hingewiesen, dass sie den Gurt anlegen sollen. Wie Bruno Latour Mitte der 1990er Jahre argumentierte, würde es wohl als zu große Freiheitsbeschränkung empfunden, wenn Autos nicht mehr losfahren können, solange nicht alle Insassen angeschnallt sind. Stattdessen entscheiden sich Hersteller mit dem Piepsen für einen sanften Schubser und taten das schon, bevor Thaler und Sunstein die Nudges für ihr Programm eines libertären Paternalismus entdeckten.[84]

3 Fazit: Die Geschichte der Sorglosigkeit und das Paradigma der Versicherheitlichung

Unter dem Label *Behavioral Economics* hat sich seit den frühen 1980er Jahren sowohl eine ökonomische Subdisziplin als auch ein interdisziplinäres Forschungsfeld etabliert, zu dem Ökonomen, Psychologen, Sozial- und Politikwissenschaftler beitragen.[85] Nachdem diese nach der Jahrtausendwende zunächst in den USA und Großbri-

---

82 WHO, World Report on Road Traffic Injury Prevention, Genf 2004.
83 Thaler/Sunstein, Nudge.
84 Siehe: Bruno Latour, Das Dilemma eines Sicherheitsgurts, in: ders., Der Berliner Schlüssel. Erkundungen eines Liebhabers der Wissenschaften, Berlin 1996, S. 28–36. Zur Diskussion verschiedener Optionen, zum Gurtanlegen zu motivieren oder zu zwingen, siehe beispielsweise Pfafferott, Problemfeld Sicherheitsgurt, S. 30.
85 Benjamin Gilad/Stanley Kaish/Peter D. Loeb, From Economic Behavior to Behavioral Economics. The Behavioral Uprising in Economics, in: Peter E. Earl (Hrsg.), Behavioural Economics, Bd. 2, Aldershot u. a. 1988, S. 437–458; Floris Heukelom, A Sense of Mission. The Alfred P. Sloan and Russell Sage Foundations' Behavioral Economics Program, 1984–1992, in: Science in Context 25 (2012), H. 2, S. 263–286; Heukelom, Behavioral Economics.

tannien konkrete Vorschläge für die politische Regulierungstätigkeit unterbreiten, griffen im Jahr 2014 die Regierungen in 135 von 195 Staaten auf verhaltensökonomische Expertisen zurück und wendeten Techniken an, in denen Verhalten durch die Ausnutzung nichtrationaler Entscheidungsmechanismen beeinflusst werden soll.[86] Im Rahmen einer Geschichte der Vorsorge und Prävention ist dieser spektakuläre Aufschwung der Verhaltensökonomie sowie der verhaltensökonomischen Steuerungstechniken seit dem letzten Drittel des 20. Jahrhunderts in zweierlei Hinsicht relevant.

Erstens können die Arbeiten der Verhaltensökonomie dazu dienen, die Reichweite von Vorsorge und Versicherheitlichung genauer zu bestimmen. Ihre Analysen zum Entscheidungsverhalten auf Finanzmärkten, beim Abschluss von Versicherungen, zum Ernährungs- und Gesundheitsverhalten oder zum Verkehrsverhalten vermessen die Grenzen des rational planenden und steuernden Zugriffs auf die Zukunft. Nach Auffassung der Verhaltensökonomen folgen Risikoabschätzungen, auf denen alle Vorsorgemaßnahmen basieren, einer pragmatischen Heuristik und sind daher, zum Beispiel durch die Phänomene der *availability*, des *status quo bias* und *overconfidence*, systematisch verzerrt. Theorien der *bounded rationality* reflektierten also seit den 1970er Jahren, was Praktikern der Versicherheitlichung vielleicht schon immer bewusst war, nämlich dass Vorsorge und Versicherheitlichung niemals vollständig und umfassend werden können, sondern Sorglosigkeit als gleichursprüngliches Phänomen grundsätzlich weiter erhalten bleibt. Deren Spektrum reicht von der Vorsorgevergessenheit wie im selektiven Fatalismus, wenn die Betonung einer Gefahr zur Vernachlässigung anderer führt, bis zur Vorsorgeverweigerung in bestimmten Formen des risikobereiten Verhaltens. Statt von einem Prozess der Versicherheitlichung auszugehen, im Rahmen dessen immer mehr Verhaltensbereiche den Prinzipien der Vorsorge oder Prävention unterworfen wurden, erscheint es somit plausibler, das Verhältnis von Vorsorge und Versicherheitlichung auf der einen und Sorglosigkeit auf der anderen Seite dialektisch zu denken. Vorsorgemaßnahmen werden dort eingeführt, wo Verhaltensweisen als sorglos begriffen werden, aber ihre Etablierung eröffnet immer auch neue Sorglosigkeitspotenziale. Mit Blick auf die eingangs zitierten Poster aus der Verkehrssicherheitskampagne der *Youth for Road Safety* ist es dann eine offene Frage, ob die Tendenz zur Versicherheitlichung, die in der Kampagne zum Ausdruck kommt, oder die unabhängig von allen Vorsorgemaßnahmen weiter fortbestehende Sorglosigkeit im Umgang mit bekannten Risiken das eigentlich basale und

---

86 Mark Whitehead/Rhys Jones/Rachel Howell/Rachel Lilley/Jessica Pyket, Nudging All over the World. Assessing the Global Impact of the Behavioural Sciences on Public Policy (2014) (https://changingbehaviours.files.wordpress.com/2014/09/nudgedesignfinal.pdf, zuletzt besucht am 29.6.2017); Holger Strassheim/Arlena Jung/Rebecca-Lea Korinek, Reframing Expertise. The Rise of Behavioral Insights and Interventions in Public Policy, in: Ariane Berthoin Antal/Michael Hutter/David Stark (Hrsg.), Moments of Valuation. Exploring Sites of Dissonance, Oxford 2015, S. 249–270.

erklärungsbedürftige Phänomen ist. Zumindest in ihrer wissenschaftlichen Behandlung und politischen Regulierung sind beide immer aufeinander bezogen.

Während in diesem ersten Sinn der Perspektive der Verhaltensökonomie bis zu einem gewissen Grad gefolgt wird, ohne jedoch ihre Ergebnisse zu übernehmen, wirft der Aufstieg der Verhaltensökonomie aber zweitens auch grundsätzliche Fragen auf für das, was Michel Foucault als Geschichte der Gouvernementalität bezeichnet hat.[87] Denn schließlich traten Verhaltensökonomen in den 1980er Jahren nicht nur dazu an, die pragmatische Heuristik und die systematischen Verzerrungen menschlicher Entscheidungsprozesse zu beschreiben. Durch deren Erfassung wollten sie vielmehr zugleich auch politische Handlungsanleitungen bereitstellen. Ihr Ziel war, wie es im 1986 erschienenen „Handbook of Behavioral Economics" hieß, „a new rationale for government intervention in the economy, given the failure of markets to promote a classical optimization due to individual judgment bias".[88] Noch in den 1970er Jahren hatte Foucault den „amerikanischen Neoliberalismus" dafür kritisiert, den Homo oeconomicus zum Regierungsobjekt zu machen, „das es eben jener Regierungskunst gestattete, Regelungen nach dem Prinzip der Ökonomie zu treffen".[89] Die an Foucault anschließenden Gouvernementalitätsstudien verlängern diese Diagnose aus den 1970er Jahren mit der Beschreibung des unternehmerischen oder präventiven Selbst bis in die Gegenwart.[90] Der Aufstieg der Verhaltensökonomie lässt sich aber nicht so leicht in diese Perspektive integrieren, weil verhaltensökonomische Studien gerade die Unfähigkeit vieler Menschen untersuchen, „Unternehmer ihrer selbst" zu werden. Durch die Analyse der begrenzten Rationalität menschlichen Entscheidungsverhaltens versprechen Verhaltensökonomen jedoch, die Instrumente bereitzustellen, um dieses Verhalten durch das richtige Design von Märkten und Entscheidungsarchitekturen wieder regulier- und beeinflussbar zu machen. Die Internalisierung von Vorsorge und Prävention wird hier wieder rückgängig gemacht, indem staatliche Stellen Bürgerinnen und Bürger zu vorsorgendem Verhalten zu bewegen suchen. Nicht zuletzt ihr Erfolg auf dem Markt der Ratgeberliteratur deutet darauf hin, dass sie auch als Möglichkeiten zur Selbstoptimierung gelesen werden können.[91]

Politisch ermögliche die Verhaltensökonomie nicht zuletzt eine Verschiebung in der Geschichte des Liberalismus. So firmiert seit der Jahrtausendwende unter dem

---

[87] Michel Foucault/Michel Sennelart, Geschichte der Gouvernementalität. Vorlesung am Collège de France 1977–1978, 1978–1979, Frankfurt a. M. 2009.
[88] Gilad/Kaish (Hrsg.), Handbook of Behavioral Economics, S. xx.
[89] Michel Foucault, Die Geburt der Biopolitik. Vorlesung am Collège de France 1978–1979, Frankfurt a. M., S. 371 f.
[90] Ulrich Bröckling, Das unternehmerische Selbst. Soziologie einer Subjektivierungsform, Frankfurt a. M. 2007; Bröckling (Hrsg.), Gouvernementalität der Gegenwart; Martin Lengwiler (Hrsg.), Das präventive Selbst. Eine Kulturgeschichte moderner Gesundheitspolitik, Bielefeld 2010.
[91] Siehe zum Beispiel Daniel Kahneman, Thinking, Fast and Slow, New York 2011 oder, wenn auch mit einer deutlich anderen Akzentuierung Gigerenzer, Risiko.

Oxymoron des „libertären Paternalismus" ein politisches Programm, dem es darum geht, zwar John Stuart Mills Grundprinzip des Liberalismus zu beherzigen, das keinem Menschen verboten werden dürfe, Handlungen auszuführen, mit denen er nur sich selbst schade.[92] Zugleich wollen libertäre Paternalisten wie Richard Thaler und Cass Sunstein aber die Verzerrungen menschlichen Entscheidungsverhaltens ausnutzen, um Bürgerinnen und Bürger durch Anreize in die für sie richtige Richtung zu stupsen, die zu größerem Glück und höherer Zufriedenheit führen soll.[93] Sie legitimieren damit eine Form der politischen Regulierung, die weder auf Gesetze und Erziehung noch auf ökonomische Anreize für den Homo oeconomicus, sondern vielmehr auf Strategien der nicht bewussten Verhaltensbeeinflussung setzt. Dabei resultiert die hohe Durchschlagskraft, mit der sich dieses Konzept in den letzten Jahren verbreitet hat, sowohl aus dem Versprechen, mit geringem Resssourceneinsatz große Effekte zu erzielen, als auch aus seiner politischen Polyvalenz, nur die Instrumente der Steuerung bereitzustellen, nicht aber deren Ziele festzulegen. In ihrer konkreten Ausgestaltung bewegen sich diese dann jedoch meist weiter im Paradigma der Versicherheitlichung, dessen Grenzen sie aber zugleich ausleuchten.

---

[92] John Stuart Mill, On Liberty, London 2010, S. 111: "But neither one person, nor any number of persons, is warranted in saying to another human creature of ripe years, that he shall not do with his life for his own benefit what he chooses to do with it. He is the person most interested in his own wellbeing [...] the most ordinary man or woman has means of knowledge immeasurably surpassing those that can be possessed by any one else."

[93] Richard H. Thaler/Cass R. Sunstein, Libertarian Paternalism, in: The American Economic Review 93 (2003), H. 2, S. 175–179; Thaler/Sunstein, Nudge.

Frank Becker
Vorsorgen oder Ausbrennen

Der Körper des Werktätigen und der „energetische Imperativ" in der Weimarer Republik

Vorsorgekonzepte an die Kategorie Körper heranzutragen, scheint zunächst auf besonders basale, ja archaische Verhaltensweisen abzuzielen. In diesem Sinne ist die Körper-Vorsorge vielleicht die ursprünglichste Form der Vorsorge überhaupt: wärmende Felle beschaffen, um den Körper vor Kälte zu schützen, den Magen so weit wie möglich füllen, um eine Zeit ohne Nahrung zu überstehen, einen Panzer anlegen, um im Kampf mit Tier und Mensch nicht verwundet zu werden.

Seit der Antike wird neben den Maßnahmen zur Vermeidung von Kälte, Hunger und Verwundung die Sorge um die Erhaltung der Gesundheit in den Quellen greifbar. Die Diätetik entwickelte Vorschriften für eine Lebensführung, die der Entstehung von Krankheiten vorbeugte.[1] An ihre Seite traten Gebete zu den Göttern, die – wie auf alle Zukunft – auch auf die künftige Gesundheit Einfluss nahmen. Das christliche Mittelalter akzentuierte diesen religiösen Bezug noch, indem es Krankheit zu einer Strafe Gottes erklärte. So meinte Vorsorge vor allem die Vermeidung von Sünden. Erst die Aufklärungsbewegung des 18. Jahrhunderts rückte die Frage von Gesundheit und Krankheit wieder vorrangig in die materielle – und nicht nur moralisch-religiöse – Verantwortung des Individuums. Der vernunftbegabte Einzelne, der um die Verwurzelung seiner Existenz in der Natur wusste, sollte seinen Körper so behandeln, dass er dauerhaft leistungs- und genussfähig blieb, anstatt Krankheit und Siechtum anheimzufallen.[2]

Wichtigstes Mittel hierzu war die Hygiene, die alle äußeren Einflüsse auf den Körper und all seine inneren Triebkräfte daraufhin befragte, welchen Nutzen und Schaden sie zeitigen könnten. Vor allem bürgerliche Schichten verschrieben sich dieser Doktrin. Schädliche äußere Einflüsse waren durch allgemeine Reinlichkeit, Körperpflege und Achtsamkeit bei Wasser und Nahrungsmitteln auszuschließen.[3] Gegen die Ansteckung mit Krankheitserregern wirkten Schutzimpfungen bei möglichst großen Teilen der Bevölkerung, für die Staat und Militär zuständig wurden.[4]

---
1 Michel Foucault, Ästhetik der Existenz. Schriften zur Lebenskunst, Frankfurt a. M. 2007.
2 Philipp Sarasin, Reizbare Maschinen. Eine Geschichte des Körpers 1765–1914, Frankfurt a. M. 2001, S. 17–19.
3 Ebenda, S. 118–136 und 272–288.
4 Ute Frevert, Krankheit als politisches Problem 1770–1880. Soziale Unterschichten in Preußen zwischen medizinischer Polizei und staatlicher Sozialversicherung, Göttingen 1984; Jürgen Osterhammel, Die Verwandlung der Welt. Eine Geschichte des 19. Jahrhunderts, München 2011, S. 268–277; für die Zeit nach 1871 auch Malte Thießen, Vom immunisierten Volkskörper zum „präventiven Selbst".

Bei den Triebkräften galt das Gebot des maßvollen Auslebens: Ihre Unterdrückung war schädlich, weil sie zu nervösen Störungen führte, ihre exzessive Befriedigung indes ebenso, weil sie Körper und Geist zu zerrütten drohte.[5] Der durch die Hygiene aufgeklärte Mensch orientierte sich an einem als „natürlich" begriffenen Rhythmus. Er ließ sich nicht – weder im Sinne der fanatischen Abwehr, noch des haltlosen Zulassens – von seinen Trieben beherrschen, sondern gestaltete den Umgang mit ihnen nach Maßgabe souveräner Willensentscheidungen. Diese Haltung gehört zu den Leitbildern der Moderne, die bis heute nachwirken.

Bringt man die Körper-Vorsorge hingegen mit dem Begriff des Ressourcenmanagements in Verbindung, so ist dies zunächst überraschend. Von Ressourcenmanagement ist normalerweise dann die Rede, wenn es darum geht, begrenzte Vorräte vor der Übernutzung zu schützen; an diesen Raubbau zu treiben, hieße, sie künftig nicht mehr zur Verfügung zu haben. Auf zwei Feldern kann das Ressourcenmanagement folglich als besonders wichtiger Modus der Vorsorge gelten: auf dem Feld der Bewirtschaftung von Rohstoffen, deren Vorräte in absehbarer Zeit erschöpft sein werden, und beim Umgang mit natürlichen Hilfsmitteln wie Trinkwasser, die nur in begrenztem Umfang zur Verfügung stehen. Es sind also ökonomische und ökologische Kontexte, in denen sich der Terminus Ressourcenmanagement etabliert hat. Bezüge zum Körper scheinen sich demgegenüber nur in indirekter und vermittelter Form konstruieren zu lassen.

1 Vorsorgen in der industriellen Moderne: Zur Formierung des Arbeiterkörpers

Anders stellt sich die Situation dar, wenn der Körper nicht als eine Größe an sich, sondern in einem bestimmten *modus operandi* aufgefasst wird: als arbeitender Körper, noch konkreter: als industriellen Arbeitsprozessen ausgesetzter Körper. In dieser Perspektive lässt sich einer „Körpergeschichte der Industrie" nachspüren bzw. einer „Körpergeschichte der Arbeit an Maschinen", welche die menschliche Physis besonderen Anforderungen aussetzt.[6] Mit diesem Ansatz werden grundsätzliche Fragen aufgeworfen: Welche Folgen hatte die Arbeit an Maschinen für die menschliche Physis – und zwar nicht nur im Sinne der Unfallverhütung, die von der Geschichtsschreibung zu den großen Sozialversicherungen bereits abgehandelt worden ist, sondern im Hin-

---

Impfen als Biopolitik und soziale Praxis vom Kaiserreich zur Bundesrepublik, in: Vierteljahrshefte für Zeitgeschichte 61 (2013), S. 35–64.
5 Sarasin, Reizbare Maschinen, S. 356–433.
6 Siehe zu diesem Ansatz auch die Beiträge in Body Politics. Zeitschrift für Körpergeschichte 1 (2013), H. 1, hrsg. von Peter-Paul Bänziger: Fordismus.

blick auf den Wandel des allgemeinen Körperverständnisses oder auf Maßnahmen zur Vorsorge und Vorbereitung auf die Anforderungen der industriellen Welt?

Um von der Körpergeschichte der Industrie zu den Ressourcen und zum Ressourcenmanagement zu kommen, ist jedoch noch ein erläuternder Zwischenschritt nötig. Er bezieht sich auf die menschliche Arbeitskraft bzw. auf das Zusammenspiel von Arbeitsfähigkeit und Ermüdung. Dieses Zusammenspiel wurde seit dem späten 19. Jahrhundert neu definiert. Bis dahin hatte die Überzeugung vorgeherrscht, die Arbeitsleistung eines Menschen hänge im Wesentlichen von seiner Willenskraft ab. Wenn sich Ermüdung einstelle, gelte es, gegen die körperliche Schwäche anzukämpfen. Wenn ein Arbeiter der Müdigkeit nachgebe, sei dies vor allem auf moralische Schwäche zurückzuführen. Mit dem Durchbruch der Thermodynamik und ihren Erkenntnissen zur Physik der Energie entstand ein völlig neues Bild. Da sich Energie, wenn sie zur Verrichtung von Arbeit genutzt wird, zwangsläufig reduziert, erfolgt die Ermüdung des Arbeiters mit der Folgerichtigkeit eines Naturgesetzes – der Appell an die Willenskraft ist nur begrenzt wirksam. Stattdessen erschien der Arbeiterkörper nun als dynamisches System von Prozessen der Energieumwandlung. Energie floss ab und musste wieder hinzugefügt, also durch Regeneration neu aufgebaut werden.[7] Leistung und Ermüdung verwandelten sich damit von einem moralischen zu einem wissenschaftlichen Problem. Je besser der Körper des Arbeiters verstanden, je besser sein Stoffwechsel analysiert wurde, desto besser konnte seine – als Ressource begriffene – Arbeitskraft bewirtschaftet werden. Ressourcenmanagement bedeutete also, die Arbeitskraft vor der Übernutzung zu schützen, mithin vorzusorgen, dass dem Arbeiterkörper ein hinreichendes Maß an Energie zur Verfügung stand und die strukturelle Ermüdung verhindert wurde.

Kurz vor dem Ersten Weltkrieg war in Deutschland eine Wissenschaft entstanden, die sich gezielt solchen Problemen widmete. Das neue Fach hieß Arbeitsphysiologie und verstand sich als ein Teilgebiet der Arbeitswissenschaften. Seine Protagonisten waren Mediziner, die als Physiologen ausgebildet waren und Stoffwechselprozesse unter den Bedingungen körperlicher Anstrengung untersuchten. Sie wollten den Ab- und Aufbau von Energie im Körper des arbeitenden Menschen wissenschaftlich exakt beschreibbar machen. 1913 wurde der neuen Disziplin durch die Gründung eines „Kaiser-Wilhelm-Instituts für Arbeitsphysiologie" (KWIfA) in Berlin offizielle Anerkennung gezollt. Erster Direktor des Hauses wurde Maximilian Rubner (1854–1932), Medizinprofessor an der Berliner Universität. Ihm folgte 1926 sein Schüler Edgar Atzler (1887–1938) nach.[8]

---

[7] Anson Rabinbach, Ermüdung, Energie und der menschliche Motor, in: Philipp Sarasin/Jakob Tanner (Hrsg.), Physiologie und industrielle Gesellschaft. Studien zur Verwissenschaftlichung des Körpers im 19. und 20. Jahrhundert, Frankfurt a. M. 1998, S. 286–312, hier S. 297.
[8] Rüdiger Hachtmann, Ein Kind der Ruhrindustrie? Die Geschichte des Kaiser-Wilhelm-Instituts für Arbeitsphysiologie von 1913 bis 1945, in: Westfälische Forschungen 60 (2010), S. 73–154, hier S. 77–79.

1921 leitete das KWIfA eine Kooperation mit einer anderen Institution des Berliner Wissenschaftsbetriebes ein, die sich ähnlichen Fragestellungen verschrieben hatte: der Deutschen Hochschule für Leibesübungen, die 1920 als eine der ersten Sporthochschulen der Welt gegründet worden war. An ihr fand jene junge Sportwissenschaft ihren Platz, zu deren wichtigsten Anliegen die Analyse von Leistungserbringung und Ermüdung beim Sport treibenden Menschen gehörte. Der Unterschied zu den Arbeitswissenschaften bestand nur darin, dass der Anlass für die körperliche Anstrengung ein anderer war – hier der Sport, da die Arbeit. Die Auswirkungen dieser Anstrengung auf den Stoffwechsel waren indes für beide Disziplinen zentraler Gegenstand.[9] Auch deshalb sah der Kooperationsvertrag zwischen den beiden Häusern die wechselseitige Benutzung der Labors vor.[10] Dort wurden Messungen am Menschen unter den Bedingungen von physischer Belastung vorgenommen. Die Probanden waren in der Regel Studierende der Sporthochschule. Sie vollzogen Bewegungen, die für sportliche Übungen und/oder Arbeitsvorgänge charakteristisch waren. Spezielle Geräte, sogenannte Respirationsapparate, maßen den dabei anfallenden Energieverbrauch. Durch leichte Variationen dieser Bewegungen und wiederholte Messungen wurde ermittelt, bei welchem Bewegungstyp der Energieaufwand am geringsten war. Davon profitierten die Sportler unmittelbar, aber auch für die Industrie ließen sich Empfehlungen herleiten, welche Bewegungsschablonen den Arbeitern künftig vorzugeben seien.[11] In diesem Verständnis dienten ökonomische Bewegungsabläufe der Vorsorge vor der Verschwendung von Kraftressourcen.

Die deutsche Industrie befand sich seit dem Ersten Weltkrieg in einem Umbruch, der durch die Rezeption tayloristischer und fordistischer Methoden geprägt war und mit einer forcierten Verwissenschaftlichung des Produktionsprozesses einherging. Die Analyse von Arbeitsvorgängen stand also ohnehin auf der Agenda, auch wenn Taylor und Ford vor allem auf die Vermeidung unnötiger Wege und Bewegungen abgezielt hatten; eingemündet waren diese Überlegungen bekanntlich in das System der Fließbandproduktion. Die deutschen Arbeitsphysiologen übernahmen viele Grundgedanken der amerikanischen Industriepioniere, bestanden aber darauf, dass ihre Vorgehensweise auf einem anderen Prinzip beruhte. Taylor und Ford sei es nur darum gegangen, die Effizienz der Arbeit zu erhöhen und damit die Produktivität zu steigern; was mit den Arbeitern dabei geschah, sei unerheblich gewesen. Brannten sie

---

9 Frank Becker, Rationalisierung – Körperkultur – Neuer Mensch. Arbeitsphysiologie und Sport in der Weimarer Republik, in: Theo Plesser/Hans-Ulrich Thamer (Hrsg.), Arbeit, Leistung und Ernährung. Vom Kaiser-Wilhelm-Institut für Arbeitsphysiologie in Berlin zum Max-Planck-Institut für molekulare Physiologie und Leibniz Institut für Arbeitsforschung in Dortmund, Stuttgart 2012, S. 149–170, hier S. 154.
10 Noyan Dinçkal, „Sport ist die körperliche und seelische Selbsthygiene des arbeitenden Volkes": Arbeit, Leibesübungen und Rationalisierungskultur in der Weimarer Republik, in: Body Politics 1 (2013), S. 71–97, hier S. 82.
11 Becker, Rationalisierung, S. 155.

aus, wurden sie durch frische Kräfte ersetzt. In den USA habe man sich einen solchen „Menschenverschleiß" leisten können, da die Einwanderung ständig für Kompensation sorgte. In Deutschland jedoch, das durch den Ersten Weltkrieg und die Gebietsabtretungen ohnehin hohe Bevölkerungsverluste habe hinnehmen müssen, sei ein schonender Umgang mit Humanressourcen geboten.[12] Vorsorge als Ressourcenschonung stand in Deutschland also auch im Kontext des zeitgenössischen Krisendiskurses.

So diente die Energiemessung, wie sie die Arbeitsphysiologen gemeinsam mit den Sportwissenschaftlern betrieben, keineswegs der Reduktion des Energieaufwandes an der einen Stelle, um dem Arbeiter zusätzlichen Energieaufwand an anderer Stelle aufzubürden. Entscheidend sei vielmehr, so wurde argumentiert, das Auffinden des am wenigsten energieaufwändigen Weges zum Arbeitsergebnis, das anschließend aber nicht in die Höhe geschraubt werden dürfe; die eingesparte Energie solle für den Arbeiter ein wirklicher Gewinn sein. Atzler betrieb in diesem Zusammenhang Begriffspolitik, indem er im Hinblick auf Taylor und Ford von einer „Maximierung" der Arbeitsleistung sprach, für sein Konzept hingegen den Terminus der „Optimierung" in Anspruch nahm: Optimal war demnach eine möglichst hohe Produktivität bei möglichst niedrigem Energieaufwand.[13]

Zum Management des Energiehaushalts gehörte es aber auch, die Wiederherstellung verbrauchter Energie zu ermöglichen. Dies lenkte den Blick auf die Arbeitspausen des Arbeiters im Werk und auf seine Freizeitaktivitäten jenseits der Werkstore. Wieder bot sich eine Kooperation mit der Sportwissenschaft an. Deren Vertreter waren der Ansicht, bei Ermüdung sei nicht, jedenfalls nicht dauerhaft, die schlichte Untätigkeit, das Ausruhen, geboten, sondern eine neue Form der Aktivität, welche die negativen Folgen der vorherigen Anstrengung ausgleiche. So wurden Formen der Pausengymnastik entwickelt, die die überbeanspruchte Muskulatur entlasten, Folgeschäden der einseitigen Belastung vorbeugen und durch die Anregung von Kraftzentren im Körper für neue Frische sorgen sollten. Für den Bereich der Freizeit wurden diese Überlegungen noch ausgeweitet: Als regenerativ galten hier Formen der körperlichen Betätigung, die nicht erzwungen, sondern freiwillig ausgeführt wurden. Wer, wie es beim Sport der Fall sei, aus Freude an der Bewegung und am Spiel seine Kräfte übe, erhöhe letztlich die Spannkraft seiner Physis. Zu vermeiden sei nur eine Überanstrengung, die den Werktätigen am Montagmorgen ausgelaugt zur Arbeit zurückkehren lasse. Die schädlichsten Folgen habe aber gewiss der übermäßige Konsum von

---

12 Michael Hau, Biopolitik der Leistungssteigerung: Arbeit als Sport in der Weimarer Republik und im Nationalsozialismus, in: Limbus. Australisches Jahrbuch für germanistische Literatur- und Kulturwissenschaft 2 (2009), S. 87–101, hier S. 90.
13 Hachtmann, Kind, S. 80.

Alkohol und Nikotin, der das Freizeitverhalten vieler Arbeiter in der Vergangenheit gekennzeichnet habe.[14]

Ein weiterer Aspekt des Humanressourcen-Managements war die passende Zuordnung von Arbeitern und Arbeitsplätzen. Anders formuliert: Jeder Arbeiter sollte am richtigen Platz stehen. Die körperlichen Voraussetzungen, die eine Person mitbrachte, ließen sie für bestimmte Arbeitsvorgänge besonders geeignet erscheinen. Andere Arbeitsvorgänge, für die ihre Physis nicht ausgelegt war, führten dagegen zu einem schnellen Kräfteverschleiß. Ein Arbeiter, der an einem Arbeitsplatz A nach kurzer Zeit „ausbrannte", konnte an einem Arbeitsplatz B dauerhaft gute Leistungen bringen. Es sei ein Gebot der volkswirtschaftlichen Vernunft, durch Eignungstests dafür zu sorgen, Schulabgänger von vornherein den passenden Berufen zuzuführen. Expertise für die Durchführung solcher Tests stellten die Sportwissenschaftler bereit, die dieselben Methoden einsetzten, um jungen Sportinteressierten die Sportart zu empfehlen, in der sie voraussichtlich die besten Resultate erzielen würden. Am Horizont erschien die Vision von Reihenuntersuchungen im großen Maßstab, was bereits deutlich macht, dass die Arbeitsphysiologen nicht nur einzelne Arbeiter oder Fabriken, sondern auch das ökonomische Ganze im Blick hatten. Das Interesse am Körper des Individuums übertrug sich gleichsam auf den Gesellschaftskörper, in zeitgenössischer Begrifflichkeit: auf den Volkskörper.[15]

2 Der Weg in die Öffentlichkeit: die Ausstellung „Gesolei"

Ohne Frage handelte es sich bei der Idee des Managements von Humanressourcen in vorbeugender Absicht zunächst um einen Expertendiskurs von Wissenschaftlern. Um auch andere Akteure zu überzeugen, wurde der Weg in die Öffentlichkeit gesucht. Insbesondere Atzler ließ keine Gelegenheit aus, mit dem gedruckten Wort für seine Konzepte zu werben. Mitte der Zwanzigerjahre bot sich ihm darüber hinaus die Gelegenheit, an einer Ausstellung mitzuwirken, die seine und vergleichbare Ideen in einem bisher nicht gekannten Maßstab propagieren sollte: an der Ausstellung „Gesolei", die 1926 in Düsseldorf ihre Pforten öffnete. Das Kürzel Gesolei stand für Gesundheits-

---

[14] Michael Hau, Sports in the Human Economy. "Leibesübungen", Medicine, Psychology, and Performance Enhancement during the Weimar Republic, in: Central European History 41 (2008), S. 381–412, hier S. 385.
[15] Dinçkal, Sport, S. 80.

pflege, soziale Fürsorge und Leibesübungen. Mit ca. acht Millionen Besuchern ist die Gesolei die bis heute größte Ausstellung auf deutschem Boden gewesen.[16]

Das Thema der Gesolei war nicht mehr und nicht weniger als der Volkskörper in all seinen Facetten. Dies galt auch in einem politischen Sinne. Schließlich sollte die Wahl des Standorts Düsseldorf darauf verweisen, dass kurz zuvor Briten und Belgier die Kölner Zone geräumt hatten, wodurch der gleichsam verletzte deutsche Volkskörper an dieser Stelle seine ursprüngliche Gestalt wiedergewann. Ebenso wichtig war aber die Sorge um die fortwirkende Gesundheit und Leistungskraft des Volkskörpers in Anbetracht der Herausforderungen der modernen Industrie. Fast alle gesellschaftlichen Kräfte, die auf den Feldern Arbeit, Freizeit und Gesundheit tätig waren, präsentierten bei der Gesolei Antworten, mit denen sie auf diese Herausforderungen zu reagieren gedachten. Industriekonzerne und Gewerkschaften, staatliche Behörden und Sozialverbände, medizinisch-hygienische Einrichtungen waren daher ebenso vertreten wie Sportorganisationen. Sie alle einte das Interesse, Arbeitsverhältnisse, Freizeitformen, vor- und fürsorgerische Interventionen so zu gestalten, dass die werktätige Bevölkerung zur dauerhaften Wahrung eines bestimmten Leistungsniveaus befähigt wurde. Wenn alle Kräfte von Wissenschaft, Wirtschaft und Staat zusammenwirkten, war eine Bändigung des Fordismus bei gleichzeitiger Nutzung seiner Produktivität möglich. Der amerikanische Weg, so behauptete diese nationalistische Deutung, ließe sich durch eine „deutsche Form" der Rationalisierung verbessern.[17]

Der durch Vorsorge gebändigte Fordismus hatte ohne Frage das Potenzial, einen Konsens zu begründen. Die Gewerkschaften erhofften sich eine Wohlstandssteigerung, ohne dass die Arbeiter am Fließband zerschunden würden; die Arbeitgeber zielten auf hohe Umsätze und Belegschaften, die dauerhaft einsatzfähig und arbeitsfrisch blieben; der Staat wiederum konnte flankierend helfen mit sozialpolitischen Maßnahmen, dem Bau von Grün- und Sportanlagen und der Förderung jener Wissenschaftler, die im Namen des Fortschritts und der Verbesserung aller menschlicher Lebensbedingungen forschen. Alles in allem schien Vorsorge eine Win-win-Situation zu schaffen, da ihre Kalküle und Konzeptionen für sämtliche Akteure ein hohes Maß an Überzeugungskraft entfalteten. Zugespitzt verkörperte die Gesolei, zeitlich nicht von ungefähr zu Beginn der sogenannten Stabilisierungsphase angesiedelt, eine positive Zukunftsvision für die Weimarer Republik als Sozialstaat, Wohlstandsgesellschaft und Ort einer verantwortlich bzw. vorsorglich gemanagten Moderne.

Die Wirkungen dieses Konzepts sind bislang kaum erforscht. Wurden die Ideen, welche die Gesolei anschaulich machte und in die Öffentlichkeit transportierte, tatsächlich umgesetzt? Um Antworten auf diese Frage zu geben, soll im Folgenden eine

---

[16] Angela Stercken, Die Gesolei als Schaubild des Körpers. Sektionen, Überblick, in: dies./Hans Körner/Gabriele Genge (Hrsg.), Kunst, Sport und Körper, Bd. 2: 1926–2004. Methoden und Perspektiven, Weimar 2004, S. 99–123, hier S. 100.
[17] Becker, Rationalisierung, S. 160–166.

exemplarische Untersuchung zur Firma Henkel durchgeführt werden – zu einem Konzern, der mit einem großen Pavillon auf der Gesolei vertreten war, sodass man von einer grundlegend positiven Haltung gegenüber den dort propagierten Leitbildern ausgehen kann.[18] Und mehr noch: die Firma Henkel bediente den Diskurs der Körper-Vorsorge sogar mit ihrem wichtigsten Produkt. Das Waschmittel Persil sorgte mit seiner Reinigungskraft für besonders hygienische Verhältnisse und ließ Krankheitserregern damit keine Chance – so versprach es zumindest die unermüdlich wiederholte Werbung.[19] Zum Selbstverständnis eines solchen Unternehmens hätte es gleichsam gepasst, auch im Umgang mit Arbeit und Arbeitskraft innerhalb seiner eigenen Mauern Körper-Vorsorge zu praktizieren und an neue wissenschaftliche Erkenntnisse anzuknüpfen.

3 Vorsorgen im Unternehmen: das Beispiel Henkel

1876 von Fritz Henkel in Aachen gegründet, war die Firma seit 1878 in Düsseldorf-Holthausen ansässig. Hier verblieb der Hauptsitz, auch wenn in den Folgejahrzehnten etliche Zweigwerke hinzukamen. Nachdem bereits 1907 mit der Herstellung des Waschmittels Persil begonnen worden war, sahen die Weimarer Jahre eine Erweiterung der Produktpalette zu den Reinigungsmitteln: 1920 wurde Ata auf den Markt gebracht, ab 1922 folgten Klebstoffe. Bei den Fertigungsmethoden und bei der Organisation der Büroarbeit folgte das Unternehmen den Rationalisierungstrends der Zwanzigerjahre.

Bei der Gesolei traten auch Henkel-Sportler auf den Plan. Es handelte sich um eine Gruppe von Mitarbeitern, die sich seit 1925 zur Sportausübung in der Freizeit traf. In erster Linie wurden Fußball und Hockey gespielt.[20] Die Firmenleitung hatte zunächst keinen organisatorischen Rahmen hierfür geschaffen, nahm dieses Engagement aber wohlwollend zur Kenntnis. Es fand von Anfang an in den Werkszeitungen

---

18 Richard Klapheck (Hrsg.), Dokument Deutscher Kunst Düsseldorf 1926. Anlage, Bauten und Raumgestaltungen der GESOLEI, Düsseldorf 1927, Abb. 122; Arthur Schlossmann (Hrsg.), GE-SO-LEI. Grosse Ausstellung Düsseldorf 1926 für Gesundheitspflege, soziale Fürsorge und Leibesübungen, Bd. 2, Düsseldorf 1927, S. 432.
19 Die Henkel-Werkspresse feierte das Produkt als „Volkshygienemittel". Siehe z. B. Al., Zur Einweihung der Dr. Hugo Henkel-Schwimmhalle am 4. Januar 1931, in: Blätter vom Hause 11 (1931), S. 34–40, hier S. 40.
20 Konzernarchiv Henkel K 2190: Aus den Anfängen der Leibesertüchtigung bei der Fa. Henkel u. Cie. G. m. b. H. – Düsseldorf –/Sportvereine bis 1950, Bl. 1. Am 12. Juni 1926 fand ein Fußballspiel zwischen Henkelanern und der „Werksmannschaft der Preß- und Walzwerk A. G.", ebenfalls Düsseldorf, auf dem „Sportplatz der Gesolei" statt. Siehe Vom Werkssport, in: Werks-Bote 1 (1926), H. 3, S. 7.

des Konzerns, die im Folgenden als Quellengrundlage dienen, starke Beachtung.[21] Damit wurden offenbar mehrere Ziele verfolgt: erstens galt es, den Einsatz der sportelnden Henkelaner zu würdigen; zweitens sollten die weniger Sportlichen aktiviert werden; drittens wurden die Verdienste der Firmenleitung um die Förderung dieses wichtigen Bereichs herausgestellt.

Die Konzernspitze nahm schon seit der Gründungsphase der Weimarer Republik für sich in Anspruch, das Wohl ihrer Arbeiter trotz oder gerade im Zuge der anstehenden Rationalisierung genau im Blick zu haben. 1919 verkündeten die „Blätter vom Hause": „Wohl hat man gegen das Taylorsystem viel einzuwenden gefunden. Man sagte, der Arbeiter werde sehr ausgebeutet, seine Gesundheit leide darunter und von dem Mehrertrage käme dem Unternehmer am meisten zu."[22] Um eben dies zu verhindern, seien Gegenmaßnahmen nötig – wie sie etwa Rubners Forschungsstelle in Berlin eingeleitet hätte. „Das deutsche Institut für Arbeitsphysiologie will nun untersuchen", führt der Artikel weiter aus, „was uns im gesamten vorwärts bringen kann: ,Wahrnehmungsfähigkeit, Schulung des Willens, Wohnräume, Arbeiterräume, Beschaffenheit der Luft, Ernährungszustände, Ueberarbeitung, Ermüdung usw.' Das Institut will eine neue wissenschaftliche Arbeitsorganisation schaffen, die von der Arbeit ausgeht, sie dem Wirtschaftsleben in der zweckmäßigsten Weise zu erschließen und auf die beste Güterversorgung hinzuwirken."[23] Beim Bemühen um den Fortschritt „im gesamten" durften also auch die Belange der Arbeiter nicht zu kurz kommen, wobei neben der Entlohnung auch Arbeitszeit und Arbeitsbedingungen von Bedeutung schienen – ja sogar die privaten Lebensumstände, sofern sie die Ernährung und die Wohnräume betrafen.

Wie groß das Interesse an arbeitswissenschaftlichen Studien im Unternehmen war, belegt derselbe Artikel, indem er den von dem italienischen Physiologen Angelo Mosso (1846–1910) erfundenen Ergographen vorstellt. Mit diesem Gerät konnten Arbeitsleistungen gemessen werden – zum Beispiel in Abhängigkeit von der Gewährung oder Nicht-Gewährung von Pausen zwischen den einzelnen Arbeitsgängen: „Morso [sic] hat mit diesem Apparat viele Untersuchungen angestellt und z. B. in einem Falle festgestellt, daß eine Person, welche ein Gewicht von 6 kg jede Sekunde einmal hob, bereits nach 15 Muskelzusammenziehungen unfähig war, das Gewicht zu bewegen, es war also die in Betracht kommende Muskelgruppe erschöpft. Es war nach dem Ergebnis der Messungen der betreffenden Hubhöhen im ganzen eine Arbeit von 0,912 mkg geleistet worden. Bei einer Pause von 2 Sekunden zwischen jeder

---

[21] Es handelt sich um die Zeitungen „Blätter vom Hause. Halbmonatsschrift der Firma Henkel & Cie., Düsseldorf, Fabrik chemischer Produkte", „Henkel-Bote. Mitteilungen für die Angehörigen des Henkel-Werkes. Benrath, Reisholz und Hilden" und „Werks-Bote. Zeitschrift für die Belegschaften der industriellen Werke von Benrath, Reisholz und Hilden", die allesamt im Konzernarchiv Henkel AG & Co. KGaA, Düsseldorf, aufbewahrt werden.
[22] E. P., Arbeit, in: Blätter vom Hause 6 (1919), S. 392–395, hier S. 395.
[23] Ebenda.

Zusammenziehung konnten deren 18 vollführt werden. Die Gesamtarbeitsleistung stieg auf 1,08. Bei Pausen von 4 Sekunden war die Anzahl der Zusammenziehungen 31, die geleistete Arbeit 1,842 mkg. Wurde das Gewicht nur alle 10 Sekunden einmal gehoben, so kam eine Ermüdungserscheinung überhaupt nicht vor. Solche Untersuchungen sind für das Maß und Tempo der Arbeit von größter Bedeutung."[24]

Diese Erkenntnisse ließen sich vom einzelnen Arbeitsvorgang auf die Lebensarbeit hochrechnen. Ein weiterer Artikel aus demselben Jahr stellte kategorisch fest: „Die Firmen und Werke würden sich die Arbeitskraft ihrer Angestelltenschaft weit länger erhalten, wenn sie sich von großzügigeren Anschauungen über die Arbeitszeit leiten ließen."[25] Um der Ermüdung vorzubeugen, seien Unterbrechungen des Werkens notwendig; am besten würden sie genutzt, indem die Arbeiter und Angestellten sich der körperlichen Ertüchtigung verschrieben. Die „vom Geist der Zeit erfüllten Werke und Firmen haben darum in jeder Hinsicht vorgebeugt, wenn sie ihren Beamten [...] Gelegenheit geben, sich mehr mit der Körperpflege zu beschäftigen".[26] Die berufstätigen Menschen, „welche Sport betreiben, [...] stählen ihre Körper nach des Tages Lasten und Mühen auf von Licht und Sonne überfluteten Sportplätzen".[27] Vom Ergebnis profitieren nicht nur Arbeitgeber und -nehmer, sondern auch die Allgemeinheit: „Sportsleute und Turner sind meist abgehärtete Naturen, die nicht so leicht eine Krankheit befällt. Die Firmen werden dadurch weniger Arbeitsausfälle durch Krankheit zu beklagen haben. Auch die Krankenkassen haben davon die Nutznießung, die dadurch weniger in Anspruch genommen werden. Ebenso wird die Belegschaftsfrequenz der Krankenhäuser vermindert."[28]

In den ersten Jahren nach dem Ersten Weltkrieg wurde das Sporttreiben der Belegschaften noch in einem Irgendwo jenseits der Werkstore verortet. Oft war sogar nur allgemein von körperlicher Bewegung die Rede, ohne dass Sport oder Turnen im engeren Sinne gemeint waren. Unter dem Titel „Sitzende Lebensweise" zitierten die „Blätter vom Hause" beispielsweise eine Stellungnahme, die den weiblichen Angestellten riet, vor dem Gang zur Arbeit, der nach Möglichkeit zu Fuß zurückgelegt werden sollte, bereits das Schlafzimmer aufzuräumen, denn „die bei dieser Beschäftigung ausgelöste Muskeltätigkeit ist außerordentlich gesund".[29] Grundsätzlich gelte: Auch wenn „unsere hygienischen Einrichtungen heute so gut wie möglich sind", auch wenn die „Arbeitsräume und Werkstätten hell und gut gelüftet sind – die Gesund-

---

24 Ebenda, S. 393 f.
25 Ungeteilte Arbeitszeit und Körperpflege, in: Blätter vom Hause 6 (1919), S. 322 f., hier S. 323.
26 Ebenda, S. 322.
27 Ebenda.
28 Ebenda.
29 Sitzende Lebensweise, in: Blätter vom Hause 6 (1919), S. 20.

heit kommt doch zu kurz".³⁰ Deswegen sollten die „freien Stunden am Tag" und der Sonntag „soviel wie nur möglich im Freien verbracht werden".³¹

Solche Aufforderungen, sich zu Hause, auf dem Weg zur Arbeit oder im Freien körperlich zu betätigen, mündeten, wie oben erwähnt, erst in der Mitte der Zwanzigerjahre bei einigen Mitgliedern der Belegschaft in eine konkrete Sportausübung ein. Die Grundlage, auf der dieses Engagement basieren sollte, war freilich schon 1919 benannt worden. „Sport, wenn er auch körperlich anstrengt, ist keine Arbeit", sondern Spiel; und „Spiel ist Beschäftigung nach freier Wahl, während die Arbeit durch Notwendigkeit oder Pflicht oder Willen eines andern auferlegt wird".³² Niemand, der bei Henkel Sport trieb, sollte dies als eine Fortsetzung seiner Arbeit missverstehen – auch wenn hier wie da Schweiß vergossen wurde. Weil der Sport freiwillig ausgeübt wurde, wirkte er völlig anders auf Geist und Seele zurück. „Leibesübungen sind gesundheitserhaltend und schaffen Lebensfreude"³³, wusste der „Werks-Bote" zu berichten, sodass sie „neue Spannkraft und Widerstandsfähigkeit für die Aufgabe des Tages"³⁴ schufen. Für eine erfolgreiche Vorsorge, verstanden als Zusammenspiel von Energieaufbau und -abbau, mussten demnach nicht nur körperliche, sondern ebenso psychische Faktoren berücksichtigt werden.

Im Gesolei-Jahr 1926 und im Folgejahr widmete die Henkel-Presse dem gesamten Themenkomplex der Rationalisierung erhöhte Aufmerksamkeit. Unter den Überschriften „Das Problem der Industriearbeit" und „Rationalisierung" wurde noch einmal betont, dass Rationalisierungen unumgänglich seien, weil sie die Produkte verbilligten und dadurch für mehr Wohlstand sorgten.³⁵ Der erstgenannte Artikel führte noch weitere Gedanken ins Feld. Die Rationalisierung solle mit einer neuen Bewertung des Arbeiters und seiner Bedürfnisse einhergehen: „Dies Arbeitsdasein ihnen zu erleichtern, tut eins vor allem not: Die rückhaltlose Anerkennung, daß Arbeitgeber und Arbeitnehmer in einem freien Arbeits- und Rechtsverhältnis zueinander stehen. Beiden sind Rechte und Pflichten auferlegt, die mit Wohltätigkeit im alten Sinne des patriarchalischen Verhältnisses nichts mehr zu tun haben. Aus dem ‚Industrieuntertan' von einst soll werden der ‚Industriebürger' von heute. Schutz der Gesundheit, Erhaltung der Arbeitsfähigkeit und -frische, Verhütung von Unfällen, genügende Erholungspausen, Arbeitszeit ohne dauernde Überspannung der Kräfte, Rat und rasche Hilfe in Familiennot müssen ihm gesichert sein. Sport und Spiel im Freien dienen seiner Erholung."³⁶ Der Rollenwandel des Arbeiters vom „Industrieun-

---

30 Ebenda.
31 Ebenda.
32 E. P., Arbeit, in: Blätter vom Hause 6 (1919), S. 392–395, hier S. 392.
33 Ge-So-Lei, in: Werks-Bote 1 (1926), H. 1, S. 3 f., hier S. 4.
34 Von der Sportbewegung der Preß- und Walzwerk A. G., in: Werks-Bote 1 (1926), H. 9, S. 7 f., hier S. 7.
35 Benser, Das Problem der Industriearbeit, in: Werks-Bote 1 (1926), H. 11, S. 3 f.; Rationalisierung, in: Werks-Bote 2 (1927), H. 6, S. 1 f.
36 Benser, Das Problem der Industriearbeit, in: Werks-Bote 1 (1926), H. 11, S. 3 f., hier S. 4.

tertan" zum „Industriebürger" verband sich mit zahlreichen Rechten, zu denen auch die nachhaltige Bewirtschaftung der Arbeitskraft gehört; „Sport und Spiel im Freien" wurden im selben Atemzug mit Unfallverhütung und „Hilfe in Familiennot" genannt. Dabei blieb allerdings vage, ob mit diesen Rechten nicht auch Pflichten einhergingen. In einem langen Artikel zur Gesolei heißt es, der Arbeiter dürfe das „Lebensgut" seiner Gesundheit nicht mit Ausschweifungen vergeuden; ein exzessives Wochenende könne mehr „Gesundheitsgut" kosten, „wie in monatelanger schwerster Arbeit vertan werden kann".[37] Gesundheit und Schaffenskraft galten also als ein „Gut", mithin als eine Ressource, die im Prinzip quantifizierbar sei und deren Zuwächse und Abgänge verantwortlich gemanagt werden sollten. Wer dies missachtete, schade nicht nur sich selbst, sondern auch dem „Wohl der Gesamtheit".[38]

Vor diesem Hintergrund wurde der Fordismus ambivalent beurteilt. Seine Verbesserungen im Bereich der Produktionstechnologie und der Arbeitsorganisation, die zu einer enormen Erhöhung der Produktivität geführt hatten, wurden zwar sehr wohl anerkannt. Im Umgang mit der menschlichen Arbeitskraft erkannte man allerdings Defizite. Ein Beitrag mit dem Titel „Was will Ford?" schildert einen fiktiven Dialog, in dem der Industriepionier seine Arbeiter fragt, ob sie mehr verdienen wollen; er sei bereit, ihnen das Doppelte zu geben – aber dafür müssten sie das Dreifache leisten. Wenn Ford die Arbeitswoche von sechs auf fünf Tage verkürze, dann nur unter der Voraussetzung, dass in fünf Tagen dasselbe geleistet werde wie vorher unter Einschluss des Samstags. Zwar betone Ford nach außen hin gerne, wie gut er seine Arbeiter behandle. Doch sei in der „Moral Fordscher Arbeit"[39] die Tendenz zur Überforderung und Überanstrengung strukturell angelegt.

Neben solchen Blicken auf die USA fand in der Firma Henkel auch die Sowjetunion Beachtung. Eine Besuchsreise sowjetischer Ingenieure bildete den Aufhänger für eine Darstellung des „Werks-Boten" über die industriellen Anstrengungen in diesem Staat. Das Bestreben der kommunistischen Wirtschaftsführer richte sich darauf, „die industrielle Erzeugung möglichst zu vervielfachen. Typisierung der Erzeugnisse und Schematisierung der Arbeit sind heute die russischen Betriebsschlagworte."[40] Dass diese Rationalisierung „auch im kommunistischen Staats- und Wirtschaftsleben notwendig geworden ist, das haben auch die Bolschewiken erkannt".[41] Deshalb richteten sie „arbeitswissenschaftliche Lehr- und Forschungsanstalten" ein; die „bedeutendste ist das ‚Zentral-Institut der Arbeit' in Moskau".[42] Dieses Institut stelle durch „Eignungsprüfungen, ganz nach ‚kapitalistischem' Vorbilde, die Geeigneten fest und weist sie

---

37 Ge-So-Lei, in: Werks-Bote 1 (1926), H. 1, S. 3 f., hier S. 3.
38 Ebenda.
39 Was will Ford?, in: Werks-Bote 2 (1927), H. 7, S. 3 f., hier S. 4.
40 Arbeitsschulungsversuche in Rußland, in: Werks-Bote 2 (1927), H. 24, S. 4.
41 Ebenda.
42 Ebenda.

den einzelnen Berufen zu. Die nach psychotechnischen Grundsätzen durchgeführte Ausbildungszeit beträgt ein halbes Jahr. Genau wie bei uns gilt der Leitsatz: Mit dem geringsten Kraftaufwand bei größter Arbeitsleistung die größten Erfolge erzielen."[43]

Es ist bemerkenswert, mit welcher Nüchternheit sich die Werkszeitung über die Zustände in einem Land äußert, das dem Kapitalismus den Kampf angesagt hat. Im Wesentlichen diente das Beispiel der Sowjetunion indes dem Nachweis, dass es ohne Rationalisierung und ohne Verwissenschaftlichung des Arbeitsprozesses nicht mehr gehe – in keiner Volkswirtschaft der Welt. Auch im Bereich der „psychotechnischen Tests" für die Arbeitseignung hielten die Sowjets mit den anderen Industrieländern Schritt. Einen Kritikpunkt brachte der „Werks-Bote" aber dennoch an: „Ob freilich die Seele des russischen Menschen die Einbeziehung in die Rationalisierung der Wirtschaft erträgt, bleibt abzuwarten."[44] Neben aller Vorurteilslosigkeit gegenüber dem Kommunismus behielt das Klischee von der Gemütstiefe der Landsleute Dostojewskijs offenbar seine Wirkmächtigkeit.

Um es besser zu machen als die Konkurrenz in Ost und West, gab Henkel, so das Selbstbild, seinen Arbeitern hinreichende Gelegenheit zur Regeneration. 1927 schuf die Firma, nachdem es jahrelang bei Appellen geblieben war, hierfür einen institutionellen Rahmen: Eine „Sportvereinigung" wurde aus der Taufe gehoben. Deren Anfänge waren bescheiden. Die zwölf Gründungsmitglieder wurden von einem Werkstudenten trainiert und nutzten die Plätze anderer Vereine.[45] Schon bald sorgte das Unternehmen indes für Abhilfe. Es sei das „erfolgreiche Abschneiden unserer Fußballer auf dem Gesolei-Sportplatze im Jahre 1926" gewesen, behauptete die Werkspresse im Rückblick, das die Firma veranlasst habe, sich dieser „Bewegung anzunehmen".[46] Am 14. August 1927 wurde auf dem Werksgelände ein eigener „Sportplatz Henkel" eingeweiht.[47] Dort entfaltete sich in den Folgejahren ein reges sportliches Leben: Hatte sich die „Sportvereinigung Henkel" zunächst nur dem Fußball und der Leichtathletik verschrieben, so umfasste sie schon bald auch eine Tennisabteilung (gegründet 1929), eine Schwimm- (1930), Handball- (1931), Turn- (1931), Kanu- (1932), Rhönrad- (1932), Ruder- (1932) und eine Schießsportabteilung (1934).[48] Hinzu kamen die Pflege des

---

43 Ebenda.
44 Ebenda.
45 Konzernarchiv Henkel K 2190: Aus den Anfängen der Leibesertüchtigung bei der Fa. Henkel u. Cie. G. m. b. H. – Düsseldorf –/Sportvereine bis 1950, Bl. 1 und 3.
46 5 Jahre Henkelsport. Bericht über das Sportfest am 30. Juli 1932, in: Blätter vom Hause 12 (1932), S. 300–321, hier S. 300.
47 Die Einweihung des „Sportplatz Henkel", in: Werks-Bote 2 (1927), H. 18, S. 5 f.
48 Siehe die maschinenschriftliche Auflistung „Sportvereine" (Konzernarchiv Henkel K 2190: Aus den Anfängen der Leibesertüchtigung bei der Fa. Henkel u. Cie. G. m. b. H. – Düsseldorf –/Sportvereine bis 1950, o. P.).

Box- und Motorradsports, des Wanderns und des Hockeyspiels.[49] Insgesamt verzeichnete die SV Henkel im Jahre 1928 232 Mitglieder; 1931 waren es 550, bevor 1932 die Zahl von 700 erreicht wurde.[50] Aus der Korrelation mit der Belegschaft – 4818 Personen im Jahr 1932[51] – ergibt sich, dass bis zum Ende der Weimarer Republik rund ein Siebtel der Henkelaner für den Sport gewonnen werden konnte.

Die Frage der Arbeitseignung, die der Artikel über die Sowjetunion ansprach, wurde im Übrigen auch bei Henkel diskutiert. Der „Werks-Bote" versuchte seine Leser von der traditionellen Auffassung abzubringen, jeder Mensch solle seinen Beruf nach seiner individuellen Neigung wählen. Vorlieben, die sich in jungen Jahren bemerkbar machten, dürften keineswegs zur einzigen Grundlage für eine Entscheidung werden, bei der viele Faktoren zu berücksichtigen seien. „Der eine Junge hat Neigung zum Basteln", veranschaulichte das Blatt seine Überlegungen, „der andere zum Lesen, Rechnen, Auswendiglernen, der dritte zum Hämmern und so weiter. Und dennoch ist es eine große Frage, ob der erste zum Mechaniker oder Elektriker, der andere zum Studium, der dritte zum Schmied, Schlosser oder Werkzeugmacher *geeignet* ist. Auf die Eignung zum Berufe kommt es aber an, nicht auf die Neigung!"[52] Um diese Eignung festzustellen, solle man sich an die „Berufsberatung des zuständigen Arbeitsamts"[53] wenden.

Inwieweit an den Arbeitsämtern des Jahres 1928 bereits arbeitswissenschaftliche Methoden zur Feststellung der Berufseignung angewendet wurden, ließ der Artikel offen. In der Forschung jedenfalls widme man sich diesem Problem schon seit längerem, ließen die „Blätter vom Hause" die Belegschaft wissen: „Es gibt heute eine besondere Wissenschaft der Arbeitsphysiologie. Diese wendet die Methoden der experimentellen Physiologie und Psychologie an, um die Arbeitsleistungen zu untersuchen, die für die einzelnen Berufszweige geeigneten Arbeiter auszuwählen, die Gesundheit der Arbeiter zu erhalten und zu fördern. Es gibt in Berlin ein Institut für Arbeitsphysiologie, das den Arbeitsvorgang und die Arbeitsermüdung messend verfolgt."[54] Der an diesem Institut eingeschlagene Weg orientiere sich an den Erkenntnissen „unserer besten Naturforscher"[55]; einer von ihnen, Wilhelm Ostwald[56], habe den Satz geprägt:

---

49 Andreas Luh, Betriebssport zwischen Arbeitgeberinteressen und Arbeitnehmerbedürfnissen – Eine historische Analyse vom Kaiserreich bis zur Gegenwart, Aachen 1998, S. 126.
50 Ebenda.
51 Wilfried Feldenkirchen/Susanne Hilger, Menschen und Marken. 125 Jahre Henkel 1876–2001, Düsseldorf 2001, S. 85.
52 Zur Berufswahl, in: Werks-Bote 3 (1928), H. 5, S. 5. Hervorhebung im Original.
53 Ebenda.
54 Otto Conrad, Kraftvergeudung und Kraftsteigerung, in: Blätter vom Hause 8 (1928), S. 172 f., hier S. 173.
55 Ebenda, S. 172.
56 Wilhelm Ostwald (1853–1932), Chemiker und Naturphilosoph.

„Vergeude keine Energie, verwerte sie!"[57] – einen Satz, den er selbst als den „energetischen Imperativ"[58] bezeichne, und den, so forderte die Werkszeitung, jeder einzelne Mensch verinnerlichen müsse: „Unser gesamtes Handeln sollte von dem energetischen Imperativ bestimmt werden."[59]

Nur drei Monate später druckte der „Werks-Bote" einen Text von Carl Diem (1882–1962) ab, Prorektor und faktischer Leiter der Deutschen Hochschule für Leibesübungen, die seit 1921 mit dem KWIfA kooperierte.[60] Aufhänger für Diems Gastbeitrag waren die soeben beendeten Olympischen Spiele von 1928 in Amsterdam. Sie inspirierten den Sportwissenschaftler und -funktionär zu Reflexionen über den Stellenwert, den der Sport grundsätzlich im Leben des Menschen erhalten dürfe. Die „Verbissenheit", die in Amsterdam teils zu Tage getreten sei, wäre völlig unangebracht: „Der Sport hat nur solange sein Recht und seinen Nutzen, solange er heitere Unterhaltung der freien Stunden bleibt". Insofern gelte der Grundsatz: „Den Charakter fröhlichen Zeitvertreibens wollen wir wieder zu gewinnen suchen".[61] Auch für die Regeneration des werktätigen Menschen, meinten die Arbeitsphysiologen, konnte der Sport nur in dieser Form nützlich sein – Diems Stellungnahme passte sich exakt in das bei Henkel geltende Sportkonzept ein.[62]

Während auf der einen Seite also ein energetischer Imperativ gelten sollte, der den Arbeiter durchaus mit einer gewissen Verbindlichkeit zur Regeneration seiner Kräfte anhielt, wurde auf der anderen Seite betont, die Motivation zum Sport müsse sich aus der Freude an der Sache selbst ergeben, sie dürfe das Spielerische und das Moment der Freiwilligkeit niemals verlieren. Zwischen diesen beiden Polen bestand ein Spannungsverhältnis. Die Werkspresse, so ließe sich zuspitzen, überließ zwar dem Werktätigen die Entscheidung. Gleichwohl lieferte sie ständig Argumente für die Sportausübung – der Werktätige sollte letztlich dazu gebracht werden, aus eigener Einsicht das Gewünschte zu tun. Im Grunde lag damit ein Paradoxon vor: Die Vorsorge funktionierte nur, wenn sie auf freiwilliger Basis erfolgte und Freude bereitete. Was sollte man also tun, wenn das Vorsorgehandeln aus Nachlässigkeit versäumt oder gar vorsätzlich verweigert wurde?

---

57 Conrad, Kraftvergeudung und Kraftsteigerung, S. 172.
58 Ebenda.
59 Ebenda, S. 173.
60 Zu Diem siehe allgemein Frank Becker, Den Sport gestalten. Carl Diems Leben (1882–1962), Duisburg ²2013.
61 Carl Diem, Ein Schlußwort zur Olympiade, in: Werks-Bote 3 (1928), H. 19, S. 7.
62 So wurde bei Henkel auch der von der Deutschen Hochschule für Leibesübungen produzierte Film „Der neue Mensch" gezeigt, der die Arbeit der Hochschule darstellte und für den Sport werben sollte. Die beiden Aufführungen am 22. und 25. August 1930 im Gesoleisaal des Henkelwerks wurden jeweils mit Vorträgen eingeleitet, die den Nutzen des Sports für die arbeitende Bevölkerung zusätzlich akzentuierten. Die beabsichtigte Wirkung blieb nicht aus: In der Folge gab es viele Neuanmeldungen bei der SV Henkel, von denen besonders die Leichtathletikabteilung profitierte. Siehe „Unsere Sportabteilung", in: Blätter vom Hause 10 (1930), S. 395.

Ein weiteres Argument für die Sportausübung war die Absenkung des Unfallrisikos. Oft war es der Konzentrationsabfall, der zu Fehlern und damit zu Unfällen führte; der Konzentrationsabfall aber resultierte zumeist aus Ermüdung. Ein gut trainierter Werktätiger würde hingegen auch an langen Arbeitstagen konzentriert bleiben. Zudem förderte der Sport Reaktionsschnelligkeit und Geistesgegenwart, zwei Eigenschaften, die ebenfalls Unfälle verhüteten. Grundsätzlich galt auch hier, wie ein Henkel-Betriebsarzt unter dem Vortragstitel „Durch Leibesübungen zur Unfallsicherheit" feststellte, dass die „Belegschaft sich dazu durchringen [müsse], die Unfallverhütung als ihre ureigenste [sic] Angelegenheit zu betrachten".[63] Die Vorsorge im Hinblick auf Verletzungsgefahren gehört zu den zentralen präventiven Praktiken in der Geschichte der Industriearbeit; auch hierzu leistete der Sport einen wichtigen Beitrag.

Unversehrtheit, Gesundheit und Arbeitsfrische waren nicht nur für den einzelnen von Bedeutung, sondern in einem größeren Zusammenhang zu sehen. 1928 tauchte in der Werkspresse zum ersten Mal das Argument von der zunehmenden wechselseitigen Abhängigkeit im Prozess des industriellen Fortschritts auf. Die Rationalisierung treibe die Spezialisierung voran, was die wechselseitige Abhängigkeit der Menschen massiv erhöhe. Wo die „Arbeitsteilung weitestgehend durchgeführt ist, ist jeder auf das Werk und das Können seiner Mitmenschen angewiesen".[64] Nur gemeinsam könne man noch etwas vollbringen: „Jede Arbeit, auch die geringste Teilarbeit, mag sie gelernt oder nicht gelernt sein, ist daher Dienst an der Gesamtheit".[65] Umgekehrt galt aber auch: Jeder Ausfall eines einzelnen Werktätigen beeinträchtigte das Ganze, oder, bildlich wie wörtlich gesprochen, drohte die Fließbänder zu stoppen. Mit „Spiel und Sport zur Unterhaltung und Erholung nach vollbrachter Arbeit"[66] sollte jedermann dieser besonderen Verantwortung gerecht werden.

4 Vorbeugen für die „Volksgemeinschaft"

Für die „Gesamtheit", deren Interessen es zu berücksichtigen gelte, wurde in der Werkspresse seit den späten Zwanzigerjahren immer häufiger der Begriff der „Volksgemeinschaft" verwendet.[67] Dies dürfte auf den Einfluss des im Oktober 1925 gegrün-

---

63 Medizinalrat Dr. Wex, Durch Leibesübungen zur Unfallsicherheit, zitiert nach [K.] Holtk[amp], Die Abschlußfeier des Wettbewerbes zur Unfallverhütung 1932, in: Blätter vom Hause 12 (1932), S. 117.
64 Seidel, Vom Segen der Arbeit, in: Werks-Bote 3 (1928), H. 5, S. 3.
65 Ebenda.
66 Ebenda.
67 Jos. Kerzmann, Wege zu Kraft und Schönheit?, in: Blätter vom Hause 8 (1928), S. 365; „Unsere Sportabteilung", in: Blätter vom Hause 10 (1930), S. 395. Vom „Volksganzen" ist die Rede in Al., Füge Du, Arbeit, Hand in Hand, Herzen zu Herzen, in: Blätter vom Hause 10 (1930), S. 206–210, hier S. 210; von der „Werksgemeinschaft" in [ ] Thierbach, Zum großen Henkel-Sportfest 1932, in: Blätter vom Hause 12 (1932), S. 254. Eine Brücke von den Werks- zu den Volksangehörigen schlägt 5 Jahre Hen-

deten Deutschen Instituts für technische Arbeitsschulung (DINTA) zurückzuführen sein,[68] hinter dem zahlreiche Industrielle aus der Rhein-Ruhr-Region standen. Das Anliegen des Instituts bestand weniger darin, selbst arbeitswissenschaftliche Forschung zu betreiben – insofern war es kein Konkurrenzunternehmen zum KWIfA. Vielmehr zielte es auf eine Implementierung arbeitswissenschaftlicher Erkenntnisse und konservativer Ordnungsmodelle in der deutschen Industrie. Gefördert werden sollte ein neuer Typus des Facharbeiters, der einen bürgerlichen Lebensstil pflegte und seine berufliche Tätigkeit so verstand, dass er Seite an Seite mit dem Arbeitgeber seinen Dienst an der Nation bzw. an der „Volksgemeinschaft" verrichtete. Um diesen Arbeitertypus heranzubilden, förderte das DINTA die Einrichtung von Lehrwerkstätten. Dort wurden die Lehrlinge aufgrund psychotechnischer Eignungsprüfungen aufgenommen; Sport war fester Bestandteil des Ausbildungsprogramms.[69]

Die Rede von der „Volksgemeinschaft", in deren Dienst, so die Henkelpresse, der Werkssport stehe, wirft natürlich die Frage auf, wie es um die Berücksichtigung der einzelnen Teile des „Volkes" bei der SV Henkel stand. Bei ihrer Gründung 1927 befanden sich praktisch nur Angestellte in ihren Reihen; erst mit zwei- bis dreijähriger Verspätung kam eine größere Zahl von Arbeitern hinzu. Damit war aber keineswegs eine Situation erreicht, in der es zu einer Verschmelzung beider Gruppen gekommen wäre. Vielmehr ordneten sich diese unterschiedlichen Abteilungen zu. Die Hockey-, Tennis-, Wander- und Leichtathletikabteilung blieben nahezu reine Angestelltenabteilungen, während die Arbeiterschaft in der Fußball-, Handball- und Schwimmabteilung den Ton angab.[70] Auf diese Grenzziehungen legten offenbar Teile der Belegschaft großen Wert. In einem Brief des Box-Obmanns an den Vorstand der SV Henkel hieß es über den „Geist", der in der von Angestellten beherrschten Wanderabteilung herrschte: „Stellen Sie sich einmal vor, es würden zu den Wanderungen plötzlich einige Arbei-

---

kelsport. Bericht über das Sportfest am 30. Juli 1932, in: Blätter vom Hause 12 (1932), S. 300–321, hier S. 305.
68 Dieser Einfluss manifestierte sich in einer ganzen Serie von Artikeln in der Werkspresse im Jahr 1927. Siehe z. B. eine Schau von Arbeiten aus rheinisch-westfälischen Dintalehrwerkstätten auf der Ausstellung von Lehrlingsarbeiten der Handelskammer Düsseldorf, in: Werks-Bote 2 (1927), H. 6, S. 6; Drescher, Einweihung der Genossenschafts-Lehrwerkstatt in Benrath a. Rhein, in: Werks-Bote 2 (1927), H. 8, S. 5; Das Deutsche Institut für technische Arbeitsschulung. Die neue kommende Facharbeiterausbildung, in: Werks-Bote 2 (1927), H. 18, S. 3 f.
69 Mary Nolan, Das Deutsche Institut für technische Arbeitsschulung und die Schaffung des „neuen" Arbeiters, in: Dagmar Reese/Eve Rosenhaft/Carola Sachse (Hrsg.), Rationale Beziehungen? Geschlechterverhältnisse im Rationalisierungsprozess, Frankfurt a. M. 1993, S. 189–221; Sebastian Fasbender, Zwischen Arbeitersport und Arbeitssport. Werksport an Rhein und Ruhr 1921–1938, Göttingen 1997, S. 101–143; ders., Ein Trust des Sports. Die Arbeitsgemeinschaft der Werksportvereine der Vereinigte Stahlwerke AG, in: Gertrud Pfister (Hrsg.), Zwischen Arbeitnehmerinteressen und Unternehmenspolitik. Zur Geschichte des Betriebssports in Deutschland, Sankt Augustin 1999, S. 45–61, hier S. 48–50.
70 Luh, Betriebssport, S. 144.

ter und Arbeiterinnen erscheinen? Bestimmt geht dann am drauffolgenden Samstag der Gruppenführer dieser Abteilung allein auf Wanderschaft."[71] Der Vergemeinschaftungseffekt bestand also nur darin, dass sich alle an irgendeinem Platz innerhalb der SV Henkel dem Sport widmeten und damit dem Vorsorgeprinzip huldigten – aber sie taten dies doch in unterschiedlicher Weise. Die „Volksgemeinschaft" blieb sozial fragmentiert.

Eine andere Frage, die sich in diesem Zusammenhang stellt, bezieht sich auf die Mobilisierung der Geschlechter. Wurden Männer und Frauen gleichermaßen für die Vorsorge für ihre Arbeitskraft aktiv? Auch hier klafften Anspruch und Wirklichkeit auseinander. Die Henkelpresse bedauerte regelmäßig, dass die weibliche Belegschaft vom Sportangebot des Unternehmens zu wenig Gebrauch mache.[72] Bemerkenswert ist ein Artikel von 1928, der den „Frauensport in Amerika" behandelt. Die Darstellung folgt dabei dem bekannten Schema: Die Errungenschaften der Amerikaner werden prinzipiell gewürdigt, gleichzeitig aber wird auf Mängel hingewiesen, die es in Deutschland zu vermeiden gelte. Insofern sei jene Sportlichkeit der Amerikanerin zu loben, die sie schon deshalb besitze, weil die Verbreitung des Ford-Wagens sie zur „sportliche[n] Selbstfahrerin"[73] gemacht habe; die allgemeine Praxis ihrer Sportausübung jedoch sei problematisch: Die Amerikanerin betreibt „ihr anstrengendes, aber auch erfolgreiches Training mit einer Hingabe und Ausdauer, die den ihr nacheifernden deutschen Frauen vorläufig noch fremd ist. Die Frau, die im Erwerbsleben steht, wird übrigens offiziell zu sportlicher Tätigkeit gezwungen. In jedem größeren Geschäftshause wird die Arbeitspause allgemein mit turnerischen Übungen und Wettkämpfen auf dem Dachgarten begonnen. Das letztere ist vielleicht wegen der damit verbundenen Anstrengungen nicht gerade vernünftig, aber die Amerikaner sind nun einmal vom ‚Rekordwahn' besessen."[74] Ohne den Zwang und den Rekordwahn handele es aber sich um ein sportliches Engagement, das als vorbildlich gelten könne. Da „die Amerikanerin" in den Weimarer Jahren vielfach als Prototyp der modernen Frau galt, konnte man auf ein Nacheifern hoffen. Jedenfalls setzte die Henkelpresse auf diesen Effekt, indem sie zum Beispiel die Föne im Werksschwimmbad ausdrücklich „den Bubiköpfen der Damen"[75] empfahl – die Schwimmerin wurde wie selbstverständlich mit „modernen" Attributen versehen.

Dieses Schwimmbad bestand seit 1931. Um dem Werkssport, der seit Beginn der Weltwirtschaftskrise 1929 mit einigen finanziellen Engpässen zu kämpfen hatte[76],

---

71 Vertraulicher Brief des Box-Obmanns der Henkel Sportvereinigung an den Vorstand des Vereins vom 26. November 1931, zitiert nach Luh, Betriebssport, S. 145.
72 So z. B. Große Ereignisse werfen ihre Schatten voraus, in: Blätter vom Hause 12 (1932), S. 224.
73 Werner Suhr, Frauensport in Amerika, in: Blätter vom Hause 9 (1929), S. 143 f., hier S. 144.
74 Ebenda.
75 Al., Zur Einweihung der Dr. Hugo Henkel-Schwimmhalle am 4. Januar 1931, in: Blätter vom Hause 11 (1931), S. 34–40, hier S. 39.
76 Luh, Betriebssport, S. 131.

wieder Auftrieb zu geben, nahm Unternehmenschef Hugo Henkel (1881–1953) sein 25-jähriges Firmenjubiläum zum Anlass, eine neue Sportanlage zu stiften. Das Bad war nach neuesten physiologischen Erkenntnissen als Schwimm-, Luft- und Lichtbad gestaltet, das heißt, vor einer Glasfront befand sich ein Außenbereich, wo die Badenden sich, auf Liegestühlen ruhend, Luft und Sonne aussetzen konnten. Bei hinreichenden Temperaturen wurde die Glasfront geöffnet, um die Außenluft direkt in den Schwimmbereich einströmen zu lassen. Das Becken war 25 m lang und 10 m breit, erlaubte also auch Wettkampfsport.[77] Möglicherweise hatte sich Hugo Henkel vom Erfolg des Schwimmbades auf der Gesolei inspirieren lassen, das allerdings zusätzlich über einen Wellenbetrieb verfügte.[78] Die Bewegung im – bewegten oder unbewegten – Wasser galt jedenfalls als besonders erfrischend, stimulierend und regenerationsfördernd. Ein „Henkel-Schwimmerlied" goss diesen Effekt sogar in Verse: „Schlägt für uns die freie Stunde/Startet uns're Schwimmerschaft/Sie tritt an zur Schwimmerrunde/Um zu holen neue Kraft."[79]

In der Betonung der stimulierenden Wirkung des Schwimmens drückt sich eine Würdigung psychischer Faktoren für die Vorbeugung von Ermüdung und „Ausbrennen" aus, die in der Werkspresse der späten Weimarer Jahre an Bedeutung gewann. Das rein mechanische Aufrechnen verbrauchter und wieder zugeführter Energie schien der Komplexität von Arbeiterpersönlichkeit und Arbeitsvorgang nicht mehr gerecht zu werden. Jeder Mensch, ließen die „Blätter vom Hause" verlauten, müsse „unbedingt das Recht auf ein paar frohe Stunden haben", denn ein „froher und lustiger Mensch arbeitet mit viel mehr Lust und Liebe, aus dem Frohsinn schöpft er neue Kraft für seine Tätigkeit".[80] Immer wieder wurde auch der Aufenthalt in der schönen Natur als Kraftquell gepriesen.[81] Gerade angesichts der Wirtschaftskrise und der „ungewisse[n] Lage"[82], die sie in politischer wie ökonomischer Hinsicht geschaffen habe, seien Frische und Optimismus unverzichtbar[83] – der Sport werde in dieser Hinsicht gar zum „Daseinskampfmittel".[84]

Auch Edgar Atzler, der Leiter des KWIfA, brachte sich in diese Diskussion ein. 1928/29 war sein Institut von Berlin nach Dortmund und Münster umgezogen, was

---

77 [K.] Ho[ltkamp], Zur Einweihung des „Dr. Hugo Henkel-Bades" in Düsseldorf-Holthausen, in: Werks-Bote 6 (1931), H. 2, S. 4–6, hier S. 5.
78 Becker, Rationalisierung, S. 163.
79 Konzernarchiv Henkel K 2180: Schwimmbad/Carl Henkel, Henkel-Schwimmerlied.
80 Al., Revue und Hofball heut' beim Henkel-Sport, in: Blätter vom Hause 11 (1931), S. 194 f., hier S. 194.
81 So etwa von Thierbach, Schwimmende Wanderer, in: Blätter vom Hause 12 (1932), S. 158.
82 C. Wild, Ein Jahr Dr. Hugo Henkel-Schwimmhalle!, in: Blätter vom Hause 12 (1932), S. 79.
83 5 Jahre Henkelsport. Bericht über das Sportfest am 30. Juli 1932, in: Blätter vom Hause 12 (1932), S. 300–321, hier S. 302.
84 A. Rühling, Das Rhönrad als neuzeitliches Turngerät, in: Blätter vom Hause 12 (1932), S. 214 f., hier S. 215.

eine intensivierte Kooperation mit der Industrie an Rhein und Ruhr zur Folge hatte.[85] In einem Gastbeitrag für die „Blätter vom Hause" räumte Atzler ein, dass – zumindest für den geistigen Arbeiter – die „Freude an der Arbeit" ebenfalls ein wichtiges „Antriebsmittel" sei: „Eine Arbeit geht uns um soviel leichter von der Hand, je interessanter sie uns vorkommt. Eine langweilige Arbeit dagegen läßt in uns das Gefühl der Uebermüdung aufkommen. Wenn wir aber in diesem Zustand unsere Aufmerksamkeit und unseren Willen besonders stark anspannen müssen, um die aus einem Widerwillen gegen die Arbeit entstandenen Ermüdungsgefühle zu unterdrücken, so sehen wir ohne weiteres ein, daß langweilige Arbeit sehr viel mehr Nervenkraft erfordert, als eine Arbeit, die uns Freude macht."[86] Wenn man in das energetische Kalkül neben den körperlichen Kräften auch die Nervenkraft mit einbezog, wurden auch Arbeitsfreude und Interesse an der Arbeit zu relevanten Faktoren.

5 Fazit

Im Gesamtüberblick wird deutlich, dass im Umfeld des Erstens Weltkriegs eine neue Form der Körpervorsorge entstand. Sie basierte auf der Erkenntnis, dass der menschliche Körper nur über begrenzte (Arbeits-)Energie verfügt, die permanent regeneriert werden muss. Gerade im Zeichen des Fordismus, der den Arbeitern und Angestellten Höchstleistungen abverlangte, fand der „energetische Imperativ" Beachtung, weil sonst auf Dauer ein Leistungsabfall, ja ein „Ausbrennen" der Belegschaften zu befürchten war. Diese Erkenntnisse wurden von Arbeitswissenschaftlern, speziell Arbeitsphysiologen vorgetragen, die bei ihren Forschungen mit Sportwissenschaftlern kooperierten. Für die öffentliche Verbreitung des neuen Gedankenguts sorgte u. a. die Düsseldorfer Ausstellung Gesolei von 1926.

Die Implementierung der neuen Konzepte durch die Industrie ist weitgehend unerforscht. Am Beispiel des Unternehmens Henkel wurde hier eine erste Sondierung vorgenommen. Die Analyse der Werkspresse macht deutlich, dass Methoden zur Reduktion des Energieaufwandes im Arbeitsprozess durch Bewegungsoptimierung nur verschiedentlich angedeutet, aber kaum explizit dargestellt wurden. Umso stärkere Beachtung fand das Thema der Regeneration verbrauchter Energie. Henkel baute eine eigene Sportabteilung auf, die diesem Zweck dienen sollte. In Verbindung damit entfaltete sich ein breit gefächerter Diskurs über unterschiedliche Wege, die als Ressource interpretierte Arbeitskraft und Arbeitsfrische der Belegschaft nachhaltig zu bewahren und einem „Ausbrennen" des Arbeiterkörpers vorzusorgen.

---

85 Hachtmann, Kind, S. 74.
86 Edgar Atzler, Der Kampf gegen die Ermüdung des geistigen Arbeiters, in: Blätter vom Hause 12 (1932), S. 344 f., hier S. 344.

Seit dieser Initialzündung in der Weimarer Republik fanden und finden einschlägige Konzepte bis zur Gegenwart Beachtung. In der NS-Zeit wurden die Anstrengungen der Weimarer Zeit fortgeführt und erweitert und in Konzepte von „Volksgesundheit" und „Rassenhygiene" eingekleidet. Die Federführung übernahm die Organisation „Kraft durch Freude" der „Deutschen Arbeitsfront". Nach 1945 wurde die Sorge um die eigene Gesundheit und Leistungsfähigkeit in der Bundesrepublik stärker dem Individuum überlassen, während die DDR ihren Werktätigen Vorgaben machte, auch und gerade im Sport, der organisatorisch fast vollständig an die Berufssphäre angebunden wurde. In der jüngsten Vergangenheit hat sich das Problem des Ausbrennens und seiner Vorsorge mehr und mehr von der körperlichen auf die psychische Ebene verlagert: Die grassierenden „burn out"-Erkrankungen machen deutlich, dass auch seelische Antriebskräfte schonend bewirtschaftet werden müssen. Insofern fügt sich die ständige Beobachtung des eigenen Energieniveaus und Leistungsvermögens in der ersten Hälfte des 20. Jahrhunderts in jenes Programm der „Selbst-Optimierung" ein, das noch heute den (westlichen) Lebensstil kennzeichnet.

Nina Mackert
"Nature always counts". Kalorienzählen als Vorsorgetechnik in den USA des frühen 20. Jahrhunderts

Niemals, warnte die Ärztin Lulu Hunt Peters die Leserinnen und Leser der „Los Angeles Times" 1922, könnten diese mehr essen, als ihre Körper bräuchten, ohne zuzunehmen. Immer würde ihr Körper die überschüssige Nahrung als unerwünschtes Fett speichern. „Übergewicht" war für Peters sowohl ein ästhetisches als auch ein medizinisches Problem, denn Körperfett und Krankheiten waren für sie eng miteinander verbunden.[1] Peters hatte allerdings eine Lösung parat, die die Kontrolle der Nahrungszufuhr und damit die Vermeidung von Gewichtszunahme und Krankheiten erleichtern sollte: "Calories! That's the secret! Count your calories and you'll be all right."[2]

Schon einige Jahre zuvor hatte die Ärztin das Zählen von Kalorien in ihrem 1918 veröffentlichten „Diet and Health with Key to the Calories" propagiert und damit einen Bestseller gelandet.[3] Das Buch gilt als einer der ersten Ratgeber, die Kalorienzählen als Diätprogramm empfahlen, und verkaufte sich millionenfach.[4] Bis dato war die Kalorie vor allem in den Ernährungswissenschaften eine bekannte Größe gewesen. Erst Ende des 19. Jahrhunderts hatten Chemiker und Physiologen sie in den USA als neue Möglichkeit der Quantifizierbarkeit von Nahrung eingeführt.[5] Neu war auch das Problem, das Kalorienzählen lösen sollte: Erst in den letzten Dekaden des 19. Jahrhunderts war „Übergewicht" als Problem, dem man mit Diäten zu begegnen hatte, in den USA ins Zentrum der Aufmerksamkeit einer weiß und bürgerlich geprägten Öffentlichkeit gerückt.[6]

---

[1] Lulu Hunt Peters, Calories Needed per Day, in: Los Angeles Times, 10.5.1922, S. II8.
[2] Zitiert in anon., Yank Tummies Hiding Place for Food Hoarders. 20,000,000 Overweight Citizens Unpatriotic, Says Doctor, in: Chicago Daily Tribune, 5.7.1918, S. 13.
[3] Lulu Hunt Peters, Diet and Health with Key to the Calories, Chicago 1918. Alle hier zitierten Passagen beziehen sich auf die 2. Auflage von 1919.
[4] Bis 1939 druckte der Verlag zwei Millionen Exemplare. Sander L. Gilman, Obesity. The Biography, Oxford 2010, S. 91.
[5] Nick Cullather, The Foreign Policy of the Calorie, in: The American Historical Review 112 (2007), S. 337–364; Jessica Mudry, Measured Meals. Nutrition in America, Albany 2009.
[6] Dazu ausführlicher Katharina Vester, Regime Change: Gender, Class, and the Invention of Dieting in Post-Bellum America, in: Journal of Social History 44 (2010), S. 39–70; Alan J. Bilton, Nobody Loves a Fat Man: Fatty Arbuckle and Conspicuous Consumption in Nineteen Twenties America, in: Amerikastudien/American Studies 57 (2012), S. 51–66; Nina Mackert, „I want to be a fat man / and with the fat men stand." U. S.-Amerikanische *Fat Men's Clubs* und die Bedeutungen von Körperfett in den Dekaden um 1900, in: Body Politics 2 (2014), S. 215–243.

DOI 10.1515/9783110529524-011

Diese beiden korrespondierenden Entwicklungen – die Problematisierung von Körperfett und die Erfindung der Kalorie – machten Ernährung im frühen 20. Jahrhundert zum zentralen Bestandteil individueller Vorsorge- und Präventionspraktiken und stehen in diesem Beitrag im Vordergrund.[7] Dabei greife ich die von Nicolai Hannig und Malte Thießen vorgeschlagene Unterscheidung von Vorsorge und Prävention auf. Vorsorge bezeichnet mithin Praktiken, die auf die Milderung eines eintretenden Schadens ausgerichtet sind. Prävention verweist dagegen auf die Versuche, ein Problem gar nicht erst auftreten zu lassen.[8] Erst mit Hilfe der Kalorie, so meine These, wurde Körperfett zum Ziel von Prävention: Das kalorische Wissen trug dazu bei, dass Körperfett als objektives Zeichen „übermäßigen" Essens verstanden werden konnte. Die Verbindung von Ernährung und Gesundheit bzw. Krankheit erschien damit messbar. Insofern forderte das Wissen um Kalorien Individuen auf, Dicksein und Krankheiten durch Kalorienzählen selbst vorzubeugen. Dabei wurde das Kalorienzählen nicht nur zu einer vermeintlich individuell regulierbaren Präventionspraxis. Darüber hinaus ließ diese Praxis die kalorienzählenden Individuen auch als selbstverantwortliche Subjekte hervortreten. Das Kalorienzählen avancierte damit zu einer Subjektivierungstechnologie, die Individuen dazu aufforderte, sich selbst gemäß normativer Konzepte von Gesundheit und Schlankheit zu verhalten.

Diesen Zusammenhang zeige ich im Folgenden anhand der Kalorienratgeber von Lulu Hunt Peters, die sich gerne damit schmückte, das Kalorienzählen popularisiert zu haben.[9] Zwar gab es auch vor 1918 vereinzelte, an eine breitere Öffentlichkeit gerichtete Ernährungsempfehlungen, die auf Grundlage der Kalorie argumentierten,[10] diese waren aber bei Weitem nicht so erfolgreich wie Peters Buch. Ab 1922 verfasste Peters darüber hinaus eine über mehrere Jahre sehr erfolgreiche, tägliche Zeitungskolumne, die ihr kalorisches Wissen in Haushalte der ganzen USA transportierte und für die sie eine Flut von Zuschriften erhielt.[11] Buch und Kolumne waren wohl nicht nur wegen

---

7 Vgl. Jakob Tanner, Lebensmittel und neuzeitliche Technologien des Selbst. Die Inkorporation von Nahrung als Gesundheitsprävention, in: Martin Lengwiler/Jeannette Madarász (Hrsg.), Das präventive Selbst. Eine Kulturgeschichte moderner Gesundheitspolitik, Bielefeld 2010, S. 31–54.
8 Vgl. dazu die Einführung in diesem Band von Nicolai Hannig und Malte Thießen.
9 Lulu Hunt Peters, Calories, in: Los Angeles Times, 8.5.1922, S. II5.
10 Z. B. W. A. Evans, How to Keep Well. Statement of Food Values, in: Chicago Daily Tribune, 19.2.1912, S. 8; ders., How to Keep Well. Food Values, in: Chicago Daily Tribune, 24.12.1913, S. 10; ders.: How to Keep Well. Calories and Costs, in: Chicago Daily Tribune, 18.9.1917, S. 6; anon., Where the Calories are, in: Washington Post, 29.3.1917.
11 Lulu Hunt Peters, Diet and Health, in: Los Angeles Times, ab dem 25.4.1922 täglich. Die Kolumne erschien in der „Los Angeles Times" und anderen US-amerikanischen Zeitungen gleichzeitig. Zur Verbreitung der Kolumne Susan Yager, Lulu Hunt Peters, in: Andrew Smith (Hrsg.), The Oxford Encyclopedia of Food and Drink in America, Band 2, Oxford/New York ²2013, S. 816 f., hier S. 817. Peters selbst berichtete in der Kolumne von „Hunderten" von Briefen, die als Reaktion auf die einzelnen Ausgaben der Kolumne kamen: z. B. Lulu Hunt Peters, Outwitting Our Wrinkles, in: Los Angeles Times, 17.5.1922, S. II8; dies., Answers to Correspondents, in: Los Angeles Times, 27.7.1922, S. II8. Später baute sie re-

ihres humorvollen Tons, sondern auch deshalb beliebt, weil Peters sich als empathische Leidensgenossin und medizinische Autorität inszenierte: Sie erzählte ihre Biografie stets als Geschichte ihres eigenen Kampfes gegen die Pfunde.[12] Dieser Kampf, so Peters Narrativ, war erfolgreich gewesen, weil sie sich an präzise wissenschaftliche Wahrheiten gehalten habe, die sie durch ihre Ausbildung lernen und nun an alle Interessierten weitergeben konnte.[13] Tatsächlich hatte Peters 1909 einen Abschluss in Medizin an der University of California erhalten und war damit eine der wenigen weiblichen Ärztinnen der Zeit.[14] Im frühen 20. Jahrhundert wurde sie Teil einer wachsenden Gruppe von – zunehmend weiblichen – akademisch ausgebildeten Ernährungsreformerinnen, die die Bedeutung „richtigen" Essens für US-amerikanische Körper und die Gesellschaft betonten.[15]

Kalorien und Körper in der *Progressive Era*

Lulu Hunt Peters präsentierte die Kalorie als unbestreitbare Tatsache. Zwar würden Skeptiker behaupten, die „Kalorientheorie" hätte sich erledigt, wie sie in ihrer Kolumne und in späteren Editionen des Buches schrieb. Allerdings gebe es ebenso wenig eine „Theorie" der Kalorie wie es eine *Pint-* oder *Yard*-Theorie gebe.[16] Damit erhob sie die Kalorie zu einem Standard, der nicht hinterfragbar war. Gleichzeitig betonte Peters immer wieder, wie neu und unbekannt dieses Wissen bisher sei. Sie erklärte ihren Leserinnen und Lesern nicht nur die Definition der Kalorie („symbol C.; a heat unit and food value unit; is that amount of heat necessary to raise one pound of water 4 degrees Fahrenheit"), sondern auch Aussprache („Kal'-o-ri") und Verfahrensweise zur Kalorienbestimmung von Speisen. Nahrungsmittel wurden in einem aus zwei Kammern bestehenden, sogenannten *bomb calorimeter* durch eine elektrische Zündung verbrannt. Anhand des Temperaturanstieges des Wassers in der äußeren Hülle bestimmte man dann den Kaloriengehalt des Nahrungsmittels.[17] Es sei der Job der Ernährungswissenschaften, diese Ergebnisse mit Versuchen an der „menschlichen Maschine" nachzuprüfen, fand Peters, und verwies damit auf die seit

---

gelmäßige *disclaimer* in die Kolumne ein, in denen sie bedauerte, die Briefe aufgrund ihrer Zahl nicht beantworten zu können, und spezifische formale Anforderungen für Anfragen festlegte: z. B. Lulu Hunt Peters, Answers to Correspondents, in: Los Angeles Times, 4.4.1923, S. II8; dies., Form Letters, in: Los Angeles Times, 16.5.1923, S. II6.
12 Peters, Diet and Health, S. 13 f.; Lulu Hunt Peters, My Most Embarrassing Moment, in: Los Angeles Times, 2.5.1922, S. II6.
13 Lulu Hunt Peters, Our Declaration of Principles, in: Los Angeles Times, 25.4.1922, S. II8.
14 Anon., Lulu H. Peters Dies; Wrote on Dietetics, in: New York Times, 29.6.1930, S. 32.
15 Laura Shapiro, Perfection Salad. Women and Cooking at the Turn of the Century, New York 1986.
16 Peters, Diet and Health; Peters, Calories.
17 Peters, Diet and Health, S. 23 f.

Ende des 19. Jahrhunderts stattfindenden Experimente von Chemikern wie Wilbur Atwater.[18] Dieser hatte mit seinem Team Mitte der 1890er Jahre an der Wesleyan University in Middletown, Connecticut, einen Apparat errichtet, mit dessen Hilfe er kalorische Werte von Lebensmittel durch Experimente mit dem menschlichen Metabolismus bestimmen wollte. Der *human respiration calorimeter* war eine raumfüllende Box, in der Versuchspersonen in der Regel über mehrere Tage ausharren mussten. In verschiedenen Experimenten wurde ihr Sauerstoffverbrauch sowie die Produktion von Wärme und Ausscheidungen ermittelt und darüber der kalorische Gehalt der von ihnen gegessenen Nahrungsmittel bestimmt. Statt in einem vom körperlichen Stoffwechsel getrennten Gerät konnte der Verbrennungsprozess von Nahrung nun gleichsam direkt im menschlichen Körper gemessen werden.[19]

Peters war beeindruckt von der Präzision, mit denen der Raumkalorimeter den Ergebnissen der elektrischen Verbrennung nahekam: "It has been proved that food utilized in the body has practically the same energy value as when burned in the [bomb] calorimeter, and the tables that are given by these experts allow for the differences in digestion."[20] Die Experimente basierten auf dem thermodynamischen Konzept vom Körper als einer Maschine, die die Wärmeenergie von Nahrung in Arbeitsenergie umwandle.[21] Und sie stabilisierten dieses Modell, indem sie Relationen von „Input" und „Output" herstellten, die Eindeutigkeit suggerierten. Zu den Ergebnissen der Laborversuche gehörten nicht nur Tabellen, die den Kaloriengehalt von Nahrungsmitteln angaben, sondern auch solche, die den unterschiedlichen Kalorienbedarf unterschiedlich schwer arbeitender männlicher oder weiblicher Körper festlegten – die „dietary standards".[22]

Dieses Bestreben, Ernährung und körperliche Leistungsfähigkeit zu messen, war Ende des 19. Jahrhunderts höchst zeitgemäß. Es korrespondierte mit zeitgenössischen Reformbemühungen der sogenannten *Progressive Era*, mit Hilfe wissenschaftlicher

---

18 Peters, Calories.
19 Cullather, Foreign Policy, S. 340 f.; Jessica Mudry, Measured Meals, S. 33–37; Elizabeth R. Neswald, Kapitalistische Kalorien. Energie und Ernährungsökonomien um die Jahrhundertwende, in: Barbara Gronau (Hrsg.), Szenarien der Energie. Zur Ästhetik und Wissenschaft des Immateriellen, Bielefeld 2013, S. 97 f.
20 Peters, Diet and Health, S. 24.
21 Vgl. dazu den Beitrag von Frank Becker in diesem Band sowie ausführlicher Neswald, Kapitalistische Kalorien, S. 88–92; Cecilia Tichi, Shifting Gears. Technology, Literature, Culture in Modernist America, Chapel Hill 1987; Anson Rabinbach, The Human Motor. Energy, Fatigue, and the Origins of Modernity, New York 1990; Maria Osietzki, Körpermaschinen und Dampfmaschinen. Vom Wandel der Physiologie und des Körpers unter dem Einfluß von Industrialisierung und Thermodynamik, in: Philipp Sarasin/Jakob Tanner, Physiologie und Industrielle Gesellschaft. Studien zur Verwissenschaftlichung des Körpers im 19. und 20. Jahrhundert, Frankfurt a. M. 1999, S. 313–346.
22 Siehe z. B. Wilbur O. Atwater, Principles of Nutrition and Nutritive Value of Food, Washington, DC 1902, inbes. S. 32–36. Vgl. Cullather, Foreign Policy, S. 343; Tanner, Nahrung als Gesundheitsprävention, S. 43.

Expertise die Probleme einer gesellschaftlichen Ordnung zu lösen, die durch Urbanisierung, Migrationsströme und Industrialisierung in Unordnung geraten schien.[23] Die Arbeitswelt war ein wichtiges Feld, auf dem diese Reformversuche im Spannungsfeld von Wissenschaft, Ernährung und Leistungsfähigkeit wirkmächtig wurden.[24] Bürgerliche Reformerinnen und Reformer beriefen sich auf neue wissenschaftliche Erkenntnisse, um die Arbeiterklasse anzuhalten, ihre begrenzten Mittel effizient einzusetzen, um sich – ohne Lohnerhöhungen – mit Nahrung zu versorgen, die ausreichend in Menge und Nährstoffgehalt war.[25] Nick Cullather weist in diesem Zusammenhang darauf hin, dass derartige Bemühungen bis zur Etablierung der Kalorie von einem Mangel an Einheitlichkeit und Messbarkeit gekennzeichnet waren. Zahlreiche Studien hatten erhebliche Unterschiede in den Ernährungsweisen von Menschen gezeigt, die schwer unter einheitlichen ernährungsphysiologischen Kategorien zusammengefasst werden konnten. Zwar waren Fette, Kohlenhydrate und Proteine schon als solche klassifiziert worden. Aber erst die Einführung der Kalorie erlaubte es, die Ernährungsweisen von unterschiedlichen Menschen quantitativ miteinander zu vergleichen und dementsprechend zu regulieren.[26] Mit der Festlegung der „dietary standards" stellten Sanatorien, Krankenhäuser und Gefängnisse ihre Verpflegung anhand des von Atwater ermittelten Kalorienbedarfs unterschiedlich aktiver Körper ein.[27] Dank dieser Standardisierung konnte auch Peters 1918 behaupten, Erwachsene bräuchten abhängig von ihrer Tätigkeit täglich zwischen 15 und 20 Kalorien pro Pfund Körpergewicht.[28] Kurz gesagt lieferte die Kalorienforschung Daten, über die messbare Beziehungen zwischen Ernährung und Leistungsfähigkeit hergestellt und „normale" Körper quantifiziert und popularisiert werden konnten.[29] Die Kalorie entwickelte sich somit zu einer bedeutenden Maßeinheit, die eine Regulierung der Nahrungsaufnahme von Individuen und Gruppen möglich und scheinbar notwendig machte.

Für eine Geschichte der Vorsorge sind in diesem Zusammenhang mehrere Entwicklungen des späten 19. Jahrhunderts bedeutsam, die individuelle Vorsorge durch

---

23 Kerstin Brückweh u. a. (Hrsg.), Engineering Society. The Role of the Human and Social Sciences in Modern Societies, 1880–1980, Basingstoke 2012; Robert H. Wiebe, The Search for Order, 1877–1920, New York 1967; Jackson Lears, Rebirth of a Nation. The Making of Modern America, 1877–1920, New York 2009.
24 Vgl. dazu auch den Beitrag von Frank Becker in diesem Band.
25 Harvey A. Levenstein, Revolution at the Table. The Transformation of the American Diet, Berkeley/Los Angeles 2003 [1988], Kap. 4; Charlotte Biltekoff, Eating Right in America. The Cultural Politics of Food and Health, Durham 2013, S. 22, 24–26; Mudry, Measured Meals, S. 40 f.
26 Cullather, Foreign Policy, S. 343; Mudry, Measured Meals, S. 39–46.
27 Hillel Schwartz, Never Satisfied. A Cultural History of Diets, Fantasies, and Fat, New York 1986, S. 187; Cullather, Foreign Policy, S. 341.
28 Peters, Diet and Health, S. 28.
29 Nina Mackert, Feeding Productive Bodies: Calories, Nutritional Values and Ability in Progressive Era US, in: Peter-Paul Bänziger/Mischa Suter (Hrsg.), Histories of Productivity. Genealogical Perspectives on the Body and Modern Economy, London 2016, S. 117–135; Neswald, Kapitalistische Kalorien.

Ernährung möglich und zunehmend zu einer Pflicht machten: Erstens veränderte sich der Fluchtpunkt von Diäten. Spezifische Ernährungsweisen waren bis etwa zur Mitte des 19. Jahrhunderts eher zur Heilung von Krankheiten eingesetzt worden und weniger als Mittel, Gewicht zu verlieren. Körperfett stand in diesem Zusammenhang nicht im Fokus. Die Grahamites etwa, die zumeist männlichen Anhänger des Ernährungsreformers Sylvester Graham, betonten im frühen 19. Jahrhundert gar, dass niemand durch die von ihnen empfohlene Kost schmaler werden würde.[30] Erst seit den 1860er Jahren verbreiteten sich die ersten massenhaft verkauften Anleitungen, die explizit auf die Reduktion von Körperfett durch eine spezifische Ernährung ausgerichtet waren: allen voran William Bantings „Letter on Corpulence", der als früheste Empfehlung einer *low carb*-Diät gilt.[31]

Die zunehmende Popularisierung von Diäten korrespondierte, zweitens, mit einem Körperverständnis, nach dem Körper als veränderbar galten – und zwar nicht nur über Vererbung, sondern nun auch mit Hilfe von Ernährung, Gymnastik und einer insgesamt „hygienischen" Lebensführung.[32] Die vielfältigen Bedrohungsszenarien zivilisatorischen Niedergangs, die den US-amerikanischen Kolonialismus nach innen wie nach außen um 1900 befeuerten, waren nicht zufällig von der Idealisierung weißer, männlicher, gesunder und gestählter Körper begleitet.[33] Seit der zweiten Hälfte des 19. Jahrhunderts wurde der menschliche Körper somit zu einer bearbeitbaren Schnittstelle auf dem Weg zu zivilisatorischem Fortschritt und zur Weiterentwicklung der „Rasse".[34] Mit Hilfe der Ernährungswissenschaft hoffte man nun, diese Verbesserung nicht erst für die Nachkommenschaft, sondern bereits für das eigene Leben zu erreichen. Den Hintergrund solcher Vorsorgekonzepte bildeten also nicht

---

30 Vester, Regime Change, S. 41; Schwartz, Never Satisfied, S. 26 f.
31 Vester, Regime Change, S. 42 f.; Joyce L. Huff, A "Horror of Corpulence". Interrogating Bantingism and Mid-Nineteenth-Century Fat Phobia, in: Jana Evans Braziel/Kathleen LeBesco (Hrsg.), Bodies out of Bounds. Fatness and Transgression, Berkeley 2001, S. 39–59. Vgl. Farrell, die auf die ansteigende Vermarktung von Diätprodukten in diesem Zeitraum verweist: Amy Farrell, Fat Shame. Stigma and the Fat Body in American Culture, New York 2011, S. 25 f.
32 Schwartz, Never Satisfied, insbes. Kap. 4–6; Philipp Sarasin, Reizbare Maschinen. Eine Geschichte des Körpers 1765–1914, Frankfurt a. M. 2001; Nina Mackert, Making Food Matter: "Scientific Eating" and the Struggle for Healthy Selves, in: Jürgen Martschukat/Bryant Simon (Hrsg.), Food, Power, and Agency, New York 2017, S. 105–128.
33 Gail Bederman, Manliness & Civilization. A Cultural History of Gender and Race in the United States, 1880–1917, Chicago 1995; Marie Griffith, Apostles of Abstinence: Fasting and Masculinity during the Progressive Era, in: American Quarterly 52 (2000), S. 599–638; Clifford Putney, Muscular Christianity. Manhood and Sports in Protestant America, 1880–1920, Cambridge, MA 2003.
34 Jürgen Martschukat, "The Necessity for Better Bodies to Perpetuate Our Institutions, Insure a Higher Development of the Individual, and Advance the Conditions of the Race." Physical Culture and the Formation of the Self in the Late Nineteenth and Early Twentieth Century USA, in: Journal of Historical Sociology 24 (2011), S. 472–493; Peter-Paul Bänziger, Fordistische Körper in der Geschichte des 20. Jahrhunderts – eine Skizze, in: Body Politics 1 (2013), S. 11–40.

zuletzt zeitgenössische Debatten um ein „survival of the fittest", die von der prinzipiellen Veränderbarkeit von Körpern und „Rasse" nicht nur durch Vererbung, sondern auch gerade durch Ernährung ausgingen.[35] Dieser Deutungswandel legte also eine Grundlage von Vorsorge, indem die Verantwortung für den „rassischen Fortschritt" auf den essenden Menschen verlagert wurde.[36]

Daher ließ sich, drittens, fortan gesellschaftlicher Status über die Sorge um den eigenen Leib ausdrücken und einfordern. Ein gutes Beispiel bietet dafür die Geschichte von Diäten zur Fettreduzierung, die in der zweiten Hälfte des 19. Jahrhunderts populär wurden. Katharina Vester hat argumentiert, dass solche Diäten in den USA zunächst lediglich Männer als Zielgruppe hatten, und zwar weiße Männer der Mittelklasse. Diätratgeber legten nahe, dass die strenge Disziplin, die zum Abnehmen erforderlich sei, nur denjenigen möglich sei, die über eine besondere Selbstkontrolle und Beherrschung ihrer Körper verfügten – Werte, die zeitgenössisch fast exklusiv mit weißer, bürgerlicher Männlichkeit verknüpft sowie mit dem Versprechen zivilisatorischen Fortschritts gekoppelt waren. Demnach ließ sich über erfolgreiches Diäthalten die Fähigkeit zur Selbstkontrolle und damit gesellschaftlicher Status demonstrieren.[37] Diätempfehlungen für Frauen waren zunächst eine Seltenheit, weil man ihnen die nötige Selbstkontrolle schlicht nicht zutraute. Insofern verknüpften Frauenrechtlerinnen wie Elizabeth Cady Stanton zum Ende des 19. Jahrhunderts ihre Forderungen nach Diäten für Frauen mit denen nach gesellschaftlicher Partizipation. Damit reklamierten sie die mit Diäten konnotierte Anerkennung als selbstkontrollierte Subjekte für – weiße – weibliche Körper.[38] Zwei Dekaden später richtete sich Peters Ratgeber bereits primär an Frauen. Obwohl sie auch Männer zum Abnehmen aufforderte und von diesen ebenfalls Briefe erhielt, sprach sie vor allem Frauen als ihre Leserinnen an und forderte diese etwa auf, sich von ihren Ehemännern nicht vom Abnehmen abbringen zu lassen.[39]

Die Geschichte von Diäten zeigt also, dass Essen und Körperfett schon im späten 19. Jahrhundert mit Formen von sorgender Selbstführung verbunden waren. Direkte Verknüpfungen von „übermäßigem" Essen, Dicksein und Krankheit erlangten indes erst in den ersten beiden Dekaden des 20. Jahrhunderts größere Sichtbarkeit und ernährungswissenschaftliche Legitimation. Im Folgenden geht es um die Art und Weise, wie die Kalorie seither dazu beitrug, eine Beziehung von Essen und Körperfett

---

35 Zu sehen etwa bei Ellen H. Richards, Euthenics, The Science of Controllable Environment, Boston 1910; dazu Helen Zoe Veit, Modern Food, Moral Food. Self-Control, Science, and the Rise of Modern American Eating in the Early Twentieth Century, Chapel Hill 2013, Kap. 5, insbes. S. 103–106.
36 Vgl. dazu Nikolas Rose, The Politics of Life Itself, in: Theory, Culture, and Society 18 (2001), H. 6, S. 1–30; Howard M. Leichter, "Evil Habits" and "Personal Choices": Assigning Responsibility for Health in the 20th Century, in: The Milbank Quarterly 81 (2003), S. 603–626.
37 Vester, Regime Change. Vgl. Martschukat, Physical Culture.
38 Vester, Regime Change, S. 47–53.
39 Peters, Diet and Health, z. B. S. 18, 33, 75.

zu etablieren, Körperfett mit Krankheit zu verknüpfen und so das Kalorienzählen zu einer gesundheitlichen Vorsorge- und Präventionspraktik par excellence zu machen.

"Food causes Fat": Zur Verknüpfung von Essen und „Übergewicht"

„Watch Your Weight" prangte in großen Lettern auf dem Cover von „Diet and Health with Key to the Calories". Im Buch selbst tauchte diese Aufforderung immer wieder auf, genauso wie in dessen Vermarktung und in Peters Kolumne.[40] Die Autorin ließ keinen Zweifel an der Frage, wie diese Gewichtskontrolle vonstatten gehen sollte: über das Essen. "There is one safe little rule that you can go by", schrieb sie: "Are you over-weight? You eat too much. [...] You eat too much, no matter how little it is, if you store it away as fat."[41] Wieder und wieder betonte sie, dass allein übermäßiges Essen für eine Gewichtszunahme verantwortlich sei. Es gäbe keine „light eaters" unter den Übergewichtigen, das sei ein weitverbreiteter Mythos.[42] Nicht Krankheiten, sondern allein das „overeating" ließen sich für Körperfett verantwortlich machen, denn: "Food, and food only causes fat."[43]

Festhalten lässt sich an dieser Stelle, dass Peters von einem unmittelbaren Zusammenhang von „übermäßigem" Essen und „Übergewicht" ausging. Dieser Zusammenhang scheint im frühen 20. Jahrhundert noch nicht etabliert gewesen zu sein, denn Peters hielt es für notwendig, darüber aufzuklären. Zwar war es nichts Neues, übermäßiges Essen zu verurteilen; diese Tradition reicht bis in die Antike zurück.[44] Noch zu Beginn des 19. Jahrhunderts wurde Essen im Exzess aber nicht zwangsläufig mit dicken Körpern verbunden, wie Hillel Schwartz in seiner mittlerweile klassischen Kulturgeschichte von Diäten schreibt. Vielmehr konnten auch dünne Körper auf Völ-

---

40 Ebenda, z. B. Cover und S. 78; anon., Yank Tummies; anon., Watch Your Weight; Lulu Hunt Peters, Watch Your Weight I Chart, in: Los Angeles Times, 7.5.1922, S. II14; Lulu Hunt Peters, Drugs and Turkish Baths and Strong Stomachs, in: Los Angeles Times, 11.5.1922, S. II8; Lulu Hunt Peters, Cautions while Reducing Weight, in: Los Angeles Times, 13.5.1922, S. II10.
41 Lulu Hunt Peters, A Disgrace to be Fat, in: Los Angeles Times, 30.4.1922, S. III23; Peters, Diet and Health, S. 15.
42 Lulu Hunt Peters, The Small Appetite Myth, in: Los Angeles Times, 3.5.1922, S. II8; Peters, Diet and Health, S. 15.
43 Peters, Diet and Health, S. 16; Peters zitiert in anon., Watch Your Weight.
44 Susan E. Hill, Eating to Excess. The Meaning of Gluttony and the Fat Body in the Ancient World, Santa Barbara 2011; Christopher E. Forth, On Fat and Fattening: Agency, Materiality and Animality in the History of Corpulence, in: Body Politics 3 (2015), H. 5, S. 51–74.

lerei verweisen, da sie als dyspeptisch galten und Verdauungsstörungen zu den typischen Konsequenzen übermäßigen Essens gezählt wurden.[45]

Im Laufe des 19. Jahrhunderts wandelte sich diese Vorstellung, wurden Essensexzesse und Körperfett doch nun zunehmend in eins gesetzt.[46] Dazu bei trugen zum einen lauter werdende Stimmen, die einen verschwenderischen Konsum der Oberklasse kritisierten und Selbstbeherrschung als Ideal der Konsumgesellschaft propagierten.[47] Damit korrespondierte zum anderen die Kalorienforschung, die sich insbesondere im frühen 20. Jahrhundert zunehmend der Frage nach den Funktionsweisen von Gewichtszunahme oder -abnahme widmete, unter anderem, weil sie, wie Francis G. Benedict, „Übergewicht" als gesellschaftliches Problem entdeckt hatte. Benedict war seit 1895 Assistent Atwaters und hatte einen Großteil der Experimente geleitet. Nachdem Atwater sich kurz nach der Jahrhundertwende aus der Forschung zurückgezogen hatte (er starb 1907), übernahm Benedict die Arbeiten ganz. Ab 1907 baute er sich sein eigenes Labor in Boston auf, finanziert von der Carnegie Institution.[48] In einem 1911 gehaltenen Vortrag mit dem Titel „Factors Affecting Changes in Body Weight" führte er seine bis dato durchgeführten Experimente in dem Nachweis zusammen, dass es sich bei einer längerfristigen Gewichtszunahme um die Zunahme von Körperfett durch eine zu reichliche Ernährung handele.[49] Er unterschied diese Zunahme von kurzfristigen Gewichtsschwankungen im Laufe von einem oder mehreren Tagen, die mit der körperlichen Wasserspeicherung zu tun hätten und auch auftreten würden, wenn der Körper bedarfsorientiert mit Kalorien versorgt werden würde.[50] Wenn der Kaloriengehalt der Nahrung den körperlichen Bedarf übersteige, würden die Kalorien vom Körper nicht mehr verbrannt, sondern als Fett gespeichert werden. Dauerte dieser Prozess länger an, schlage sich das im Körpergewicht nieder.

---

45 Schwartz, Never Satisfied, S. 40–46. Dieser Befund ist bisher leider eher thesenhaft geblieben. In anderen historischen Studien zu Diäten und der Stigmatisierung von Körperfett ist die diskursive Verknüpfung von Letzterem und Ernährung im 19. Jahrhundert noch nicht systematisch befragt worden; hier besteht ein Desiderat.
46 Schwartz, Never Satisfied, Kap. 4–6; Mackert, Bedeutungen von Körperfett; Vester, Regime Change; Bilton, Conspicuous Consumption; Peter Stearns, Fat History. Bodies and Beauty in the Modern West, New York 2012 [1997], insbes. Kap. 3.
47 Zur Funktion dieser Kritik in der entstehenden Konsumgesellschaft s. Daniel Horowitz, Consumption and Its Discontents: Simon N. Patten, Thorstein Veblen, and George Gunton, in: Journal of American History 67 (1980), S. 301–317; Bilton, Conspicuous Consumption; Mackert, Bedeutungen von Körperfett, S. 224 f.
48 F. G. Benedict, Autobiographical Statement, September/Oktober 1920, Francis Gano Benedict Papers, Box 1, Countway Library of Medicine, Harvard Medical School, Boston, MA. Siehe auch Elizabeth Neswald, Francis Gano Benedict's Reports of Visits to Foreign Laboratories and the Carnegie Nutrition Laboratory, in: Actes d'Història de la Ciència i de la Tècnica 4 (2011), S. 11–32, hier S. 12, 14.
49 F. G. Benedict, Vortrag: Factors Affecting Changes in Body Weight, 1911, Francis Gano Benedict Papers, Box 1, Countway Library of Medicine.
50 Ebenda, S. 8–21.

Benedict beschrieb eine über die gewöhnlichen Schwankungen hinaus andauernde Gewichtszunahme als „absolute proof that the intake of food is slightly larger regularly than is demand of the body for fuel".[51]

Die hier konstatierte kausale Beziehung von Essen und Körpergewicht hatte mehrere Konsequenzen. Zum einen wurden als „übergewichtig" geltende Menschen nun stärker als zuvor als unkontrollierte Esserinnen und Esser verstanden. Dieses Verständnis gewann nicht zuletzt in den Jahren des Ersten Weltkrieges an Bedeutung, da Körperfett als Beweis dafür gelesen werden konnte, dass „Übergewichtige" in unpatriotischer Weise Essen „horteten", das viel dringender für die Versorgung der US-Truppen in Europa gebraucht werden würde.[52]

Zweitens versprach die Entdeckung der Kalorie, das Verhältnis zwischen „übermäßigem" Essen und „Übergewicht" exakt messen zu können. Dieser Umstand beförderte die Vorstellung, dass Fettleibigkeit kalkulierbar sei, was wiederum eine Bedingung dafür war, Übergewicht zum Präventionsobjekt zu machen.[53] Peters behauptete, ihrer Leserschaft genau voraussagen zu können, wie viel Pfund sie monatlich oder jährlich zunehmen würden, wenn sie zu viel äßen. Damit gab das Kalorienzählen zugleich aber auch ein Versprechen, dass Zunehmen sicher zu vermeiden sei, wenn man nur genau Maß hielt.[54] Um abzunehmen, empfahl Peters eine Reduzierung der täglichen Kalorienzufuhr um 500–1000 Kalorien. 1000 Kalorien am Tag zu sparen, ergebe, so konnte sie vorrechnen, eine Fettreduktion von 8 Pfund pro Monat und 96 Pfund pro Jahr: "These pounds you can absolutely lose by having a knowledge of food values (calories) and regulating your intake accordingly."[55] Prävention basierte in diesem Sinne auf der Berechenbarkeit von Kausalitäten und damit auf der Rationalisierbarkeit der individuellen Zukunft.[56]

Aus der Perspektive einer Vorsorge-Geschichte ist noch ein dritter Aspekt der Kalorienforschung bedeutsam. Benedict stellte Körperfett nämlich als recht stabile, nur langsam abzubauende Substanz vor: "[I]t is practically impossible to have any rapid change in the amounts of fat stored or lost by the body." Dies hatte Konsequenzen für die Praxis der Vorsorge. Laut Benedict konnte die Gewichtszunahme, weil diese sich meist über Monate oder Jahre hingezogen habe, auch nur langsam wieder

---

51 Ebenda, S. 29 f., 33.
52 Zeigt sich z. B. bei Peters, Diet and Health, S. 12; anon., Yank Tummies. Siehe dazu Veit, Modern Food, S. 164.
53 Vgl. Ulrich Bröckling, Vorbeugen ist besser ... Zur Soziologie der Prävention, in: Behemoth. A Journal on Civilisation 1 (2008), S. 38–48, hier S. 38; Martin Lengwiler/Jeannette Madarász, Präventionsgeschichte als Kulturgeschichte moderner Gesundheitspolitik, in: dies., Das präventive Selbst, S. 11–28, hier S. 14.
54 Peters, Diet and Health, S. 64, 102 f.
55 Ebenda, S. 28.
56 Lengwiler/Madarász, Präventionsgeschichte, S. 14; Lucian Hölscher, Die Entdeckung der Zukunft, Frankfurt a. M. 1999, S. 34–46.

rückgängig gemacht werden.[57] Er betrachtete Fettabbau als ein langfristiges, andauerndes Unterfangen.[58] Mit diesen Mühen, die das Abnehmen abverlangte, begründete Benedict die Dringlichkeit von Prävention: "If ever preventive medicine is to be successfully applied, it should be at this point. Prevention of the excessive accumulation is usually much easier and much more compatible with health than is the attempt to reduce any acquired flesh by radical alterations in diet and habits of life."[59] Mit diesem Appell stellte Benedict das Wissen über Kalorien in den Dienst der gesundheitlichen Prävention. Präventives Ernährungsverhalten war in seiner Lesart nicht nur besser, sondern auch einfacher als Abnehmen.[60]

Kurz gesagt lässt sich die Kalorienforschung als Teil einer diskursiven Verschiebung betrachten, in der erstens dicke Körper nahezu untrennbar mit übermäßiger Nahrungsaufnahme verbunden wurden und zweitens Körperfett als gesundheitliches Problem in den Mittelpunkt rückte. Eine Zunahme an Körperfett, so gestand Benedict ein, könne für bestimmte Individuen zwar durchaus vorteilhaft sein. Schließlich schütze es vor Kälte und sei nicht zuletzt eine therapeutische Maßnahme etwa bei Tuberkulosekranken. Bedeutsamer und interessanter erschien ihm aber der umgekehrte Fall, wenn das Körperfett allein durch seine Masse „pathologisch" und mithin „gefährlich" war.[61] Benedicts klare Worte markierten eine sukzessive Verschiebung nicht nur in seiner Forschungstätigkeit im Speziellen, sondern auch im Diskurs zu Ernährung und Gesundheit im Allgemeinen: In der zweiten Dekade des 20. Jahrhunderts richtete sich Benedicts Fokus stärker auf „Fettleibigkeit" und weniger auf die bis dato eher als gesundheitliches Problem diskutierte „Unterernährung".[62] Während Letztere im Fokus sozialreformerischer Bestrebungen blieb, war „Übergewicht" mittlerweile als Problem der Mittelklasse auf die Agenda gerückt. Expertinnen und Experten sorgten sich, dass gerade diejenigen zu dick werden würden, die durch gesellschaftlichen Fortschritt und ansteigenden Wohlstand nicht mehr zu harter körperlicher Arbeit gezwungen, dabei aber noch nicht an den Wohlstand und ein Über-

---

[57] Benedict, Factors Affecting Changes in Body Weight, Francis Gano Benedict Papers, Box 1, Countway Library of Medicine, S. 21, 39.
[58] Ebenda, S. 45 f.
[59] Ebenda, S. 46.
[60] Laut Ulrich Bröckling ist die Logik, dass Prävention leichter und erfolgreicher als kurative Zugriffe sei, ein Kennzeichen moderner Präventionspolitiken: Bröckling, Vorbeugen, S. 40.
[61] Benedict, Factors Affecting Changes in Body Weight, Francis Gano Benedict Papers, Box 1, Countway Library of Medicine, S. 33.
[62] Vgl. die Zeitungsartikel über seine Arbeit, die Benedict in *scrapbooks* sammelte. Sowohl die Berichterstattung über die Experimente als auch die Auswahl der eingeklebten Artikel suggerieren, dass Benedict zu Beginn seiner Tätigkeit in Boston „malnourishment" als größeres Problem als „overeating" betrachtete, während seit dem Ersten Weltkrieg und in der Wirtschaftskrise zunehmend „obesity" ins Zentrum rückt (Francis Gano Benedict Papers, Box 1, Folders 12–15, Countway Library of Medicine).

angebot an Nahrung gewöhnt wären.⁶³ Mit dieser Sorge gerieten gesundheitliche Argumente in den Fokus, die vorher keine entscheidende Rolle gespielt hatten. Die Kritik an Essensexzessen der gesellschaftlichen Eliten, die, wie bereits erwähnt, im späten 19. Jahrhundert zunahm, hatte vornehmlich auf Maßlosigkeit und eine mangelnde Zurückhaltung bei der Zurschaustellung von Reichtum gezielt. Es war eine vornehmlich protestantisch-moralische und soziale Kritik, in der gesundheitliche Argumente nicht entscheidend waren.⁶⁴ Im frühen 20. Jahrhundert dagegen wurde „Übergewicht" zu einer Malaise der Mittelklasse – und Dünnsein zu einem Ideal, das zunehmend aus gesundheitlichen Gründen anzustreben war.

"Reduce or perish": Fatness und Krankheit

Benedict begriff die Kontrolle des Körpergewichts als Frage gesundheitlicher Vorsorge. Auch die Ärztin Peters warnte ihre Leserschaft mit großer Eindringlichkeit vor den Gefahren des Dickseins: "So commit yourself on your honor that you are going to reduce or perish – no joke; you can't tell how near you are to it if you are much overweight."⁶⁵ Krankheiten wie Diabetes, Herzbeschwerden, Arteriosklerose, Krebs und Schlaganfall könnten verhindert werden durch den Kampf gegen „Übergewicht".⁶⁶ Dabei erklärte Peters dieses vorsorgliche Abnehmen angesichts der drohenden Gesundheitsgefahren zu einer alternativlosen Aufgabe: "Do you want to reduce?", fragte sie rhetorisch, um sogleich selbst zu antworten: "Foolish question number 13579. Do you want to reduce? Why, you want to reduce more than you want anything on the face of the globe or the feet of the gods!"⁶⁷

Dabei ist es bemerkenswert, dass Peters Übergewicht zwar *per se* zum Problem erklärte, dessen gesundheitliche Gefahr aber durch die Verknüpfung mit „overeating" diagnostizierte – also eigentlich das Essensverhalten und nicht das Dicksein problematisierte. Die meisten Krankheiten wurden ihrer Meinung nach nämlich nicht durch „Übergewicht", sondern durch „exzessiven Konsum" ausgelöst. In Bezug auf Diabetes schrieb sie zum Beispiel: "Not that the fat in itself causes the trouble, but the same thing which causes the excess fat is one of the chief causes of diabetes, i. e. the overconsumption of starches and sugars."⁶⁸ In Peters Lesart war es also nicht primär das Körperfett selbst, das zu Krankheiten führte, sondern das Essverhalten, für das „Übergewicht" aber ein sichtbarer Beweis zu sein schien. Diese Unterscheidung ist

---

63 Vester, Regime Change, S. 40 f., 43; Bilton, Conspicuous Consumption.
64 Bilton, Conspicuous Consumption; Mackert, Bedeutungen von Körperfett, S. 224 f.
65 Peters, Diet and Health, S. 80.
66 Peters, Our Declaration.
67 Peters, What's Your Weight.
68 Ebenda.

von Bedeutung für die Etablierung spezifischer Vorsorgepraktiken, die sich damit auf die Ernährung richteten und weniger auf die akute Therapie einer Krankheit: "[P]revent or reduce excess fat and you prevent and reduce cases of diabetes," schloss Peters und empfahl auch bei akuten Krankheiten das Abnehmen als ersten Schritt.[69] Wenn das Körperfett allein durch zu viel Essen entstanden war, meinte Peters, konnte und sollte es auch über die Ernährung reduziert werden.[70] Einem Leser mit Bluthochdruck und Arterienverkalkung riet sie beispielsweise, dass weniger zu essen nicht nur zum Gewichtsverlust führe, sondern auch gesundheitliche Probleme löse, falls die Arterienverkalkung noch nicht allzu weit fortgeschritten war.[71] Beim Kalorienzählen gingen Vorsorge- und Präventionslogiken also Hand in Hand: Abnehmen durch Kalorienzählen sollte Gesundheitsgefahren eindämmen, richtete sich aber auch gegen das Dicksein selbst. Und „Normalgewichtige" sollten durch Kalorienzählen „Übergewicht" gar nicht erst entstehen lassen, hier wurde also eine Vermeidung von *fatness* angestrebt.

Kalorienzählen als Pflicht und Freiheit

Ziel des Kalorienzählens sollte es sein, auf ein „Normalgewicht" zu kommen, das sich laut Peters exakt berechnen und somit standardisieren ließe: "Multiply number of inches over 5 ft. in height by 5½; add 110."[72] Eine 5 Feet und 6,9 Inches (also etwa 1,70 Meter) große Person sollte nach dieser Berechnung also knapp 148 Pfund wiegen (rund 67 Kilogramm). Auffallend ist, dass sich der Kalorienbedarf laut Peters an diesem „Normalgewicht" ausrichten sollte, nicht aber am tatsächlichen Gewicht der Betroffenen.[73] Normative Vorstellungen vom Körper bildeten mithin nicht nur Ziel des Kalorienzählens. Sie produzierten die von der Norm abweichenden Körper erst, indem sie das Normale als gleichsam naturgegebene Disposition charakterisierten und dicke Körper als deviant kennzeichneten: "Normal is natural", bekräftigte Peters und stellte die Natur des menschlichen Körpers als eine vor, die zum „Normalen", das heißt „Gesunden", strebe, wenn man sie nur ließe.[74]

---

69 Ebenda.
70 Peters, Drugs.
71 Lulu Hunt Peters, Answers to Correspondents, in: Los Angeles Times, 24.5.1922, S. II8.
72 Peters, Diet and Health, S. 11; Peters, What's Your Weight.
73 Peters, Diet and Health, S. 28.
74 Ebenda, S. 61. Bei Peters ging es zwar auch um dünne Menschen, die das Kalorienzählen nutzen konnten, um zuzunehmen. Offenbar bestand an solchen Diätempfehlungen durchaus Interesse, wie Briefe zeigen, die Peters von Menschen bekam, die zunehmen wollten (z. B. Peters, Diet and Health, insbes. Kapitel 6; Lulu Hunt Peters, Answers to Correspondents, in: Los Angeles Times, 6.10.1922, S. II10; Lulu Hunt Peters, Answers to Correspondents, in: Los Angeles Times, 14.10.1922, S. II8; Lulu Hunt

Dafür, dass das Kalorienzählen Gewichtsverlust und Gesundheit in Aussicht stellte, verlangte es Wissen und strenge diätische Disziplin. So betonte Peters die Notwendigkeit des Wissenserwerbs über Kalorien, um erfolgreich abnehmen und im „Normalgewicht" bleiben zu können. Zur Veranschaulichung erzählte sie etwa in einer Kolumne aus dem Mai 1922 die Geschichte einer Frau, die behauptet hatte, nur 2000 Kalorien täglich zu essen und trotzdem kein Gewicht zu verlieren. Erst nach langen Gesprächen habe sich herausgestellt, dass diese täglich auch noch den Saft von 6 bis 8 Orangen getrunken habe, also etwa 500 Kalorien zusätzlich aufnahm, wie Peters vorrechnete. "Can you see how important the knowledge of the fuel or caloric value of food is?", schloss sie ihre Geschichte.[75]

Aus einer Vorsorge-Perspektive besonders interessant ist die zentrale Rolle, die Peters diesem neuen Wissen zuwies. 1922 räsonierte sie in einer Kolumne mit dem Titel „A Disgrace to be Fat", dass Körperfett bis dato zwar durchaus negativ konnotiert, nicht aber eine „Schande" gewesen sei. Bislang hatte es, wie sie betonte, nicht genug öffentlich zugängliches diätetisches Wissen gegeben, nach dem sich Individuen hätten richten können.[76] Das war für sie nun offenbar anders. Nicht zuletzt durch ihr Buch und ihre Kolumne sei die Öffentlichkeit mittlerweile geradezu reichhaltig mit kalorischem Wissen versorgt worden. Interessierte erhielten Informationen zur Bestimmung von Kalorien, zum täglichen Bedarf an Kalorien, aber etwa auch zu den Anteilen an Fett, Kohlenhydraten und Proteinen in ihrer Nahrung. Peters versorgte ihre Leser mit langen Listen von 100-Kalorie-Portionen sowie den kalorischen Werten typischer Lebensmittelmengen, wie einer Scheibe Brot.[77] Nun, so Peters, konnte jede wissen, was gegen Körperfett getan werden konnte. Aus diesem Grund wurde Dicksein, wie sie nahelegte, „schandhaft".[78] In dieser Lesart wurde Körperfett zu einem vermeidbaren Risiko; das kalorische Wissen macht es jedem Individuum möglich, „Übergewicht" vorzubeugen. Damit ging aber auch eine gleichsam moralische Pflicht jedes Einzelnen einher, diese Möglichkeit zu nutzen – oder sich in Gefahr zu begeben, als „Schande" zu gelten.[79]

Peters Bemerkungen kennzeichnen ein zentrales Charakteristikum der sich entwickelnden Wissensgesellschaft in der *Progressive Era*: Vor dem Hintergrund des zeitgenössischen Strebens nach der Gestaltung von Gesellschaft auf Grundlage wissenschaftlicher Erkenntnisse konnte ein Handeln, das sich scheinbar nicht an diesem, vermeintlich objektiven Wissen orientierte, als biopolitisches Problem wahrgenom-

---

Peters, Answers to Correspondents, in: Los Angeles Times, 7.12.1922, S. II5). Aber auch diese Bemühungen stabilisierten die Vorstellung eines anzustrebenden Normalgewichts.
75 Peters, Small Appetite Myth.
76 Peters, Disgrace.
77 Peters, Diet and Health, S. 24–51. Zur Geschichte von 100-Kalorie-Portionen s. auch Mackert, Feeding Productive Bodies.
78 Peters, Disgrace.
79 Vgl. Bröckling, Vorbeugen, S. 40.

men werden.⁸⁰ Besonders deutlich wird dies in der folgenden Erklärung, die Peters in der dritten Ausgabe ihrer Kolumne als Vordruck lieferte, den alle ausfüllen sollten:

> "Whereas
> I am over-weight and I realize that by reducing I can improve my health, efficiency and happiness, and
> Whereas,
> I am one of the units of a great public, and the improvement of the health of its units means the improvement of the health of this great public, and
> Whereas,
> I realize my responsibility in the improvement of the public health,
> Therefore,
> I desire to join your Watch-your-weight Class, and I promise I shall follow its directions in so far as is within my power. I shall play the game and do my part. I shall not cheat nor squeal. I promise.
> (Signed.)"⁸¹

Dieses Gelöbnis („pledge") verdeutlicht den biopolitischen Einsatz des Abnehmens: Es sollte als allgemeine Bürgerpflicht wahrgenommen und von jedem Einzelnen durchgeführt werden. Schließlich knüpfte das *pledging* unmittelbar an eine Kampagne an, in der sich während des Ersten Weltkrieges mehr als 14 Millionen Amerikanerinnen durch ihre Unterschrift selbst verpflichtet hatten, Lebensmittel einzusparen, damit die USA ihre Truppen in Europa und die dortige hungernde Zivilbevölkerung verpflegen konnte. Laut Helen Veit beruhte diese Kampagne nicht allein auf sozialer Kontrolle, etwa auf befürchteten Denunziationen jener, die sich nicht an weizen- und fleischfreie Tage hielten. Vielmehr war die Selbstverpflichtung als Selbsttechnologie attraktiv, weil sie eine Möglichkeit bot, Selbstkontrolle, patriotisches Engagement und damit Staatsbürgerschaft zu demonstrieren.⁸² In der Abnehmverpflichtung einige Jahre später ging es nun nicht mehr um Nahrungsmittelhilfe, sondern um die Gesundheit der Nation, zu der ein Individuum durch das Zählen von Kalorien beitragen sollte.⁸³ Peters forderte ihre Leser sogar auf, die unterschriebene Erklärung an sie zu schicken oder zumindest anderen gegenüber eine solche Erklärung abzugeben, damit sie sich „schämten zu scheitern".⁸⁴ Angesichts dieser sozialen Rahmung

---

80 Lears, Rebirth of a Nation; Mackert, Making Food Matter. Zur Biopolitik Michel Foucault, In Verteidigung der Gesellschaft. Vorlesungen am Collège de France (1975–76), Frankfurt a. M. 1999 [1997]; ders., Geschichte der Gouvernementalität II: Die Geburt der Biopolitik, Frankfurt a. M. 2004; Rose, Politics of Life.
81 Lulu Hunt Peters, Signing the Pledge, in: Los Angeles Times, 27.4.1922, S. II6.
82 Veit, Modern Food, S. 19.
83 Zur zeitgenössischen ökonomischen und eugenischen Legitimation einer solchen „Gesundheitsverpflichtung" (Tanner, Nahrung als Gesundheitsprävention, S. 49) s. Mackert, Feeding Productive Bodies.
84 Peters, Diet and Health, S. 93; Peters, Signing the Pledge.

erfüllte das *pledging* die Funktion einer Selbsttechnologie, die Willensstärke des erfolgreichen Bürgers und dessen Durchhaltevermögen nicht nur demonstrieren, sondern auch befördern sollte. Peters begründete die Notwendigkeit dieser Demonstration mit der schwachen Willenskraft, die sie ihrer Zielgruppe zuschrieb: "You will need all the aid you can get to strengthen your will, for it is as flabby as weak jello. I know."[85] Den Verweis auf mangelnde Willensstärke begründete Peters treffsicher mit der Analogie zum „schwabbeligen" und „schwachen" Pudding – der auch als Umschreibung von Körperfett zu lesen war. Geistige und körperliche *softness* galt seit dem späten 19. Jahrhundert als ausdrucksstarkes Symptom zivilisatorischer Schwäche, was mit der zunehmenden Problematisierung von Körperfett korrespondierte und dazu beitrug, dass es zunehmend mit weiblichen und als „primitiv" gedachten Körpern assoziiert wurde.[86]

Auf welche Weise Peters ihre Zielgruppe in die Lage versetzen wollte, selbst tätig zu werden, zeigt sich aber nicht allein in den Praktiken des *pledging*, sondern auch in der weiteren Anlage von Buch und Kolumne. Sie begriff das Lesen ihres Buches als eine Art Studienprogramm. An das Ende jeden Kapitels stellte sie eine Reihe von Wiederholungsfragen, die für den Lernerfolg wichtig seien. Diese waren meist recht schlicht gehalten: Abnehmwillige sollten etwa auswendig lernen, wie sich das Normgewicht berechnete und die Kalorie definierte oder wie hoch der tägliche kalorische Bedarf sowie der Kaloriengehalt ihrer bevorzugten Speisen war. Dies wurde auch in der Kolumne abgefragt.[87] Bisweilen waren diese Fragen jedoch reflexiver und zielten auf eine Selbstkontrolle der Leserinnen: "How many calories of bread and butter do you daily consume?", fragte Peters etwa, und fuhr fort: "Reckon your usual caloric intake. How much of it is in excess of your needs?"[88] Mit solchen Strategien zielte die Ärztin darauf, ihren Leserinnen das kalorische Wissen zu verinnerlichen: "You should know and also use the word calorie as frequently, or more frequently, than you use the words foot, yard, quart, gallon, and so forth [...]. Hereafter you are going to eat calories of food. Instead of saying one slice of bread, or a piece of pie, you will say 100 Calories of bread, 350 Calories of pie."[89] Essen und Kalorienanzahl sollten nicht nur untrennbar miteinander verknüpft werden, der Energiewert sollte auch als zentrales Merkmal der Speisen hervortreten. Hier wird besonders deutlich, wie das Kalorienzählen Ernährung zu einem vermeintlich rationalisier- und quantifizierbaren Prozess machte, in dem sich die Essenden den vermeintlich objektiven Zahlen unterwerfen

---

85 Peters, Signing the Pledge.
86 Vester, Regime Change, S. 41, 46, 53, 58; Griffith, Apostles of Abstinence; Martschukat, Physical Culture.
87 Peters, Diet and Health, z. B. S. 22, 29; Peters, Calories Needed.
88 Peters, Diet and Health, S. 53.
89 Ebenda, S. 24.

sollten.⁹⁰ Gleichzeitig taucht das zählende Subjekt hier als Souverän auf, das sein Essverhalten steuern kann.

In diesem Zusammenhang deutet sich bereits an, dass es zu einseitig wäre, das Kalorienzählen allein als Normierungs- oder Disziplinierungstechnik zu verstehen. Die Bereitstellung und das Lernen neuen Wissens versprachen zugleich neue Freiheiten, die das Kalorienzählen attraktiv erscheinen ließ: Zum einen sollte es Jeden in die Lage versetzen, die eigene Ernährung selbst zusammenzustellen. Profundes kalorisches Wissen befähigte in diesem Verständnis die Abnehmenden, ihre Ernährung von nun an selbständig kontrollieren zu können – freilich ohne sich gänzlich von der Expertise zu entkoppeln.⁹¹ Zweitens stellte das Kalorienzählen die Freiheit in Aussicht, prinzipiell alles essen zu können.⁹² Peters verwarf die bis dato vorherrschenden Diätempfehlungen, die primär auf der Vermeidung bestimmter Lebensmittel basierten. Diese seien freudlos und daher schon von vornherein zum Scheitern verurteilt. Sie propagierte das Kalorienzählen als einen individuellen Weg aus dieser Malaise, auf dem man sich zumindest gelegentlich dem Genuss hingeben dürfe: "You may eat just what you like – candy, pie, cake, fat meat, butter, cream – but – *count your calories!*"⁹³ Das mahnende „count your calories" verweist auf enge Grenzen, die diesem Genuss gesetzt wurden; Grenzen, die Kalorienzählen als eine Vorsorgepraktik etablierten, die eine ständige Arbeit an sich selbst erforderte. Der „price of liberty", wie Peters betonte, war das konstante Bemühen darum, die zulässige Kalorienzahl nicht zu überschreiten.⁹⁴

Schon an dieser fast lapidaren Äußerung lassen sich zentrale Aspekte einer Geschichte der Vorsorge aufzeigen. Denn die individuelle Freiheit war eng an die Selbstverpflichtung des Individuums gekoppelt, die Freiheit „richtig" zu nutzen.⁹⁵ Das bedeutete eben auch, sich auf einen nie endenden Prozess des Zählens einzulassen. Peters beschwerte sich in diesem Zusammenhang über Abnehmwillige, die sie fragen würden, ob sie auch weiter Kalorien zählen sollten, nachdem sie das „Normalgewicht" erreicht hätten. "The answer is,—Yes!", stellte die Ärztin schon auf den ersten Seiten ihres Buches klar, und propagierte das Kalorienzählen als kontinuierliche Selbsttechnik: "You will always have to keep up dieting, just as you always have to keep up other things in life that make it worth living—being neat, being kind, being tender; reading,

---

90 Mudry, Measured Meals, z. B. S. 43.
91 Peters, Diet and Health, S. 88.
92 Lulu Hunt Peters, Counting Calories, in: Los Angeles Times, 6.5.1922, S. II8.
93 Peters, Diet and Health, S. 21 f., 84. Hervorhebung im Original.
94 Ebenda, S. 22.
95 Vgl. Susanne Krasmann, Regieren über Freiheit, in: Kriminologisches Journal 31 (1999), S. 107–121; Mitchell Dean, Governing Societies. Political Perspectives on Domestic and International Rule, London 2007; Jürgen Martschukat, Die Ordnung des Sozialen. Väter und Familien in der amerikanischen Geschichte seit 1770, Frankfurt a. M. 2013, S. 20 f.

studying, loving."[96] Zwar erlaubte die „maintanance diet", also die zum Halten des „Normalgewichts" erforderliche Ernährungsweise, eine höhere Kalorienzahl als eine Abnehmdiät, es sei aber nach wie vor unerlässlich, sowohl Kalorien zu zählen als auch das eigene Gewicht zu beobachten, denn: "Nature always Counts".[97]

Das Versprechen der Mess- und Kalkulierbarkeit von Gewichtszunahme suggerierte somit deren Verhinderbarkeit. Niklas Luhmanns vielzitierte Unterscheidung von Gefahr und Risiko aufgreifend, ließe sich argumentieren, dass *fatness* in diesem Prozess von einer Gefahr zu einem Risiko verwandelt wurde, also zu etwas, was sich berechnen und vermeiden ließ. Während die Berechenbarkeit im Risikobegriff vor allem auf statistische Wahrscheinlichkeiten verweist, war „Übergewicht" in der Logik der Kalorie indes durch ein direktes Kausalitätsverhältnis gekennzeichnet.[98] Es ist der Kalorie und ihrer Rationalisierung des Verhältnisses von Ernährung, Körpergewicht und Gesundheit zu verdanken, dass Diäten im Laufe des frühen 20. Jahrhunderts nicht nur Mittel zur Fettabnahme blieben, sondern auch zur Prävention, zur Vermeidung zukünftigen Zunehmens praktiziert wurden. Das Kalorienzählen machte also aus der Vorsorge durch Ernährung die Prävention von „Übergewicht". Konstitutiv für diese Vorsorge- und Präventionspraktiken war es, dass sie in der Verantwortung der kalorienzählenden Subjekte lag: Wenn der Kaloriengehalt der Nahrung entscheidend für Körpergewicht und -umfang war und wenn „Übergewicht" zu Krankheiten führte, war deren Prävention ein nie endendes Unterfangen, das die Subjekte zur unablässigen Arbeit an sich selbst aufforderte.[99]

840 Kalorien zum Schluss

Als Hillary Clinton während ihrer Präsidentschaftswahlkampagne im Frühjahr 2015 Halt bei *Chipotle* machte, einer US-amerikanischen Fast-Food-Kette, wusste das Land kurz darauf, dass sie 840 Kalorien zu sich genommen hatte. Eine Überwachungskamera hatte den Restaurantbesuch aufgenommen. „New York Times"-Journalist Kevin Quealy benutzte den Kalorienrechner auf der *Chipotle*-Homepage, um auszurechnen, wie viele Kalorien Clinton durch ihre Wahl des „chicken bowl" mit „white rice, black beans, fresh garden salsa, shredded cheese, lettuce and guacamole" konsumiert hatte.[100] Neben der Kalorienzahl interessierte Quealy die Vergleichbarkeit von

---

96 Peters, Diet and Health, S. 18. Hervorhebung im Original.
97 Peters, Drugs; Peters, Diet and Health, S. 78, 80.
98 Vgl. Bröckling, Vorbeugen, S. 40; Robert A. Aronowitz, Die Vermengung von Risiko- und Krankheitserfahrung, in: Lengwiler/Madarasz, Das präventive Selbst, S. 355–383, hier S. 357.
99 Vgl. Bröckling, Vorbeugen, S. 38 f.; Tanner, Nahrung als Gesundheitsprävention, S. 44.
100 Kevin Quealy, Hillary Clinton's Chipotle Order: Above Average, in: New York Times, 14.4.2015, URL: http://www.nytimes.com/2015/04/15/upshot/hillary-clintons-chipotle-order-above-average.

Clintons Bestellung. Offenbar fiel der Vergleich beruhigend aus: 75 Prozent der bei *Chipotle* bestellten Speisen würden mehr Kalorien enthalten als Clintons Wahl, 75 Prozent mehr Salz und 70 Prozent mehr Fett. Ihre Bestellung sei demnach „gesünder" als die des durchschnittlichen Amerikaners gewesen.[101]

Bemerkenswert ist an diesem Beispiel zum einen, dass die Kalorie offenbar bis in die Gegenwart als Maßeinheit funktioniert, die Auskunft über den Zusammenhang von Ernährung und Gesundheit geben kann – ein Zusammenhang, dessen scheinbare Kalkulierbarkeit Prävention möglich macht. Zum anderen ist es bezeichnend für die historische Reichweite der Beziehung zwischen Kalorienzählen und Prävention, dass der Kaloriengehalt von Clintons Mahlzeit in den „New York Times" veröffentlicht und diskutiert wurde. Auf dem Prüfstand standen hier nicht nur Gesundheit und Körpergewicht der Politikerin (Letzteres wurde zuvor bereits diskutiert),[102] sondern ebenso ihre Fähigkeit zur Selbstsorge. Gerade die Abgrenzung von „gewöhnlichen" Amerikanerinnen und Amerikanern, die laut Quealy durchschnittlich über 1000 Kalorien pro Mahlzeit bei *Chipotle* konsumieren würden,[103] ließ Clinton als vorsorgendes Subjekt und damit als disziplinierte, verantwortungsbewusste und vorausschauende Politikerin hervortreten.

Anhand der Geschichte der Kalorie ließ sich zeigen, wie sie das kalorienzählende Individuum als eigenverantwortliches und freies Subjekt hervorbrachte, das als solches gleichwohl erst in seiner Verstrickung in das Kalorienzählen erkennbar war. Die Kalorie versah Diäten mit einem Freiheitsversprechen, das sie von disziplinarischen Zugriffen unterschied, obgleich es an die Einhaltung klarer Regeln geknüpft war. Die Kalorie wird zudem sichtbar als Vehikel einer Vorsorgeverpflichtung, die den Subjektstatus in erster Linie an Körperumfang und Ernährungsweisen ablesbar machte. Dass dies bis in die Gegenwart ebenso populär wie plausibel erscheint, fordert dazu auf, die Geschichte der Kalorie weiter zu schreiben – als Geschichte von Vorsorge, Körpertechniken und der Ordnung des Sozialen.[104]

---

html?_r=0 (letzter Zugriff am 17.11.2015). Siehe auch Christoph Ribbat, Clinton, Chipotle, and the Calorie Counters: How (Not) to Think about Restaurants, in: FoodFatnessFitness – Critical Perspectives, 19.5.2015, URL: http://www.foodfatnessfitness.com/ (letzter Zugriff am 10.11.2015).
101 Quealy, Above Average.
102 Z. B. Tara Kelly, Hillary Clinton "Overweight", Author Ed Klein Tells Fox News, in: Huffington Post, 6.6.2012, URL: http://www.huffingtonpost.com/2012/06/06/hillary-clinton-overweight-ed-klein-fox-news_n_1574195.html (letzter Zugriff am 17.11.2015); Amy Chosick, He Tells the Clintons How to Lose a Little. Dr. Mark Hyman: Advising the Clintons on Their Health, in: New York Times, 11.4.2014, URL: http://www.nytimes.com/2014/04/13/fashion/dr-mark-hyman-clintons-health.html (letzter Zugriff am 17.11.2015).
103 Quealy, Above Average.
104 Mein Dank geht an die Volkswagen-Stiftung für die Förderung des Schlüsselthemen-Projektes „Ernährung, Gesundheit und soziale Ordnung", in dessen Rahmen dieser Text entstanden ist, sowie an Malte Thießen, Nicolai Hannig und Angelika Reizle.

Lucian Hölscher
Vorsorge als Zukunftshandeln

Versuch einer theoretischen Bilanzierung im Hinblick auf die Geschichte der Zukunft

1 Ein einfaches Gedankenmodell

Vorsorge ist, wie in den Beiträgen dieses Bandes deutlich wird, ein zeittheoretisch komplexer Vorgang, der eng mit Zukunftsentwürfen verbunden ist: Wir entwerfen, indem wir vorsorgen, eine Zukunft, die nicht eintreten soll (Zukunft 1). Diese Zukunft hat die Gestalt einer Gefahr, die es abzuwehren gilt. Dazu werden Maßnahmen geplant und ergriffen, die das Eintreten dieser Gefahr verhindern sollen: In ihnen scheint so eine weitere Zukunft auf, die zur ersten Zukunft im Verhältnis der Negation steht (Zukunft 2). Später wird man sehen, wie weit es tatsächlich gelungen ist, die Gefahr zu bannen. Sollte sich dabei herausstellen, dass dies nicht gelungen ist, wird nach Gründen dafür gesucht. Dabei stößt man eventuell auf ungewollte Folgen der bislang vorgesehenen Gegenmaßnahmen, oder auch auf Faktoren, die zuvor nicht bedacht worden sind: In beiden Fällen entsteht aus solchen Beobachtungen eine neue Gefahrendiagnose (Zukunft 3), die wiederum durch neue Gegenmaßnahmen konterkariert werden soll. Auch diese enthalten wieder eine Zukunftsperspektive (Zukunft 4) usw. Im Folgenden soll daher der Versuch gemacht werden, die in diesem Band vorgestellten Figuren und Felder der Vorsorge in den Entwurf einer Geschichte der Zukunft einzuzeichnen.[1]

Die Beiträge zu diesem Sammelband enthalten viele Beispiele für eine solche diachrone Logik des Antwortens neuer auf ältere Zukünfte. Häufig beschränken sich Vorsorgekonzepte dabei auf die ersten beiden Stufen, auf die Folge von Gefahrenidentifikation und -abwehr. *Nina Mackert* etwa schildert in ihrem Beitrag zu den neuen Diätstrategien um 1900 zunächst zeitgenössische Vorstellungen von der Gefahr des Übergewichts durch zu viel und falsche Nahrungsaufnahme, auf die die Selbstkontrolle der Esser durch das Zählen der aufgenommenen Kalorien in der diätetischen Ratgeberliteratur antwortete. Schon hier ging es nicht allein darum, eine drohende Zukunft zu verhindern, sondern zugleich auch darum, eine neue Zukunft herbei-

---
[1] Vgl. Lucian Hölscher, Zukunft und Historische Zukunftsforschung, in: Friedrich Jaeger/Burkhardt Liebsch/Jürgen Straub/Jörn Rüsen (Hrsg.), Handbuch der Kulturwissenschaften, Bd. 1, Stuttgart 2004, S. 401–416; ders., Historische Zukunftsforschung – eine Besprechung der neueren Literatur, in: Neue politische Literatur 61 (2016), S. 47–62; ferner ders. (Hrsg.), Die Zukunft des 20. Jahrhunderts. Dimensionen einer historischen Zukunftsforschung, Frankfurt a. M. 2017.

zuführen. Die Diät sollte schließlich nicht nur zum *status quo ante* zurückführen, sondern leitete zugleich zu einem neuen Idealbild vom Essenden als selbstverantwortlichem Subjekt an. Auch *Frank Becker* schildert in seinem Beitrag am Beispiel der Vorsorgepolitik deutscher Unternehmer gegen die vorzeitige Erschöpfung der Arbeitskraft ihrer Mitarbeiter den Aufbau eines negativen Zukunftsszenarios in den 1920er Jahren. Diesem versuchte die Unternehmensführung durch Einführung von regelmäßigen Pausen, von Sport und Freizeitangeboten für die Belegschaft zu begegnen. Auch in seinem Fall ging es nicht allein um die Vermeidung einer bestehenden Gefahr, sondern zugleich auch um ein neues Unternehmensbild, in dem die Erhaltung und Regeneration der Arbeitskraft eine zentrale Rolle spielte.

Die Beispiele ließen sich vermehren. Einige Beiträge gehen in der Dialektik von Gefahrenidentifikation und vorsorgender Gefahrenabwehr aber noch darüber hinaus. *Fabian Klose* etwa beschreibt anhand der internationalen Ächtung des Sklavenhandels im frühen 19. Jahrhundert nicht nur die Durchsetzung eines humanitären Interventionsrechts im internationalen Recht, das der Führungsmacht England die Zerstörung und Kontrolle des Sklavenmarkts in Afrika erlaubte. Darüber hinaus zeichnet er auch die Diskreditierung dieses Interventionsrechts wiederum durch die Kolonialpolitik von Ländern wie Deutschland im 20. Jahrhundert nach, die damit ihre weitreichenden Eingriffe in die inneren Angelegenheiten der von ihnen abhängigen Kolonialvölker rechtfertigten. Hier ging es also nicht nur um die Ablösung eines negativen durch ein positives Zukunftsbild, sondern auch noch um negative Folgeerscheinungen dieses zweiten Zukunftsbildes (Zukunft 3), auf die wiederum mit einem neuen Zukunftsbild (Zukunft 4) geantwortet wurde. Konkret: Das auf den Missbrauch des internationalen Interventionsrechts durch einzelne Kolonialmächte reagierende Zukunftsbild einer Weltgesellschaft gleichberechtigter Nationen nach 1945 wurde seit den 1960er Jahren noch einmal durch ein neues Leitbild internationaler Interventionen bei großen Naturkatastrophen und Völkermorden revidiert. Dessen Subjekt waren nun allerdings nicht mehr die führende Weltmacht Amerika, sondern die Vereinten Nationen selbst. Auch die von *Martin Lengwiler* geschilderte Risikokalkulation im Versicherungswesen, die seit den 1980er Jahren dazu führte, dass Ausfallrisiken, in eine Anleihe verpackt, auf dem Finanzmarkt als Derivate angeboten wurden, zielte zunächst nur auf eine Verteilung des Risikos auf dem ungemein kapitalkräftigen globalen Finanzmarkt. Doch in der Finanzkrise von 2008 zeigten sich die gesteigerten Risiken einer solchen Risikominderung: Eine neue bedrohliche Zukunft wurde sichtbar, die nur durch zusätzliche Regularien wieder eingefangen werden konnte.

Besonders komplex ist die Präventionsgeschichte, die *Benjamin Herzog* am Beispiel des in der Atomindustrie seit den 1950er Jahren diskutierten Problems des „menschlichen Versagens" vorstellt. Dabei ging es um die Frage, wie Störfällen in Kernkraftwerken (Zukunft 1) vorgebeugt werden könne. Die Antwort wurde in der Bundesrepublik der 1950er und 1960er Jahre zunächst in der extensiven Zurichtung menschlicher Kontrollmechanismen (Zukunft 2) gesucht, bevor man in den 1970er Jahren auf automatische Kontrollen durch die eingesetzte Technik selbst (Zukunft

4) umstellte. Schon dieser Wechsel war aus Enttäuschungserfahrungen (Zukunft 3) entsprungen, die man mit der Fähigkeit zur konsequenten Kontrolle der Atomtechnik gemacht hatte. Allerdings erwies sich auch der neue Versuch des Umgangs mit menschlichem Versagen auf die Dauer als unzureichend (Zukunft 5), sodass nun eine Anpassung der Technik an die grundsätzlich niemals auszuschließende Fehlerhaftigkeit menschlichen Verhaltens gefordert wurde (Zukunft 6). Im Verlauf des Wechsels der Präventionslogiken zeichnete sich ein jeweils gewandeltes Zukunftsbild sowohl von der Gefahrenquelle als auch von ihrer erfolgreichen Bewältigung ab. Dabei wandelte sich die Rolle des Menschen vom Dompteur zum Partner der Technik und schließlich zu einer autonomen Größe, an deren Bedingungen sich die Technik anzupassen habe.

2 Viele Zukünfte: Was lernen wir aus diesem Gedankenmodell?

1. Die Zukunftsentwürfe der Vorsorge bilden im zeitlichen Verlauf ihres Wechsels einen Zusammenhang, bei dem jedes Zukunftsmodell auf das ihm vorausgehende Bezug nimmt: Auf das Bild der Gefahr folgt das Bild ihrer erfolgreichen Verhinderung bzw. Bewältigung, auf dieses das Bild einer entweder weiter anhaltenden oder das einer gewandelten Gefahr, das auf dem Eingeständnis der Erfolglosigkeit früherer Gegenmaßnahmen beruht. Aus diesem folgt wiederum das Bild einer erneuten Gefahrenbewältigung usw. All diese Zukunftsbilder stehen im Idealfall im Verhältnis eines Lernerfolgs zueinander. Die Zukunftsmodelle werden, so hoffen die Experten, mit der Zeit realistischer, indem sie sich, aus dem Fehlschlag der vorangegangenen Schlüsse ziehend, zunehmend der Realität anpassen.

2. Mit diesem Lernerfolg wird implizit eingestanden, dass Zukunftsentwürfe der Vorsorge per se unzuverlässig und unzureichend sind. Denn sie beschreiben zum einen eine Gefahr, deren Eintreten meist keineswegs sicher ist, sondern oft nur als Möglichkeit besteht. Und der Zukunftsentwurf, mit dem ihr begegnet wird, ist meist kein Produkt professioneller Arbeit, sondern beruht auf halbgaren Wunschvorstellungen. Zum anderen privilegieren sie notwendigerweise eine bestimmte Gefahr gegenüber anderen, oft ebenso möglichen Gefahren bei den Gegenmaßnahmen, die sie einfordern. Ungewiss ist so nicht nur ihr Eintreten als solches, sondern auch ihr relatives Gewicht im Spektrum anderer Gefahren, die ebenfalls eintreten können und gegen die Maßnahmen zu ergreifen, bei begrenzten Mitteln, vielleicht noch wichtiger sein könnte.

3. Eine besondere Qualität der hier ins Auge gefassten Vorbeugemaßnahmen liegt darin, dass im Zuge der Vorsorge gegen mögliche Gefahren zwar neue Zukünfte entworfen, aber eigentlich keine gewonnen werden: Treten nämlich – dies der eine Fall – die gezeichneten Gefahrenszenarien ein und greifen die Vorsorgemaßnah-

men, so ist zunächst nur eine (drohende) Zukunft abgewehrt, noch keine neue (wünschenswerte) Zukunft gewonnen. Solange die sorgende Abwehr letztlich nur auf die Wiederherstellung des *status quo ante* zielt, ist es so, als sei eigentlich keine Zeit im Sinne einer qualitativen Veränderung verstrichen. Treten dagegen die vorgezeichneten Gefahren nicht ein – dies der andere Fall – so bleibt oft unklar, ob dies den getroffenen Gegenmaßnahmen zu verdanken ist oder ob die Gefahr nicht auch ohne Vorsorge nie eingetreten wäre.

4. Schließlich ist im Laufe der Zeit häufig eine grundsätzliche Veränderung der Bewertungsmaßstäbe zu beobachten, anhand derer eine Gefahr gezeichnet oder eine Vorsorgemaßnahme gegen sie getroffen wurde. Sobald die Gefahr gebannt oder die erwünschte Zukunft eingetreten ist, kann es passieren, dass die Menschen mit der Erfüllung ihrer Wünsche nicht mehr zufrieden sind. Die Durchsetzung des Konzepts der autogerechten Stadt in der bundesdeutschen Stadtplanung der 1960er Jahre kann dafür als Beispiel dienen. Eine Veränderung der Bewertungsmaßstäbe ist auch im umgekehrten Fall zu beobachten, wenn Menschen zum Beispiel froh darüber sind, dass es nicht so kam wie einst erhofft oder erwartet. Das Scheitern sozialistischer Gemeinschaftsprojekte wie das der Lebenskommunen bot dafür in den 1970er Jahren etliches Anschauungsmaterial. Ein weiterer Fall glücklich nicht eingetretener Entwicklungen liegt in der von manchen Stadtplanern nach dem Ersten Weltkrieg geplanten Auflösung großer Städte zugunsten von kleinen Landgemeinden: Angesichts der Steigerung der Lebensqualität in vielen europäischen Städten im Laufe des 20. Jahrhunderts ist es äußerst unwahrscheinlich, dass die Masse der Bevölkerung mit einer solchen Maßnahme glücklich geworden wäre.[2] Nichts ist in der Prognostik schwerer einzufangen als der Wandel der Bewertungsmaßstäbe, mit deren Hilfe wir über die Wünschbarkeit einer kommenden Entwicklung oder Situation urteilen.

5. Wie immer es sich allerdings mit der Dialektik von Erwartungen von kommenden Gefahren und der Erfahrung mit getroffenen Vorsorgemaßnahmen auch verhält, so viel ist klar: Menschliches Handeln ist in unserer geschichtlich aufbereiteten modernen Welt ohne das Entwerfen von Zukünften offenbar nicht möglich. Dies gilt sowohl im intentionellen Sinne von Zukünften, deren Realisierung bzw. Verhinderung die Handelnden selbst im Sinn haben, als auch im nicht intendierten Sinne von Zukünften, die wir – im Vor- oder Nachhinein – als mögliche oder gar notwendige Implikationen von Handlungen identifizieren.

---

2 Bruno Taut, Die Auflösung der Städte, oder: die Erde, eine gute Wohnung, oder auch: Der Weg zur Alpinen Architektur, Hagen 1920.

3 Vorsorge als vergangener Zukunftsentwurf

Vorsorge ist Teil und Ausdruck jeder Geschichte der Zukunft. Gerade weil Vorsorge immer kontingent ist, setzt sie immer neue Zukünfte frei und bedient so den ewigen Kreislauf von Erwartung und Enttäuschung. Anders als der geschichtliche Rückblick, der stets das Ganze der Vergangenheit berücksichtigen muss, richtet sich Vorsorge dabei immer nur auf partielle Dinge: auf eine drohende Gefahr, eine bestimmte Tendenz der Entwicklung, eine konkrete Hoffnung usw. So konnte Vorsorge, wie *Christoph Strupp* in diesem Band am Beispiel der Hamburger Hafenerweiterung zeigt, in den 1960er Jahren darin bestehen, für eine künftige Hafenerweiterung Bauland an der Elbe bereitzustellen. Solche Vorsorgepolitik sah sich dann jedoch, für die Vertreter dieser Planungspolitik offenbar zunächst unabsehbar, konfrontiert mit gewichtigen Einwänden, die zum Teil gerade aus der Vorsicht gegenüber falschen Prognosen und Versprechungen entsprangen: etwa dem Einwand, dass es unrechtmäßig sei, Enteignungen von Bauland für unbestimmte und private Zwecke vorzunehmen, die konkret noch gar nicht geplant seien. Unvorhersehbar für die Planer der 1960er Jahre war auch die Ende der 1970er Jahre weltweit zum Standard werdende Containerverschiffung von Gütern, die ganz neue Anforderungen an den Hafenausbau stellte, oder das Aufkommen konkurrierender gesellschaftspolitischer Zielvorstellungen wie die ökologische Umweltpolitik und die Forderung nach einer stärkeren wirtschaftlichen Diversifizierung der Stadt, die nicht in erster Linie auf den Seehandel setzte. Jegliche Vorsorge stößt bei der Berücksichtigung solcher Faktoren an Grenzen der Vorhersehbarkeit. Rückblickend muss eine Geschichte der Zukunft dagegen auch die faktisch ausgeblendeten, nicht intendierten und nicht vorausgesehenen Folgen älterer Vorsorgemaßnahmen thematisieren: etwa die eingetretenen Umweltschäden oder die sozialen Folgelasten für diejenigen, die unter dem Hafenausbau zu leiden hatten. Solche Folgen müssen auch dann als implizite Zukunft der Hafenerweiterung zugerechnet werden, wenn sie nicht im Zukunftshorizont der vorsorgenden Bauplaner lagen.

Jede retrospektive Geschichte der Zukunft überschreitet also notwendigerweise den Horizont der Vorsorge, wenn sie aus einer zukunftsgerichteten Anstrengung von Planern und Prognostikern zu einer rückblickenden Aufarbeitung von Historikern wird. Dabei muss sie neue Parameter in ihre Betrachtung aufnehmen: etwa Fragen des Wertewandels wie die nach der historischen Stabilität von Bedürfnissen und Wertehierarchien, die in der vergangenen Gegenwart unstrittig und dauerhaft erschienen, die sich im Rückblick dann aber als wandelbar erwiesen haben; oder Fragen nach dem künftigen Bedarf und der künftigen Finanzierbarkeit von Vorsorgemaßnahmen, die in der jeweiligen Gegenwart manchmal unbeantwortet bleiben können, sich in Zukunft aber als dringende Fragen herausstellen können. Solche Überlegungen zum Verhältnis von vorausschauender Vorsorge und rückblickender Zukunftsforschung finden ihre Parallele in der in *Rüdiger Grafs* Beitrag herausgearbeiteten Dialektik von Vorsorge und Sorglosigkeit: Verhaltensökonomisch betrachtet setzt, wie Graf deutlich macht, jede Vorsorgemaßnahme die Identifizierung von Sorglosigkeit auf bestimmten

Handlungsfeldern voraus, das heißt von Verhältnissen, die zu einem Zeitpunkt als unproblematisch gelten, ohne es aber, rückblickend betrachtet, tatsächlich zu sein. Umgekehrt eröffnet auch jede Vorsorgemaßnahme wiederum neue Sorglosigkeitspotenziale. Wo diese liegen, zeigt sich meist erst im Nachhinein, wenn sie als Felder neuer Vorsorgebedürftigkeit sichtbar werden.

Der Hinweis auf diese Dialektik verweist nun aber auch auf eine Grenze der Historischen Zukunftsforschung. Diese richtet sich zwar, wie wir sahen, auf einen weit größeren Bereich empirischer Erscheinungen als die Vorsorge, sie wird aber doch begrenzt durch die Aufmerksamkeitsökonomie derjenigen, die überhaupt eine Zukunft entwerfen. „Zukunftsvergessenheit" gehört daher, so kann man Grafs Analyse entnehmen, als notwendiges Gegenstück zur Zukünftigkeit der Geschichte.

4 Geschichtsbrüche

Eines der wichtigsten Probleme, mit denen sich eine Historische Zukunftsforschung zu beschäftigen hat, liegt in dem Umstand, dass vergangenes Handeln, Entwerfen und Entscheiden immer auf Zukunft ausgerichtet war, aber nicht notwendig auf unsere eigene Gegenwart und Zukunft. Als Beispiel hierfür kann die Feier des 1. Mai als Feiertag der Arbeiterklasse seit dem Ende des 19. Jahrhunderts dienen: Sie richtete sich auf eine Menschheit, in der die Arbeiterklasse frei sein werde von materieller Not und politischer Bedrückung; in der ein aufgeklärter Sozialismus den dauerhaften Frieden zwischen Menschen und Völkern garantieren würde. Tatsächlich konnte der schließlich im Osten Europas errichtete Staatssozialismus aber diese Hoffnungen nicht erfüllen und brach daher 1990 zusammen. Das sozialistische Zukunftsprojekt von einst traf in der späteren Gegenwart auf eine Gesellschaft, die sich nicht mehr in der Linie seiner Hoffnungen und Prognosen verorten ließ. Heute war damals keine Zukunft – so wie das Gestern heute keine Vergangenheit mehr ist.

Für die Geschichtsschreibung wirft die Differenz von vergangener Zukunft und heutiger Gegenwart, von damaliger Gegenwart und heutiger Vergangenheit das Problem der historiographischen Aufarbeitung geschichtlicher Brüche auf. Es stellt sich nämlich die Frage, wie dasjenige, was einst als Zukunft entworfen wurde, noch in unsere Gegenwart übertragen, übersetzt und damit zeitgemäß reformuliert werden kann. Geschichtsbrüche stellen sich als historiographisches Problem mindestens auf drei Ebenen:[3]

---

[3] Vgl. Lucian Hölscher, Hermeneutik des Nichtverstehens. Skizze zu einer Analyse europäischer Gesellschaften im 20. Jahrhundert, in: ders., Semantik der Leere. Aufsätze zur Theorie der Geschichte, Göttingen 2009, S. 226–239.

Erstens lassen sie sich als *biographischer Bruch* beobachten: Menschen, die einen Geschichtsbruch durchlaufen haben, wie er gerade im deutschen 20. Jahrhundert gleich mehrfach zu verzeichnen ist, können sich, wie wir heute wissen, häufig selbst nicht mehr in ihrer vergangenen Existenz begreifen. Dies zeigt sich zum Beispiel darin, dass sie sich – wie vor allem die Generation des „Dritten Reichs" nach 1945 – ihren Kindern in ihrer vormaligen Existenz nicht mehr verständlich machen können; oder darin, dass sie, wie viele Überlebende des Holocaust, traumatische Erlebnisse nicht mehr als Teil ihrer Vorgeschichte in ihre Biographie einordnen können.[4] Das Vergangene ist ihnen wie nicht vergangen, sondern in einem für sie bedrohlichen Sinne immer gegenwärtig, vergleichbar den Untoten, die sich nicht in ihre Gräber zurückziehen, sondern unerlöst weiterhin umherirren. Auch ganze Gesellschaften durchlaufen Phasen einer solchen Unerlöstheit, wie die Gerechtigkeitskommissionen in zahlreichen ehemaligen Kolonialgesellschaften gezeigt haben.[5]

Zweitens stellen sich *hermeneutische Brüche* als ein historiographisches Problem: Ein hermeneutischer Bruch liegt vor, wenn sich nicht nur die politischen und sozialen Umstände einer Gesellschaft verändert haben, sondern auch die geistigen und moralischen Orientierungen ihrer Bewertung. Die Wertmaßstäbe, etwa die religiösen und ethischen Begriffe, waren zu ihrer Zeit zwar auf Dauer angelegt, haben sich später jedoch, wie zum Beispiel die Kriegstheologie des Ersten Weltkriegs oder die Volks- und Rassenideologie des Dritten Reichs, als unhaltbar erwiesen.[6] Späteren Generationen ist es in solchen Fällen kaum möglich, die vergangenen Untaten noch zu verstehen, ohne sich der Gefahr auszusetzen, sich mit den Tätern gemein zu machen.

Eine dritte Ebene bilden ästhetische Brüche: Ethische Vorstellungen, Zukunftsentwürfe und andere normative Grundlagen verknüpfen sich in modernen Gesellschaften in der Regel mit ästhetischen Ausdrucksinventaren, zum Beispiel mit Begriffen und Fachsprachen, Bildern und architektonischen Formen. Ein gutes Beispiel hierfür bietet die Architektur der klassischen Moderne: Siedlungsbauten im Stil des Bauhauses etwa enthielten in den 1920er Jahren zahlreiche positive Versprechen wie gesundes Leben, rationale Organisation des Lebens, lebendige und egalitäre Strukturen der sozialen Kommunikation, Absage an überlebte geistige und Sozialformen u. a. m. Spätestens in den Großbausiedlungen der 1950er Jahre hatten sich die Versprechen jedoch als falsch erwiesen, wenn diese Wohnanlagen zu sozialen Brennpunkten geworden waren, in denen niemand mehr leben wollte.[7] Auch in diesen

---

4 Vgl. Svenja Goltermann, Die Gesellschaft der Überlebenden. Deutsche Kriegsheimkehrer und ihre Gewalterfahrungen im Zweiten Weltkrieg, Stuttgart 2009.
5 Vgl. Berber Bevernage, Time and Justice. History, Memory, and State-Sponsored Violence, London 2011.
6 Vgl. Hölscher, Hermeneutik des Nichtverstehens, in: ders., Semantik der Leere, S. 226–239.
7 Vgl. ders., Die Entdeckung der Zukunft, Göttingen ²2016, S. 175–199.

Fällen lässt sich später kaum noch nachvollziehen, wie sich Menschen in solchen ästhetischen Formen einmal wohlfühlen konnten.

Die vergangene Zukunft, welche sich nicht erfüllt hat, lässt sich im Nachhinein kaum noch in das heutige Verständnis einholen, weil an die Stelle luftiger Gedanken reale Erfahrungen getreten sind, die sie verdrängt und in ihrer Glaubwürdigkeit beschädigt haben. Dieser Vorgang ist in jeder Gegenwart irreversibel im Gange: Aus Möglichkeiten werden entweder Realitäten oder Illusionen, die geistige Antizipation tritt in die Alternative von Wirklichkeit und Fiktion auseinander. Ziel der Historischen Zukunftsforschung ist es jedoch, dieses eherne Gesetz der Transformation von Möglichkeit in Un-/Wirklichkeit zu brechen, indem wir es verflüssigen, das heißt die tatsächliche Möglichkeit des Nichteingetretenen diskutieren und damit die vergessene Geschichte erinnerbar machen.

Der Weg, den die Historische Zukunftsforschung dabei geht, besteht darin, die Vergangenheit von ihrer eigenen Zukunft her zu betrachten und dadurch die kontingenten Bedingungen ihrer Transformation in unsere Gegenwart reflexiv herauszuarbeiten. Hier finden Historische Zukunftsforschung und eine Gesellschaftsgeschichte der Vorsorge wieder zusammen. Die Anstrengung des Historikers richtet sich dabei gewissermaßen gegenläufig zur historistischen Suche nach den Gründen für das, was einst geschah und heute besteht, auf diejenigen Umstände, die verhindert haben, dass das, was einst zu werden drohte bzw. befürchtet wurde, nicht Wirklichkeit werden konnte. Sie vermag auf diesem Wege wenigstens dreierlei zu Tage zu fördern: erstens, welche Motive vormals zu bestimmten Zukunftsentwürfen und Vorsorgemaßnahmen geführt haben: Solche Motive können sowohl im Willen der Handelnden als auch in den Tendenzen einer geschichtlichen Dynamik liegen, die sie damals beobachteten; zweitens, welche Ereignisse und Faktoren dazu geführt haben, dass sich das, was einst als Vermutung und Wunsch der Zeitgenossen nahe lag, tatsächlich realisiert hat; und drittens, wie sich dadurch die gesamte Konstellation verändert hat, in der vergangene Vorstellungen und Ereignisse heute bewertet und eingeordnet werden.

5 Zur Reflexivität historischer Zeiten

Die Differenz zwischen vergangener Zukunft und unserer gegenwärtigen Gegenwart ist konstitutiv für historischen Wandel. Alle älteren Geschichtsmodelle, in denen vergangene Zukunft und gegenwärtige Gegenwart zusammenfielen, haben sich als Illusionen und Scheinlösungen erwiesen: so etwa das von Hegel favorisierte Modell eines absoluten Geistes, dem zufolge sich das Vernünftige in der Geschichte immer durchsetzt; auch das darwinistische Evolutionsmodell, dem zufolge sich dasjenige durchsetzt, was sich am besten an seine Umwelt anzupassen vermag; und auch das von Niklas Luhmann postulierte Modell einer Ausdifferenzierung von gesellschaftlichen Subsystemen, demzufolge sich komplexe gesellschaftliche Systeme gegenüber weniger komplexen Systemen durchsetzen. Wir wissen heute: Das Vernünftige ist nicht schon deshalb vernünftig, weil es sich durchsetzt, Rationalität ist ein historisch und sozial gebundener Wert. Das Starke ist nicht nur kulturschaffend, sondern auch zerstörerisch. Und fortschreitende Komplexität wird durch weniger komplexe Organisationsformen auch wieder unterlaufen.

Das Geschichtsmodell der Historischen Zukunftsforschung geht daher von einer konstitutiven Differenz zwischen der heutigen Gegenwart und der vergangenen Zukunft aus; ebenso aber auch zwischen der gegenwärtigen Zukunft und der zukünftigen Gegenwart und Vergangenheit: Wir können aus der Vergangenheit lernen, dass auch das heutige Bild von unserer eigenen Gegenwart aller Voraussicht nach nicht dem entsprechen wird, das man sich in Zukunft einmal von ihr machen wird. Deshalb richten sich heutige Prognosen auch nicht nur darauf, was später einmal kommen wird, sondern auch darauf, wie sich unsere heutige Gegenwart einmal im Lichte jener Zukunft darstellen wird. Eine der Hauptsorgen, die wir uns heute über die Zukunft machen müssen, ist die, dass sie nicht mehr anschlussfähig ist an unsere Gegenwart; dass, anders gesagt, unsere Vorsorge – etwa bei der Bewahrung des kulturellen Welterbes oder bei der Bewirtschaftung materieller Ressourcen – nicht mehr auf die Bedürfnisse künftiger Generationen trifft.

Das Verhältnis der historischen Zeiten, Vergangenheit, Gegenwart und Zukunft, ist seit den 1960er Jahren, als die Begriffe einer vergangenen/gegenwärtigen/zukünftigen Vergangenheit/Gegenwart/Zukunft von Reinhart Wittram, Reinhart Koselleck, Niklas Luhmann und anderen in die Sozial- und Kulturwissenschaften eingeführt wurden,[8] reflexiv geworden. Nicht mehr die Gegenwart allein steuert die Bilder von Zukunft und Vergangenheit, sondern diese auch umgekehrt die der Gegenwart. Nimmt man solche theoretischen Überlegungen ernst, dann stellen sich die Fragen nach der Zukunft der Vergangenheit neu: Wir möchten nicht nur wissen, was vergangene Zeiten von der Zukunft forderten oder zu wissen glaubten, sondern auch, wie die damalige Vergangenheit und Gegenwart auf Zukunft angelegt war. Welche Versprechen verbanden sich zum Beispiel in den 1960er Jahren mit dem Ausbau der Kernenergie, etwa im Sinne einer Vorsorge für Energieabhängigkeiten und Versorgungslücken, und wo lagen die damaligen Potenziale ihrer möglichen Enttäuschung? Auf welchen Prämissen beruhte ihr Zukunftsentwurf, und wie ließen sich diese Prämissen und Versprechen umsetzen und einlösen? Warum nahmen spätere Zeiten von den Hoffnungen der Kernkraftbefürworter Abstand, welche neuen Erfahrungen durchkreuzten die einmal erhobenen Erwartungen? Schließlich, wie wirken

---

[8] Reinhart Wittram/Hans-Georg Gadamer/Jürgen Moltmann (Hrsg.), Geschichte – Element der Zukunft, Tübingen 1965; Reinhart Koselleck, Vergangene Zukunft. Zur Semantik geschichtlicher Zeiten, Frankfurt a. M. 1979; Niklas Luhmann, Weltzeit und Systemgeschichte. Über Beziehungen zwischen Zeithorizonten und sozialen Strukturen gesellschaftlicher Systeme, in: Peter Christian Ludz (Hrsg.), Soziologie und Sozialgeschichte, Opladen 1973, S. 81–115.

vergangene Vorsorgekonzepte und Zukunftserwartungen, auch nachdem sie einmal diskreditiert und verabschiedet worden sind, subkutan weiter? Denn häufig scheitern Zukunftsentwürfe nur vordergründig und leben als ideeller Unterstrom in der Gesellschaft weiter. Von dort können sie dann, modifiziert, auch wieder hervorgeholt werden, wie etwa das Wiederaufleben der Naturschutzbewegung um 1900 in der Umweltbewegung von 1970 gezeigt hat.

Dank

Vorsorgepakete lassen sich schwer allein tragen. Wir möchten uns daher bei den Autorinnen und Autoren bedanken, die diesen Band zu ihrer Sache gemacht und sich auf die gemeinsame Erkundung einer „Geschichte des Kommenden" eingelassen haben: in Diskussionen auf der Tagung, beim Konzipieren, Verfassen und Überarbeiten ihrer Beiträge.

Ebenso großer Dank gebührt der Redaktion der „Schriftenreihe der Vierteljahrshefte für Zeitgeschichte". Nicht nur ist die Aufnahme in der Reihe eine ebenso große Ehre wie Möglichkeit, die Geschichte des Vorsorgens in der *scientific community* und darüber hinaus vorzustellen. Davon abgesehen haben Johannes Hürter, Thomas Raithel und Angelika Reizle mit großer Geduld und wichtigen Überarbeitungen das Werden des Bandes entscheidend vorangebracht.

Unser besonderer Dank gilt Margit Szöllösi-Janze. Ohne ihre Fürsprache und außerordentliche Unterstützung wäre zum einen die Tagung an der LMU München im Frühjahr 2015 nicht möglich gewesen, auf der wir erste Fassungen der vorliegenden Aufsätze diskutiert haben. Zum anderen hat sie auch danach mit großem Engagement die Veröffentlichung der Beiträge unterstützt.

Abkürzungen

ABS	Asset-Backed Securities
AE	Alternativ-Entwurf
AEA	Atomic Energy Authority
AEC	Atomic Energy Commission
AfS	Archiv für Sozialgeschichte
AG	Aktiengesellschaft
AGI	Archivo General de Indias
AIG	American International Group
AL	Alternative Liste
ALR	Allgemeines Landrecht für die preußischen Staaten
ARD	Arbeitsgemeinschaft der öffentlich-rechtlichen Rundfunkanstalten der Bundesrepublik Deutschland
ASTIN	Actuarial STudies In Non-life Insurance
AW	Atomwirtschaft
BArch	Bundesarchiv
BFSP	British and Foreign State Papers
BGB	Bürgerliches Gesetzbuch
BGBl.	Bundesgesetzblatt
BGM	Betriebliches Gesundheitsmanagement
BMFSFJ/S	Bundesministerium für Familie, Senioren, Frauen und Jugend
B. N.	Bibliothèque Nationale
BRD	Bundesrepublik Deutschland
BVerfGE	Entscheidungen des Bundesverfassungsgerichts
CDU	Christlich-Demokratische Union
CO_2	Kohlenstoffdioxid
CTA	Container-Terminal Altenwerder
DDR	Deutsche Demokratische Republik
DINTA	Deutsches Institut für technische Arbeitsschulung
DM	Deutsche Mark
DPKO	Department of Peacekeeping Operations
Drs.	Drucksache
DVollzO	Dienst- und Vollzugsordnung
DVR	Deutscher Verkehrssicherheitsrat
EU	Europäische Union
EWG	Europäische Wirtschaftsgemeinschaft
FAO	Food and Agriculture Organization of the United Nations
FDP	Freie Demokratische Partei
ft	feet
GAL	Grün-Alternative Liste
GAU	größter anzunehmender Unfall
GESOLEI	Gesundheitspflege, soziale Fürsorge und Leibesübungen

G. m. b. H.	Gesellschaft mit beschränkter Haftung
GRS	Gesellschaft für Anlagen- und Reaktorsicherheit
H.	Heft
HA	Hamburger Abendblatt
HHLA	Hamburger Hafen- und Lagerhaus-Aktiengesellschaft
HZ	Historische Zeitschrift
IAEA	International Atomic Energy Agency
IAM	Integrated Assessment Model
ICISS	International Commission on Intervention and State Sovereignty
IEA	Internationale Energieagentur
IIASA	International Institute for Applied Systems Analysis
IPCC	Intergovernmental Panel on Climate Change
JHET	Journal of the History of Economic Thought
KGaA	Kommanditgesellschaft auf Aktien
KWIfA	Kaiser-Wilhelm-Institut für Arbeitsphysiologie
LKW	Lastkraftwagen
LMU	Ludwig-Maximilians-Universität
MetOffice	Meteorological Office
MBS	Mortgage-Backed Securities
MPU	Medizinisch-Psychologische Untersuchung
m. s.	manuscrit
NATO	North Atlantic Treaty Organization
NDR	Norddeutscher Rundfunk
N. F.	Neue Folge
NRC	Nuclear Regulatory Commission
NRL	Nuclear Reactor Laboratory
NRW	Nordrhein-Westfalen
NS	Nationalsozialismus
NSKK	Nationalsozialistisches Kraftfahrkorps
OECD	Organisation for Economic Co-operation and Development
o. P.	ohne Paginierung
ORNL	Oak Ridge National Laboratory
PKW	Personenkraftwagen
ppm	parts per million
RAND	**R**esearch **AN**d **D**evelopment
RCP	Representative Concentration Pathways
RGSt	Reichsgericht in Strafsachen
RSK	Reaktorsicherheitskommission

R2P	Responsibility to Protect
RWE	Rheinisch-Westfälisches Elektrizitätswerk
SCOPE	Scientific Committee on Problems of the Environment
SED	Sozialistische Einheitspartei Deutschlands
SFB	Sonderforschungsbereich
SPD	Sozialdemokratische Partei Deutschlands
SRES	Special Report on Emissions Scenarios
StaHH	Staatsarchiv Hamburg
StGB	Strafgesetzbuch
StrRG	Erstes Gesetz zur Reform des Strafrechts
StVO	Straßenverkehrsordnung
SV	Sportverein(igung)
SWP	Stiftung Wissenschaft und Politik
taz	Tageszeitung
TMI	Three Mile Island
TNA	The National Archives
TÜV	Technischer Überwachungsverein
UDSSR	Union der Sozialistischen Sowjetrepubliken
U. K.	United Kingdom
UN	United Nations
UNEP	United Nations Environment Programme
UNESCO	United Nations Educational, Scientific and Cultural Organization
UNGA	UN General Assembly
UNHCR	United Nations High Commissioner for Refugees
UNSC	United Nations Security Council
UPM	Unified Planning Machinery
US	United States
USA	United States of America
USAEC	United States Atomic Energy Commission
UV	Unternehmerverband
Veba	Vereinigte Elektrizitäts- und Bergwerks AG
VfZ	Vierteljahrshefte für Zeitgeschichte
VGB	Verband der Großkraftwerksbetreiber
VGBK	VGB Kraftwerkstechnik
WHO	World Health Organization
WMO	World Meteorological Organization
ZHF	Zeitschrift für Historische Forschung
ZK	Zentralkomitee

Die Autorinnen und Autoren dieses Bandes

Frank Becker, Dr., Professor für Neuere und Neueste Geschichte an der Universität Duisburg-Essen; veröffentlichte u. a.: Rationalisierung – Körperkultur – Neuer Mensch. Arbeitsphysiologie und Sport in der Weimarer Republik, in: Theo Plesser/Hans-Ulrich Thamer (Hrsg.), Arbeit, Leistung und Ernährung. Vom Kaiser-Wilhelm-Institut für Arbeitsphysiologie in Berlin zum Max-Planck-Institut für molekulare Physiologie und Leibniz Institut für Arbeitsforschung in Dortmund, Stuttgart 2012, S. 149–170; als Hrsg. zusammen mit Benjamin Scheller und Ute Schneider: Die Ungewissheit des Zukünftigen. Kontingenz in der Geschichte, Frankfurt a. M. 2016.

Rüdiger Graf, Dr., Abteilungsleiter am Zentrum für Zeithistorische Forschung Potsdam und Privatdozent an der Humboldt-Universität zu Berlin; veröffentlichte u. a.: Die Zukunft der Weimarer Republik. Krisen und Zukunftsaneignungen in Deutschland 1918–1933, München 2008; Öl und Souveränität. Petroknowledge und Energiepolitik in den USA und Westeuropa in den 1970er Jahren, München 2014.

Nicolai Hannig, Dr., akademischer Rat a. Z. am Lehrstuhl für Neueste Geschichte und Zeitgeschichte und Privatdozent für Neuere und Neueste Geschichte an der Ludwig-Maximilians-Universität München; veröffentlichte u. a.: Die Religion der Öffentlichkeit. Kirche, Religion und Medien in der Bundesrepublik 1945–1980, Göttingen 2010 und habilitierte sich 2017 mit einer Arbeit zu „Kalkulierte Gefahren. Naturkatastrophen und Prävention seit 1800" an der LMU München.

Benjamin Herzog, Dr. des., zuletzt wissenschaftlicher Mitarbeiter an der Ruhr-Universität Bochum, veröffentlichte u. a.: Schwundstufen des Fortschrittsbegriffs. Zu seinen Reinterpretationen in der frühen Bundesrepublik, in: Carsten Dutt (Hrsg.), Herausforderungen der Begriffsgeschichte, Heidelberg 2003, S. 219–249; zusammen mit Rüdiger Graf: Von der Geschichte der Zukunftsvorstellungen zur Geschichte ihrer Generierung. Probleme und Herausforderungen des Zukunftsbezugs im 20. Jahrhundert, in: Geschichte und Gesellschaft 42 (2016), S. 497–515.

Lucian Hölscher, Dr., bis 2014 Professor für Neuere Geschichte und Theorie der Geschichte an der Ruhr-Universität Bochum; veröffentlichte u. a.: Die Entdeckung der Zukunft (1999), 2., erweiterte Aufl., Göttingen 2016; als Hrsg.: Die Zukunft des 20. Jahrhunderts, Frankfurt a. M. 2017.

Fabian Klose, Dr., wissenschaftlicher Mitarbeiter am Leibniz-Institut für Europäische Geschichte (IEG) Mainz und Privatdozent an der LMU München; veröffentlichte u. a.: Human Rights in the Shadow of Colonial Violence. The Wars of Independence in Kenya and Algeria, Philadelphia 2013; als Hrsg.: The Emergence of Humanitarian Intervention. Ideas and Practice from the Nineteenth Century to the Present, Cambridge 2016.

Martin Lengwiler, Dr., Full Professor für Neuere Allgemeine Geschichte, Departement Geschichte, Universität Basel; veröffentlichte u. a.: Risikowahrnehmung und Zivilisationskritik: Kulturgeschichtliche Perspektiven auf das Gesundheitswesen der USA, in: Zeithistorische Forschungen/Studies in Contemporary History, Online-Ausgabe, 10 (2013), H. 3, URL: http://www.zeithistorische-forschungen.de/16126041-Lengwiler-3-2013; zusammen mit Christof Dejung (Hrsg.): Ränder der Moderne: Neue Perspektiven auf die Europäische Geschichte (1800–1930), Köln u. a. 2016.

Die Autorinnen und Autoren dieses Bandes

Nina Mackert, Dr., wissenschaftliche Mitarbeiterin an der Professur für Nordamerikanische Geschichte der Universität Erfurt; veröffentlichte u. a.: Jugenddelinquenz. Die Produktivität eines Problems in den USA der späten 1940er bis 1960er Jahre, Konstanz 2014; als Hrsg. zusammen mit Jürgen Martschukat: Fat Agency, Body Politics 3 (2015), H. 5.

Franz Mauelshagen, Dr., Senior Fellow am Institute for Advanced Sustainability Studies e. V.; veröffentlichte u. a.: Klimageschichte der Neuzeit 1500–1900, Darmstadt 2010; als Hrsg.: Palgrave Handbook of Climate History, Basingstoke 2017.

Kai Nowak, Dr., wissenschaftlicher Mitarbeiter im DFG-Sonderforschungsbereich „Dynamiken der Sicherheit" an der Justus-Liebig-Universität Gießen; veröffentlichte u. a.: Projektionen der Moral. Filmskandale in der Weimarer Republik, Göttingen 2015; Teaching Self-Control. Road Safety and Traffic Education in Post-War Germany, in: Historical Social Research 41 (2016), H. 1, S. 135–153.

Annelie Ramsbrock, Dr. phil., wissenschaftliche Mitarbeiterin am Zentrum für Zeithistorische Forschung Potsdam; veröffentlichte u. a.: als Hrsg. zusammen mit Annette Vowinckel und Malte Zierenberg: Fotografien im 20. Jahrhundert. Vermittlung und Verbreitung, Göttingen 2013; The Science of Beauty. Culture and Cosmetics in Modern Germany, 1750–1930, New York 2015.

Christoph Strupp, Dr., wissenschaftlicher Mitarbeiter an der Forschungsstelle für Zeitgeschichte in Hamburg (FZH); veröffentlichte u. a.: als Hrsg. zusammen mit Frank Bajohr: Fremde Blicke auf das „Dritte Reich". Berichte ausländischer Diplomaten über Herrschaft und Gesellschaft in Deutschland 1933–1945, Göttingen 2011; Bundesdeutsche Zeitgeschichte regional. Kooperation und Konkurrenz im Norden, in: Frank Bajohr/Anselm Doering-Manteuffel/Claudia Kemper/Detlef Siegfried (Hrsg.), Mehr als *eine* Erzählung. Zeitgeschichtliche Perspektiven auf die Bundesrepublik, Göttingen 2016, S. 189–202.

Malte Thießen, Dr., Leiter des LWL-Instituts für westfälische Regionalgeschichte in Münster und apl. Professor für Neuere und Neueste Geschichte an der Carl von Ossietzky Universität Oldenburg; veröffentlichte u. a.: Immunisierte Gesellschaft. Impfen in Deutschland im 19. und 20. Jahrhundert, Göttingen 2017; als Hrsg. zusammen mit Winfried Süß: Städte im Nationalsozialismus. Urbane Räume und soziale Ordnungen, Göttingen 2017.

Personenregister

Kursiv gesetzte Zahlen verweisen auf Namen in den Anmerkungen.

Alborn, Timothy 67
Amin, Idi 39
Annan, Kofi 18, 27 f., 40 f., *42*
Atwater, Wilbur 216 f., 221
Atzler, Edgar 193, 195 f., 209 f.

Baldwin, Peter 5
Banting, William 218
Baretti, Joseph *81*
Baum, Gerhart 2
Beck, Stefan 4
Beck, Ulrich 171, 178
Becker, Frank 9, 12, 234
Benedict, Francis G. 221–224
Bennigsen-Foerder, Rudolf von *146*
Birkhofer, Adolf 123
Bismarck, Otto von 22
Black, Fischer 73
Bluntschli, Johann Caspar 37
Bock, Thea 142
Bohlin, Niels 184
Boulding, Kenneth E. *84*
Boutros-Ghali, Boutros 40
Brandt, Willy 60
Bröckling, Ulrich 8, 19, *22*, *108*, 167, *223*
Brownlie, Ian 39

Callendar, Guy Stewart 89, 93
Carnegie, Dale 173
Cassis, Youssef 64
Clarkson, Thomas 31
Clinton, Hillary 230 f.
Colajanni, Giuliana *81*
Connolley, William *92*
Conze, Eckart 171
Cooper, Arnold 181
Crutzen, Paul 102
Cullather, Nick 217

Deng, Francis M. *42*
Deutsch, Erwin *118*
Diem, Carl 205
Dohnanyi, Klaus von 127, 138, 141
Dostojewskij, Fjodor Michailowitsch 203

Douglas, Mary 177 f.
Dreher, Eduard 54, 58

Eisenhower, Dwight D. 83
Elias, Norbert 155 f.
Eliasson, Jan 43
Engelhard, Edgar 131–133
Ewald, François 7
Exner, Franz 50, 54

Finger, August 48 f.
Flechtheim, Ossip Kurt 19
Follmann, Wilfried, *154*
Ford, Henry 194 f., 202
Foucault, Michel 171, 189
Frahm, Helmut *143*
Frey, Dieter *178*
Fuchs, Klaus 116

Gaddafi, Muammar al- 43
Gehlen, Arnold 163
Gibbons, Michael 80
Gigerenzer, Gerd 177 f.
Giszas, Heinz 141
Graf, Rüdiger 10, 25, *166*, 237 f.
Graham, Sylvester 218
Grünwald, Gerald 59

Häfele, Wolf 94 f.
Hall, Karl Alfred 51, 57
Hamblin, Jacob Darwin *90*
Hannig, Nicolai 17, *149*, 172, 214
Harrison, Mark 5
Hebenstreit, Benedikt 155, 157, 162, *163*
Hegel, Georg Friedrich Wilhelm 47, 240
Heijden, Kees van der *83*
Hellmer, Joachim 55 f.
Henkel, Fritz 198
Henkel, Hugo 209
Herzog, Benjamin 21, 153, 234
Hobsbawm, Eric 106
Hockerts, Hans Günter 6
Hölscher, Lucian 8, *55*, 80
Holzgrefe, Jeff L. *28*

Personenregister

Honecker, Erich 116
Horn, Eva 21
Horx, Matthias 20

Ingvar, David H. 79
Itzen, Peter 12

Jarzembowski, Georg 143
Jillings, Guy 87, *88*
Jonas, Hans 125
Jungk, Robert 19, 114

Kahn, Herman 82 f., 85 f., *93*
Kahneman, Daniel 176–178
Kaiser, Gerhard 59
Kant, Immanuel 47
Kaufmann, Chaim 34
Kaufmann, Franz-Xaver 171
Keeling, Charles David 90–92
Keller, Reiner 139
Kempf, Rudolf 148
Kern, Helmuth 134, 139, 142
Kissinger, Henry 87 f.
Klein, Ernst Ferdinand 46
Klose, Fabian 12, 18, 234
Koselleck, Reinhart 8, *98, 99*, 241
Krebs, Albert 58
Kupers, Roland 86

Lange, Volker 138, 140–143
Latour, Bruno 187
Laucht, Hans *131*
Leferenz, Heinz 54
Lehmann, Konstantin *148*
Lejeune, Wilhelm 153
Lengwiler, Martin 4 f., 17, 234
Lenz, Adolf 52
Linden, Marcel van der 36
Liszt, Franz von 47–49
Lüdtke, Alf 10
Luhmann, Niklas 124, 230, 240 f.

Mackert, Nina 9, 233
Madarász, Jeanette 5
Makropoulos, Michael 160
Marbe, Karl 153
Marrus, Michael 38
Mauelshagen, Franz 14, 16
McNeill, John R. *102*

Merton, Robert C. 73
Mill, John Stuart 190
Möser, Kurt 164
Mohun, Arwen P. 166
Mosso, Angelo 199
Mühlradt, Friedrich 131 f., 141
Munsch, Gerhard 164

Nevermann, Paul *132*
Newland, Edward (Ted) 86
Newton, Isaac 65
Nowak, Kai 9, 11, 16
Nowotny, Helga 80

Ostwald, Wilhelm 204

Pape, Robert 34
Peters, Lulu Hunt 213–217, 219 f., 222, 224–229
Picard, Pierre 76
Polanyi, Michael 157 f., 163
Putin, Wladimir 82

Quealy, Kevin 230 f.

Radkau, Joachim 115
Ramsbrock, Annelie 12, 19
Reulecke, Jürgen 6
Revelle, Roger 90 f., *93*
Richter, Horst-Eberhard 1
Rubner, Maximilian 193, 199
Russel, John 35

Samuelson, William 179
Sappok, Carla 2
Scala, Flaminio *81*
Schmidt-Bott, Regula 137
Schmiedebach, Peter 6
Schmölders, Günter 175
Schneider, Peter 61
Scholes, Myron 73
Schulz-Hardt, Stefan *178*
Schwartau, Claus 135
Schwartz, Hillel 220
Schwartz, Peter *82*
Scott, Peter *80*
Seebohm, Hans-Christoph 155 f.
Simon, Herbert A. 175 f.
Simonis, Georg *97*
Skinner, Burrhus F. *162*

Stalin, Josef 90
Stanton, Elizabeth Cady 219
Steinert, Jürgen *136*, 138–142
Stoos, Carl 48
Strupp, Christoph 16, 237
Sunstein, Cass 178, 187, 190
Süß, Hans Eduard 91, 93
Süß, Winfried 6

Taylor, Frederick Winslow 194 f.
Thaler, Richard 187, 190
Thießen, Malte *22,* 145, *149,* 171, 214
Traube, Klaus 123
Tversky, Amos 176–178

Uekötter, Frank *80*
Ulrich, Michael *143*

Veit, Helen 227

Vester, Katharina 219
Vogel, Hans-Jochen 125
Voscherau, Henning 141
Voß, Wilhelm *140*

Wack, Pierre 86 f., 101
Wagner, Adolph 5
Wagner, Alfred 45, 47
Weber, Max 45
Weinstein, Neil D. 181
Weizsäcker, Carl Friedrich von 19
Wildavsky, Aaron 177 f.
Williams, Jill 95
Wittram, Reinhart 241
Wolff von Amerongen, Otto 129
Wolff, Eberhard 7

Zeckhauser, Richard 179

www.ingramcontent.com/pod-product-compliance
Lightning Source LLC
Chambersburg PA
CBHW082037230426
43670CB00016B/2686